RECHTSPFLEGER STUDIENBÜCHER 6

Schriftleitung: Prof. Roland Böttcher

Band 6 Kerkmann/Neukirchen/Zimmermann
Strafrecht, Strafverfahren und Strafvollstreckung

Vorwort zu den Rechtspfleger-Studienbüchern

Wenn immer wieder geklagt wird, es fehle für den Rechtspflegernachwuchs an geeigneten Studienhilfsmitteln, so kann damit wohl nicht ein Mangel an Lehrbüchern, Grundrissen etc. gemeint sein. Es gibt auf nahezu allen Gebieten vorzügliche Lehrbücher in reichlicher Auswahl; auch wenn sie nicht alle primär für das Studium der Rechtspfleger geschrieben worden sind, so sind sie doch dort ebenso notwendig wie richtig und dienen ihm in gleicher Weise. Was jedoch fehlt, sind Fallsammlungen, Repetitorien, Klausurenkurse (oder wie immer man es nennen will), die speziell auf die künftige Rechtspflegertätigkeit der Studenten zugeschnitten sind.

Diesem Mangel will die Reihe „Rechtspfleger-Studienbücher" abhelfen. Sie bietet in jedem Band einen Klausurenkurs aus einem bestimmten Gebiet der Rechtspflegertätigkeit. Die einzelnen Fälle sind so ausgewählt, dass sie die gängigen Problemstellungen und die erfahrungsgemäß besonders examensrelevanten Fragen des betreffenden Rechtsgebietes abdecken.

Die Besprechungen sind sehr ausführlich gehalten, bleiben nicht am einzelnen Fall haften, sondern besprechen die verschiedenen Fragen in einem größeren Zusammenhang und in ihrer allgemeinen Problematik. Auf Literatur und Rechtsprechung, deren Kenntnis wichtig ist, wird besonders hingewiesen.

Die Buchreihe wendet sich in erster Linie an die Rechtspflegeranwärter im letzten Jahr ihres Studiums; die einzelnen Bände dienen einer optimalen Examensvorbereitung. Aber auch der Praktiker, der sich in ein neues Rechtsgebiet wieder einarbeiten muss, mag vielleicht mit Nutzen zu dem einen oder anderen Fall greifen.

Für Anregungen und Hinweise bin ich stets dankbar.

Der Schriftleiter

Strafrecht, Strafverfahren und Strafvollstreckung

Von

Oberamtsanwalt Heinz-Georg Kerkmann, Diplom-Rechtspfleger
Fachhochschule für Rechtspflege NRW, Bad Münstereifel
Dozent für Strafrecht und Strafvollstreckungsrecht,
Fachleitung Straßenverkehrsrecht

Prof. Dr. Christoph Neukirchen
Fachhochschule für Rechtspflege NRW, Bad Münstereifel
Dozent für Strafrecht, Fachleitung Strafrecht
Lehrgangsleiter des fachwissenschaftlichen Studiums für den Amtsanwaltsdienst

Justizrätin Alexandra Zimmermann, Diplom-Rechtspflegerin
Fachhochschule für Rechtspflege NRW, Bad Münstereifel
Dozentin für Strafvollstreckungsrecht, Fachleitung Strafvollstreckungsrecht

2022

Verlag Ernst und Werner Gieseking · 33617 Bielefeld

Hinweis: Das Rechtspfleger-Studienbuch 6 wurde begründet von Dr. Peter Walter, Leitender Oberstaatsanwalt a.D., vormals Fachhochschullehrer an der Fachhochschule für öffentliche Verwaltung und Rechtspflege in Bayern, unter dem Titel „Strafrecht und Strafverfahrensrecht", zuletzt 2. Auflage 2007.

MIX
Papier aus verantwortungsvollen Quellen
FSC® C083411
FSC
www.fsc.org

Bibliografische Information der Deutschen Nationalbibliothek

Die Deutsche Nationalbibliothek verzeichnet diese Publikation in der Deutschen Nationalbibliografie; detaillierte bibliografische Daten sind im Internet über http://dnb.d-nb.de abrufbar.

2022

Satz: Kremerdruck GmbH, Lindlar
Gesamtherstellung: CPI books GmbH, Birkach

ISBN 978-3-7694-1268-0

Vorwort

Band 6 der Rechtspfleger-Studienbücher erschien letztmalig in 2. Auflage 2007, also vor genau 15 Jahren, unter dem Titel „Strafrecht und Strafverfahrensrecht“ (bearbeitet von Dr. Peter Walter). Seitdem haben sich im Strafrecht und vor allem im Strafverfahrensrecht zahlreiche Bestimmungen geändert. Darüber hinaus haben Rechtsprechung und Literatur über diesen langen Zeitraum maßgeblich auf das Strafrecht Einfluss genommen, so dass die Notwendigkeit für eine völlige Neubearbeitung des Buches gesehen wurde.

Ferner bestand die Idee, neben dem materiellen Strafrecht und dem formellen Strafverfahrensrecht, das im Studienbuch bislang nur am Rande gestreifte Strafvollstreckungsrecht stärker in den Fokus zu rücken. Schließlich ist dieses Aufgabenfeld über § 31 II RPflG mit wenigen Ausnahmen fast vollumfänglich auf den Rechtspfleger[1] übertragen.

Im formellen Recht zählen besonders die Aufnahme der Revisionseinlegung und der Revisionsbegründung nach § 24 I Nr. 1b) RPflG i.V.m. § 345 II StPO zu den herausragenden Aufgaben des auf der Rechtsantragstelle in Strafsachen tätigen Rechtspflegers.

Selbstverständlich gehören Kenntnisse im Strafrecht zur Grundausstattung eines juristischen Studiums und sind auch im Hinblick auf die Sonderlaufbahn im Amtsanwaltsdienst äußerst hilfreich, da sie eine solide Grundlage für das fachwissenschaftliche Studium in der Amtsanwaltsausbildung bieten.

Diesen Überlegungen möchte dieses Rechtspfleger-Studienbuch Rechnung tragen. Die Fälle 1-6 sind darauf gemünzt, den Studierenden das materielle und formelle Strafrecht näher zu bringen, während sich die Fälle 7-10 den besonderen Anforderungen und Problemstellungen im Strafvollstreckungsrecht zuwenden.

Sämtliche Sachverhalte und Beispielsfälle wurden unter Berücksichtigung der Inhalte eines (Fach-)Hochschulstudiums der Rechtspflege neu konzipiert und mit Blick auf die gerichtliche und staatsanwaltliche Praxis auf die Bedürfnisse der jeweiligen Rechtspflegertätigkeiten zugeschnitten.

---

1 Soweit in diesem Studienbuch lediglich die männliche Form einer Anrede genutzt wird, ist immer auch die weibliche (der Rechtspfleger/die Rechtspflegerin, der Amtsanwalt/die Amtsanwältin, der Richter/die Richterin) gemeint. Alle Geschlechter sind gleichermaßen angesprochen. Auf eine gendergerechte Schreibweise wurde lediglich zur besseren Lesbarkeit verzichtet.

Das Buch soll vornehmlich dazu dienen, die Studierenden während ihres Studiums bei der Erarbeitung von straf-, strafverfahrens- und strafvollstreckungsrechtlichen Themen zu unterstützen. Darüber hinaus enthält es zahlreiche Tipps und Hinweise für eine strukturierte Prüfung typischer Klausuren aus den beschriebenen Bereichen.

Ein handwerklich zielführendes Vorgehen soll den Studierenden nahegebracht werden, unbeschadet der Tatsache, dass es gerade im Strafrecht zu zahlreichen Fragen nicht immer eine „richtige" oder „falsche" Lösung gibt. Entscheidend für eine erfolgreiche Klausurbearbeitung ist es, die Probleme eines Sachverhalts zu erkennen und diese einer gut begründeten und vertretbaren, sachgerechten Lösung zuzuführen.

Einige der Grundsachverhalte der 10 Fälle enthalten Fortsetzungen, Ergänzungen und weiterführende Ausführungen, die oft über den Umfang einer Klausur hinausgehen. Die Angaben der Fundstellen aus Rechtsprechung und Literatur sollen nicht abschrecken, sondern im Gegenteil dazu animieren, sich mit den Begründungen der Gerichte und den Ausführungen in juristischen Aufsätzen bzw. der Kommentierung auseinanderzusetzen und die Möglichkeit bieten, sich – bei Interesse und Bedarf (bspw. bei einer Hausarbeit oder einem Referat) – tiefergehend in die Problematiken und Fragestellungen einzuarbeiten.

Auf Reaktionen zur Neuauflage dieses Studienbuchs sind wir gespannt.

Denen, die uns Hinweise und Anregungen zur Verbesserung des Buches zukommen lassen, danken wir bereits jetzt. Gleiches gilt für diejenigen, die uns bei der Erstellung unterstützt haben.

Allen, die mit diesem Studienbuch lernen und arbeiten, wünschen wir viel Erfolg!

Bad Münstereifel, im Mai 2022

Alexandra Zimmermann,
Christoph Neukirchen,
Heinz-Georg Kerkmann

Inhaltsverzeichnis

Abkürzungsverzeichnis

A

a.A.	andere Auffassung / andere Ansicht
a.a.O.	am angegebenen Ort
a.F.	alte Fassung
a.M.	andere Meinung
Abs.	Absatz
abl.	ablehnend
abw.	abweichend
AG	Amtsgericht
Aktz.	Aktenzeichen
allgA	allgemeine Auffassung
allgM	allgemeine Meinung
Alt.	Alternative
Anm.	Anmerkung
Art.	Artikel
Aufl.	Auflage

B

BAK	Blutalkoholkonzentration
BayObLG	Bayerisches Oberstes Landesgericht
Bd.	Band
BGH	Bundesgerichtshof
BGHSt	Entscheidungen des Bundesgerichtshofs in Strafsachen, Entscheidungssammlung
bspw.	beispielsweise
BVerfG	Bundesverfassungsgericht

BVerfGE	Entscheidungen des Bundesverfassungsgerichts, Entscheidungssammlung
bzw.	beziehungsweise

D

d.h.	das heißt

E

EBAO	Einforderungs- und Beitreibungsanordnung
EFS	Ersatzfreiheitsstrafe
EGStGB	Einführungsgesetz zum Strafgesetzbuch
EGStPO	Einführungsgesetz zur Strafprozessordnung
Einl.	Einleitung
EJS	Einheitsjugendstrafe
EMA	Einwohnermeldeamt
EMRK	Europäische Menschenrechtskonvention
EuGH	Europäischer Gerichtshof
evtl.	eventuell

F

f.	folgend
ff.	(fort)folgende
FS	Freiheitsstrafe

G

GBA	Grundbuchamt
GeldStrTilgVO	Verordnung über die Tilgung uneinbringlicher Geldstrafen durch freie Arbeit / Geldstrafentilgungsverordnung
GStA	Generalstaatsanwaltschaft
ggf.	gegebenenfalls
grds.	grundsätzlich

H

h.M.	herrschende Meinung
HS	Halbsatz

I

i.d.F	in der Fassung
i.d.R.	in der Regel
i.R.d.	im Rahmen der/des
i.S.d.	im Sinne der/des
i.S.v.	im Sinne von
i.V.m.	in Verbindung mit

J

JBeitrG	Justizbeitreibungsgesetz
JVA	Justizvollzugsanstalt
JR	Juristische Rundschau, Zeitschrift

K

KG	Kammergericht (OLG des Landes Berlin)
krit.	kritisch(er)

L

LG	Landgericht
lit.	Buchstabe (von lateinisch „littera“)

M

m. Bew.	mit Bewährung
MDR	Monatsschrift für Deutsches Recht, Zeitschrift
m.N.	mit Nachweis(en)
m.w.N.	mit weiteren Nachweisen
MiStra	Anordnung über Mitteilungen in Strafsachen (Verwaltungsvorschrift)
MVD	Mindestverbüßungsdauer

N

n.F.	neue Fassung
NJW	Neue Juristische Wochenschrift, Zeitschrift
Nr.	Nummer
NStZ	Neue Zeitschrift für Strafrecht
NStZ-RR	NStZ-Rechtsprechungs-Report Strafrecht
NZV	Neue Zeitschrift für Verkehrsrecht

O

o.a.	oben angeführte(n)
o.Ä.	oder ähnlich(e)
OLG	Oberlandesgericht

R

RFS	Restfreiheitsstrafe
RGSt	Entscheidungen des Reichsgerichts in Strafsachen, Entscheidungssammlung
RiStBV	Richtlinien für das Strafverfahren und das Bußgeldverfahren
Rn.	Randnummer
Rpfleger	Der Deutsche Rechtspfleger, Zeitschrift
Rspr.	Rechtsprechung
RÜ	RechtsprechungsÜbersicht Alpmann Schmidt

S

S.	Seite
s.	siehe
s.o.	siehe oben
s.u.	siehe unten
sog.	sogenannt
StA	Staatsanwaltschaft
str.	streitig

StraFo	Strafverteidiger Forum, Zeitschrift
stRspr.	ständige Rechtsprechung
StV	Strafverteidiger, Zeitschrift

T

TB	Tagesbeginn (00:00 Uhr)
TE	Tagesende (24:00 Uhr)

U

u.a.	und andere / unter anderem / unter anderen
U.m.A.	Urschriftlich mit Akten
U-Haft	Untersuchungshaft

V

v.A.w.	von Amts wegen
vgl.	vergleiche
VRS	Verkehrsrechtssammlung, Zeitschrift

Z

z.B.	zum Beispiel
Ziff.	Ziffer
ZU	Zustellung / Zustellungsurkunde

Literaturverzeichnis

BeckOK JGG	Beck'scher Online Kommentar zum Jugendgerichtsgesetz, Gertler/Kunkel/Putzke, 23. Edition – Stand: 01.11.2021
BeckOK StGB	Beck'scher Online Kommentar zum StGB, von Heintschel-Heinegg, 51. Edition – Stand: 01.11.2021
BeckOK StPO	Beck'scher Online Kommentar zur StPO mit RiStBV und MiStra, Graf, 41. Edition – Stand: 01.10.2021
BeckOK StVollstrO	Beck'scher Online Kommentar zur Strafvollstreckungsordnung, Arloth, 8. Edition – Stand: 15.06.2021
Dürig/Herzog/Scholz	Grundgesetz-Kommentar, 95. EL Juli 2021
Eisenberg/Kölbel JGG	Kommentar zum Jugendgerichtsgesetz, 22. Auflage 2021
Fischer StGB	Kommentar zum Strafgesetzbuch mit Nebengesetzen, 68. Auflage 2021
HK-JGG	Handkommentar zum Jugendgerichtsgesetz, Meier/Rössner/Trüg/Wulf, 2. Auflage 2014
KK-StPO	Karlsruher Kommentar zur StPO, 8. Auflage 2019
Laufhütte u.a., StGB	Leipziger Kommentar Strafgesetzbuch: StGB, (in 19 Bänden) 13. Auflage bis 2021
Löwe-Rosenberg u.a., StPO	Die Strafprozessordnung und das Gerichtsverfassungsgesetz: StPO, (in 13 Bänden) 26. Auflage 2006-2014
Meyer-Goßner/Schmitt StPO	Kommentar zur Strafprozessordnung mit GVG und Nebengesetzen, 64. Auflage 2021
MüKo StGB	Münchener Kommentar zum StGB (in 9 Bänden), 4. Auflage 2020

Müko StPO	Münchener Kommentar zur StPO (in 4 Bänden), 1. Auflage 2014-2019
NK-GVR	Nomos Kommentar Haus/Krumm/Quarch, Gesamtes Verkehrsrecht, 3. Auflage 2021
Pohlmann/Jabel/Wolf	Kommentar zur Strafvollstreckungsordnung, 9. Auflage, 2015
Röttle/Wagner	Handbuch der Rechtspraxis, (HRP) Röttle/Wagner, Strafvollstreckung, 8. Auflage 2009
Schönke/Schröder StGB	Kommentar zum Strafgesetzbuch, 30. Auflage 2019

Einleitung

1 Das vorliegende Werk soll Studierenden aus dem Bereich der Rechtspflege helfen, sich im System des „**Straf-, Strafverfahrensrechts sowie des Strafvollstreckungsrechts**“ zurechtzufinden, die für ihre schriftlichen Arbeiten relevanten Probleme anhand von Beispielsfällen besser erfassen und diese Problemstellungen eigenständig einer sachgerechten Lösung zuführen zu können.

In der Gesamtrechtsordnung kommt dem „**Strafrecht**“ (so der Oberbegriff) die spezielle Aufgabe zu, die vom Gesetzgeber besonders wichtig erachteten Bereiche des sozialen Zusammenlebens zu schützen. Dazu gehören die Interessen des Einzelnen, also sog. Individualrechtsgüter wie z.B. das Leben, die körperliche Unversehrtheit, das Eigentum und das Vermögen, sowie die Interessen der Gemeinschaft, sog. Kollektivrechtsgüter wie z.B. die Sicherheit des Straßenverkehrs. Der vom Zivilrecht gewährte Schutz in Form von Schadensersatz-, Herausgabe oder Unterlassungsansprüchen der Bürger und Parteien untereinander reicht zwar in vielen Fällen für einen Interessenausgleich der Beteiligten aus, kann aber insbesondere finanzkräftige Täter oder solche mit besonderer krimineller Energie in der Regel nicht davon abhalten, geplant oder unter Außerachtlassung der erforderlichen Sorgfalt in Rechtsgüter Dritter einzugreifen.

2 Fraglich ist, wie der Staat seiner Aufgabe gerecht wird, Rechtsfrieden zu schaffen und Gerechtigkeit herzustellen. Die Lösung ist in den Worten „Strafrecht“, „Strafverfahrensrecht“ und „Strafvollstreckungsrecht“ selbst zu suchen. Der Staat droht jeder Person eine konkrete **Bestrafung** an, die rechtswidrig in fremde Rechtsgüter eingreift.

Die Androhung einer **Strafe** wirkt auf unterschiedlichen Ebenen. Zu beachten sind zunächst sog. generalpräventive Aspekte der Strafe. Dabei unterscheidet man zwischen positiver Generalprävention, die eine Stärkung des Vertrauens der Allgemeinheit in den Rechtsstaat meint, und der negativen Generalprävention, die zur Abschreckung der Allgemeinheit sowie aller potentieller Täter durch die verhängten Strafen führt. Darüber hinaus werden mit einer Bestrafung spezialpräventive Aspekte verfolgt. Dabei wird die Abschreckung des konkreten verurteilten Angeklagten von der Begehung künftiger Straftaten als negative Spezialprävention, die Besserung und Resozialisierung des Täters durch Verbüßung der Strafe als positive Spezialprävention bezeichnet.

Der Staat benennt also konkrete Voraussetzungen in gesetzlichen Vorschriften, bei deren Verwirklichung eine Freiheitsstrafe oder eine Geldstrafe droht. Diese sog. Straftatbestände zählt man zum Bereich des **materiellen Strafrechts**, das weitgehend im

Strafgesetzbuch (StGB) und in vielen **Nebengesetzen** (z.B. Betäubungsmittelgesetz, Waffengesetz u.v.m.) geregelt ist.

3 Auf welche Weise der Staat für die Rechtsgemeinschaft seiner Bürger die Feststellung trifft, ob jemand gegen eine strafrechtliche Rechtsnorm verstoßen hat und wie die staatlichen Organe die für Fehlverhalten angedrohte Bestrafung im Rahmen der rechtsstaatlichen Vorgaben durchsetzen, regelt das **formelle Strafrecht**. In der **Strafprozessordnung (StPO), aber auch im Jugendgerichtsgesetz (JGG) sowie im Gerichtsverfassungsgesetz (GVG)** wird genau festgeschriebenen, auf welchem fairen und rechtsstaatlichen Weg es zu einer gerichtlichen Entscheidung der ordentlichen Gerichtsbarkeit kommt, im Rahmen derer objektiv über die Schuld des Täters, seine Bestrafung oder sonstige strafrechtliche Maßnahmen entschieden wird. Die formellen Gesetze regeln, welche Rechte und Pflichten die Beteiligten eines Strafverfahrens haben, welche Mittel der Prozessgestaltung ihnen zur Verfügung stehen und auf welchem Weg dem materiellen Strafrecht unter Berücksichtigung der Unschuldsvermutung am besten Rechnung getragen werden kann.

Sieht sich jemand als Beschuldigter einem Strafverfahren ausgesetzt, wird zunächst im Rahmen eines **Erkenntnisverfahrens** umfassend durch die Staatsanwaltschaft und die Polizei ermittelt, ob sich diese Person strafbar gemacht hat und ob ein Tatnachweis erfolgen kann (sog. **Ermittlungsverfahren**). Sieht die Staatsanwaltschaft nach Abschluss der Ermittlungen die überwiegende Wahrscheinlichkeit einer Verurteilung des oder der Beschuldigten in einer späteren Hauptverhandlung, erhebt sie regelmäßig beim zuständigen Gericht gegen diese Person eine Anklage. Fehlt ihr diese Überzeugung, stellt sie das Verfahren ein. Darüber hinaus gibt es noch zahlreiche weitere Möglichkeiten der Verfahrensbeendigung – dazu später mehr.

Mit der Anklageerhebung beginnt das sog. **Zwischenverfahren**, in dem das zuständige Gericht die erhobenen Vorwürfe prüft. Stimmt es der Einschätzung der Staatsanwaltschaft zu, beschließt es die Eröffnung des Hauptverfahrens, stellt dem Angeklagten die Anklageschrift zu und gibt ihm Gelegenheit zur Stellungnahme.

Der letzte Abschnitt des Erkenntnisverfahrens bildet dann das **Hauptverfahren**, das sich aus der Vorbereitung der Hauptverhandlung sowie dem Kernstück des Strafverfahrens – der Hauptverhandlung selber – zusammensetzt. In der Hauptverhandlung wird im Rahmen einer mündlichen Verhandlung, in der alle zu Gunsten und zu Lasten des Angeklagten zur Verfügung stehenden Beweismittel bewertet werden, durch Urteil eines Gerichts darüber entschieden, ob eine Straftat vorliegt und welche Strafe hierfür tat- und schuldangemessen ist.

4 Gegen ein Urteil können die Beteiligten regelmäßig **Rechtsmittel** einlegen. Soll eine neue Tatsacheninstanz mit der nochmaligen Durchführung einer Hauptverhandlung (inklusive einer komplett neuen Beweisaufnahme) befasst werden, muss **Berufung** eingelegt werden. Möchte man hingegen feststellen lassen, ob dem Gericht bei der Anwendung materieller Rechtsnormen oder formeller Rechtsnormen (also Verfah-

rensvorschriften der StPO) Fehler unterlaufen sind, muss **Revision** eingelegt werden. Dies kann durch eine sog. Verteidigerschrift geschehen oder man erklärt die Revision zu Protokoll der Geschäftsstelle.

Die **Zuständigkeit** für die Erstellung eines sog. Revisionsbegründungsprotokolls wurde auf den **Rechtspfleger** übertragen vgl. §§ 345 II StPO, **24 I Nr. 1b) RPflG.** Eine juristisch geschulte Person soll also eine Filterfunktion für das Revisionsgericht vornehmen und an der Begründung der Revision mitwirken.

Kommt es zu einer rechtskräftigen Verurteilung eines Angeklagten mit Strafaus- 5
spruch, stellt sich die Frage, wie der Rechtsstaat die Strafe durchsetzen kann. Dies wird durch das **Strafvollstreckungsrecht** geregelt, das ein Teilgebiet des Strafprozessrechts darstellt und daher teilweise in der StPO und dem JGG, aber auch teilweise in den Strafvollstreckungsordnungen der Länder geregelt ist. Die Vollstreckung der Strafen, die nach dem allgemeinen Strafrecht verhängt werden, liegt gem. § 451 I StPO wiederum in den Händen der Staatsanwaltschaft und ist gem. **§ 31 II RPflG** im Wesentlichen dem **Rechtspfleger** übertragen. Rechtsfolgen, die Jugendlichen nach dem JGG auferlegt werden, werden grundsätzlich gem. § 82 I JGG durch den Jugendrichter vollstreckt. Jedoch ist der Rechtspfleger auch in diesem Bereich gem. **§ 31 V 2 RPflG** an der Strafvollstreckung beteiligt.

Die Vollstreckung einer verhängten Freiheitsstrafe erfolgt dann durch den Strafvollzug, der im Wesentlichen in den Händen besonderer Vollzugsbehörden liegt (Justizvollzugsanstalten).

Die erwähnten **Zuständigkeiten** für **Rechtspfleger** bei der Aufnahme von Revisions- 6
begründungsprotokollen sowie im Bereich der Strafvollstreckung bestimmen den wesentlichen Inhalt der folgenden Fallbeispiele.

So befassen sich die **Fälle 4-6** dieses Buchs mit der Situation, dass ein Verurteilter bei Ihnen als Rechtspfleger eine Revision einlegen möchte und Sie um die Fertigung eines Revisionsbegründungsprotokolls bittet. Darüber hinaus finden Sie in den **Fällen 7-10** für Rechtspfleger relevante Konstellationen aus dem Strafvollstreckungsrecht. Das Buch enthält darüber hinaus Übungsfälle, die Ihnen den Aufbau des Strafverfahrens näherbringen (**Fall 1**) und Sie in die Lage versetzen sollen, die Rechtskraft einer Verurteilung zu prüfen **(Fall 2)** sowie eine allgemeine Strafbarkeitsprüfung durchzuführen (**Fall 3**).

Vom Aufbau und Inhalt entsprechen einige der ausgewählten Fallbeispiele Klausuren, bzw. klausurtypischen Aufgaben, wie sie in NRW im Bereich des Studiums für Rechtspfleger gestellt werden. Beachten Sie aber bitte, dass in den Lösungsvorschlägen zu den Übungsfällen einzelne Problembereiche aus didaktischen Gründen teils ausgespart, teils sehr viel intensiver in den Blick genommen werden, als das für die Darstellung einer Klausurlösung erforderlich wäre.

Teil I:

Straf- und Strafprozessrecht

Fall 1

A. Themenbereiche

Gang des Strafverfahrens – Grundzüge des Strafverfahrensrechts – Sachbeschädigung gem. § 303 I StGB – Aufbau einer Strafbarkeitsprüfung – Tatnachweis

B. Vorbemerkung

Sobald eine Tat begangen wird, entsteht ein staatlicher Strafanspruch. Die Voraussetzungen für die Entstehung dieses Strafanspruchs bestimmt das materielle Strafrecht. Auf welche Weise genau eine Straftat verfolgt und geahndet wird, regelt das Strafverfahrensrecht. Beide Aspekte sollen Ihnen im ersten Übungsfall aufgezeigt werden. Egal ob Polizist, Amtsanwalt, Richter, Staatsanwalt, Rechtspfleger oder Verteidiger – alle am Strafverfahren Beteiligten werden sich im Rahmen ihrer Zuständigkeit an einem gewissen Punkt im Strafverfahren Gedanken über die Strafbarkeit einer Person machen. Daher ist diese Überlegung ein zentrales Thema in Klausuren für Rechtspfleger aus dem Bereich des Straf- und Strafverfahrensrechts.

Als Beispiel für den ersten Übungsfall soll eine Amtsanwältin (A) dienen, die als Vertreterin der Strafverfolgungsbehörden (vgl. § 142 I Nr. 3, II GVG) mit der Durchführung eines strafrechtlichen Ermittlungsverfahrens befasst ist. Gegenstand der Ermittlungsakte, die ihr von der zuständigen Polizeibehörde übersandt wird (vgl. § 163 II S. 1 StPO), die die bisherigen Ermittlungen durchgeführt hat, ist folgender

C. Sachverhalt

B erstattet bei der Polizei in Köln am 26.03.2022 eine Strafanzeige gem. § 158 I StPO und stellt einen schriftlichen Strafantrag gegen den Beschuldigten F. Zur Begründung trägt der Anzeigenerstatter vor, er und seine Frau hätten bei einem abendlichen Spaziergang mit dem Hund am 25.03.2022 nachts gegen 23:30 Uhr eine Person dabei beobachtet, wie diese mit einem Schraubendreher in den linken Vorderreifen des vor ihrem Haus in der Klosterstraße 13, 50931 Köln ordnungsgemäß geparkten VW Golf, amtl. Kennzeichen K-TB 100, des B gestochen hat. Als Täter konnten die Eheleute B in ihren anschließenden ordnungsgemäß durchgeführten Zeugenvernehmungen übereinstimmend ihren Nachbarn, den F, geb. am 29.05.1965 in Düren, eindeutig identifizieren. Es habe bereits früher am Tag eine Meinungsverschiedenheit mit dem Beschuldigten F über das Parkverhalten des B gegeben, dies sei offenbar die Reaktion hierauf. Man habe den Beschuldigten im Anschluss an die Tat zur Rede stellen wollen, dieser habe sich aber kommentarlos abgewendet und habe den Tatort verlassen. Der Reifen habe bei der Untersuchung am nächsten Morgen bei Tageslicht ein tiefes Loch aufgewiesen, aus dem die Luft komplett entwichen sei. Der Wagen musste für 150,– € abgeschleppt werden, die Erneuerung des Reifens werde den Anzeigenerstatter 129,– € kosten. Eine Vernehmung des Beschuldigten F wurde durchgeführt, er machte aber nach ordnungsgemäßer Belehrung von seinem Schweigerecht Gebrauch (vgl. § 136 I StPO). Weitere Ermittlungsansätze sah die Polizei nicht. Der Ermittlungsakte ist ein Bundeszentralregisterauszug beigefügt, aus dem sich ergibt, dass der Beschuldigte F bereits wiederholt wegen Sachbeschädigung und Beleidigung vorbestraft ist. Zuletzt ist er vom AG Köln deswegen am 29.01.2022 zu einer Geldstrafe von 60 Tagessätzen zu je 30,– € verurteilt worden.

D. Aufgaben

Versetzen Sie sich in die Lage der ermittelnden Amtsanwältin (A) bei der Staatsanwaltschaft Köln. Welche Überlegungen würde sie in der vorliegenden Sache anstellen, welche Entscheidung treffen? Sie teilt die Auffassung der ermittelnden Polizeibehörde, dass weitere Ermittlungsansätze nicht erfolgversprechend sind und möchte das vorliegende Ermittlungsverfahren abschließend bescheiden. Gehen Sie davon aus, dass alle Feststellungen im Sachverhalt zutreffend sind und dass ordnungsgemäß ermittelt wurde.

Besprechung von Fall 1

A. Allgemeine Anmerkungen zum Strafverfahren

Eine wichtige Aufgabe der Staatsanwaltschaft ist die **Strafverfolgung**. Liegen zureichende tatsächliche Anhaltspunkte für eine Straftat vor (sog. **Anfangsverdacht**), hat die Staatsanwaltschaft grundsätzlich einzuschreiten und den Sachverhalt im Rahmen eines Ermittlungsverfahrens zu erforschen. Das ergibt sich aus dem **Legalitätsprinzip**, vgl. §§ 152 II, 160 StPO. Kenntnis entsprechender Tatsachen kann die Staatsanwaltschaft z.B. durch eine Strafanzeige bei der Polizei, bei der Staatsanwaltschaft selber oder bei einem Amtsgericht, aber auch auf andere Weise (z.B. Kenntnis von Amts wegen) erlangen, § 160 I 2. Alt StPO. 1

Die Durchsetzung des Strafanspruchs obliegt grundsätzlich dem Staat, die Strafverfolgung erfolgt regelmäßig von Amts wegen durch die Staatsanwaltschaft, sog. **Offizialprinzip**. Auf Ausnahmen von diesem Prinzip (Antragsdelikte, Privatklageverfahren) wird im Folgenden noch einzugehen sein. Ziel des Strafverfahrens ist gem. § 160 II StPO die Erforschung der Wahrheit. Dieser Grundsatz gilt im staatsanwaltschaftlichen Ermittlungsverfahren wie auch vor Gericht, § 244 II StPO. Während des gesamten fair zu führenden (sog. Grundsatz des **„Fair trial“**, Art. 20 III GG) Verfahrens müssen sich die Beteiligten an feste Grundregeln halten und verfassungsmäßige Grundrechte gewährleisten. Das **Rechtsstaatsprinzip** verlangt z.B., dass die Unschuldsvermutung nach Art. 6 EMRK bis zu einem zweifelsfreien Schuldnachweis zu berücksichtigen ist und dass der Beschuldigte nicht gezwungen werden darf, an seiner eigenen Überführung mitzuwirken (Grundsatz des sog. „**nemo tenetor** se ipsum accusare“). Das Recht auf rechtliches Gehör gem. Art. 103 I GG muss stets gewährleistet sein.

Die Aufgabe der Strafverfolgung wird in der Praxis hauptsächlich von Staats- und Amtsanwälten wahrgenommen (vgl. § 142 I Nr. 3 GVG). Während zum Staatsanwalt nur ernannt werden kann, wer eine Befähigung zum Richteramt hat (§ 122 I DRiG), können Beamte des gehobenen Dienstes (Rechtspfleger) nach einer anderthalbjährigen Zusatzausbildung nach einem Staatsexamen zu **Amtsanwälten** ernannt werden (§ 142 III GVG). Die Aufgaben der Amtsanwälte entsprechen weitgehend denen der Staatsanwälte. Ihnen obliegt die verantwortliche Leitung und eine möglichst rasche Durchführung (**Beschleunigungsgrundsatz**) des Ermittlungsverfahrens, die Entscheidung über den Abschluss des Verfahrens sowie eine Sitzungsvertretung vor Gericht nach eventueller Anklageerhebung. Amtsanwälte sind für einen ganz erheblichen Teil der Strafverfolgung zuständig, jedoch regelmäßig auf solche Vorgänge beschränkt, die in die Zuständigkeit der Amtsgerichte fallen (dazu später mehr, vgl. §§ 142 II, 145 II GVG).

Ziel der Ermittlungen der Strafverfolgungsbehörden muss es sein, den Vorgang so weit aufzuklären, dass eine Entscheidung darüber getroffen werden kann, ob eine Anklage erhoben werden soll, § 160 II StPO. Als Amtsanwältin ist A bei ihrer Entscheidung über die Ermittlungstaktik grundsätzlich unabhängig. Sie kann entscheiden, ob sie selber tätig wird oder ob sie die Polizei einschaltet. Die **Polizei** hat ihren Ermittlungsaufträgen nachzukommen, § 161 I S. 2 StPO. In der Praxis wird es aber häufig – wie im vorliegenden Fall – so sein, dass die Polizeibeamten im sog. ersten Zugriff den Sachverhalt selbständig erforschen, vgl. § 163 I StPO, und die Ermittlungen im Bereich der kleineren bis mittleren Kriminalität oft ohne direkte Mitwirkung der Staatsanwaltschaft führen, bis der Sachverhalt aus ihrer Sicht ausermittelt ist. Bei brisanteren und größeren Verfahren ist die Staatsanwaltschaft natürlich frühzeitig zu informieren, vgl. § 163 II StPO. Nicht jedes strafprozessuale Mittel zur Erforschung des Sachverhalts kann durch die Staatsanwaltschaft allein angeordnet werden. Bei einigen strafprozessualen Zwangsmaßnahmen (z.B. Durchsuchungen oder körperliche Untersuchungen ohne Gefahr im Verzug, Haftbefehle) ist die Einschaltung eines Richters – des sog. **Ermittlungsrichters** am Amtsgericht, in dessen Bezirk die Handlung vorzunehmen ist, vgl. § 162 StPO – erforderlich.

B. Hinreichender Tatverdacht

2 **Im Fall** ist davon auszugehen, dass der Sachverhalt erschöpfend ausermittelt wurde und weitere Ermittlungsansätze als die bereits durch die Polizeibehörden durchgeführten nicht erkennbar sind. Daher wird sich die Amtsanwältin A nach Ausschöpfung ihrer strafprozessualen Möglichkeiten die Frage stellen, ob der Beschuldigte F als Täter einer Straftat in Betracht kommt. Darüber hinaus muss sie die Prognose erstellen, ob sie für den Beschuldigten die überwiegende Wahrscheinlichkeit einer Verurteilung in einer späteren Hauptverhandlung sieht oder nicht. Diese Frage, die gem. §§ 170 I, II, 203 StPO als Frage nach dem sog. **hinreichenden Tatverdacht** bezeichnet wird, hängt davon ab, ob sich der Beschuldigte nach Einschätzung der Amtsanwältin

1. **strafbar** gemacht hat (Prüfung der **materiellen Rechtslage**) und
2. ob ihm das strafbare Verhalten mit den in der Strafprozessordnung vorgesehenen Beweismitteln mit der für eine Verurteilung erforderlichen Sicherheit **nachgewiesen** werden kann (Prüfung der **strafprozessualen bzw. verfahrensrechtlichen Rechtslage).**

C. Prüfung der materiellen Rechtslage

I. Verfahrenshindernisse

Bevor sich die Amtsanwältin um die Frage der Strafbarkeit des Beschuldigten kümmert, muss sie sich Gedanken darüber machen, ob nicht (ausnahmsweise) Umstände vorliegen könnten, die sie generell an einer Strafverfolgung hindern könnten. 3

Es ist nämlich in jeder Lage des Verfahrens **von Amts wegen**, also auch durch die Amtsanwältin bei ihrer Entscheidung über den Abschluss des Verfahrens, zu überprüfen, ob eventuell sog. **Verfahrenshindernisse** (auch Verfolgungshindernisse genannt) vorliegen. Hierbei handelt es sich um Umstände, die in jedem Fall eine Verfolgung des Beschuldigten verhindern und somit (aktuell) der Durchführung eines Verfahrens entgegenstehen. Als Verfahrenshindernisse gelten z.B. die **Verjährung** der Straftat, die eine Ahndung ausschließt, das **Fehlen eines** für die Strafverfolgung eventuell erforderlichen **Strafantrags** durch den Verletzten, der **Tod** / die (dauerhafte) **Verhandlungsunfähigkeit** des Beschuldigten im Hinblick auf geistige oder körperliche Defekte, eine eventuelle **Immunität** des Beschuldigten (z.B. im Hinblick auf ein Bundestagsmandat) u.v.m.

Hinweis:

Sie werden in vielen Arten von Klausuren, insbesondere in für Rechtspflegeranwärter häufig vorkommenden „Revisionsklausuren" auf Verfahrenshindernisse stoßen und diese prüfen müssen. Eingehend werden einige dieser Hindernisse im **Fall 4** behandelt, so dass an dieser Stelle auf die dortigen Ausführungen verwiesen wird.

Im Fall ist gem. § 303c I StGB für die Verfolgung einer Sachbeschädigung z.B. ein **Strafantrag** des verletzten Rechtsgutsinhabers gem. § 77 I StGB erforderlich, ohne den eine Strafverfolgung durch die Strafverfolgungsbehörden nur unter ganz besonders strengen Voraussetzungen (Bejahung eines besonderen öffentlichen Interesses an der Strafverfolgung) durchgeführt werden darf. Dieser Umstand stellt eine Ausnahme vom oben beschriebenen Offizialprinzip dar. Laut Sachverhalt wurde der Strafantrag aber durch den Geschädigten B form- und fristgerecht gem. §§ 77 ff. StGB, 158 StPO gestellt und nicht gem. § 77d StGB zurückgenommen, so dass hier kein Verfolgungshindernis besteht. Weitere oben genannte Hindernisse sind nicht ersichtlich, so dass die Amtsanwältin sich um die Prüfung der Strafbarkeit des Beschuldigten kümmern kann.

II. Prüfung der Strafbarkeit des Beschuldigten

4 Es stellt sich die Frage, ob und, wenn ja, wie sich der Beschuldigte F im vorliegenden Fall strafbar gemacht hat. Als strafrechtlich relevantes Verhalten kommt hier lediglich der Stich mit dem Schraubendreher in den Vorderreifen des Fahrzeugs seines Nachbarn B in Betracht.

Fraglich ist zunächst, ob es eine gesetzliche Vorschrift gibt, die das beschriebene Verhalten des Beschuldigten unter Strafe stellt. Dass es eine solche Norm geben muss, ist aufgrund des sog. **Gesetzlichkeitsprinzips** gem. Art. 103 II GG, § 1 StGB grundlegende Voraussetzung einer jeden Strafbarkeit (BVerfGE 20, 331). Ohne Gesetz keine Bestrafung oder (entsprechend einem alten Rechtsgrundsatz aus dem römischen Rechtskreis): **nulla poena sine lege**. Das Prinzip soll sicherstellen, dass jedermann vorhersehen kann, welches Verhalten mit Strafe bedroht ist und dass allein die gesetzgebende Gewalt über strafbares Verhalten entscheidet (BVerfGE 77, 382). Fehlt es an einer Norm im Strafgesetzbuch (StGB) oder den sog. strafrechtlichen Nebengesetzen (z.B. BtmG, WaffG), die ganz konkret und bestimmt festlegt, unter welchen Voraussetzungen die Strafbarkeit eines Verhaltens gegeben ist (BVerfG NJW 2005, 2140, 2141), kann der Beschuldigte nicht durch die Strafverfolgungsbehörden zur Rechenschaft gezogen werden (sog. **Bestimmtheitsgebot**, Fischer StGB § 1 Rn. 2).

Es ist den Strafverfolgungsbehörden und Gerichten verboten, eventuelle Strafbarkeitslücken durch Analogien **zuungunsten** eines Beschuldigten zu schließen (sog. **Analogieverbot**, vgl. BVerfGE 14, 185). Soll ein nicht durch eine Strafnorm erfasstes Verhalten nach dem Willen des Gesetzgebers zu einer Bestrafung führen, so muss dieser ein neues Gesetz erlassen. So wurde z.B. § 248c StGB (Entziehung elektrischer Energie) nachträglich ins Gesetz aufgenommen, da eine Bestrafung wegen Diebstahls gem. § 242 I StGB nicht in Betracht kam, da „elektrische Energie“ nicht als tauglicher Diebstahlsgegenstand (vgl. Wortlaut des § 242 I StGB: „bewegliche Sache“) angesehen wurde und somit keine Strafbarkeit in Betracht kam.

Hinweis:

Wenn Sie Ihre Kenntnisse zum Diebstahl und seinen Voraussetzungen vertiefen wollen, lesen Sie die eingehenden Ausführungen zu diesem Tatbestand in **Fall 3**.

Analogien **zugunsten** des Beschuldigten sind hingegen zulässig (BGHSt 28, 55).

Schärft der Gesetzgeber entsprechend nach, hat er das sog. **Rückwirkungsverbot** zu beachten: Es ist verboten, eine Strafbarkeit rückwirkend einzuführen (oder eine gesetzlich vorgesehene Strafe rückwirkend zu erhöhen). Der Täter kann also nur wegen seines Verhaltens bestraft werden, wenn das Gesetz zum Zeitpunkt der Tat (§ 8 StGB) eben dieses Verhalten bereits wirksam unter Strafe stellte, vgl. § 2 StGB.

Als gesetzliche Strafnorm kommt **im vorliegenden Fall § 303 I StGB** in Betracht.

Wie jede typische Strafvorschrift enthält diese eine sog. **Tatbestandsseite** (wer ... beschädigt oder zerstört) und eine sog. **Rechtsfolgenseite** (..., wird mit ... bestraft). Wollen Sie genau wie die Amtsanwältin im Fall herausfinden, ob sich der Beschuldigte F strafbar gemacht hat, müssen Sie die tatbestandlichen Voraussetzungen der Norm herausarbeiten, die der Beschuldigte erfüllt haben muss, damit das Gesetz seine Bestrafung anordnet. Dann überprüfen Sie anhand des (hier feststehenden) Sachverhalts, ob der Beschuldigte diese Voraussetzungen tatsächlich erfüllt hat. Den letzten Schritt nennt man **Subsumtion**.

Klausurtipp:

Da von Ihnen die Prüfung der Strafbarkeit regelmäßig in Form eines Gutachtens verlangt werden wird, ist der beschriebenen Prüfung der Strafbarkeit stets eine **Hypothese voranzustellen**, die man in einem Gutachten auch als sog. **Obersatz** bezeichnet. Im Anschluss ist dann ergebnisoffen zu überprüfen, ob die Voraussetzungen für Ihre Annahme vorliegen oder nicht (sog. „Gutachtenstil").

Der Obersatz für die Prüfung der Strafbarkeit könnte wie folgt lauten:

Der Beschuldigte F **könnte** sich wegen Sachbeschädigung gem. § 303 I StGB strafbar gemacht haben, indem er mit einem Schraubendreher in den Vorderreifen des Fahrzeugs des B stach und so ein Loch verursachte, durch das die Luft entwich.

1. Der Tatbestand einer Norm

a) Feststellung der Tatbestandsvoraussetzungen

Das o.g. Gesetzlichkeitsprinzip wird durch den **Tatbestand** einer Strafnorm verwirklicht. 5 Der Tatbestand fasst die Merkmale zusammen, die das verbotene Tun beschreiben und vom nicht verbotenen Verhalten abgrenzen. Bei § 303 I StGB bestimmt der Wortlaut folgende Voraussetzungen für eine Bestrafung:

- **wer** (Tatsubjekt)
- eine **fremde Sache** (Tatobjekt der Sachbeschädigung)
- **rechtswidrig** (vgl. hierzu unten stehende Ausführungen)
- **beschädigt oder zerstört** (zwei mögliche alternative Tathandlungen)

Die Voraussetzungen müssen grundsätzlich so konkret beschrieben sein, dass straffreies Verhalten für jeden zweifelsfrei von strafbarem Verhalten unterschieden werden kann. Dieser Umstand lässt sich dem oben bereits erwähnten **Bestimmtheitsgebot** entnehmen. Es ist aber anerkannt, dass Tatbestandsmerkmale mit Hilfe der Gesetzesauslegung unter Berücksichtigung von Rechtsprechung und Literaturmeinungen näher ausgeformt werden dürfen.

b) Definitionen

6 Im Laufe der Jahre haben sich durch gerichtliche Entscheidungen und Veröffentlichungen in Fachzeitschriften, Lehrbüchern oder Kommentaren für die jeweiligen Tatbestandsmerkmale Beschreibungen in Form von **Definitionen** herausgebildet. Diese werden regelmäßig in einschlägigen Kommentaren festgehalten (z.B. Thomas Fischer Kommentar zum StGB, Schönke/Schröder – Kommentar zum Strafgesetzbuch, Münchener Kommentar zum Strafgesetzbuch, vgl. insoweit auch das Literaturverzeichnis dieses Buches).

Klausurtipp:

Den Bearbeitern einer strafrechtlichen Klausur müssen die Definitionen der „gängigen“ Delikte wie Sachbeschädigung, Diebstahl, Körperverletzung und Betrug bekannt sein, da die oben genannten Kommentare in Klausuren regelmäßig nicht zur Verfügung stehen. Im Zweifel hilft nur Auswendiglernen.

Für die Tatbestandsmerkmale der Sachbeschädigung lauten die gängigen Definitionen wie folgt:

- **Wer** = *ein Mensch*
- eine **fremde** = *nach bürgerlichem Recht im Eigentum (irgend-)eines Dritten stehend, also nicht herrenlos oder im Alleineigentum des Täters* (vgl. BGHSt 6, 377 sog. „normatives“ Tatbestandsmerkmal, da es im Hinblick auf die Überprüfung der Eigentumslage eine (zivil-) rechtliche Bewertung nach Maßgabe des BGB beinhaltet).
- **Sache** = *körperlicher Gegenstand* (vgl. Fischer StGB § 303 Rn. 2; auch Tiere, entgegen § 90a BGB, vgl. BayObLG NJW 1993, 2760).
- **beschädigt** = *jede nicht ganz unerhebliche* (vgl. BGHSt 13, 207) ***Substanz****verletzung, aber auch* (Schutzzweck der Norm) *jede*

Verletzung der Form der Sache, durch welche ihre bestimmungsgemäße Funktionstauglichkeit oder (technische) ***Brauchbarkeit*** *nicht nur geringfügig (nachhaltig) beeinträchtigt wird* (vgl. RGSt 66, 205); nicht nur geringfügig: *Beseitigung der Beeinträchtigung erfordert erheblichen Aufwand* vgl. BGHSt 29, 133 (sog. „deskriptives" Tatbestandsmerkmal, keine rechtliche Bewertung erforderlich).

– oder **zerstört** = *eine so weitgehende Beeinträchtigung der Sache, dass ihre Gebrauchsfähigkeit völlig aufgehoben wird, auch die komplette Vernichtung = Beseitigung der Sachsubstanz* (vgl. RGSt 8, 33).

c) Subsumtion

Nach der **Definition** der Tatbestandsmerkmale hat die Amtsanwältin den nach ihrer Auffassung durch Beweismittel nachweisbaren Sachverhalt (siehe zur Nachweisbarkeit die weiter unten stehenden Ausführungen) mit den vorstehenden Voraussetzungen zu vergleichen. 7

Klausurtipp:

Lassen Sie bei der Subsumtion besondere Sorgfalt walten und arbeiten Sie eng am sowie mit dem Sachverhalt. Inhaltsleere Subsumtionen wie „das ist hier unproblematisch der Fall" oder „hier fraglos anzunehmen" sind zu vermeiden. Untermauern Sie Ihre Ergebnisse stets mit Argumenten aus dem Sachverhalt.

Im Fall müsste der beschädigte Reifen des Fahrzeugs des B ein taugliches Tatobjekt sein. Dazu müsste es sich um eine fremde Sache im Sinne der Vorschrift handeln. Eine solche liegt vor, wenn es sich um einen körperlichen Gegenstand handelt, der sich nach bürgerlichem Recht im Eigentum eines Dritten befand, also nicht herrenlos war oder im Alleineigentum des Täters stand. Beim Reifen, der mit dem Fahrzeug des Geschädigten B eine Funktionseinheit bildet, handelt es sich um einen räumlich abgrenzbaren körperlichen Gegenstand, also um eine Sache im Sinne des § 90 BGB. Diese Sache befand sich nicht im Alleineigentum des Täters, sondern im Eigentum des Geschädigten B, vgl. § 903 BGB. Dieses hat er nicht durch das abendliche (ordnungsgemäße) Abstellen des Fahrzeugs vor seinem Haus aufgegeben (sog. Dereliktion, vgl. § 959 BGB), der Reifen war somit nicht „herrenlos" und ist daher als taugliches Tatobjekt der Sachbeschädigung gem. § 303 I StGB anzusehen.

Darüber hinaus müsste der Beschuldigte F den Reifen beschädigt oder zerstört haben (Def. siehe oben). Nach übereinstimmenden und glaubhaften Zeugenangaben der Geschädigten B stach der Beschuldigte mit Hilfe eines Schraubendrehers in den Reifen, verursachte durch seine Tathandlung einen tiefes Loch im Reifen und beeinträchtigte so die Sachsubstanz des Reifens nachhaltig. Auch die Funktionstauglichkeit des Reifens (und damit des gesamten Fahrzeugs) war erheblich eingeschränkt. Ohne zeit- sowie kostenintensive Erneuerung des Reifens war eine Nutzung nicht möglich. Dies stellt eine Beschädigung des Fahrzeugs (ebenso vertretbar: eine Zerstörung des Reifens) im Sinne der Vorschrift dar.

Zwischenergebnis:

Der Beschuldigte hat somit alle Tatbestandsmerkmale des § 303 I StGB erfüllt.

Klausurtipp:

In einer Klausur ist es eher nicht empfehlenswert, alle Tatbestandsmerkmale auf einmal zu definieren und dann den Sachverhalt komplett zu subsumieren. Gerade bei schwierigen Sachverhaltskonstellationen und komplizierten Subsumtionen macht es mehr Sinn, schrittweise vorzugehen und sich jedes Tatbestandsmerkmal einzeln vorzuknüpfen. Hieraus ergibt sich für Ihre Prüfung ein (möglicherweise arbeits- und zeitsparender) „Vierer-Schritt" sowie eine ordentliche Struktur:

1. **Tatbestandsmerkmal** benennen (z.B. „fremde Sache")
2. **Definition** (nur) dieses Tatbestandsmerkmals
3. **Subsumtion** des Sachverhalts nur bezüglich dieses Tatbestandsmerkmals
4. **Zwischenergebnis**: Erfüllt der Sachverhalt das Tatbestandsmerkmal oder nicht? Wenn nein: Prüfung beenden. Wenn ja, Prüfung mit dem nächsten Tatbestandsmerkmal („beschädigen oder zerstören") und dem nächsten „Vierer-Schritt" fortsetzen.

d) Ergänzung des Tatbestandes um Handlung, Kausalität und Vorsatz

8 Tatbestände bei sog. Erfolgsdelikten (z.B. Diebstahl, Betrug, Körperverletzung, Sachbeschädigung etc.) beruhen regelmäßig auf einer **Handlung** des Täters, die **kausal** zu einem **tatbestandlichen Erfolg** führt. Dies gilt nicht bei sog. schlichten Tätigkeitsdelikten, deren Unwertgehalt sich in der Handlung selber erschöpft, z.B. Meineid, § 154 StGB – hier reicht „falsches Schwören" aus, ohne dass den wahrheitswidrigen Angaben auch jemand Glauben schenken müsste.

Die Handlung selber ist ein **ungeschriebenes Tatbestandsmerkmal** und wird gemeinhin als *jedes vom Willen getragene menschliche Verhalten* definiert, durch welches *Veränderungen in der Umwelt verursacht werden*; der Begriff umfasst aktives Tun, aber auch passives Unterlassen (Fischer StGB vor § 13 Rn. 1). In der Strafrechtswissenschaft werden verschiedene **Handlungsbegriffe** vertreten; dieser Meinungsstreit (hierzu Fischer StGB vor § 13 Rn. 3 ff.) hat Auswirkungen für den weiteren Aufbau der Strafbarkeitsprüfung.

Nach einer Auffassung (sog. **kausaler** Handlungsbegriff) ist als Handlung jede durch willentliches Verhalten bewirkte Veränderung der Außenwelt zu verstehen. Es ist für das Verständnis dieses Handlungsbegriffs gleichgültig, ob der konkrete Erfolg auch erzielt werden sollte, ob er also zumindest vorgesehen und gebilligt wurde. Kausal ist die Handlung bereits dann, wenn sie nicht hinweg gedacht werden kann, ohne dass der tatbestandliche Erfolg entfällt (sog. **conditio sine qua non-Formel**).

Infolgedessen ist die Frage, ob ein Täter vorsätzlich (also bewusst und gewollt) handelte, nicht im Rahmen des Tatbestandes zu erörtern, sondern wird als Element der persönlichen Vorwerfbarkeit, also der **Schuld** angesehen (BGHSt 2, 194).

Nach einer weiteren Auffassung (sog. **finaler** Handlungsbegriff) ist eine Handlung ein bewusstes und vom steuernden Willen beherrschtes, zielgerichtetes menschliches Verhalten. Eine Handlung liegt also nur vor, wenn der eingetretene Erfolg, der kausal durch die Handlung eingetreten ist, auch aus Sicht des Täters eintreten sollte. Folglich ist die Frage, ob ein Täter vorsätzlich handelte, im Rahmen des Tatbestandes und zwar des sog. **subjektiven Tatbestandes** zu prüfen.

Hinweis:

In einer Klausur brauchen Sie diesen Streit nicht zu erörtern, da die Auseinandersetzung heute an Bedeutung verloren hat. Die vorstehenden Ausführungen dienen nur dem besseren Verständnis. Es wird empfohlen, dem **finalen Handlungsbegriff** zu folgen und die Prüfung des Tatbestandes beim vorsätzlichen Erfolgsdelikt anhand des folgenden Schemas vorzunehmen.

Aufbau der Strafbarkeitsprüfung, wenn man der finalen Handlungslehre folgt:

I. Tatbestand

1. Objektiver Tatbestand

a. Tathandlung (= Stich mit dem Schraubendreher in den Reifen)

b. Tatbestandserfolg (= Beschädigung/Zerstörung einer fremden Sache im Sinne des § 303 I StGB; es ist zu prüfen, ob der tatsächlich eingetretene Erfolg das Tatbestandsmerkmal erfüllt.)

c. Kausalität der Tathandlung für den Taterfolg (= wenn die Tathandlung nicht hinweggedacht werden kann, ohne dass der Erfolg entfiele, ist die Kausalität zu bejahen; sog. conditio sine qua non-Formel)

2. Subjektiver Tatbestand

Es ist zu prüfen, ob der Täter die Tatbestandsmerkmale des objektiven Tatbestands bewusst und gewollt (also vorsätzlich, s.u.) erfüllt hat.

e) Vorsatz

9 Dass zusätzlich zu dem in einer strafrechtlichen Norm enthaltenen objektiven Tatbestand im subjektiven Tatbestand ein **Vorsatz** zu prüfen ist, ergibt sich auch aus der Vorschrift des **§ 15 StGB**. Hiernach ist grundsätzlich nur vorsätzliches Handeln strafbar, wenn nicht das Gesetz fahrlässiges Verhalten ausdrücklich mit Strafe bedroht. Letzteres ist z.B. bei der fahrlässigen Körperverletzung gem. § 229 StGB oder der fahrlässigen Tötung gem. § 222 StGB der Fall. Die Sachbeschädigung ist nur als vorsätzliche strafbar, eine „fahrlässige Sachbeschädigung" hat der Gesetzgeber nicht unter Strafe gestellt.

Was genau unter Vorsatz bzw. Fahrlässigkeit zu verstehen ist, überließ der Gesetzgeber in weiten Teilen der Ausformung durch Literatur und gerichtliche Praxis. Lediglich in **§ 16 I StGB** findet sich ein Hinweis. Der Täter muss **bei Begehung der Tat** alle Umstände **kennen**, die zum gesetzlichen Tatbestand gehören, ansonsten handelt er nicht vorsätzlich. Hieraus lässt sich ein sog. „**Wissens**-Element" beim Vorsatz ableiten. Hinzu kommt nach herrschender Meinung aber auch ein „voluntatives Element", d.h. dass der Täter genau diese Umstände auch herbeiführen **will** (vgl. Fischer StGB § 15 Rn. 3).

Nach einer (ungenauen) Kurzformel wird der Vorsatz daher häufig als „**Wissen und Wollen der Tatbestandsverwirklichung**" bezeichnet (BGHSt 36, 1, 9 f.), wobei sich die jeweilige Ausprägung der Elemente ganz unterschiedlich darstellen kann (s.u.).

Ungenau ist die Formel deswegen, weil sowohl derjenige, der bei der Tat keinerlei Bewusstsein hat, einen Straftatbestand zu verwirklichen, als auch derjenige, der einen bestimmten Tatbestandserfolg gar nicht (unbedingt) will, vorsätzlich handeln kann.

Das Vorstellungsbild des Täters muss sich auf die tatsächlichen **Umstände** beziehen, welche die Tatbestandsmerkmale ausfüllen. Der Täter muss folglich nicht realisieren, dass sein Verhalten ein strafrechtliches Tatbestandsmerkmal erfüllt; er muss sich aber der tatsächlichen Umstände bewusst sein und diese herbeiführen wollen bzw. er muss beim Erfolgsdelikt bewusst und gewollt einen bestimmten Erfolg herbeiführen.

Es werden – je nach Ausprägung der beiden Merkmale Wissen und Wollen – **drei verschiedene Vorsatzformen** unterschieden. In absteigender Reihenfolge (also schwächer werdend) sind dies: **Absicht**, **direkter Vorsatz** und **bedingter Vorsatz.**

aa) Absicht (sog. dolus directus 1. Grades)

Absicht 10

Dominierendes Wollenselement:	**(evtl.) zurücktretendes Wissenselement:**
Täter **strebt** die TB-Verwirklichung/den Erfolg **zielgerichtet an**.	Täter hält den Erfolgseintritt (mindestens) für möglich.
(vgl. BGHSt 18, 151)	

Hinsichtlich des Wissens-Elements kann der Beschuldigte künftige Tatsachen und Umstände i.d.R. nicht 100%ig „wissen", sondern nur „meinen", „davon ausgehen", „sich sicher sein" oder vielleicht auch nur „vielleicht für möglich halten", dass diese geschehen werden (BGHSt 35, 328). Selbst das letzte Werturteil reicht aber für das Wissenselement beim Vorsatz 1. Grades aus. Hält der Beschuldigte den Erfolgseintritt mindestens für möglich, will er aber den tatbestandlichen Erfolg unbedingt und stellt er alle Bedenken zur Erfüllung seines Ziels hinten an, handelt er **absichtlich**.

bb) Direkter Vorsatz (dolus directus 2. Grades)

11 **Direkter Vorsatz**

Dominierendes Wissenselement:	**Zurücktretendes Wollenselement:**
Der Täter **sieht sicher voraus**, dass er den Tatbestand verwirklichen wird.	Er billigt zumindest den Taterfolg, weil dieser die unvermeidliche (wenn auch vielleicht sogar ungewollte Folge) seines Handelns ist.

Der Beschuldigte, der mit direktem Vorsatz handelt, setzt durch seine Handlung die Kausalkette für einen tatbestandlichen Erfolg ganz bewusst in Gang und sieht auch die Verwirklichung des Tatbestandes sicher voraus. Ein Wollen dieser Verwirklichung im Sinne eines „es kommt mir darauf an", „ich hätte es gern", „schön wäre es wenn" wird beim direkten Vorsatz (2. Grades) nicht verlangt. Mindestvoraussetzung des Wollenselementes ist ein zumindest „billigendes in Kauf nehmen" des Taterfolges. Dieser kann sogar eine äußerst ungeliebte Folge des eigenen Handelns sein.

Hierzu ein „klassisches" Beispiel: Ein Kapitän verschließt die Schotten des Laderaums seines Schiffes, in dem sich nach seinem Wissensstand 2 Seeleute befinden. Er will hierdurch ein Übergreifen des durch ein Leck eindringenden Wassers auf den Rest seines Schiffes verhindern und so den Rest der Besatzung und die Gäste retten. Die 2 Seeleute ertrinken – in diesem Fall muss man die Tötung der beiden Seeleute als direkt vorsätzlich bezeichnen (Anm.: sein Verhalten könnte aber eventuell ausnahmsweise über § 35 StGB zu entschuldigen sein).

Der Begriff „wissentlich" wird im Strafgesetzbuch im Sinne eines direkten Vorsatzes verwendet, für ein Handeln „wider besseres Wissen" (z.B. in §§ 164, 187, 278 StGB) reicht es nicht aus, dass der Täter die Unrichtigkeit seiner Vorstellung nur für möglich hält (vgl. Fischer StGB § 15 Rn. 9 m.w.N.).

cc) Bedingter Vorsatz (dolus eventualis o. Eventualvorsatz)

Eventualvorsatz 12

Wissenselement:

Der Täter hält die Tatbestandsverwirklichung für möglich / vllt. sogar wahrscheinlich.

Wollenselement:

Der Täter nimmt den Erfolg billigend in Kauf (herrschende Einwilligungs- oder **Billigungstheorie**; str.). **„na wenn schon“**, **„egal“** (nicht: **„wird gut gehen“**)

Ist der Beschuldigte über die Folgen seines Handelns informiert und hält er im Hinblick hierauf die Beeinträchtigung eines Rechtsgutes zumindest für möglich, reicht dies für das Wissenselement hinsichtlich der Umstände, die die Tatbestandsverwirklichung ausmachen, aus. Nach der herrschenden Lehre und der Rechtsprechung gilt für die Wollenskomponente die sog. **Billigungstheorie** (vgl. BGHSt 7, 363), nach der erforderlich aber auch ausreichend ist, wenn der Täter den Erfolgseintritt zumindest billigt / **billigend in Kauf nimmt**. Lässt sich also ein unbedingter Handlungswille und immerhin ein bedingter Erfolgswille feststellen, reicht dies für bedingt vorsätzliches Handeln aus (sog. dolus eventualis oder Eventualvorsatz).

Klausurtipp:

Für die Verwirklichung aller vorsätzlichen Delikte reicht – soweit im Tatbestand des Delikts nichts anderes normiert ist – regelmäßig die schwächste Form des Vorsatzes, also **bedingter Vorsatz**, aus. In einer Klausur muss daher nicht unbedingt entschieden werden, welchen der drei möglichen Vorsatzgrade der Täter verwirklicht hat, wenn bei ihm zumindest das Vorliegen eines Eventualvorsatzes festgestellt werden kann.

Der Eventualvorsatz ist regelmäßig zur **bewussten Fahrlässigkeit** abzugrenzen. Dies geschieht nach der o.g. Rechtsprechung über den **Willensfaktor** (sog. voluntatives Element). Die innere Einstellung des Täters zum Taterfolg ist also entscheidend.

Reflektiert der Beschuldigte über einen möglichen tatbestandlichen Erfolg, hält den Eintritt dieses Erfolges auch für möglich (sog. kognitives Element), vertraut aber (unwiderlegbar, Achtung: Schutzbehauptungen möglich, Frage der Beweiswürdigung) auf den Nichteintritt des Erfolges und denkt unwiderlegbar – also nach einer Gesamtwürdigung objektiver und subjektiver Anhaltspunkte –, sein Handeln **„werde schon gut gehen"**, so fehlt es am Erreichen der Mindestgrenze für den strafbegründenden bedingten Vorsatz, ein hinreichender Tatverdacht wegen vorsätzlicher Begehung fehlt.

Es muss dann aber konsequenterweise gem. **§ 16 I S. 2 StGB** eine mögliche Strafbarkeit wegen fahrlässiger Begehung geprüft werden. So käme z.B. bei einer Körperverletzung § 229 StGB im Hinblick auf eine Sorgfaltspflichtverletzung des Beschuldigten (Fehleinschätzung der Sachlage, nicht hinreichend umsichtiges Vorgehen) in Betracht.

Hinweis:

Weitere Ausführungen zum Fahrlässigkeitsdelikt in einer Klausur finden sich in **Fall 6.**

Die Grenze zwischen bedingtem Vorsatz und bewusster Fahrlässigkeit ist sehr schmal, die Frage oftmals nur ganz schwer zu entscheiden (vgl. z.B. BGH NJW 2020, 2900 zum „Berlin-Raser" Verfahren). Der Beschuldigte wird im Hinblick auf den regelmäßig geringeren Strafrahmen des Fahrlässigkeitsdelikts häufig versuchen, ein „Billigen" des tatbestandlichen Erfolges in Abrede zu stellen. Dies kann gegebenenfalls durch den äußeren Ablauf des Geschehens und weitere Tatumstände (Zeugenaussagen, eigene Aufzeichnungen) widerlegbar sein.

Im Fall hat der Beschuldigte F über seine Motive keinerlei Auskunft gegeben und von seinem Schweigerecht Gebrauch gemacht. Dennoch kann man aufgrund der objektiven Art und Weise der Tatbegehung, die aufgrund der glaubhaften Zeugenaussagen des Geschädigten B und seiner Frau mit einer zur Verurteilung in der Hauptverhandlung erforderlichen Sicherheit anzunehmen sein dürfte, auf das subjektive Vorstellungsbild des Beschuldigten schließen. Im Hinblick auf den Streit um das Parkverhalten, die zielgerichtete Vorgehensweise des Beschuldigten und den offenbar bewusst für nachts geplanten Stich in den Vorderreifen ist davon auszugehen, dass er die Beschädigung des Fahrzeugs sehr bewusst und geplant durchgeführt hat. Das Entweichen der Luft aufgrund der Beschädigung und die Beeinträchtigung der Funktionstauglichkeit des Autos waren Folgen, die er unmittelbar angestrebt haben dürfte. Daher hat der Beschuldigte mit dolus directus 1. Grades (Absicht) eine Handlung durchgeführt, die kausal zum tatbestandlichen Erfolg (Beschädigung des Reifens/Fahrzeugs) geführt hat.

f) Zwischenergebnis

Der Beschuldigte hat somit nicht nur alle objektiven Tatbestandsmerkmale einer Sachbeschädigung verwirklicht, sondern auch hinsichtlich der Umstände, die diese Verwirklichung ausmachen, mit dolus directus 1. Grades gehandelt, so dass von einer kompletten Tatbestandsverwirklichung des (objektiven und subjektiven) Straftatbestandes des § 303 I StGB auszugehen ist. 13

Die aufmerksamen Leser unter Ihnen fragen sich an dieser Stelle vielleicht, warum bisher nicht angesprochen wurde, dass der Beschuldigte die Sache auch **rechtswidrig** beschädigt hat, obwohl dies doch im gesetzlichen Tatbestand des § 303 I StGB ausdrücklich aufgeführt wird. Die h.M. ist der Auffassung, dass es sich bei der „rechtswidrigen" Beschädigung nicht um ein klassisches Tatbestandsmerkmal handelt, sondern dass dies nur ein Hinweis auf die „allgemeine Rechtswidrigkeit" der Tat sei (vgl. zum Streitstand Fischer StGB § 303 Rn. 16).

Was bedeutet das?

2. Rechtswidrigkeit der Tat

Die Grundfrage auf der Wertungsebene der Rechtswidrigkeit lautet: Steht die konkrete Rechtsgutbeeinträchtigung des Beschuldigten unter Berücksichtigung des Gesamtgeschehens im Widerspruch zur Rechtsordnung und verdient die Tat die Bezeichnung als Unrecht? In aller Regel ist davon auszugehen, dass sich das Verhalten einer Person, die den Tatbestand einer Strafrechtsnorm vollständig erfüllt, gegen die Rechtsordnung richten wird. Die Tatbestandsmäßigkeit indiziert also regelmäßig die Rechtswidrigkeit. 14

Es gibt aber nach dem Willen des Gesetzgebers Regelungen, die für einzelne Ausnahmefälle (z.B. Konfliktsituationen) das im Straftatbestand formulierte Verbot aufheben und das rechtsgutverletzende Verhalten des Täters im Einzelfall erlauben. Diese Ausnahmetatbestände werden als sog. **Erlaubnistatbestände** oder **Rechtfertigungsgründe** bezeichnet. Ein numerus clausus, also ein abschließender Katalog für Rechtfertigungsgründe, existiert insoweit nicht.

Erlaubnistatbestände finden sich zum einen im Strafgesetzbuch selber. Klassische Rechtfertigungsgründe sind hier z.B. **Notwehr** gem. § 32 StGB, **Notstand** gem. § 34 StGB und die **Einwilligung**, § 228 StGB – letztere ist im StGB ausdrücklich nur für die Körperverletzungsdelikte geregelt, wird von der Rechtsprechung aber auch auf andere Straftatbestände übertragen. Hier gilt das oben angesprochene **Analogieverbot nicht**, da es sich bei der entsprechenden Anwendung eines Rechtfertigungsgrundes um eine **Analogie zugunsten(!)** des Täters handelt.

Es gilt darüber hinaus das Prinzip der Einheitlichkeit der Rechtsordnung. Wenn ein Verhalten in einem Rechtsgebiet (z.B. im Zivilrecht) erlaubt ist, kann es im Strafrecht nicht verboten sein. Dies hat zur Folge, dass auch Erlaubnissätze aus anderweitigen

Rechtsgebieten als Rechtfertigungsgrund im Strafrecht in Betracht kommen. Beispielhaft aufgeführt seien hier die **zivilrechtlichen** Notstandsvorschriften der §§ 228, 904 BGB, die Selbsthilfevorschriften des BGB sowie die Vorschriften der Polizeigesetze aus dem Bereich des öffentlichen Rechts. Auch in der **Strafprozessordnung** finden sich eine Reihe von Erlaubnistatbeständen, z.B. §§ 81 ff StPO und das Festnahmerecht für jedermann, § 127 I StPO. Sogar **gewohnheitsrechtlich** (also außerhalb des Gesetzes) anerkannt sind die sog. rechtfertigende Pflichtenkollision (beim Unterlassungsdelikt, wenn mehrere Handlungspflichten zusammenkommen, man aber nur eine dieser Pflichten erfüllen kann) oder die mutmaßliche Einwilligung in die Verwirklichung eines Tatbestandes, wenn eine tatsächliche Einwilligung des Rechtsgutinhabers nicht eingeholt werden kann.

Im Fall ist kein solcher Rechtfertigungsgrund ersichtlich, der dem Beschuldigten den Stich mit dem Schraubendreher und die hierdurch verursachte Sachbeschädigung ausnahmsweise gestatten würde. Das von den Zeugen geschilderte Streitgespräch am selben Tag reicht nicht ansatzweise aus, um eine „Konfliktsituation" im Sinne der Erlaubnistatbestände Notwehr oder Notstand (diese verlangen einen gegenwärtigen Angriff bzw. eine aktuelle Gefahrenlage als Voraussetzung für ein Handeln) anzunehmen. Der Beschuldigte – sollte sich sein Verhalten in der Hauptverhandlung so darstellen wie es die Ermittlungsakte vermuten lässt – ist schlicht rechtsfeindlich eingestellt und sinnt darauf, den Eigentümern des Fahrzeugs zu schaden und ihnen einen „Denkzettel" zu verpassen.

Er handelte somit rechtswidrig.

> **Hinweis:**
>
> Vergleichen Sie bitte zum Aufbau der Prüfung bei Vorliegen eines Rechtfertigungsgrundes am Beispiel der Notwehr die Ausführungen zu **Fall 3.**

3. Schuld des Täters

15 Während es bei der Prüfung des Tatbestandes allein um die Klärung der Frage geht, ob das Gesetz ein Verhalten grundsätzlich unter Strafe stellt, ist bei der Rechtswidrigkeit zu prüfen, ob die Tat auch im konkreten Fall im Widerspruch zur Rechtsordnung steht.

Noch offen und im Rahmen einer Strafbarkeitsprüfung abschließend festzustellen ist, ob dem individuellen Täter für sein Verhalten ein persönlicher Vorwurf zu machen ist. Erst wenn ihm auch dieser ganz konkrete **Schuld-Vorwurf** gemacht werden kann, kann seine Bestrafung erfolgen, vgl. **§ 46 I StGB**. Hingegen kann die Anordnung einer sog. „Maßregel der Besserung und Sicherung" gem. §§ 63, 64, 69 StGB auch ohne Schuld verhängt werden, da diese in die Zukunft gerichtet ist, also keine Sanktion darstellt.

Aus der bisherigen Darstellung ergibt sich für die Prüfung der Strafbarkeit einer Person wegen eines vorsätzlichen vollendeten Delikts (unabhängig davon, um welches Delikt es sich handelt) der folgende **„dreistufige" Aufbau**: 16

I. Tatbestand der Norm

1. Objektiver Tatbestand

– Prüfung der objektiven Tatbestandsmerkmale (plus ggf. Handlung / Kausalität – letztere Punkte nur, wenn problematisch)

2. Subjektiver Tatbestand

– Prüfung des Vorsatzes sowie evtl. subjektiver Tatbestandsmerkmale

II. Rechtswidrigkeit

– Überprüfung von Rechtfertigungsgründen

III. Schuld

– Individueller Vorwurf an den Täter

Es gibt keine gesetzliche Definition für den Begriff der **Schuld**. Nach Auffassung des BGH (BGHSt 2, 194 ff.) handelt schuldhaft, *wer sich nicht zu einem rechtmäßigen Handeln motivieren lässt, obwohl er sich bzw. ein durchschnittlicher Mensch an seiner Stelle zu Gunsten des Rechts hätte entscheiden können*. Hierbei werden mehrere Komponenten unterschieden, die gemeinsam die Schuld ausmachen:

- die **Schuldfähigkeit** des Täters
- **besondere Schuldmerkmale**
- die **Schuldformen**
- das **Unrechtsbewusstsein** des Täters
- das Fehlen von **Entschuldigungsgründen**

a) Schuldfähigkeit

Die Schuldfähigkeit wird in § 20 StGB definiert als die Fähigkeit, das Unrecht der Tat 17
einzusehen oder nach dieser Einsicht zu handeln, letztlich also *die Fähigkeit, Verbote und Gebote des Rechts erkennen zu können oder sich von dieser Einsicht bestimmen und leiten zu lassen* (vgl. Fischer StGB § 20, Rn. 2 ff.). Das Gesetz regelt die Schuld-

fähigkeit an unterschiedlichen Stellen und unterscheidet insoweit zwischen altersabhängiger Schuldfähigkeit und der Schuldunfähigkeitsfeststellung im Einzelfall, vgl. **§§ 19, 20, 21 StGB**.

Die Strafmündigkeit beginnt erst mit der Vollendung des 14. Lebensjahres, vgl. § 19 StGB. Das bedeutet, dass **Kinder unter 14 Jahren** grundsätzlich und umfassend als **schuldunfähig** gelten; diese Vermutung der mangelnden Einsichtsfähigkeit ist auch mit guten Gründen nicht zu widerlegen. Eine Bestrafung oder die Anordnung einer Maßregel scheidet daher in jedem Fall aus. Die absolute Schuldunfähigkeit gem. § 19 StGB wird daher auch als **Verfahrenshindernis** (oder Prozesshindernis, s.o.) angesehen.

Bei **Jugendlichen**, also Personen, die 14, aber noch nicht 18 Jahre alt sind (vgl. **§ 1 II JGG**), muss die **Schuldfähigkeit positiv festgestellt** werden, **§ 3 JGG**. Es ist also im Einzelfall zu ermitteln, ob der Jugendliche nach seiner geistigen und sittlichen Entwicklung reif genug war, das Unrecht der Tat einzusehen und nach dieser Einsicht zu handeln. Wird seine Schuldfähigkeit festgestellt, ergeben sich die besonderen Rechtsfolgen für das Handeln des Jugendlichen aus dem JGG, das dem Erziehungsgedanken folgt und daher neben Jugendstrafe, § 17 f. JGG, einen bunten Strauß von (im besten Fall pädagogisch sinnvollen) Erziehungsmaßregeln i.S.d. §§ 9 ff. JGG oder sog. „Zuchtmitteln“, vgl. § 13 II JGG, ausspricht. Zuchtmittel sind die Verwarnung, § 14 JGG, die Erteilung von Auflagen (z.B. Sozialstunden), § 15 JGG, oder der Jugendarrest (in Form von Freizeit-, Kurz- oder Dauerarrest), § 16 JGG.

Hinweis:

Vergleichen Sie zur Thematik der Vollstreckung von Jugendarrest die Ausführungen zu **Fall 10.**

Als **Heranwachsende** werden Personen bezeichnet, die 18, aber noch keine 21 Jahre alt sind, vgl. **§ 1 II JGG**. **Erwachsen** ist man folglich erst ab Vollendung des **21. Lebensjahres**. Bei beiden wird das Vorliegen einer hinreichenden geistigen Reife und eine Einsichtsfähigkeit im Sinne einer **Schuldfähigkeit grundsätzlich vermutet**. Für Heranwachsende gilt dies, weil § 105 II JGG (Verweisungsvorschrift auf das Recht über Jugendliche) nicht auf § 3 JGG verweist. Ist ein Heranwachsender nach seiner geistigen Entwicklung einem Jugendlichen gleichgestellt bzw. begeht er eine jugendtypische Verfehlung, ergeben sich die Rechtsfolgen für ihn auch aus dem JGG; ist er einem Erwachsenen gleichzustellen, wird er auch wie ein solcher bestraft.

Für Heranwachsende und Erwachsene gelten die gesetzlich bestimmten Ausnahmen des **§ 20 StGB** (Schuldunfähigkeit) und des **§ 21 StGB** (verminderte Schuldfähigkeit).

Die in **§ 20 StGB** beschriebenen **Schuldunfähigkeitsgründe** entstammen einer biologisch-psychologischen Merkmalskombination. Darunter fallen krankhafte seelische Störungen (Psychose, Schizophrenie, manisch-depressives Verhalten), Schwachsinn (angeborene Intelligenzschwäche), andere seelische Abartigkeit (schwere Neurosen, Triebstörung, Psychopathien). Es muss festgestellt werden, ob im Hinblick auf eine dieser Ursachen die Unrechtseinsicht für das konkrete Delikt bzw. das für die Schuld erforderliche Steuerungsvermögen fehlt.

Die für die Praxis und auch Klausuren (insbesondere bei Straßenverkehrsdelikten) 18
relevanteste Variante dürfte die „krankhafte seelische Störung" sein, weil hierunter auch der **Alkohol- bzw. Drogenrausch** eingeordnet wird, da hierdurch eine vorübergehende Beeinträchtigung der Hirntätigkeit und damit eine akute Intoxikationspsychose ausgelöst werde (Fischer StGB § 20 Rn. 11), die bis zur Aufhebung der Schuldfähigkeit reichen kann. Manche sehen dies eher als „tiefgreifende Bewusstseinsstörung" im Sinne der Vorschrift an.

Eine **alkoholbedingte Schuldunfähigkeit** jedenfalls wird bei den meisten Delikten für durchschnittlich gewöhnte Trinker ab **ca. 3,0 Promille** angenommen, bei Tötungsdelikten erst ab ca. 3,3 Promille. Dieser Wert ist nicht als absoluter Wert zu verstehen, was bedeutet, dass trotz Erreichens dieses Grenzwertes aufgrund der Tatumstände sowie der Persönlichkeit des Täters („Pegel-Trinker") seine Schuldfähigkeit bejaht werden kann. Der Promillewert, den der Täter zum Tatzeitpunkt hatte, steht in der Regel nicht fest, sondern ist anhand des bei einer Untersuchung der Blutalkoholkonzentration (= BAK) festgestellten Wertes mit Hilfe einer (in diesem Fall täterfreundlichen) Rückrechnung zu ermitteln. Hierbei rechnet man mit einem durchschnittlichen maximalen stündlichen Abbauwert von 0,2 Promille zuzüglich eines einmaligen Sicherheitszuschlags von 0,2 Promille ab Tatzeitpunkt (BGHSt 37, 231 – Berechnung nach Zink/Reinhardt; vgl. auch Fischer StGB § 20 Rn. 13).

Berechnungsbeispiel: Tatzeit (und damit – soweit nichts anderes bekannt – Trinkende) = 10 Uhr; Blutprobe um 13 Uhr mit 1,8 Promille.

> Berechnung: 3 Stunden seit der Tat x 0,2 Promille = 0,6 Promille plus einmaliger Sicherheitszuschlag von 0,2 Promille = 0,8 Promille; die Tatzeit–BAK lag somit höher als die bei der Untersuchung festgestellte BAK, d.h. bei 2,6 Promille.

Fehlt eine Blutprobe, ermittelt man die Tatzeit BAK anhand der sog. Widmark-Formel (vgl. dazu Fischer StGB § 20 Rn. 14 ff.)

Es ist allerdings zu berücksichtigen, dass die Berechnung einer möglichen alkoholbedingten Fahruntauglichkeit bei § 316 StGB, die zur Bestrafung des Täters führt – ebenfalls täterfreundlich – nach einem **anderen Maßstab erfolgt**. Hier wird lediglich mit einem minimalen Abbauwert von 0,1 Promille und ohne Sicherheitszuschlag zurückgerechnet, darüber hinaus werden die ersten beiden Stunden nach Trinkende bei regelmäßigem Trinkverlauf aus der Rückrechnung ausgenommen (BGH NJW 1974, 246).

Berechnungsbeispiel: Tatzeit und Trinkende 10 Uhr, Blutprobenentnahme um 13 Uhr mit einer BAK von 0,8 Promille.

> Berechnung: 0,8 Promille plus 0,1 Promille (2 Stunden bleiben ausgenommen) – also Tatzeit BAK: 0,9 Promille – keine absolute Fahruntüchtigkeit im Sinne des § 316 StGB, die beim Führen eines Pkw bei 1,1 Promille beginnt (BGHSt 37, 89), bei Radfahrern bei 1,6 Promille (neuere Rspr.: u.a. OLG Celle NJW 1992, 2169).

Eine **verminderte Schuldfähigkeit** liegt vor, wenn die Einsichts- oder Steuerungsfähigkeit aus den oben genannten Gründen zwar nicht komplett aufgehoben, aber doch erheblich vermindert ist. Auch dies muss regelmäßig durch ein Sachverständigengutachten festgestellt werden. Hiervon wird im Falle des Alkoholkonsums ab ca. **2,0 Promille** ausgegangen. In diesem Fall wird der Täter zwar bestraft, allerdings kommt für ihn eine Strafmilderung gem. § 49 StGB in Betracht.

Im Fall wurde der Beschuldigte am 29.05.1965 geboren, war somit im Zeitpunkt der Tatbegehung (weit) über 21 Jahre alt und ist damit als Erwachsener einzustufen. Seine Schuldfähigkeit wird also vermutet. Anhaltspunkte für Ausnahmen nach den §§ 20 oder 21 StGB wurden im Rahmen der Ermittlungen nicht festgestellt, so dass es keinerlei Gründe gibt, von dieser Vermutung abzuweichen. Er war also schuldfähig.

b) Besondere Schuldmerkmale

19 Die sog. besonderen Schuldmerkmale bezeichnen eine bestimmte schuldrelevante Motivation des Täters (Gesinnung), Bsp.: „böswillig" i.S.d. § 225 StGB oder „rücksichtslos" i.S.d. § 315c I StGB. Diese müssen auf der Ebene der Schuld festgestellt werden, sollte sie der Tatbestand einer Norm (ausnahmsweise) voraussetzen.

Im Fall setzt § 303 I StGB keine besonderen Schuldmerkmale voraus, eine prüfende Darstellung erübrigt sich daher.

> **Klausurtipp:**
>
> Wenn – wie hier – ein Merkmal keine Rolle spielt, brauchen Sie darauf in der Lösung Ihrer Klausur nicht einzugehen. Sollte ein Merkmal zwar relevant sein, aber offenkundig und ohne erkennbare Probleme vorliegen, können Sie vom „Gutachtenstil" in den sog. „Urteilsstil" wechseln. Sie stellen das Ergebnis voran (Merkmal liegt vor / liegt nicht vor) und begründen dieses in der gebotenen Kürze (weil...). Das spart Zeit und zeigt dem Korrektor, dass Sie in der Lage sind, Problematisches vom Unproblematischen zu trennen und richtige Schwerpunkte zu setzen.

c) Schuldformen

Das Strafrecht unterscheidet grundsätzlich zwischen zwei Schuldformen, dem **Vorsatz** und der **Fahrlässigkeit**, § 15 StGB. Um Wiederholungen zum Vorsatz zu vermeiden, wird auf die oben stehenden Ausführungen verwiesen. 20

Für die Vertreter der finalen Handlungslehre (s.o.), die den Vorsatz bereits im subjektiven Tatbestand erörtern, bleibt für Ausführungen zum Vorsatz auf der Ebene der Schuld eigentlich kein Raum mehr. Zur Schuldform ist dann bei der Schuldprüfung nichts mehr zu sagen. Nur, wenn der Täter einem sog. **Erlaubnistatbestandsirrtum** unterliegt (sich also die Voraussetzungen eines tatsächlich gar nicht vorliegenden Rechtfertigungsgrundes lediglich vorstellt), dann ist nach der herrschenden rechtsfolgenverweisenden eingeschränkten Schuldtheorie bei der **Schuld** zu erörtern, ob als Folge des Irrtums die sog. **Vorsatzschuld** bzw. der sog. **Vorsatzschuldvorwurf,** der als Teil des Vorsatzes angesehen wird, entfällt und dies zu einer Straflosigkeit des Täters führt. Nähere Ausführungen dazu würden den Rahmen des Buches sprengen, so dass auf eine weitere Darstellung verzichtet wird (vgl. zum Problemfeld Fischer StGB § 16 Rn. 20ff.).

Im Fall wurde vorsätzliches Handeln des Beschuldigten bereits im subjektiven Tatbestand des § 303 I StGB bejaht, so dass hier keine weitere Prüfung erfolgen muss.

d) Unrechtsbewusstsein

Die Schuld ist ausgeschlossen, wenn dem Täter bei Begehung der Tat die Einsicht fehlt, Unrecht zu tun. Man spricht dann von einem sog. **Verbotsirrtum gem. § 17 S. 1 StGB**. Verkennt der Täter unverständig die Rechtswidrigkeit der Tat und den Umstand, dass sein Tun oder Unterlassen gegen die durch verbindliches Recht erkennbare Wertordnung verstößt (vgl. BGHSt 2, 202), fehlt ihm die erforderliche Unrechtseinsicht. Ein Verbotsirrtum führt allerdings gem. **§ 17 S. 1 StGB** nur zur Straflosigkeit, wenn er **unvermeidbar** ist. Hierzu wird verlangt, dass der Täter auch bei größter Anspannung seiner Gewissenskräfte aufgrund seiner intellektuellen Fähigkeiten, seiner Bildung und Sozialisation nicht erkennen kann, dass er gerade Unrecht begeht. Wenn dem Täter also sein Vorhaben schon hätte Anlass geben müssen, über dessen mögliche Strafbarkeit nachzudenken, ist von einer Vermeidbarkeit auszugehen (vgl. BGH NStZ 2016, 460). Bei Zweifeln hat er sich (bei einer geeigneten Person) zu erkundigen. Wäre er auf diesem Wege zur Unrechtseinsicht gekommen, war der Irrtum jedenfalls vermeidbar. 21

Im Fall fehlen jegliche Anhaltspunkte für ein fehlendes Unrechtsbewusstsein oder eine Irrtumsproblematik beim Beschuldigten, so dass hierzu keine Ausführungen erfolgen müssen.

e) Entschuldigungsgründe

22 Während auf der Ebene der Rechtswidrigkeit sog. Rechtfertigungsgründe (oder Erlaubnistatbestände) zu überprüfen sind, die gegebenenfalls zur Straflosigkeit des Beschuldigten führen können, sind auf der Ebene der Schuld sog. **Entschuldigungsgründe** zu prüfen. Die Liste der in Frage kommenden Entschuldigungsgründe ist nicht sonderlich lang, stellen diese doch in der Regel ganz besondere Voraussetzungen auf, bevor man die persönliche Vorwerfbarkeit für den Täter entfallen lässt. Eine „Entschuldigung", die zur Straflosigkeit führt, ist nämlich nur in ganz besonderen Konfliktsituationen für den Beschuldigten zu erwägen.

Gesetzlich normiert sind insbesondere der **entschuldigende Notstand gem. § 35 StGB** und der **Notwehrexzess gem. § 33 StGB**. Diskutiert (aber sehr umstritten) werden darüber hinaus auch ein sog. übergesetzlicher entschuldigender Notstand, der auch Pflichtenkollision genannt wird, sowie eine Entschuldigung des Täters wegen „Unzumutbarkeit normgemäßen Verhaltens" – ein zugegeben äußerst vager Maßstab.

Im Fall fehlen Anhaltspunkte für etwaige Entschuldigungsgründe nach Aktenlage ganz, so dass hier eine Entschuldigung des Tatverdächtigen nicht in Betracht kommt.

4. Ergebnis zur Frage der Strafbarkeit des Beschuldigten:

23 Der Beschuldigte handelte tatbestandsmäßig, er erfüllte den objektiven und subjektiven Tatbestand der Sachbeschädigung gem. § 303 I StGB. Er handelte rechtswidrig, für das Vorliegen eines Erlaubnistatbestandes bestanden keinerlei Anhaltspunkte (s.o.). Da der Beschuldigte auch schuldhaft handelte, hat er sich nach **§ 303 I StGB** wegen einer **Sachbeschädigung** strafbar gemacht.

C. Nachweis der Täterschaft – Entscheidung der Amtsanwältin

I. Tatnachweis

24 Die ermittelnde Amtsanwältin weiß nun, dass sie es mit einem strafbaren Verhalten des Beschuldigten zu tun hat, wenn sie denn dem Beschuldigten seine Täterschaft nachweisen kann. Sie muss sich also Gedanken darüber machen, ob sie dem Beschuldigten ein strafbares Verhalten in einer (gedachten) Hauptverhandlung mit den ihr zur Verfügung stehenden Beweismitteln wird nachweisen können. Es handelt sich um eine Prognose, die die Amtsanwältin im Moment ihrer Entscheidung über den Abschluss des Ermittlungsverfahrens treffen muss. Diese Prognose wird sie bejahen, soweit sich aus ihrer Sicht nach einer Gesamtwürdigung eine **überwiegende Wahrscheinlichkeit für eine Verurteilung** in einer Hauptverhandlung ergibt.

Die Beantwortung dieser Frage, die auch als zentrale Frage nach dem **hinreichenden Tatverdacht** bezeichnet wird (**§ 170 I, II StPO**), stellt oftmals eine größere Schwierigkeit im Verlauf eines strafrechtlichen Verfahrens dar als die Prüfung der materiellen Strafrechtslage.

Das vorhandene Beweismaterial muss – oft nur basierend auf der Aktenlage – (vorweggenommen) gewürdigt werden, da der Amtsanwältin die Aussagen der Zeugen, die Beobachtungen der Polizeibeamten oder die Ergebnisse eventueller Gutachten nur in Form schriftlich fixierter Ergebnisse in ihrer Ermittlungsakte zur Verfügung stehen. Einen persönlichen Eindruck von den zur Verfügung stehenden Beweismitteln konnte sie sich bis dahin regelmäßig nicht verschaffen. In Anbetracht dieses Umstandes darf die Anforderung an die zwangsläufig sehr subjektive Entscheidung der Strafverfolgungsbehörden an dieser Stelle auch nicht zu hoch sein und es muss ein gewisser Entscheidungsspielraum zur Verfügung stehen (vgl. BGH NJW 1970, 1543).

Die **Beweismittel**, mit denen laut Strafprozessordnung der Nachweis der Tat in einer Hauptverhandlung zulässigerweise geführt werden kann, sind **Zeugen** (§§ 42 ff. StPO), **Sachverständige** und **Augenschein** (§§ 72-93 StPO), **Urkunden** (§§ 249 ff. StPO) und eventuelle **Angaben des Angeklagten** (Einlassung, Geständnis).

Im Fall steht der Amtsanwältin laut Aktenlage keine Einlassung des Beschuldigten zur Verfügung, dieser hat von seinem Schweigerecht Gebrauch gemacht (vgl. § 136 I StPO). Das Tatwerkzeug wurde nicht sichergestellt, Videoaufnahmen von der Tat sind nicht existent, so dass auch eine etwaige Inaugenscheinnahme durch das Gericht nicht erfolgen kann. Urkunden sind als Beweismittel für eine Sachbeschädigung regelmäßig nicht geeignet und hier auch nicht vorhanden. Da das Tatwerkzeug nicht zu Untersuchungszwecken zur Verfügung steht, konnten auch keine Fingerabdrücke oder DNA-Spuren gefunden werden, die durch einen Sachverständigen hätten begutachtet werden können. Als Beweismittel kommen also hier einzig die Zeugenaussagen der Geschädigten B in Betracht. Ihre Angaben müssen nun (ebenfalls in einer Prognose) auf ihre Glaubhaftigkeit hin untersucht, die Zeugen auf ihre Glaubwürdigkeit hin überprüft werden. Hierbei dürfte zu berücksichtigen sein, ob die Aussagen klar formuliert sind, sie Widersprüche enthalten oder übereinstimmen, Denkfehler enthalten oder Belastungstendenzen erkennbar sind. Notfalls (Frage der Verhältnismäßigkeit) muss ein aussagepsychologisches Sachverständigengutachten zu dieser Frage eingeholt werden.

Hinweis:

Da in Klausuren für Rechtspfleger selten umfangreichere Beweiswürdigungen durchzuführen sind, sollen die Ausführungen genügen. Bei Interesse finden Sie in der Entscheidung des BGHSt 45, 164 Näheres zur Methode der Aussageanalyse.

Dem Beschuldigten wird im Ergebnis mittels der glaubhaften Zeugenaussagen der geschädigten Eheleute B, die nachvollziehbar, widerspruchsfrei und ohne erkennbare Belastungstendenzen ihre Beobachtungen am Tatabend bekundet haben, die Tatbegehung mit der für eine Anklageerhebung erforderlichen Sicherheit nachzuweisen sein.

Zwischenergebnis:

Ein **hinreichender Tatverdacht** besteht.

Der Strafverfolgungsbehörde ist es also gelungen, den Täter der Sachbeschädigung zu ermitteln und seine Täterschaft zu belegen. Der Sachverhalt in der Anzeige ist beweisbar, eine Verurteilung des Beschuldigten F in einer Hauptverhandlung mit hoher Wahrscheinlichkeit zu erwarten, sollte sich der Sachverhalt dort so darstellen wie in der Ermittlungsakte.

II. Entscheidung über Einstellung oder Anklage

25 Zu klären ist nun, welche Entscheidungsmöglichkeiten der Amtsanwältin A zur Verfügung stehen. Einige der in der Praxis gängigsten Varianten sollen im Folgenden kurz dargestellt werden.

1. Verfahrenseinstellung gem. § 170 II StPO

26 Eine Einstellung des Verfahrens gegen den Beschuldigten F **mangels hinreichenden Tatverdachts** kommt nach dem bisherigen Ergebnis der Ermittlungen als Entscheidungsmöglichkeit nicht in Betracht.

Hätten die Ermittlungen keinen hinreichenden Tatverdacht ergeben, wären die Anzeigenerstatter über eine Einstellung aus tatsächlichen oder rechtlichen Gründen zu bescheiden. Da die Eheleute B zugleich die Verletzen der Straftat sind, wären sie über die Möglichkeit eines sog. **Klageerzwingungsverfahrens** zu belehren, §§ 171, 172 StPO. Sie könnten das Verfahren gem. § 172 StPO betreiben, um eine Anklage zu erzwingen. Auch der Beschuldigte müsste vorliegend über die Einstellung benachrichtigt werden, vgl. § 170 II S. 2 StPO.

2. Einstellung und Verweisung auf den Privatklageweg

27 Bei der vorliegenden Sachbeschädigung handelt es sich um ein sogenanntes **Privatklagedelikt** im Sinne des § 374 StPO. Dies soll kurz erläutert werden:

Es fand bereits Erwähnung, dass einer der wichtigsten Grundsätze des Strafverfahrens das **Legalitätsprinzip** ist. Nach § 152 II StPO ist die Staatsanwaltschaft grundsätzlich verpflichtet, wegen aller verfolgbaren Straftaten von Amts wegen einzuschreiten, sofern zureichende tatsächliche Anhaltspunkte vorliegen. Dabei obliegt die Strafverfolgung prinzipiell dem Staat, nicht dem einzelnen Bürger. Das Legalitätsprinzip ist eng verbunden mit dem **Offizialprinzip**. Wenn sich der Staat das Strafverfolgungsmonopol vorbehält, hat er andererseits auch die Pflicht, Straftaten zu verfolgen. § 152 II StPO lässt jedoch Ausnahmen vom Legalitätsprinzip zu („soweit nicht gesetzlich ein anderes bestimmt ist"). So verfolgt der Staat dem **Opportunitätsprinzip** folgend ausnahmsweise bestimmte, im Katalog des § 374 StPO aufgeführte Delikte nicht, sondern überlässt deren Verfolgung dem geschädigten Bürger in einem besonders geregelten Verfahren, dem sog. **Privatklageverfahren**. Klassische Privatklagedelikte neben der Sachbeschädigung sind u.a. Beleidigung, Hausfriedensbruch, Nötigung, (einfache) vorsätzliche und fahrlässige Körperverletzung.

In welchen Fällen die Staatsanwaltschaft Privatklagedelikte verfolgt und in welchen Fällen das Verfahren eingestellt und der Anzeigenerstatter auf den Privatklageweg verwiesen wird, regelt § 376 StPO. Die Staatsanwaltschaft erhebt nämlich nur dann wegen der in § 374 StPO bezeichneten Straftaten die öffentliche Klage, „wenn dies im öffentlichen Interesse liegt". Auslegungsregeln für die Frage, wann ein **öffentliches Interesse** an der Strafverfolgung besteht, enthält Nr. 86 RiStBV. Ein öffentliches Interesse liegt in der Regel vor, wenn der Rechtsfrieden über den Lebenskreis von Täter und Opfer hinaus gestört und die Strafverfolgung ein gegenwärtiges Anliegen der Allgemeinheit ist, z.B. wegen des Ausmaßes der Rechtsverletzung, wegen der Rohheit oder Gefährlichkeit der Tat, der niedrigen Beweggründe des Täters oder der Stellung des Verletzten im öffentlichen Leben. Ein öffentliches Interesse kann auch bestehen, wenn dem oder der Verletzten wegen einer **persönlichen Beziehung zum Täter** (z.B. in Fällen häuslicher Gewalt) nicht zugemutet werden kann, Privatklage zu erheben. In der Praxis spielen Privatklageverfahren aber eine eher untergeordnete Rolle. In den meisten Fällen, in denen die Staatsanwaltschaft auf diese Möglichkeit verweist, erheben die Verletzten keine Klage.

Im Fall ist davon auszugehen, dass die Amtsanwältin im Hinblick auf die zahlreichen (einschlägigen) Vorstrafen und die hohe Rückfallgeschwindigkeit des Beschuldigten das öffentliche Interesse an der Strafverfolgung bejahen und keine Verweisung auf den Privatklageweg vornehmen wird.

3. Einstellung wegen geringer Schuld ohne Auflagen, § 153 I StPO

Die Amtsanwältin kann das Verfahren grundsätzlich auch nach § 153 I StPO einstellen, wobei eine Verweisung auf den Privatklageweg dieser Möglichkeit vorgehen würde. Ein **Vergehen** (Anm.: Delikt, das im Gegensatz zu einem Verbrechen gem. § 12 StGB nicht mit einer Straferwartung von mindestens einem Jahr belegt ist) muss sie nämlich dann nicht verfolgen, wenn die (hypothetisch unterstellte) **Schuld** des Täters als **gering** anzusehen wäre. Dies ist im Bereich der Bagatell-Kriminalität zur Entlastung der Strafverfolgungsbehörden möglich, wenn eine Sanktionierung des Tä- 28 ters nicht notwendig erscheint, weil z.B. die Entdeckung der Tat und die Folgen ihrer Entdeckung bereits hinreichend auf den Beschuldigten eingewirkt haben. In ihre Ermessensentscheidung muss die Amtsanwältin vielschichtige Erwägungen der Tat und der Täterpersönlichkeit einfließen lassen. Diese sind mit denen für eine Strafzumessung gem. **§ 46 II StGB** zu vergleichen. Eine solche Einstellung gem. § 153 I StPO bedarf grundsätzlich der **gerichtlichen Zustimmung** des Gerichts der Hauptsache, die aber entbehrlich ist, wenn die Tat nicht mit einer erhöhten Mindeststrafe bedroht ist und die durch sie verursachten Folgen gering sind, vgl. § 153 I S. 2 StPO.

Im Fall ließe sich eine solche Vorgehensweise bei einem nicht vorbestraften und bislang unbescholtenen Beschuldigten vertreten. Der Beschuldigte ist indes bereits mehrfach (auch einschlägig) vorbestraft, es handelt sich um einen sog. Wiederholungstäter, der erst vor kurzer Zeit wegen gleichgelagerter Delikte verurteilt wurde, sein Nachtatverhalten (kein Bemühen um Schadensausgleich sowie einen Ausgleich mit dem Verletzten zu erreichen) spricht ebenfalls nicht für eine geringe Schuld, so dass sich eine Einstellung des Verfahrens nach § 153 I StPO hier nicht anbieten wird.

4. Vorläufige Einstellung nach § 153a I StPO gegen Erfüllung einer Auflage

29 Auch eine Verfahrenseinstellung gem. § 153a I StPO gegen Erfüllung einer Auflage (Schadenswiedergutmachung, Teilnahme an einem Täter-Opfer-Ausgleich, Zahlung einer Geldsumme an eine gemeinnützige Einrichtung etc.) kommt grundsätzlich als Option in Betracht. Es handelt sich bei den in § 153a I S. 2 StPO aufgeführten Auflagen und Weisungen zwar um eine Art Sanktion, aber nicht um eine Strafe. Ein öffentliches Verfolgungsinteresse könnte durch eine Auflage kompensiert werden, wenn die Schwere der Schuld nicht entgegensteht. Eine vorläufige Einstellung gem. § 153a I StPO kann nur mit **Zustimmung des Beschuldigten** und grundsätzlich auch nur mit **gerichtlicher Zustimmung** durchgeführt werden. Diese Art der prozessökonomischen Verfahrenseinstellung kommt durchaus auch im Bereich der mittleren Kriminalität in Betracht. Die Einstellung erfolgt zunächst **vorläufig**, dann wird nach Fristsetzung gem. § 153a I S. 3 StPO zugewartet, ob der Beschuldigte die ihm gemachte Auflage fristgemäß erfüllt. Nach Auflagenerfüllung wird dann eine endgültige Verfahrenseinstellung verfügt. Sollte der Beschuldigte der Auflage nicht nachkommen, muss er mit einer Anklageerhebung oder einem Strafbefehlsantrag rechnen (dazu unten).

Im Fall könnte eine Einstellung gem. § 153a I StPO durch die Amtsanwältin A durchaus erwogen werden. Gegebenenfalls könnte ein **Täter-Opfer-Ausgleich (TOA)** in Betracht kommen. Nach § 155a StPO soll die Staatsanwaltschaft in jedem Stadium des Verfahrens prüfen, ob nicht ein Ausgleich zwischen Beschuldigtem und Verletztem erreicht werden kann. Ein TOA erfolgt regelmäßig in Form eines Ausgleichsgesprächs, das durch justizfremde Ausgleichsstellen oder über die Gerichtshilfe organisiert und moderiert wird (vgl. § 155b StPO). Ein solcher TOA sollte dem Beschuldigten allerdings nur dann angeboten werden, wenn er bereits geständig ist oder er selber ausdrücklich einen solchen TOA wünscht. Hier handelt es sich mangels geständiger Einlassung nicht um ein solches TOA-geeignetes Verfahren. Dagegen spricht auch, dass der Beschuldigte bereits einschlägig vorbestraft ist und erst kürzlich erneut (einschlägig) verurteilt wurde.

5. Beantragung eines Strafbefehls, § 407 StPO

Beim zuständigen Strafrichter (s.u.) kann am Ende des Ermittlungsverfahrens auch ein Strafbefehl gegen den Beschuldigten gem. § 407 StPO beantragt werden. Der Strafbefehlsantrag ist eine besondere Form der Erhebung der öffentlichen Klage, § 407 I S. 4 StPO. Daher müssen auch die gleichen Voraussetzungen wie für die Einreichung einer Anklageschrift, also ein **hinreichender Tatverdacht**, vorliegen (s. Ausführungen weiter unten, vgl. BayObLG StV 2002, 356). Dabei wird dem Beschuldigten durch das Gericht auf Antrag der Staatsanwaltschaft ein Schriftstück zugestellt, in dem ihm gem. § 409 StPO der Tatvorwurf gemacht und sogleich – also ohne Hauptverhandlung und Urteil (vgl. EGMR NJW 1993, 717) – die beantragte Strafe festgesetzt wird. Eine solche beschleunigte Vorgehensweise bietet sich an, wenn der Beschuldigte geständig ist, Einsicht oder Reue zeigt und eine **Hauptverhandlung** zur Einwirkung auf den Täter **nicht erforderlich** erscheint, vgl. § 407 I S. 2 StPO. Auf diesem Weg kann gem. § 407 II S. 2 StPO sogar eine Freiheitsstrafe bis zu einem Jahr festgesetzt werden, wenn deren Vollstreckung zur Bewährung ausgesetzt wird und der Beschuldigte (‚der nach Beantragung des Strafbefehls als Angeschuldigter bezeichnet wird,) durch einen Verteidiger vertreten ist. Sollte der Angeschuldigte von seinem Recht Gebrauch machen, gegen diesen Strafbefehl innerhalb einer Frist von 2 Wochen nach Zustellung Einspruch gem. § 410 StPO einzulegen, so würde durch das Gericht (wie bei einer Anklage) ein Termin für die Durchführung einer Hauptverhandlung gegen den Angeschuldigten bestimmt. 30

Im Fall ist der Beschuldigte weder erkennbar einsichtig noch geständig, eine Hauptverhandlung erscheint zur Einwirkung auf ihn erforderlich, da er sich vorangegangene Bestrafungen nicht zur Warnung hat dienen lassen. Die Amtsanwältin wird somit von der Beantragung eines Strafbefehls absehen.

6. Erhebung der Anklage bei Gericht

Die Amtsanwältin wird sich im vorliegenden Fall mit hoher Wahrscheinlichkeit für eine Anklageerhebung wegen Sachbeschädigung entscheiden, **§ 170 I StPO**. Es wurde bereits festgestellt, dass ein hinreichender Tatverdacht gegen den Beschuldigten gegeben ist. Es wird mit großer Wahrscheinlichkeit in einer künftigen Hauptverhandlung zu einer Verurteilung des F wegen Sachbeschädigung kommen. Vor einer Anklageerhebung ist der Abschluss der Ermittlungen in den Akten zu vermerken, § 169a StPO. Durch den Vermerk werden der Ermittlungsteil des Verfahrens und der Ent- 31 schließungsteil voneinander getrennt (*Schmitt* in Meyer-Goßner/Schmitt StPO § 169a Rn. 1). Fraglich ist, welches das für die Entschließung örtlich und sachlich zuständige Gericht ist, an das Anklageschrift und Ermittlungsakte zu übersenden sind.

a) Örtliche Zuständigkeit des Gerichts

32 Die **örtliche Zuständigkeit** der Gerichte (Gerichtsstand) findet sich in den §§ 7 ff. StPO. Hauptgerichtsstände sind die des Tatorts (§§ 7 I, 10 StPO), des Wohnsitzes des Beschuldigten (§§ 8 I, 11 StPO) sowie des Ergreifungsorts (§ 9 StPO). Im Jugendstrafverfahren gilt ergänzend § 42 I JGG. Bei mehreren Zuständigkeiten kann die Staatsanwaltschaft wählen, bei welchem dieser Gerichte sie die Anklage erheben will (BGHSt 10, 391). Die Tatort-Zuständigkeit gem. § 7 I StPO ist die praktisch häufigste Zuständigkeit.

b) Sachliche Zuständigkeit des Gerichts

33 Die **sachliche Zuständigkeit** in Strafsachen bestimmt sich bei erwachsenen Angeschuldigten nach dem Gerichtsverfassungsgesetz (GVG) und richtet sich weitgehend nach der konkreten Straferwartung, also Art und Schwere der Tat. Durch die Regelungen im GVG wird das **Rechtsstaatsprinzip** insoweit gewährleistet, als gesetzlich feststeht (vgl. Art. 103 I S. 2 GG), welcher (unabhängige, vgl. Art. 97 I GG) Richter das Verfahren führen wird. In Betracht kommende erstinstanzliche Spruchkörper im Bereich des Strafrechts sind die Amtsgerichte – hier der Strafrichter als Einzelrichter sowie das (u.U. erweiterte) Schöffengericht –, die Landgerichte – sog. große Strafkammern oder Strafkammer als Schwurgericht – und die Oberlandesgerichte – sog. Strafsenate.

> **Hinweis:**
>
> Vgl. zum Instanzenzug die Ausführungen **vor Fall 2**.

Der **Strafrichter** entscheidet als Einzelrichter gem. § 25 GVG bei **Vergehen** (vgl. § 12 I StGB), wenn diese im Wege der Privatklage verfolgt werden oder wenn eine höhere Strafe als Freiheitsstrafe von 2 Jahren nicht zu erwarten ist. Die Amtsanwältin hat insoweit eine Prognoseentscheidung zu treffen und muss sich überlegen, wie das Strafmaß für den Beschuldigten am Ende einer Hauptverhandlung aussehen könnte.

Handelt es sich um ein Verbrechen (s.o.), das nicht in die Zuständigkeit der Landgerichte gem. § 74 II GVG fällt, oder um ein Vergehen, dessen Straferwartung 4 Jahre nicht überschreitet, wird die Anklage zum **Schöffengericht** erfolgen, vgl. §§ 24, 74 II GVG. Grundsätzlich ist das Schöffengericht mit zwei (ehrenamtlichen) Schöffen und dem Vorsitzenden besetzt, kann aber in umfangreichen Verfahren auch als erweitertes Schöffengericht mit zwei Berufsrichtern und zwei Schöffen besetzt sein, vgl. § 29 II GVG.

Die Zuständigkeit der **großen Strafkammern** bei den Landgerichten bestimmt sich neben den in § 74 II GVG genannten Fällen nach § 74a GVG, diejenige der **Strafsenate** bei den Oberlandesgerichten nach §§ 120, 120b GVG.

Im vorliegenden Fall handelt es sich bei der Sachbeschädigung um ein Vergehen (geringste denkbare Strafe bei § 303 I StGB ist Geldstrafe), für das die Straferwartung trotz der einschlägigen Vorstrafen des Beschuldigten nicht über zwei Jahren Freiheitsstrafe liegen wird. F wurde zuletzt zu einer verhältnismäßig geringen Geldstrafe verurteilt. Auch vorliegend erscheint die Verhängung einer Geldstrafe tat- und schuldangemessen zu sein, zu erwägen wäre wegen der schnellen Rückfallgeschwindigkeit vielleicht auch eine kurzzeitige Freiheitsstrafe zur Bewährung. Die Tat wurde in Köln begangen, §§ 7 I StPO, 9 I StGB. Im Ergebnis ist der Strafrichter beim Amtsgericht in Köln für die Entscheidung über die Eröffnung des Verfahrens zuständig.

Geht man praxisnah davon aus, dass die Amtsanwältin **Anklage** gegen den Beschuldigten erheben wird, geschieht dies durch Fertigung einer entsprechenden Verfügung sowie der Einreichung einer Anklageschrift beim zuständigen Gericht. Ein wichtiges Element ist der Antrag der Staatsanwaltschaft, das Hauptverfahren wegen der genau beschriebenen (prozessualen) Tat zu eröffnen, § 199 II StPO. Der weitere notwendige Inhalt einer Anklage ergibt sich aus § 200 StPO sowie aus Nr. 110 RiStBV. Hervorzuheben ist an dieser Stelle der Anklagesatz, durch den die dem Beschuldigten (in der Anklage als Angeschuldigter zu bezeichnen, vgl. § 157 StPO) zur Last gelegte Tat zeitlich, örtlich und rechtlich konkretisiert wird (sog. **prozessualer Tatbegriff** gem. § 264 StPO). Hierdurch wird der Verfahrensgegenstand der Hauptverhandlung festgelegt.

Hinweis:

Die RiStBV enthält Richtlinien für das Straf- und Bußgeldverfahren, die sich vornehmlich an die Staatsanwaltschaft richten, aber die nur eine Anleitung für den Regelfall geben. Die Entscheidung bleibt hiervon grundsätzlich unabhängig.

Beispiel für eine Begleitverfügung zur Anklage:

34 Aktenzeichen der Staatsanwaltschaft Köln, den ...

Vfg.

1) Die Ermittlungen sind abgeschlossen, § 169 a StPO
2) 5 Überstücke der Anklageschrift fertigen
3) Aktuellen BZR (Bundeszentralregisterauszug) für den Beschuldigten F anfordern
4) Anklage nach Entwurf / Diktat in Reinschrift zu den Akten fertigen
5) (Entwurf und) eine Durchschrift der Anklage sowie eine Ablichtung des BZR zur Handakte nehmen
6) (Keine) Prüfungssache
7) U.m.A.

   dem Amtsgericht

   – Strafrichter –

   in Köln

unter Bezugnahme auf die anliegende Anklageschrift und den dort gestellten Antrag übersandt.

8) 1 Monat

A.

(Amtsanwältin)

Beispiel für eine Anklageschrift:

Aktenzeichen der Staatsanwaltschaft 35

An das Amtsgericht Köln, den ...

– Strafrichter –

in Köln

Anklageschrift

Der

F., geb. am ... in..., wohnhaft ..., verheiratet, Deutscher,

wird angeklagt,

am 25.03.2022 in Köln

rechtswidrig eine fremde Sache beschädigt oder zerstört zu haben.

Dem Angeschuldigten wird folgendes zur Last gelegt:

Am Abend des Tattages gegen 23.30 Uhr begab sich der Angeschuldigte zum vor dem Haus der Eheleute B in der Klosterstraße 13, 50931 Köln abgestellten VW Golf, amtl. Kennzeichen K-TB 100, des Geschädigten B, stach mit einem Schraubendreher in den linken Vorderreifen des Fahrzeugs, so dass ein Loch entstand, aus dem die Luft entwich. Der Reifen musste kosten- und zeitaufwendig erneuert werden. Diese Folgen nahm der Angeschuldigte bei seinem Handeln billigend in Kauf.

Vergehen, strafbar gemäß §§ 303 Abs. 1, 303c StGB.

Der erforderliche Strafantrag wurde form- u. fristgemäß gestellt.

Beweismittel:

I. Angaben des Angeschuldigten

II. Zeugen: Eheleute B aus Köln

Wesentliches Ergebnis der Ermittlungen:

I. Zur Person (...)

II. Zur Sache (...)

Es wird beantragt, das Hauptverfahren vor dem Amtsgericht – Strafrichter – in Köln zu eröffnen.

A.

(Amtsanwältin)

III. Fortgang des Verfahrens nach Anklageerhebung

1. Zwischenverfahren

36 Nach Anklageerhebung hat der zuständige Strafrichter beim Amtsgericht über die Eröffnung des Hauptverfahrens zu beschließen (sog. **Eröffnungsbeschluss,** §§ 203, 207 StPO) und zu entscheiden, ob er die Anklage der Amtsanwältin zur Hauptverhandlung zulässt oder ob eine Eröffnung abgelehnt wird. Prüfungsmaßstab ist auch hier der hinreichende Tatverdacht, § 203 StPO, Nr. 115 RiStBV. Seine Entscheidung trifft das Gericht im sog. **Zwischenverfahren**. Das zuständige Gericht hat dabei eigenständig zu prüfen, ob auf Basis der Anklage der Staatsanwaltschaft eine Verurteilung in einer gedachten Hauptverhandlung überwiegend wahrscheinlich ist. Es kann selber entscheiden, ob es in dieser Phase des Verfahrens noch weitere Beweismittel benötigt, um den Tatverdacht zu erhärten. Es kann einzelne Beweiserhebungen selber anordnen, § 202 StPO, oder die Staatsanwaltschaft bitten, selbst oder durch Ermittlungspersonen die (aus Sicht des Gerichts) weiteren erforderlichen Ermittlungen vorzunehmen.

Lehnt das Gericht die Eröffnung des Hauptverfahrens durch einen **Nichteröffnungsbeschluss** gem. § 204 StPO ab, so kann die Amtsanwältin dagegen eine sofortige Beschwerde gem. § 210 II StPO einlegen oder das Verfahren gem. § 170 I StPO einstellen, wenn die Argumentation des Gerichts überzeugend ist. Erlässt das Gericht hingegen einen Eröffnungsbeschluss, leitet diese Entscheidung in das Hauptverfahren über. In diesem Moment tritt die Rechtshängigkeit der Sache ein, der Beschuldigte heißt gem. § 157 StPO jetzt Angeklagter.

2. Hauptverfahren

Es liegt nunmehr am Gericht, den weiteren Fortgang des Verfahrens zu organisieren und den Kernbereich des Hauptverfahrens, die sog. **Hauptverhandlung** vorzubereiten. Dabei muss der Vorsitzende u.a. die Hauptverhandlungstermine anberaumen (§ 213 StPO) und die Beweismittel hierfür in Stellung bringen (§ 221 StPO), indem er insbesondere dafür Sorge trägt, dass der Angeklagte (sowie ein eventueller Verteidiger) und die Zeugen zur Hauptverhandlung geladen werden (§ 214 I S. 1 StPO). Der Vorsitzende wird dem Angeklagten spätestens mit der Ladung den Eröffnungsbeschluss gem. § 215 StPO zustellen. 37

Obwohl im Ermittlungsverfahren die entscheidenden Weichen bezüglich einer Verurteilung des Anklagten gestellt werden, wird die Hauptverhandlung und hier insbesondere die Beweisaufnahme durchaus als Höhepunkt des Strafverfahrens angesehen. Der Ablauf einer Hauptverhandlung ist in § 243 StPO festgelegt. Zur Erforschung der Wahrheit muss das Gericht alle ihm zur Verfügung stehenden Beweismittel heranziehen und auswerten, **sog. Amtsermittlungsgrundsatz** gem. § 244 II StPO. Es gilt darüber hinaus der **Grundsatz der Mündlichkeit** der Hauptverhandlung. Dieser besagt, dass nur die in einer Hauptverhandlung mündlich vorgetragenen Tatsachen zur Grundlage einer Entscheidung gemacht werden dürfen. Der Inhalt der Ermittlungsakte kann also nur Berücksichtigung finden, soweit er in der Hauptverhandlung erörtert wurde. Im Hinblick auf den **Grundsatz der Unmittelbarkeit** (vgl. § 250 StPO) müssen Zeugen persönlich aussagen, Sachverständige persönlich ihr Gutachten erstatten, Objekte des Augenscheins durch das Gericht angeschaut, Urkunden verlesen werden. Dabei entscheidet das Gericht letztlich gem. § 261 StPO nach seiner aus dem Inbegriff der Verhandlung geschöpften Überzeugung. Zudem gilt im Hauptverfahren grundsätzlich das Prinzip der **Öffentlichkeit der Hauptverhandlung**, vgl. Art. 6 EMRK, § 169 ff. GVG. Im Jugendstrafverfahren gilt insoweit eine Ausnahme, § 48 I JGG. Seine grundlose Verletzung kann einen absoluten Revisionsgrund gem. § 338 Nr. 6 StPO darstellen. Über die Hauptverhandlung ist gem. §§ 271 ff. StPO ein Sitzungsprotokoll anzufertigen.

> **Hinweis:**
>
> An dieser Stelle soll auf eine genauere Darstellung des Ablaufs einer Hauptverhandlung verzichtet werden. Nähere Informationen dazu sowie zur Verletzung der verfahrensrechtlichen Regeln durch das Gericht, die zu Revisionsgründen führen können, enthalten die Ausführungen zu **Fall 5**.

3. Urteil

38 Kommt das Gericht nach Durchführung einer erschöpfenden Beweisaufnahme gem. § 244 StPO, nach den Plädoyers der Verfahrensbeteiligten und dem letzten Wort des Angeklagten gem. § 258 StPO am Ende der Hauptverhandlung in geheimer Beratung und Abstimmung zu der freien, aus dem Inbegriff der Verhandlung geschöpften Überzeugung (vgl. § 261 StPO), dass der Angeklagte tatsächlich eine Sachbeschädigung begangen hat, wird es den Angeklagten durch **Urteil** zu einer Geld- oder Freiheitsstrafe verurteilen und dies durch Verlesung des Urteilstenors und Eröffnung der Urteilsgründe gem. § 260 I StPO verkünden. Ab diesem Moment ist das Gericht an seine Entscheidung gebunden (BGHSt 25, 333, 335).

Hinweis:

Vgl. zur Thematik der formellen und materiellen Rechtskraft von Urteilen **Fall 2**

Der Inhalt eines Urteils, das den am Verfahren Beteiligten fristgemäß gem. § 275 StPO zuzustellen ist, richtet sich nach § 260 III und IV StPO. Insbesondere muss das Urteil mit einer dem § 267 StPO entsprechenden Begründung versehen werden.

Beispiel für ein Urteil:

39 52 Ds 602 Js 1234/21 (567/21)

Amtsgericht Köln

Im Namen des Volkes

Urteil

In der Strafsache gegen: F.,
(Personalien)
wegen Sachbeschädigung

hat das Amtsgericht Köln
– Strafrichter –
in der Hauptverhandlung vom (...) an der teilgenommen haben:

Richterin am Amtsgericht Dr. W.
als Richterin,

Amtsanwältin A.
als Vertreterin der Staatsanwaltschaft,

Justizobersekretärin T.
als Urkundsbeamtin der Geschäftsstelle,

für Recht erkannt:

Der Angeklagte F. wird wegen Sachbeschädigung zu einer Geldstrafe von 80 Tagessätzen zu je 20,00 € verurteilt.

Der Angeklagte hat die Kosten des Verfahrens sowie seine notwendigen Auslagen zu tragen.

Angewandte Vorschrift: § 303 I StGB

Gründe:

Der Angeklagte ist Frührentner. Sein monatliches Nettoeinkommen beträgt durchschnittlich ca. 600,– €. Der Angeklagte ist verheiratet und hat keinerlei Unterhaltsverpflichtungen.

Am Abend des 25.03.2022 stach der Angeklagte gegen 23:30 Uhr mit einem Schraubendreher in den linken Vorderreifen des vor dem Haus in der Klosterstraße 13, 50931 Köln ordnungsgemäß geparkten VW Golf, amtl. Kennzeichen K-TB 100, des Zeugen B. Die Substanzverletzung durch ein Loch, durch das die Luft komplett aus dem Reifen entwich, nahm der Angeklagte dabei mindestens billigend in Kauf. Zur Wiederherstellung der Funktionstauglichkeit musste der Reifen zeit- und kostenaufwendig erneuert werden, der Geschädigte hat hierfür einen Betrag von insgesamt 279,– € aufgewendet.

Der Angeklagte ist daher wegen Sachbeschädigung zu bestrafen.

...

(Es folgen Ausführungen zur Beweiswürdigung, zur rechtlichen Qualifizierung, zur Strafzumessung und zur Kostenentscheidung pp.)

Dr. W.

Richterin am Amtsgericht

Es kann natürlich auch ein **freisprechendes Urteil** erfolgen, wenn die Unschuld des Angeklagten erwiesen ist oder seine Schuld mangels hinreichender Beweise oder aus rechtlichen Gründen nicht festgestellt werden kann. Darüber hinaus kann es gem. § 260 III StPO zu einer **Einstellung des Verfahrens** kommen, wenn nicht mehr behebbare Prozesshindernisse auftauchen (z.B. Tod des Angeklagten, Rücknahme eines unerlässlichen Strafantrags, Prozessunfähigkeit des Angeklagten etc.).

IV. Rechtsmittel

40 Die am Verfahren Beteiligten können im Anschluss an die Urteilsverkündung einen sog. **Rechtsmittelverzicht** erklären, sollten sie mit dem Urteil einverstanden sein. Das Urteil würde sofort rechtskräftig, wenn alle Beteiligten erklären, auf Rechtsmittel zu verzichten. Die Erklärungen wären ins Sitzungsprotokoll aufzunehmen.

In Fall eines rechtskräftigen Urteils werden die Akten nach Abfassung und Zustellung des Urteils an die Staatsanwaltschaft zurückgesendet. Dort findet dann der letzte Teil des Verfahrens, die **Strafvollstreckung** statt, die bei Erwachsenen weitgehend dem **Rechtspfleger** obliegt, § 31 II RPflG. Bei Jugendlichen obliegt diese Aufgabe grundsätzlich gem. § 82 I JGG dem Jugendrichter, der vom Rechtspfleger auch in diesem Bereich gem. § 31 V S. 2 RPflG unterstützt wird.

> **Hinweis:**
>
> Weitere Ausführungen zum Bereich der Strafvollstreckung sollen an dieser Stelle unterbleiben. Lesen Sie dazu die eingehenden Erläuterungen in den **Fällen 7-10.**

Sollten die Beteiligten mit dem Urteil nicht einverstanden sein, besteht die Möglichkeit, gegen das Urteil **Rechtsmittel** einzulegen. Die Staatsanwaltschaft kann das Urteil sowohl zu Lasten wie auch zu Gunsten des Verurteilten anfechten, wenn dieser z.B. durch eine unrichtige Entscheidung erkennbar benachteiligt ist (Nr. 147 III RiStBV). Von Seiten der Staatsanwaltschaften wird von der Möglichkeit, Rechtsmittel einzulegen, eher sparsam Gebrauch gemacht, zumal in aller Regel wenig erfolgversprechende Rechtsmittel unterbleiben werden. Das sieht auf Seiten der Verurteilten durchaus anders aus.

Soll eine neue Tatsacheninstanz bemüht und eine komplett neue Hauptverhandlung mit 41
neuer Beweisaufnahme erreicht werden, muss gegen das Urteil der Strafrichterin beim Amtsgericht **gem. § 312 StPO Berufung** eingelegt werden. Im Rahmen der neuen Hauptverhandlung wird nicht das angefochtene Urteil überprüft, sondern auf der Grundlage des Eröffnungsbeschlusses über alle Tat- und Rechtsfragen nach dem Ergebnis der Berufungshauptverhandlung neu entschieden (BGH NJW 2020, 253). Eine Berufung ist innerhalb der entsprechenden Frist und formgerecht gem. § 314 I StPO einzulegen und kann gem. § 317 StPO begründet werden. Berufungsgericht wäre in diesem Fall die **kleine Strafkammer** beim Landgericht, vgl. §§ 74 III, 76 I GVG.

> **Hinweis:**
>
> Der Instanzenzug bei Einlegung eines Rechtsmittels wird in **Fall 2** dargestellt.

Kann man sich mit der Beweisaufnahme und den dort ermittelten Tatsachen anfreun- 42
den, ist aber der Auffassung, dass dem Gericht bei der Verhandlungsführung, (also der Anwendung von Verfahrensrecht) oder der Anwendung des materiellen Strafrechts Fehler unterlaufen sind, so kommt als Rechtsmittel eine **(Sprung-) Revision gem. §§ 333, 335 i.V.m. 312 StPO** in Betracht. Die Revision ist ein Rechtsmittel mit begrenzten Prüfungsmöglichkeiten, da das Revisionsgericht auf eine entsprechende Rüge nur das Urteil und das ihm zugrundeliegende Verfahren auf Rechtsfehler hin überprüft. Eine Neuverhandlung ist ausgeschlossen, das Revisionsgericht ist an die Tatsachenfeststellungen des Tatrichters gebunden.

Der Verurteilte muss die Revision gem. § 341 I StPO bei dem Gericht, dessen Urteil angefochten wird, grundsätzlich innerhalb einer Woche einlegen und muss sie dann gem. §§ 344, 345 I StPO begründen. Diese Begründung kann seitens des Verurteilten nur in einer vom Verteidiger oder einem Rechtsanwalt unterzeichneten Schrift oder zu **Protokoll der Geschäftsstelle** geschehen. Es wurde bereits darauf hingewiesen, dass die Aufnahme eines **Revisionsbegründungsprotokolls** dem **Rechtspfleger** obliegt, vgl. § 24 I Nr. 1b) RPflG.

Hinweis:

Genauere Einzelheiten zu dem für Rechtspfleger besonders klausurrelevanten Bereich der Prüfung von Zulässigkeit und Begründetheit einer Revision entnehmen Sie bitte den Ausführungen zu den **Fällen 4-6.**

V. Wiederaufnahme des Verfahrens

43 Zur Beseitigung von Fehlentscheidungen gestattet es das Gesetz unter ganz bestimmten Voraussetzungen, das Verfahren trotz rechtskräftigen Urteils wieder aufzunehmen. Die Rechtskraft wird an dieser Stelle durchbrochen. Dabei kann die Wiederaufnahme zum einen **zugunsten des Verurteilten** erfolgen, § 359 StPO – der praktisch relevanteste Fall dürfte sein, dass neue Beweismittel auftauchen, die die Tatsachengrundlage für die Verurteilung erschüttern, vgl. § 359 Nr. 5 StPO. Eine Wiederaufnahme **zuungunsten des Verurteilten** ist auch möglich, allerdings nur unter den engen Voraussetzungen des § 362 StPO – hier werden in der Praxis wohl die Fälle einer Falschaussage oder eines nachträglichen Geständnisses am relevantesten sein, vgl. § 362 Nr. 2, 4 StPO. Das Wiederaufnahmeverfahren wird nur auf Antrag, nicht aber von Amts wegen durchgeführt. Der Antrag kann zum einen – wie bei der Revision – in Form einer Verteidigerschrift, aber auch zu Protokoll der Geschäftsstelle abgegeben werden, § 366 II StPO. Die **Protokollierung des Wiederaufnahmeantrags** wurde dem **Rechtspfleger** übertragen, vgl. § 24 I Nr. 2 RPflG.

Sofern der Wiederaufnahmeantrag zulässig ist (man nennt diese Prüfung durch das Wiederaufnahmegericht – ein anderes Gericht mit gleicher sachlicher Zuständigkeit – Additionsverfahren, § 368 StPO), wird entschieden, ob er auch begründet ist, sog. Probationsverfahren, §§ 369, 370 StPO. Das ist dann der Fall, wenn auf Grund z.B. neuer Beweismittel ein Freispruch wahrscheinlicher erscheint als die Bestätigung der bereits erfolgten Verurteilung. Steht dieses Ergebnis zu erwarten, wird das Gericht die **Erneuerung der Hauptverhandlung** anordnen, § 370 II StPO. Die **Rechtskraft** des Urteils wird somit **aufgehoben** (BGHSt 14, 64, 66) – das Verfahren wird in den Zustand zurückversetzt, in dem es sich vor dem Urteil befunden hat. Eine eventuell bereits begonnene **Vollstreckung** des Urteils muss **sofort beendet** werden.

Fall 2

A. Themenkreise

Rechtsmittel – Rechtskraft

B. Sachverhalt

1. Ausgangssachverhalt

Der Angeklagte A wird am 06.06. … vom Amtsgericht Bonn – Strafrichter – in seiner Anwesenheit zu einer Freiheitsstrafe von 10 Monaten verurteilt.

Die Staatsanwaltschaft gibt innerhalb der Rechtsmittelfrist keine Erklärung ab.

2. Fallkonstellation a)

Keine Erklärung des A innerhalb der Rechtsmittelfrist.

3. Fallkonstellation b)

13.06. Berufung durch A

22.06. Rechtsmittelrücknahme.

4. Fallkonstellation c)

15.06. Berufung durch A (verspätet)

25.07. Verwerfung der Berufung durch Beschluss des AG Bonn gem. § 319 I StPO

01.08. ZU des Beschlusses an A und Bekanntmachung an die StA

Keine Erklärung des A innerhalb der Rechtsmittelfrist.

5. Fallkonstellation d)

13.06.	Berufung durch A (rechtzeitig, aber formwidrig durch fernmündliche Erklärung)
25.07.	Verwerfung der Berufung durch Beschluss des LG Bonn gem. § 322 I S. 1 StPO
01.08.	ZU des Beschlusses an A und Bekanntmachung an die StA
03.08.	Sofortige Beschwerde des A
15.09.	Zurückweisung der sofortigen Beschwerde durch Beschluss des OLG Köln
20.09.	ZU des Beschlusses an A und Bekanntmachung an die StA.

6. Fallkonstellation e)

13.06.	Berufung durch A (form- und fristgerecht)
25.07.	Zurückweisung der Berufung durch Urteil des LG Bonn, A ist anwesend
	Keine Erklärung des A innerhalb der Rechtsmittelfrist.

7. Fallkonstellation f)

13.06.	Berufung durch A (form- und fristgerecht)
25.07.	Zurückweisung der Berufung durch Urteil des LG Bonn, A ist anwesend
04.08.	Revision des A (verspätet)
08.08.	Verwerfung der Revision durch Beschluss des LG Bonn gem. § 346 I StPO
11.08.	ZU des Beschlusses an A und Bekanntmachung an die StA
	Keine Erklärung des A innerhalb der Rechtsmittelfrist.

8. Fallkonstellation g)

13.06.	Berufung durch A (form- und fristgerecht)
25.07.	Zurückweisung der Berufung durch Urteil des LG Bonn, A ist anwesend
01.08.	Revision des A (rechtzeitig)
22.08.	Zustellung des Urteils an A
26.09.	Eingang der Revisionsbegründung (verspätet)

28.09.	Verwerfung der Revision durch Beschluss des LG Bonn gem. § 346 I StPO
02.10.	ZU des Beschlusses an A und Bekanntmachung an die StA
08.10.	Antrag auf Entscheidung des Revisionsgerichts durch A
12.11.	Zurückweisung des Antrags nach § 346 II StPO durch Beschluss des OLG Köln
18.11.	Bekanntmachung des Beschlusses an A und Staatsanwaltschaft.

C. Aufgabe

Bestimmen Sie jeweils den Eintritt der (absoluten) Rechtskraft.

Hinweise für die Bearbeitung:

Mangels Angabe eines konkreten Jahres, bleibt § 43 II StPO zur Fristbestimmung in den jeweiligen Fallkonstellationen außer Betracht.

Ein Verteidiger ist entweder nicht bestellt oder dieser gibt, genauso wie der Angeklagte selbst, keine Rechtsmittelerklärung ab.

Vorbemerkungen zu Fall 2

A. Der Instanzenzug in Strafsachen

1 1. Instanzenzug (AG)

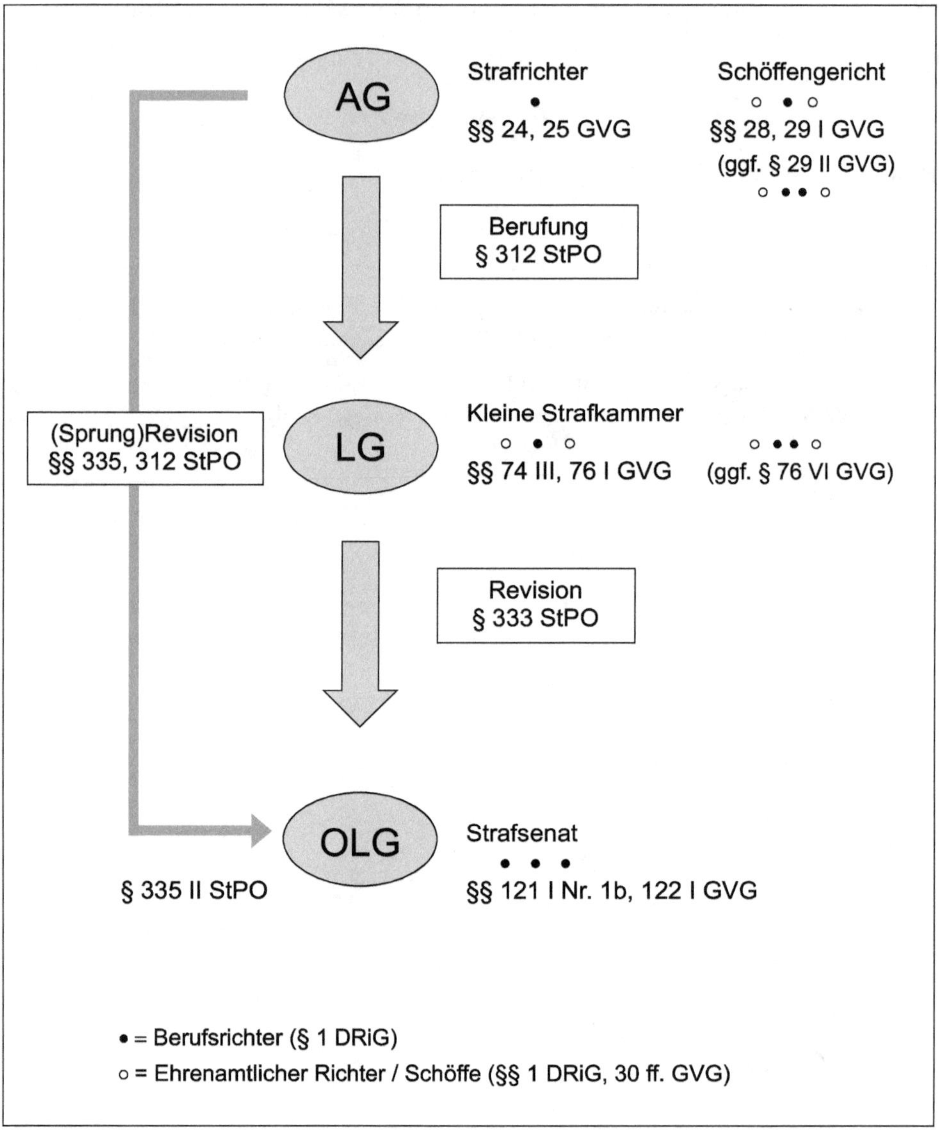

2. Instanzenzug (LG) 2

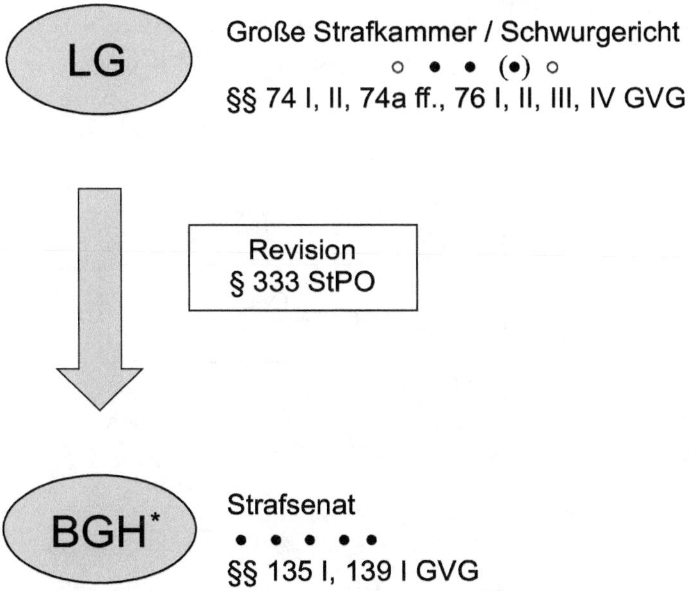

• = Berufsrichter (§ 1 DRiG)

○ = Ehrenamtlicher Richter / Schöffe (§§ 1 DRiG, 30 ff. GVG)

*Nach § 121 I Nr. 1c GVG kann ausnahmsweise das OLG zuständig sein (Diese Regelung hat keine praktische Bedeutung).

3 3. Instanzenzug (OLG)

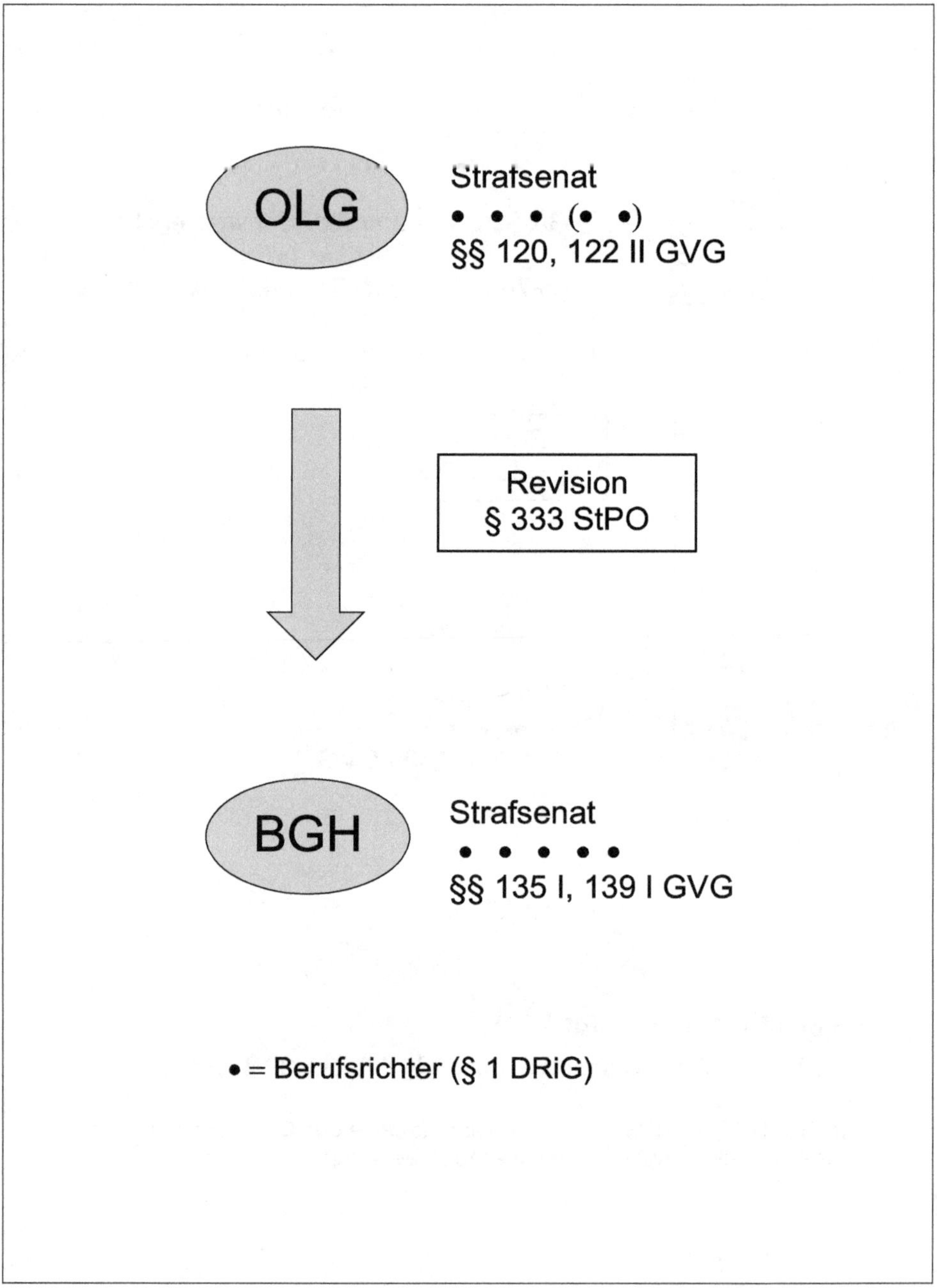

B. Die Rechtskraft

Die Rechtskraft eines Urteils meint die Endgültigkeit und Verbindlichkeit der gefällten Entscheidung. 4

Hierbei ist zwischen der formellen und materiellen Rechtskraft zu differenzieren.

I. Formelle Rechtskraft / Absolute Rechtskraft

Formelle Rechtskraft tritt ein, wenn die gerichtliche Entscheidung (insbes. das Urteil) mit keinem ordentlichen Rechtsmittel bzw. Rechtsbehelf mehr angegriffen werden kann; d.h. formelle Rechtskraft meint die Unanfechtbarkeit der Entscheidung. 5

Dabei ist wiederum zwischen absoluter und relativer Rechtskraft zu unterscheiden.

Die **absolute Rechtskraft** tritt ein, wenn alle Anfechtungsberechtigten ihr Anfechtungsrecht verloren haben; also wenn das Urteil von niemandem und in keinem seiner Teile mehr angefochten werden kann.

Bei der **relativen Rechtskraft** hingegen kann entweder nur noch ein Teil des Urteils angefochten werden (sog. Teilrechtskraft) oder das Urteil kann nicht mehr von allen Rechtsmittelberechtigten angegriffen werden.

Bezogen auf das zu vollstreckende Erkenntnis muss die Entscheidung gegenüber allen Rechtsmittelberechtigten absolut rechtskräftig geworden sein.

Wann eine Entscheidung im Strafverfahren vollstreckbar ist, hängt also vom Eintritt der Rechtskraft ab. Folgende gesetzliche Regelungen gelten insoweit:

- Strafurteile sind nicht vollstreckbar, bevor sie rechtskräftig geworden sind, § 449 StPO.
- Die Vollstreckung setzt die Rechtskraft der Entscheidung voraus, § 13 I StVollstrO.
- Der rechtskräftige Strafbefehl steht einem rechtskräftigen Urteil gleich, § 410 III StPO.

Hinweis:

Erst nach Eintritt der formellen Rechtskraft kann die Strafe vollstreckt werden, §§ 449 StPO, 13 I StVollstrO. Dem Rechtspfleger sind nach § 31 II RPflG funktionell die der Vollstreckungsbehörde (§ 451 I StPO) obliegenden Geschäfte in Straf- und Bußgeldsachen übertragen. Insoweit muss er im Rahmen der Feststellung der Vollstreckungsvoraussetzungen prüfen, seit wann die zu vollstreckende Entscheidung rechtskräftig ist.

Zum Themenbereich der Strafvollstreckung wird auf die **Fälle 7-10** verwiesen.

II. Materielle Rechtskraft

6 Die **materielle Rechtskraft** betrifft als Spezifikum der Rechtsprechung die gegenwärtige und künftige Zulässigkeit von Sanktionen gegen denselben Täter wegen derselben Tat.

Nur der Tenor erwächst in Rechtskraft; auf die Entscheidungsgründe bezieht sich die Wirkung der Rechtskraft nicht (BGH NJW 1982, 1239).

Wichtigste Wirkung der materiellen Rechtskraft ist der Verbrauch der Strafklage. Dieser tritt ein, wenn das Verfahren wegen der Tat, die Gegenstand des Verfahrens ist, vollständig abgeschlossen ist (BGH NJW 1979, 54). Nach Art. 103 III GG darf niemand wegen derselben Tat auf Grund der allgemeinen Strafgesetze mehrmals bestraft werden (= Verbot der Doppelbestrafung, *„ne bis in idem"*).

Ausnahmsweise kann die Rechtskraft wieder beseitigt werden (sog. „Durchbrechung der Rechtskraft"); dies gilt in den Fällen der Wiederaufnahme des Verfahrens gemäß §§ 359 ff. StPO, der Wiedereinsetzung in den vorigen Stand gemäß §§ 44 ff. StPO sowie der Revisionserstreckung auf Mitangeklagte gemäß § 357 StPO und der Aufhebung des Urteils durch das BVerfG bei erfolgreicher Verfassungsbeschwerde.

Merke:

Man unterscheidet zwischen formeller und materieller Rechtskraft.

Die **formelle** Rechtskraft bedeutet, dass die gerichtliche Entscheidung nicht oder nicht mehr anfechtbar ist und damit auch nicht mehr abänderbar; sie führt, wenn alle Anfechtungsberechtigten ihr Anfechtungsrecht verloren haben (= **absolute** Rechtskraft), zur Vollstreckbarkeit i.S.d. §§ 449 StPO, 13 StVollstrO.

Die **materielle** Rechtskraft bedeutet, dass eine neue Strafverfolgung gegen denselben Täter wegen derselben Tat ausgeschlossen ist (sog. Strafklageverbrauch); sie setzt formelle Rechtskraft voraus und ist verankert in Art. 103 III GG.

C. Feststellung der Rechtskraft

Die formelle Rechtskraft tritt ein 7

- bei Urteilen, gegen die von vornherein kein Rechtsmittel gegeben ist (z.B. Urteile des BGH), mit der Verkündung,
- bei anderen Urteilen, sobald kein Rechtsmittel mehr möglich ist, also mit ungenutztem Verstreichen der Rechtsmittelfrist, mit Rechtsmittelverzicht oder mit Zurücknahme des Rechtsmittels,
- mit Verwerfung des letzten möglichen Rechtsmittels (hier ist ggf. § 34a StPO zu beachten).

Hinweis:

Fundierte Kenntnisse des Instanzenzuges sowie der Möglichkeiten zur Einlegung von Rechtsmitteln bzw. Rechtsbehelfen sind zur Bestimmung der Rechtskraft im Strafverfahren unerlässlich!

D. Rechtsmittel / Rechtsbehelfe

Das Strafverfahrensrecht kennt drei **Rechtsmittel**: 8

- **Beschwerde, §§ 304 ff. StPO**
- **Berufung, §§ 312 ff. StPO**
- **Revision, §§ 333 ff. StPO**

Rechtsmittel gegen gerichtliche Urteile sind die Berufung und die Revision; mit der Beschwerde können Verfügungen und Beschlüsse angefochten werden.

Gegen **amtsgerichtliche Urteile des Strafrichters und des Schöffengerichts** ist die **Berufung** statthaft, § 312 StPO.

Ein Urteil, gegen das Berufung zulässig ist, kann statt mit Berufung mit Revision angefochten werden, § 335 StPO (i.V.m. § 312 StPO). In diesem Fall handelt es sich um die sog. **Sprungrevision**, da die Berufungsinstanz „übersprungen" wird.

Gegen **(landgerichtliche) Urteile der Strafkammern und der Schwurgerichte** sowie **gegen die im ersten Rechtszug ergangenen Urteile des Oberlandesgerichts** ist die **Revision** nach **§ 333 StPO** statthaft.

I. Berufung

9 Wesen der **Berufung** ist die nochmalige vollständige Überprüfung des Urteils. Das Berufungsverfahren stellt eine **neue Tatsacheninstanz** dar, da das Berufungsgericht unter Aufhebung des erstinstanzlichen Urteils „in der Sache selbst" zu erkennen hat, vgl. **§ 328 StPO**. In einer neuen Hauptverhandlung wird der Tatvorwurf in tatsächlicher und rechtlicher Hinsicht umfassend neu überprüft.

Die Berufung bietet dem Berufungsführer daher einerseits die Möglichkeit einer erneuten Beweisaufnahme, mit der Chance, bei anderer Beweiswürdigung seitens des Berufungsgerichts ein günstigeres Ergebnis zu erzielen, sowie zum anderen auch die Möglichkeit auf eine andere Rechtsfolgenentscheidung bei differenzierter materiellrechtlicher Würdigung.

II. Revision

10 Hingegen bietet die **Revision** die Möglichkeit der **Überprüfung des angefochtenen Urteils im Hinblick auf Rechtsfehler, § 337 StPO**. Dem Revisionsgericht ist eine Neuverhandlung in tatsächlicher Hinsicht nicht gestattet; insoweit ist die Revision allein auf die rechtliche Nachprüfung von Gesetzesverletzungen beschränkt, § 352 StPO.

Im Revisionsverfahren kann damit (nur) überprüft werden, ob das angefochtene Urteil auf der Grundlage der Prozessvoraussetzungen in Übereinstimmung mit den geltenden Verfahrensregeln zustande gekommen ist und ob es mit den materiellen Rechtsnormen in Einklang steht (*Fischer* in KK-StPO, Einleitung Rn. 353). Die erfolgreiche Revision kann zur Aufhebung des Urteils und Zurückverweisung der Sache zur erneuten Entscheidung führen, §§ 353, 354 StPO.

III. Beschwerde

11 Die **Beschwerde** richtet sich gegen Zwischenentscheidungen (bspw. Verfügungen des Vorsitzenden und Beschlüsse des Gerichts in tatsächlicher und rechtlicher Hinsicht). Unterschieden wird in **einfache** Beschwerde, §§ 304 ff. StPO, **sofortige** Beschwerde, § 311 StPO und **weitere** Beschwerde, § 310 StPO.

IV. Weitere Rechtsbehelfe

12 Andere Rechtsbehelfe im Strafverfahrensrecht sind z.B.:

- **Antrag auf Wiedereinsetzung in den vorigen Stand,** §§ 44 ff., 235, 329 VII, 412 StPO
- **Einspruch gegen den Strafbefehl,** § 410 StPO
- **Antrag auf Wiederaufnahme des Verfahrens,** §§ 359 ff. StPO
- **Antrag auf gerichtliche Entscheidung**, u.a. § 319 II StPO oder § 346 II StPO
- **Antrag auf Haftprüfung**, § 117 StPO
- **Sofortige Beschwerde im Rahmen der Kostenfestsetzung,** §§ 464b S. 3 StPO, 104 II S. 1 ZPO, 11 I RPflG

V. Wesen der Rechtsmittel

1. Devolutiveffekt / Suspensiveffekt

Zum Wesen der drei Rechtsmittel gehört es, dass sie die noch nicht rechtskräftigen 13
Entscheidungen, gegen die sie sich richten, einer irgendwie gearteten Nachprüfung durch ein im Instanzenzug höheres Gericht zuführen (**Devolutiveffekt**). Berufung und Revision ist eigen, dass sie das angefochtene Urteil nicht rechtskräftig und damit nicht vollstreckbar werden lassen (**Suspensiveffekt, §§ 316 I, 343 I StPO**).

Diese Wirkung fehlt der Beschwerde in der Regel, § 307 StPO (vgl. *Fischer* in KK-StPO, Einleitung Rn. 340).

Generell fehlen sowohl Devolutiv- als auch Suspensiveffekt bei den weiteren förmlichen Rechtsbehelfen im Strafverfahrensrecht.

2. Rechtsmittelbeschränkung

Rechtsmittel und Rechtsbehelfe können auf bestimmte Teile der Entscheidung be- 14
schränkt werden, (vgl. § 318 StPO für die Berufung, § 344 StPO für die Revision oder § 410 II StPO für den Strafbefehl).

3. Form

Grundsätzlich ist die Rechtsmitteleinlegung **schriftlich oder zu Protokoll der Ge- 15
schäftsstelle** möglich, (vgl. § 306 I StPO für die Beschwerde, § 314 I StPO für die Berufung, 341 I StPO für die Revision oder § 410 I StPO für den Strafbefehl).

Zu beachten ist allerdings, dass die Protokollierung der Revisionseinlegung sowie der Revisionsbegründung nach **§ 24 I Nr. 1b RPflG** (i.V.m. § 3 Nr. 3e RPflG) wegen der besonderen Bedeutung der Angelegenheit auf den **Rechtspfleger** übertragen ist.

Gleiches gilt nach **§ 24 II Nr. 1 RPflG** für sonstige Rechtsbehelfe (und Rechtsmittel), soweit diese gleichzeitig begründet werden.

Zur Feststellung der Rechtskraft ist die Einhaltung des Formerfordernisses regelmäßig unbeachtlich.

4. Adressat

16 Die Einlegung von Rechtsmitteln und Rechtsbehelfen hat regelmäßig beim **„iudex a quo“** (= Richter/Gericht, von dem die Entscheidung kommt) zu erfolgen.

Für die Beschwerde ergibt sich dies aus § 306 I StPO. Die Berufung muss nach § 314 I StPO beim Gericht des ersten Rechtszuges eingelegt werden und die Revision nach § 341 I StPO bei dem Gericht, dessen Entscheidung angefochten wird. Der Einspruch gegen einen Strafbefehl ist gem. § 410 I StPO bei dem Gericht einzulegen, das ihn erlassen hat.

5. Fristen

17 Die Berufungsfrist beträgt nach § 314 I StPO eine Woche ab Verkündung. Hat die Verkündung des Urteils nicht in Anwesenheit des Angeklagten stattgefunden, so beginnt für diesen die Frist nach Abs. 2 mit der Zustellung, sofern nicht (u.a. in den Fällen der §§ 234, 411 II StPO) die Verkündung in Anwesenheit des Verteidigers mit nachgewiesener Vertretungsvollmacht stattgefunden hat.

Entsprechend gilt dies gem. § 341 I, II StPO für die Revisionseinlegung.

Die einfache Beschwerde ist nicht fristgebunden, vgl. § 306 I StPO; anders ist dies bei der sofortigen Beschwerde, die gem. § 311 II StPO binnen einer Woche nach der Bekanntmachung (§ 35 StPO) eingelegt werden muss.

Beim Strafbefehl beträgt die Einspruchsfrist zwei Wochen nach Zustellung.

6. Fristberechnung

18 Die **Berechnung von Wochen- und Monatsfristen** richtet sich nach **§ 43 StPO**.

Eine Frist, die nach Wochen oder Monaten bestimmt ist, endet **nach Abs. 1** mit Ablauf des Tages der letzten Woche oder des letzten Monats, der durch seine Benennung oder Zahl dem Tag entspricht, an dem die Frist begonnen hat; fehlt dieser Tag in dem letzten Monat, so endet die Frist mit dem Ablauf des letzten Tages dieses Monats.

Fällt das Ende einer Frist auf einen Sonntag, einen allgemeinen Feiertag oder einen Sonnabend, so endet die Frist **nach Abs. 2** mit Ablauf des nächsten Werktages.

Merke:

Als Rechtsmittel der StPO werden die **Berufung, §§ 312 ff. StPO**, die **Revision, §§ 333 ff. StPO** und die **Beschwerde, §§ 304 ff. StPO** bezeichnet.

Das **Wesen der Rechtsmittel** besteht darin, dass es eine noch nicht rechtskräftige Entscheidung zur Nachprüfung vor ein Gericht höherer Ordnung bringt (**Devolutiveffekt**).

Eine statthafte und rechtzeitig eingelegte Berufung bzw. Revision hindert ferner den Eintritt der Rechtskraft des Urteils (sog. **„Hemmung der Rechtskraft"** nach § 316 I StPO bzw. § 343 I StPO) und damit seine Vollstreckbarkeit (**Suspensiveffekt**); die Beschwerde hat diese Wirkung nicht, § 307 I StPO (*Schmitt* in Meyer-Goßner/Schmitt StPO Rn. 2 vor § 296).

Weitere förmliche Rechtsbehelfe sind u.a. der Antrag auf Wiedereinsetzung in den vorigen Stand, §§ 44, 235, 329 VII, 412 StPO, der Einspruch gegen den Strafbefehl, § 410 StPO, der Antrag auf Wiederaufnahme des Verfahrens, §§ 359 ff. StPO oder der Antrag auf gerichtliche Entscheidung nach § 319 II StPO oder § 346 II StPO.

E. Anfechtungsberechtigung

Allgemeine Vorschriften, die die Rechtsmittel (bzw. Rechtsbehelfe) betreffen, enthält die **StPO** in den **§§ 296 bis 303**.

I. Rechtsmittelberechtigte

Die wichtigsten **Rechtsmittelberechtigten** sind: 19

- **der Angeklagte,** § 296 I StPO
- **die Staatsanwaltschaft,** § 296 I, II StPO
- **der Verteidiger**, § 297 StPO
- **der gesetzliche Vertreter,** § 298 StPO
- **der Privatkläger,** § 390 StPO
- **der Nebenkläger,** § 401 I S. 1 StPO i.V.m. § 400 StPO

1. Der Angeklagte

20 **Angeklagter** ist der Beschuldigte, gegen den die Eröffnung des Hauptverfahrens beschlossen ist, § 157 StPO. Die Bezeichnung „Beschuldigter" ist im Gesetz nicht definiert und wird in der StPO als Oberbegriff verwandt. Laut BGH (BGHSt 10, 8, 12) ist Beschuldigter der Tatverdächtige, gegen den das Verfahren als Beschuldigter betrieben wird.

Die **Rechtsmittelberechtigung des Angeklagten** ergibt sich aus **§ 296 I StPO**.

Auch im Jugendstrafverfahren steht dem minderjährigen Angeklagten ein eigenes Rechtsmittelrecht zu.

2. Die Staatsanwaltschaft

21 Neben dem Angeklagten stehen nach **§ 296 I StPO** auch der **Staatsanwaltschaft** die zulässigen Rechtsmittel gegen gerichtliche Entscheidungen zu; nach **§ 296 II StPO** kann die Staatsanwaltschaft von ihnen **auch zugunsten** des Beschuldigten Gebrauch machen.

Jedes von der Staatsanwaltschaft eingelegte Rechtsmittel hat die Wirkung, dass die angefochtene Entscheidung auch zugunsten des Beschuldigten abgeändert oder aufgehoben werden kann, § 301 StPO.

3. Der Verteidiger

22 Für den Beschuldigten kann auch der **Verteidiger**, aus eigenem Recht und in eigenem Namen, jedoch nicht gegen dessen ausdrücklichen Willen, Rechtsmittel einlegen, **§ 297 StPO**. Auch ein Vertreter, der nicht Verteidiger i.S.d. §§ 137ff. StPO ist, kann Rechtsmittel einlegen, sofern er vom Beschuldigten hierzu ermächtigt wurde.

4. Der gesetzliche Vertreter

23 Dem **gesetzlichen Vertreter** eines Beschuldigten steht ein eigenes Rechtsmittelrecht aus **§ 298 StPO** zu, das unabhängig vom Willen des Beschuldigten ausgeübt werden kann. Zu beachten ist allerdings, dass das Rechtsmittel **„binnen der für den Beschuldigten laufenden Frist"** eingelegt werden muss.

5. Erziehungsberechtigte

24 Für die **Erziehungsberechtigten** im Jugendstrafverfahren (**Eltern**) gelten mit **§ 67 II, (V) JGG** ergänzende Regelungen zu § 298 StPO.

6. Der Privatkläger

Im Privatklageverfahren ergibt sich die Rechtsmittelbefugnis des **Privatklägers** aus § 390 I StPO. 25

7. Der Nebenkläger

Der **Nebenkläger** kann sich nach § 401 I S. 1 StPO der Rechtsmittel unabhängig von der Staatsanwaltschaft bedienen. Seine Rechtsmittelbefugnis regelt § 400 StPO. 26

II. Erklärungen

1. „Falsa demonstratio non nocet"

Die **Falschbezeichnung** eines zulässigen Rechtsmittels ist unschädlich, **§ 300 StPO**. 27

2. Rechtsmittelverzicht

§ 302 StPO sieht den **Rechtsmittelverzicht** vor. 28

Der Rechtsmittelverzicht kann frühestens in der Hauptverhandlung unmittelbar nach der Urteilsverkündung zu Protokoll des Urkundsbeamten erklärt werden. Im Übrigen ist der Rechtsmittelverzicht wie die Rechtsmitteleinlegung schriftlich oder zu Protokoll der Geschäftsstelle möglich.

Der Verzicht ist als Prozesserklärung grundsätzlich **unwiderruflich und unanfechtbar** (BGH NStZ 1986, 277).

Sofern nach dem Verzicht dennoch ein Rechtsmittel eingelegt wird, ist zu beachten, dass dessen Unzulässigkeit nur vom Rechtsmittelgericht festgestellt werden kann (BGH NStZ 1984, 181).

3. Rücknahme

Für die **Rechtsmittelrücknahme** gelten die **§§ 302, 303 StPO**. 29

Rücknahmeberechtigt ist, wer das Rechtsmittel eingelegt hat.

Die Rücknahmeerklärung des Angeklagten erstreckt sich auch auf das Rechtsmittel des Verteidigers, da der erklärte Wille des Angeklagten stets vorgeht (BGH NStZ-RR 2007, 210). Der **Verteidiger** bedarf zur Zurücknahme einer ausdrücklichen Ermächtigung, § 302 II StPO; ein seitens der Staatsanwaltschaft zugunsten des Angeklagten eingelegtes Rechtsmittel dessen Zustimmung, § 302 I S. 3 StPO.

Im **Jugendstrafverfahren** kann der jugendliche Angeklagte sein Rechtsmittel ohne Zustimmung des gesetzlichen Vertreters zurücknehmen. Allerdings kann der Erziehungsberechtigte oder der gesetzliche Vertreter nach § 55 III JGG das von ihm eingelegte Rechtsmittel nur mit Zustimmung des Angeklagten zurücknehmen.

Mit Eintritt der Volljährigkeit (§§ 2, 104, 106 BGB) ist die gesetzliche Vertretung (§§ 1626, 1629 BGB) kraft Gesetzes beendet. Ein vom Erziehungsberechtigten eingelegtes Rechtsmittel geht in diesem Fall auf den Angeklagten über, auch wenn dieser selbst zuvor auf Rechtsmittel verzichtet hat (BGH NJW 1957, 799).

4. Besonderheiten für Inhaftierte

30 Für die Abgabe von Erklärungen bei Freiheitsentzug enthält **§ 299 StPO** folgende Besonderheiten:

Nach **Abs. 1** kann **der nicht auf freiem Fuß befindliche Beschuldigte** die Erklärungen, die sich auf Rechtsmittel beziehen, zu Protokoll der Geschäftsstelle des Amtsgerichts geben, in dessen Bezirk die Anstalt liegt, wo er auf behördliche Anordnung verwahrt wird.

Ferner ist nach **Abs. 2** zu beachten, dass es zur Wahrung einer Frist genügt, wenn innerhalb der Frist das Protokoll aufgenommen wird.

> **Merke:**
>
> Allgemeine Vorschriften zur Rechtsmittelbefugnis (u.a. zur Anfechtungsberechtigung) finden sich in den §§ 296 ff. StPO.
>
> **Rechtsmittelverzicht** und **Rücknahme** regelt § 302 StPO.
>
> Für den nicht auf freiem Fuß befindlichen Angeklagten gelten nach **§ 299 StPO** Sonderregelungen bei Erklärungen, die sich auf Rechtsmittel beziehen.

F. Besonderheiten im Jugendstrafrecht

31 **§ 55 JGG** schränkt die Rechtsmittelmöglichkeiten im Jugendgerichtsverfahren ein.

So kann z.B. nach § 55 I JGG eine Entscheidung, in der lediglich Erziehungsmaßregeln (siehe §§ 9 ff. JGG) oder Zuchtmittel (siehe §§ 13 ff. JGG) angeordnet worden sind, nicht wegen des Umfangs der Maßnahmen und auch nicht deshalb angefochten werden, weil andere Erziehungsmaßregeln oder Zuchtmittel (z.B. Geldauflage statt Sozialstunden) hätten angeordnet werden sollen. Selbstverständlich kann etwa der Angeklagte das Urteil anfechten, weil er freigesprochen werden möchte.

Wer Berufung einlegt, kann nach Abschluss des Berufungsverfahrens nicht mehr Revision einlegen, **§ 55 II S. 1 JGG**.

Sinn dieser Regelung ist eine Verkürzung des Instanzenzugs. In Jugendsachen soll möglichst bald Rechtsklarheit gelten.

Nach **§ 55 II S. 2 JGG** steht, wenn der Angeklagte selbst oder jemand aus seinem „Lager" (z.B. der Erziehungsberechtigte) zugunsten des Angeklagten Berufung eingelegt hat, keinem von ihnen mehr das Rechtsmittel der Revision zu. Für alle nicht ausdrücklich genannten Personen, wie z.B. die StA, sofern diese zugunsten des Angeklagten Rechtsmittel eingelegt hat, gilt dies analog.

Sinn und Zweck des § 55 II S. 2 JGG ist es, die Umgehung der Rechtsmittelbeschränkung in Abs. 2 S. 1 zu verhindern. Denn § 55 II S. 1 JGG verbietet nur für denjenigen, der Berufung eingelegt hat, nach Abschluss der Berufungsinstanz auch noch Revision zugunsten des Angeklagten einzulegen. Gäbe es den Satz 2 nicht, könnte bspw. der Erziehungsberechtigte noch Revision einlegen, obwohl das Berufungsgericht die Berufung des Angeklagten verworfen hätte. Die vom Gesetzgeber beabsichtigte Verkürzung des Instanzenzuges in Jugendsachen würde damit unterlaufen.

Ein Verstoß gegen § 55 II JGG führt aber **nicht** sofort die Rechtskraft herbei. Die 32
Rechtskrafthemmung ist auch in diesen Fällen (i.S.d. §§ 316 I, 343 I StPO) „nur" an die statthafte und rechtzeitige Einlegung eines Rechtsmittels angeknüpft.

Insoweit gilt, dass die innerhalb der Wochenfrist von § 341 I StPO eingelegte Revision den Eintritt der Rechtskraft des Jugendrecht anwendenden Berufungsurteils auch dann hemmt, wenn dem Beschwerdeführer das weitere Rechtsmittel nach den besonderen Vorschriften des Jugendstrafverfahrens nicht zusteht (vgl. OLG Stuttgart, Beschl. vom 26.10.1979, Aktz. 3 Ws 301/79, MDR 1980, 518).

G. Prüfungsschema Rechtskraft

1. Einleitung 33

Eine Vollstreckung des Urteils/der Entscheidung vom ______ kommt erst mit Eintritt der absoluten Rechtskraft in Betracht, §§ 449 StPO, 13 StVollstrO.

Absolute Rechtskraft tritt ein, wenn alle Anfechtungsberechtigten ihr Anfechtungsrecht verloren haben.

2. Statthaftigkeit

Welche Rechtsmittel/Rechtsbehelfe sind gegen die Entscheidung statthaft?

3. Anfechtungsberechtigung

- Wer ist (grds.) anfechtungsberechtigt?

  Für jeden Rechtsmittelberechtigten muss der Verlust der Anfechtungsberechtigung gesondert geprüft werden.

- Wer hat sein Anfechtungsrecht ggf. verloren? (z.B. durch Rechtsmittelverzicht oder Rechtsmittelrücknahme, § 302 StPO)

4. Adressat

Bei welchem sachlich/örtlich zuständigen Gericht ist der Rechtsbehelf einzulegen?

(beachte ggf. § 299 StPO)

5. Fristen / Fristberechnung

- Wann enden die Rechtsmittelfristen?
- Wodurch werden diese in Lauf gesetzt? (Verkündung der Entscheidung oder Zustellung?)
- Berechnung der Frist nach § 43 StPO (mit Ergebnis)

6. Folge

Hemmung der Rechtskraft? (z.B. § 316 I StPO oder § 343 I StPO)

Der Eintritt der Rechtskraft wird gehemmt, wenn das eingelegte Rechtsmittel statthaft und fristgerecht ist. Auf die weitere Zulässigkeit des Rechtsmittels kommt es nicht an.

(Weitere Prüfung bei RK-Hemmung)

1) Einleitung der weiteren Prüfung

Zu prüfen ist nunmehr die (nächste) Entscheidung des __________ vom __________

2) Statthaftigkeit …

3) …

Besprechung von Fall 2

A. Fallkonstellation a)

Sachverhalt:

Keine Erklärung des A innerhalb der Rechtsmittelfrist. 34

Lösung:

1.

Eine Vollstreckung des Urteils des AG Bonn – Strafrichter – vom 06.06. … kommt erst mit Eintritt der absoluten Rechtskraft in Betracht, §§ 449 StPO, 13 StVollstrO.

Absolute Rechtskraft tritt ein, wenn alle Anfechtungsberechtigten ihr Anfechtungsrecht verloren haben.

2.

Statthafte Rechtsmittel gegen das Urteil des Amtsgerichts – Strafrichter – sind die Berufung gem. § 312 StPO bzw. die (Sprung-)Revision gem. §§ 335 I, 312 StPO.

3.

Anfechtungsberechtigt sind der Angeklagte nach § 296 I StPO sowie die Staatsanwaltschaft gem. § 296 StPO. Niemand hat das Anfechtungsrecht verloren.

4.

Adressat ist hier jeweils das AG Bonn; für die Berufung als Gericht des 1. Rechtszuges, § 314 I StPO bzw. für die (Sprung-)Revision als Gericht, dessen Entscheidung angefochten wird, § 341 I StPO.

5.

Da neben der Staatsanwaltschaft (vgl. § 226 StPO) auch der Angeklagte im Hauptverhandlungstermin am 06.06. … anwesend war, beträgt die Rechtsmittelfrist hier für alle Beteiligten eine Woche ab Verkündung, §§ 314 I StPO, 341 I StPO.

Fristberechnung gem. § 43 StPO (Berufung: § 314 I / Revision: § 341 I StPO)

Fristbeginn (FB):	06.06. … (Verkündung)
	+ 1 Woche
Fristende (FE):	13.06. … (24.00 Uhr).

Innerhalb der Rechtsmittelfrist haben weder der Angeklagte A noch die StA eine Erklärung abgegeben.

6. Folge

Absolute **Rechtskraft** (nach ungenutztem Ablauf der Rechtsmittelfrist) **ab 14.06.** …

B. Fallkonstellation b)

35 **Sachverhalt:**

13.06. Berufung durch A

22.06. Rechtsmittelrücknahme

Lösung:

… wie oben bis Ziff. 5

… FE: 13.06. … (24.00 Uhr).

Die Berufung des A erfolgte hier rechtzeitig am 13.06. …

6. Folge

Durch die statthafte und rechtzeitige Berufung des A ist die Rechtskraft gem. § 316 I StPO gehemmt.

Da für die StA bereits seit dem 14.06. … relative Rechtskraft besteht, ist für die Feststellung der absoluten Rechtskraft nunmehr nur noch entscheidend, was aus dem Rechtsmittel des A (als letztem verbliebenen Rechtsmittelberechtigten) wird. Dieser hat hier am 22.06. … sein am 13.06. … eingelegtes Rechtsmittel wieder zurückgenommen.

(Absolute) **Rechtskraft hier also am 22.06. …**

36 **Beachte:**

Rechtskraft tritt sofort ein bei **allseitigem Rechtsmittelverzicht** (OLG München NJW 1968, 1001).

Mit **wirksamer Rücknahme** eines zunächst eingelegten Rechtsmittels des letzten verbliebenen Rechtsmittelberechtigten tritt ebenfalls unmittelbar die Rechtskraft ein (KK-StPO/*Appl* § 449 Rn. 4 u. 7).

Merke: 37

Die Rücknahme eines Rechtsmittels sieht **§ 302 StPO** vor. Die Rücknahmeerklärung ist eine bedingungsfeindliche und unwiderrufliche Prozesshandlung. Sie führt zum Verlust des Rechtsmittels (KK-StPO/*Paul* § 302 Rn. 1).

Voraussetzung für die Rücknahme ist der Zugang beim mit der Sache befassten Gericht (*Schmitt* in Meyer-Goßner/Schmitt StPO § 302 Rn. 8).

C. Fallkonstellation c)

Sachverhalt: 38

15.06. Berufung durch A (verspätet)

25.07. Verwerfung der Berufung durch Beschluss des AG Bonn gem. § 319 I StPO

01.08. ZU des Beschlusses an A und Bekanntmachung an die StA

Keine Erklärung des A innerhalb der Rechtsmittelfrist

Lösung:

... wie oben Fallkonstellation a) bis Ziff. 5

... FE: 13.06. ... (24.00 Uhr).

Innerhalb der Rechtsmittelfrist haben weder der Angeklagte A noch die StA eine Erklärung abgegeben.

6. Folge

Absolute **Rechtskraft** (nach ungenutztem Ablauf der Rechtsmittelfrist) **ab 14.06.** ...

Die Berufung des A erfolgte hier erst verspätet am 15.06. ..., also nach Eintritt der Rechtskraft. (Eine Hemmung der Rechtskraft nach § 316 I StPO ist nicht gegeben.)

Gegen die Entscheidung des AG Bonn vom 25.07. ... nach § 319 I StPO wäre zwar noch der Antrag auf Entscheidung des Berufungsgerichts nach § 319 II StPO binnen einer Woche ab Zustellung des Beschlusses möglich. Fristende wäre insoweit der 08.08. ... (24.00 Uhr).

Auswirkungen auf die bereits eingetretene Rechtskraft hat der Antrag jedoch nicht.

39 **Beachte:**

Ein **Antrag auf Entscheidung des Berufungsgerichts nach § 319 II StPO** führt dazu, dass das Amtsgericht keine Prüfungs- und Entscheidungszuständigkeit in dieser Sache mehr hat. Die Akten sind an das Berufungsgericht zu übersenden, bei dem dann insgesamt über die Zulässigkeit der Berufung zu entscheiden ist (*Schmitt* in Meyer-Goßner/Schmitt StPO § 319 Rn. 4).

Die Rechtskraft ist jedoch bereits mit dem Ablauf der Einlegungsfrist (§ 314 StPO) eingetreten (KK-StPO/*Paul* § 319 Rn. 9).

Der Antrag auf Entscheidung des Berufungsgerichts hemmt die Vollstreckung nicht, § 319 II S. 2, 2. HS StPO.

D. Fallkonstellation d)

40 **Sachverhalt:**

13.06. Berufung durch A (rechtzeitig, aber formwidrig durch fernmündliche Erklärung)

25.07. Verwerfung der Berufung durch Beschluss des LG Bonn gem. § 322 I S. 1 StPO

01.08. ZU des Beschlusses an A und Bekanntmachung an die StA

03.08. Sofortige Beschwerde des A

15.09. Zurückweisung der sofortigen Beschwerde durch Beschluss des OLG Köln

20.09. ZU des Beschlusses an A und Bekanntmachung an die StA

Lösung:

… wie oben bis Fallkonstellation a) Ziff. 5

… FE: 13.06. … (24.00 Uhr).

Die Berufung des A erfolgte hier rechtzeitig am 13.06. …

6. Folge

Hier erfolgte die Berufung, allerdings formwidrig, durch eine fernmündliche Erklärung.

Durch die statthafte und rechtzeitige Berufung des A ist die Rechtskraft gem. § 316 I StPO jedoch gehemmt.

Beachte: 41

Streitig ist, ob eine **fernmündliche Erklärung** die Voraussetzungen der Rechtsmitteleinlegung „zu Protokoll der Geschäftsstelle“ i.S.d. § 314 I StPO erfüllen kann. Der BGH lässt dies im Bußgeldverfahren zu (vgl. BGH NJW 1980, 1290), verneint dies jedoch ausdrücklich für die Berufung im Strafverfahren aus Gründen der Rechtssicherheit (vgl. BGH NJW 1981, 1627).

Für die Frage der Rechtskrafthemmung ist dies im Strafverfahren allerdings unbeachtlich. Sofern die Berufung nicht lediglich verspätet ist (s.o. § 319 StPO), sondern aus anderen Gründen unzulässig ist, muss sie vom Berufungsgericht nach § 322 I S. 1 StPO verworfen werden. In diesem Fall wird das erstinstanzliche Urteil erst rechtskräftig, wenn die Verwerfungsentscheidung rechtskräftig geworden ist (KK-StPO/*Paul* § 316 Rn. 1).

Zurück zur Besprechung der Fallkonstellation d): 42

1)

Zu prüfen ist nunmehr der Verwerfungsbeschluss des LG Bonn vom 25.07. …

2)

Statthafter Rechtsbehelf gegen den Verwerfungsbeschluss des Landgerichts Bonn (gem. § 322 I S. 1 StPO) vom 25.07. … ist nach § 322 II StPO die sofortige Beschwerde.

3)

Beschwerdeberechtigt ist nur der Berufungsführer, dessen Rechtsmittel verworfen wurde. Da hier der Angeklagte die Berufung eingelegt hat, ist dieser also anfechtungsberechtigt.

Beachte:

Die sofortige Beschwerde nach § 322 II StPO steht dem Angeklagten auch zu, wenn die Berufung des gesetzlichen Vertreters oder Erziehungsberechtigten verworfen worden ist, selbst wenn er nach Erlass des Urteils selbst auf Rechtsmittel verzichtet hatte (*Schmitt* in Meyer-Goßner/Schmitt StPO § 322 Rn. 6).

4)

Adressat für die sofortige Beschwerde ist hier das LG Bonn als das Gericht, dessen Entscheidung angefochten wird, § 306 I StPO.

5)

Die sofortige Beschwerde (§ 322 II StPO) ist gem. § 311 II StPO binnen einer Woche einzulegen; die Frist beginnt mit der Bekanntmachung (§ 35 StPO) der Entscheidung.

Hier erfolgte die Bekanntmachung am 01.08. … durch Zustellung.

Fristberechnung gem. § 43 StPO (§§ 322 II, 311 II StPO)

FB: 01.08. … (ZU)

+ 1 Woche

FE: 08.08. … (24.00 Uhr).

Hier war die sofortige Beschwerde des Angeklagten vom 03.08. … also rechtzeitig.

6)

Da die sofortige Beschwerde des Angeklagten demnach statthaft und rechtzeitig war, ist die Rechtskraft (weiterhin) gehemmt. Hier gilt der Rechtsgedanke aus § 316 I StPO fort.

1.)

Zu prüfen ist nunmehr der Zurückweisungsbeschluss des OLG Köln vom 15.09. …

2.)

Gem. § 304 IV S. 2 i.V.m. S. 1 StPO (bzw. § 310 II StPO) ist gegen diesen Beschluss des Oberlandesgerichts kein weiterer Rechtsbehelf statthaft.

Es handelt sich um einen Beschluss, der unmittelbar die Rechtskraft herbeiführt.

Nach § 34a StPO gilt die Rechtskraft als mit Ablauf des Tages der Beschlussfassung vom 15.09. … (24.00 Uhr) eingetreten.

Folge

(Absolute) **Rechtskraft ab 16.09.** …

43 **Merke:**

Zur Vermeidung von Zweifeln (aus Rechtsgründen bzw. aus tatsächlichen Gründen) bestimmt **§ 34a StPO** für Beschlüsse, die nach rechtzeitiger Einlegung eines Rechtsmittels unmittelbar die Rechtskraft herbeiführen, dass die Rechtskraft mit dem Ablauf des Tages der Beschlussfassung eintritt. **Der Ablauf des Tages der Beschlussfassung (24.00 Uhr) fällt zusammen mit dem Beginn des auf die Beschlussfassung folgenden Tages** (*Schmitt* in Meyer-Goßner/Schmitt StPO § 34a Rn. 7).

Unmittelbar tritt die Rechtskraft als Folge der Beschlussverwerfung ein, wenn die ergangene Entscheidung nicht mehr anfechtbar ist.

§ 34a StPO gilt nicht für Beschlüsse, die nach § 35 I S. 1 StPO in einer Verhandlung verkündet werden.

E. Fallkonstellation e)

Sachverhalt: 44

13.06. Berufung durch A (form- und fristgerecht)

25.07. Zurückweisung der Berufung durch Urteil des LG Bonn, A ist anwesend

Keine Erklärung des A innerhalb der Rechtsmittelfrist

Lösung:

… *wie oben bis Fallkonstellation a) Ziff. 5*

… *FE: 13.06. … (24.00 Uhr).*

Die Berufung des A erfolgte hier form- und fristgerecht am 13.06. …

6. Folge

Durch die statthafte und rechtzeitige Berufung des A ist die Rechtskraft gem. § 316 I StPO gehemmt.

1)

Zu prüfen ist nunmehr das Berufungsurteil des LG Bonn vom 25.07. …

2)

Statthaftes Rechtsmittel gegen das Urteil des Landgerichts Bonn (kleine Strafkammer gem. §§ 74 III, 76 I S. 1, 2. Alt. GVG) vom 25.07. … ist nach § 333 StPO die Revision.

3)

Anfechtungsberechtigt sind wieder der Angeklagte bzw. die Staatsanwaltschaft.

4)

Adressat für die Revisionseinlegung ist hier das LG Bonn als das Gericht, dessen Entscheidung angefochten wird, § 341 I StPO.

5)

Die Revision ist gem. § 341 I StPO binnen einer Woche nach Verkündung des Urteils einzulegen. Alle Anfechtungsberechtigten waren bei der Verkündung anwesend.

Fristberechnung gem. § 43 StPO

FB: 25.07. … (Verkündung)

+ 1 Woche

FE: 01.08. … (24.00 Uhr).

Innerhalb der Rechtsmittelfrist wurde keine Revision eingelegt.

6) Folge

Absolute **Rechtskraft** (nach ungenutztem Ablauf der Rechtsmittelfrist) **ab 02.08. …**

F. Fallkonstellation f)

45 **Sachverhalt:**

13.06. Berufung durch A (form- und fristgerecht)

25.07. Zurückweisung der Berufung durch Urteil des LG Bonn, A ist anwesend

04.08. Revision des A (verspätet)

08.08. Verwerfung der Revision durch Beschluss des LG Bonn gem. § 346 I StPO

11.08. ZU des Beschlusses an A und Bekanntmachung an die StA

Keine Erklärung des A innerhalb der Rechtsmittelfrist

Lösung:

… wie oben bis Fallkonstellation e) Ziff. 5

… FE: 01.08. … (24.00 Uhr).

Die Revision des A erfolgte hier verspätet am 04.08. …, also nach Ablauf der Revisionseinlegungsfrist und damit nach bereits eingetretener Rechtskraft.

(Eine Hemmung der Rechtskraft nach § 343 I StPO ist nicht gegeben.)

6. Folge

Absolute **Rechtskraft** (nach ungenutztem Ablauf der Rechtsmittelfrist) **ab 02.08. …**

Gegen den Verwerfungsbeschluss des LG Bonn vom 08.08. … nach § 346 I StPO wäre zwar noch der Antrag auf Entscheidung des Revisionsgerichts nach § 346 II StPO binnen einer Woche ab Zustellung des Beschlusses möglich.

Auswirkungen auf die bereits eingetretene Rechtskraft hätte der Antrag in der vorliegenden Fallkonstellation jedoch nicht, da das Urteil bereits seit Ablauf der Revisionseinlegungsfrist aus § 341 I StPO rechtskräftig ist.

Merke: 46

Im Rahmen des **§ 346 I StPO** hat das Gericht, dessen Entscheidung angefochten wird bei einer Revisionseinlegung eine Verwerfungskompetenz dahingehend, die nicht fristgerecht eingelegte Revision (1. Alt.) bzw. eine nach § 345 StPO nicht rechtzeitig (2. Alt.) oder nicht formgerecht (3. Alt.) begründete Revision selbst als unzulässig zu verwerfen. Über eine Unzulässigkeit aus anderen Gründen entscheidet allein das Revisionsgericht.

Im Falle einer Verwerfung nach § 346 I StPO sieht **§ 346 II StPO** als weiteren Rechtsbehelf den **Antrag auf Entscheidung des Revisionsgerichts** binnen einer Woche ab Zustellung des Verwerfungsbeschlusses vor.

Im Falle der **verspäteten** Revisions**einlegung** ist die Rechtskraft regelmäßig bereits eingetreten (*Gericke* in KK-StPO § 346 Rn. 25). Sofern die Revisions**begründung nicht unter Einhaltung von Form und Frist aus § 345 StPO** erfolgt ist, die Revisions**einlegung** selbst aber **rechtzeitig** war, liegt allerdings eine Rechtskrafthemmung aus § 343 I StPO vor (*Gericke* in KK-StPO § 346 Rn. 26). Für die Rechtskraft ist dann die Entscheidung des Revisionsgerichts maßgebend. Bei allen Verwerfungsbeschlüssen, die endgültig die Rechtskraft des mit der Revision angefochtenen Urteils herbeiführen, ist für den genauen Zeitpunkt des Rechtskrafteintritts wieder § 34a StPO maßgebend (*Gericke* in KK-StPO § 346 Rn. 28).

Zu beachten ist indes, dass der Antrag auf Entscheidung des Revisionsgerichts die Vollstreckung nicht hemmt, § 346 II S. 2, 2. HS StPO. Abgesehen vom Fall des Übergangs von U-Haft in Strafhaft sollte in der Praxis die Vollstreckung aber möglichst bis zur Erledigung des Antrags aufgeschoben werden (*Schmitt* in Meyer-Goßner/Schmitt StPO § 346 Rn. 15).

G. Fallkonstellation g)

47 **Sachverhalt:**

13.06. Berufung durch A (form- und fristgerecht)

25.07. Zurückweisung der Berufung durch Urteil des LG Bonn, A ist anwesend

01.08. Revision des A (rechtzeitig)

22.08. Zustellung des Urteils an A

26.09. Eingang der Revisionsbegründung (verspätet)

28.09. Verwerfung der Revision durch Beschluss des LG Bonn gem. § 346 I StPO

02.10. ZU des Beschlusses an A und Bekanntmachung an die StA

08.10. Antrag auf Entscheidung des Revisionsgerichts durch A

12.11. Zurückweisung des Antrags nach § 346 II StPO durch Beschluss des OLG Köln

18.11. Bekanntmachung des Beschlusses an A und Staatsanwaltschaft

Lösung:

... wie oben bis Fallkonstellation e) Ziff. 5

... FE: 01.08. ... (24.00 Uhr).

Die Revision des A erfolgte hier rechtzeitig am 01.08. ...

6. Folge

Durch die statthafte und rechtzeitige Revision des A ist die Rechtskraft gem. § 343 I StPO gehemmt.

1)

Zu prüfen ist nunmehr der Verwerfungsbeschluss des LG Bonn vom 28.09. ... (Dieser Beschluss ist nach § 346 I StPO (2. Alt) ergangen, da die Revisionsbegründungsfrist nicht eingehalten wurde.)

2)

Statthafter Rechtsbehelf gegen diesen Beschluss des Landgerichts Bonn ist nach § 346 II StPO der Antrag auf Entscheidung des Revisionsgerichts.

3)

Die Anfechtungsberechtigung des Beschwerdeführers ergibt sich aus § 346 II S. 1 StPO.

4)

Adressat für den Antrag auf Entscheidung des Revisionsgerichts ist hier entsprechend § 306 I StPO das LG Bonn als das Gericht, dessen Entscheidung angefochten wird.

5)

Der Rechtsbehelf ist gem. § 346 II S. 1 StPO binnen einer Woche nach Zustellung des Beschlusses einzulegen.

Fristberechnung gem. § 43 StPO

FB: 02.10. … (ZU)

+ 1 Woche

FE: 09.10. … (24.00 Uhr).

Innerhalb der Rechtsmittelfrist hat der Angeklagte am 08.10. … den Antrag auf Entscheidung des Revisionsgerichts rechtzeitig gestellt.

6)

Da der Rechtsbehelf des Angeklagten somit statthaft und rechtzeitig war, ist die Rechtskraft (weiterhin) gehemmt.

1.)

Zu prüfen ist nunmehr der Zurückweisungsbeschluss des OLG Köln vom 12.11. …

2.)

Gem. § 304 IV S. 2 i.V.m. S. 1 StPO (bzw. § 310 II StPO) ist gegen diesen Beschluss des Oberlandesgerichts kein weiterer Rechtsbehelf statthaft.

Es handelt sich um einen Beschluss, der unmittelbar die Rechtskraft herbeiführt.

Nach § 34a StPO gilt die Rechtskraft als mit Ablauf des Tages der Beschlussfassung vom 12.11. … (24.00 Uhr) eingetreten.

Folge

(Absolute) **Rechtskraft ab 13.11.** …

Fall 3

A. Themenkreise

Aufbau der Strafbarkeitsprüfung (Tatbestand, Rechtswidrigkeit, Schuld) – einfacher Diebstahl – Besonders schwerer Fall des Diebstahls – Nötigung – Rechtfertigungsgründe (§ 32 StGB – Notwehr und Schachtelprüfung) – Tateinheit, Tatmehrheit

B. Vorbemerkung

Wie bereits ausgeführt, ist wesentlicher Bestandteil vieler Rechtspfleger-Klausuren aus dem Bereich des Straf- und Strafverfahrensrechts – unabhängig von der Aufgabenstellung im Einzelfall – die Prüfung der Strafbarkeit einer Person. Um die in **Fall 1** dargestellte Methode der Strafbarkeitsprüfung zu vertiefen und einige weitere praxisrelevante Straftatbestände sowie praxisrelevante Probleme aus dem Bereich des allgemeinen Teils des StGB vorzustellen, dient vorliegender Fall. In diesem Übungsfall geht es nicht um einen praktischen Ansatz, bei dem die Position eines Amtsanwalts oder eines Rechtspflegers eingenommen und deren Entscheidung getroffen werden soll. Vielmehr stellt der vorliegende Übungsfall Sie vor die Aufgabe, die **Strafbarkeit** der Beschuldigten B zu überprüfen. Es wird also „nur“ eine sog. **materiell-rechtliche Prüfung des Sachverhalts** verlangt. Dabei ist davon auszugehen, dass sich der Sachverhalt wie geschildert zugetragen hat. Es wird darauf hingewiesen, dass der Lösungsvorschlag die Problemfelder des Falles vertieft und weit über das hinausgeht, was in einer Klausurlösung von Ihnen erwartet wird.

C. Sachverhalt

Am 15.02.2022 begibt sich die erwachsene Beschuldigte B gegen 12 Uhr zum Kiosk „Lindenthalcafé“ auf der Dürener Straße 247 in Köln. Inhaberin des Kiosks ist die ihr bekannte Zeugin C. Die Beschuldigte B nutzt einen unbeobachteten Augenblick, in dem sich die Zeugin C im Lagerraum des Kiosks befindet, und entnimmt aus der unverschlossenen Ladenkasse 350,– € (3 × 100,– € und 1 × 50,– €), um damit Schulden zu tilgen, die sie bei einer Bekannten hat. Das Geld steckt sie noch im Kiosk in einen von ihr mitgebrachten Jutebeutel. Als sie mit ihrer Beute gerade das Ladenlokal verlassen will, trifft sie an der Tür auf den Zeugen A, der durch die Scheibe das Vorgehen der Beschuldigten B beobachtet hat und der den Kiosk betritt, um die Beschuldigte B zur Rede zu stellen und sie daran zu hindern, mit dem Geld der Geschädigten C das Ladenlokal zu verlassen.

Der Zeuge A packt die Beschuldigte B fest am Arm, hindert sie am Verlassen des Kiosks und fordert von ihr eine Erklärung für die Entnahme des Geldes. Da die Beschuldigte B keine Lust auf eine Diskussion hat, wirft sie den Jutebeutel in eine Ecke des Kiosks und schubst den Zeugen A mit beiden Händen so fest sie kann auf den Boden des Kiosks. Der Zeuge kann dem kräftigen Stoß nichts entgegensetzen und muss die Beschuldigte B loslassen, während er auf den Boden fällt. Verletzungen zieht er sich nicht zu, was die Beschuldigte B auch nicht bezweckt oder gebilligt hatte. Der Beschuldigten gelingt die Flucht aus dem Ladenlokal ohne die Beute.

Die Beschuldigte wird später ermittelt und gibt im Rahmen ihrer verantwortlichen Vernehmung an, sie habe den Zeugen A geschubst, weil sie sich unbedingt „aus dem Staub machen wollte“. Sie lässt sich dahingehend ein, dass ihr schon klar gewesen sei, dass es sich um „das Geld der C“ gehandelt habe. Sie gibt ferner an, sie habe vorgehabt, „in der Zukunft schon irgendwie 350,– € zusammenzukratzen“ und diese der Zeugin C „irgendwann“ zurückzugeben.

D. Aufgabe

Prüfen Sie in Form eines Gutachtens, ob und wenn ja, wegen welcher Delikte sich die Beschuldigte B im vorliegenden Fall strafbar gemacht hat.

Besprechung von Fall 3

A. Strafbarkeit wegen (einfachen) Diebstahls gem. § 242 I StGB

Die Beschuldigte B könnte sich zunächst wegen eines (einfachen) Diebstahls gem. § 242 I StGB strafbar gemacht haben, indem sie in die Kasse der Zeugin C griff, aus dieser 350,– € entnahm und das Geld in ihren Jutebeutel steckte. 1

Klausurtipp:

Starten Sie mit einem korrekten **Obersatz** in Ihre gutachtenmäßige Strafbarkeitsprüfung. Dieser sollte die in Betracht kommende Strafnorm so genau wie möglich bezeichnen. Denken Sie an eine präzise Zitierweise (Absatz, Satz, Alternative). Darüber hinaus ist (knapp) das tatsächliche Verhalten zu beschreiben, das einer strafrechtlichen Prüfung unterzogen werden soll.

I. Allgemeine Einordnung des Diebstahls und Grundstruktur

Bei einem Diebstahl greift der Täter aktiv von außen in das Eigentumsrecht einer Person ein, indem er dem Opfer eine Sache wegnimmt und dem Eigentümer so die Möglichkeit nimmt, mit dieser Sache weiterhin wie ein Eigentümer zu verfahren. Die Person, der die Sache weggenommen wird, muss nicht unbedingt der Eigentümer sein. Geschütztes Rechtsgut ist aber das **Eigentum** (BGHSt 10, 400). Zwar verliert der Eigentümer durch die Tathandlung nicht das Eigentum an der entwendeten Sache, die Nutzungsmöglichkeit wird ihm aber durch den Täter entzogen. Der Diebstahl ist daher ein **Fremdschädigungsdelikt**. 2

Es handelt sich bei § 242 I StGB um den sog. **Grundtatbestand** des Diebstahls, den sog. „einfachen" Diebstahl. Die **Struktur** eines einfachen Diebstahls sieht folgendermaßen aus:

I. Tatbestand

1. Objektiver Tatbestand

a. Fremde bewegliche Sache (Tatobjekt)

b. Wegnahme (Tathandlung)

2. Subjektiver Tatbestand

a. Vorsatz bzgl. der objektiven Tatbestandsmerkmale

b. Absicht rechtswidriger Zueignung

plus Vorsatz bzgl. der Rechtswidrigkeit der Zueignung

II. Rechtswidrigkeit

III. Schuld

II. Prüfung der Tatbestandsmerkmale und Definitionen

1. Objektiver Tatbestand

3 Um den objektiven Tatbestand eines einfachen Diebstahls zu erfüllen, muss die Beschuldigte einer anderen Person eine **fremde bewegliche Sache** (Tatobjekt) **weggenommen** (Tathandlung) haben.

a) Tatobjekt: fremde bewegliche Sache

4 Unter fremder beweglicher Sache wird *jeder körperliche Gegenstand* (unabhängig vom Aggregatzustand) verstanden, der *nicht im Alleineigentum des Täters steht oder herrenlos ist* und der *fortgeschafft werden* kann, *sei es auch erst nach seiner Abtrennung*; auch Tiere werden entgegen der Wertung im § 90a S. 1 BGB im Strafrecht als Sachen behandelt (vgl. BayObLG NJW 1993, 2760).

Hinweis:

Vielleicht kommen Ihnen die Definitionen der Tatbestandsmerkmale bekannt vor – zu Recht, da die Tatbestandsmerkmale „Sache“ und „fremd“ bereits durch die Prüfung des § 303 I StGB in **Fall 1** bekannt sein sollten. Einziger Unterschied ist, dass unter den Sachenbegriff bei einer Sachbeschädigung auch unbewegliche Sachen fallen, beim Diebstahl (vgl. Wortlaut des § 242 I StGB) aber nur bewegliche Sachen.

Ob es sich beim Tatobjekt um eine **bewegliche Sache** im natürlichen Sinne handelt, ist meist leicht zu entscheiden. Ein Diebstahl an Forderungen, Urheberrechten oder Daten ist z. B. nicht möglich. Der Diebstahl einer EC-Karte (die letztlich Zugriff auf abstraktes Vermögen gewährt) ist aber möglich. Denkbar ist auch ein Diebstahl an Wasser oder Gas, da der Aggregatzustand der Sache nicht entscheidend ist.

Ob eine Sache **fremd** ist, kann man hingegen regelmäßig erst nach einer objektiven **zivilrechtlichen Bewertung** (BGB) der Eigentumslage sagen. Es kann also beispielsweise im Einzelfall zu überprüfen sein, ob die Sache dem Täter zeitlich vor der Tathandlung übereignet wurde (§§ 929 ff. BGB) – so z. B. bei dem in Klausuren beliebten Fall des Tankens an einer Selbstbedienungstankstelle ohne zu bezahlen (vgl. hierzu OLG Hamm, NStZ 1983, 266). Zudem kann der Täter kraft Gesetzes (§§ 943 ff. oder 1922 BGB) Eigentümer geworden sein oder das Eigentum an der Sache wurde aufgegeben (sog. Dereliktion, vgl. § 959 BGB). Es gibt auch Gegenstände, an denen noch nie Eigentum bestanden hat (z. B. wilde Tiere und Fische in Freiheit, § 960 I BGB, vgl. dazu aber den Straftatbestand der Jagdwilderei, § 292 StGB). Steht die Sache im Miteigentum, im Gesamthandseigentum oder im Sicherungseigentum einer anderen Person, ist sie für den Täter fremd. Man spricht wegen des Erfordernisses einer rechtlichen Einschätzung auch von einem **„normativen" Tatbestandsmerkmal**.

Tatobjekt sind **im Fall** vier Geldscheine (3 × 100,– €-Scheine, 1 × 50,– €-Schein). Hierbei handelt es sich um körperliche Gegenstände, also bewegliche Sachen, die im Alleineigentum der Zeugin C als Inhaberin des Kiosks standen, vgl. § 903 BGB. Für die Beschuldigte waren die Scheine demnach fremd. Der Umstand, dass die Zeugin C das Ladenlokal verlassen und die Kasse unverschlossen gelassen hat, bedeutet nicht, dass sie mit Eigentumsverzichtsabsicht den Besitz am Inhalt der Kasse aufgegeben hätte (Dereliktion, § 959 BGB), die Scheine waren somit natürlich nicht „herrenlos". Sie waren – wie der Fall zeigt – auch transportabel, daher fremde bewegliche Sachen und somit taugliches Tatobjekt des § 242 I StGB.

b) Tathandlung: Wegnahme

Unter **Wegnahme** wird der *Bruch fremden und die Begründung neuen, nicht notwen-* 5
dig tätereigenen Gewahrsams verstanden. **Gewahrsam** ist die *von einem natürlichen Herrschaftswillen getragene Sachherrschaft unter Berücksichtigung der Verkehrsanschauung* (BGHSt 8, 275; 22, 182). Neuer Gewahrsam wird **begründet**, wenn *der Täter oder ein Dritter die Sachherrschaft ungehindert ausüben kann und der alte Gewahrsamsinhaber nicht mehr über die Sache verfügen kann, ohne die Sachgewalt des Täters oder eines Dritten zu beseitigen* (vgl. Fischer StGB § 242 Rn. 16 ff.). Gewahrsam wird **gebrochen**, wenn er *ohne oder gegen den Willen des bisherigen Gewahrsamsinhabers aufgehoben* wird.

> **Klausurtipp:**
>
> Die **Reihenfolge** der Prüfung dieser Punkte ist nicht festgelegt. Es macht aber Sinn, **chronologisch** vorzugehen und sich zunächst darüber

Gedanken zu machen, ob sich die Sache ursprünglich im Gewahrsam eines anderen, als des Täters befand, dann darüber nachzudenken, ob dieser Gewahrsam gewechselt hat und abschließend festzustellen, ob der Gewahrsamswechsel ohne oder gegen den Willen des ursprünglichen Gewahrsamsinhabers durchgeführt wurde. Die letzten beiden Punkte können getauscht werden.

aa) Ursprüngliche Gewahrsamssituation

6 Festzustellen ist also, wer ursprünglich Gewahrsam am Geld hatte. Zunächst hatte die Zeugin C **im Fall** Gewahrsam in Form einer von ihrem Herrschaftswillen getragenen tatsächlichen Sachherrschaft an den in der Kasse befindlichen Geldscheinen. Sie hatte die alleinige unmittelbare Zugriffsmöglichkeit auf die Kasse mit den Geldscheinen sowie den entsprechenden Beherrschungswillen (BGHSt 8, 273). Dieser Umstand ist zum einen streng vom Eigentum an den Scheinen (s.o.), aber auch vom zivilrechtlichen Begriff des Besitzes zu unterscheiden (so ist z. B. der mittelbare Besitzer gem. § 868 BGB in der Regel kein Gewahrsamsinhaber).

Fraglich ist, ob und wie sich der Umstand, dass sie sich aus dem Ladenlokal ins Lager bewegt und sich so von der Kasse entfernt hat, auf die Gewahrsamssituation auswirkt. Immerhin befindet sie sich im Moment einer möglichen Wegnahme durch die Beschuldigte B nicht in unmittelbarer Nähe zu den Geldscheinen und konnte ihren Herrschaftswillen nicht direkt durchsetzen. Dies ist nach der allgemeinen Verkehrsauffassung allerdings unerheblich. Nach allgemeiner Ansicht besteht der Gewahrsam auch an Gegenständen, auf die man keinen unmittelbaren Zugriff hat, in Form eines sog. „**gelockerten Gewahrsams**" weiter (Beispiele: Fahrzeug, das geparkt wird (OLG Hamburg, MDR 1970, 1027); Gegenstände, die zu Hause bleiben, wenn man in Urlaub fährt (BGHSt 16, 271); Jacke, die man an der Garderobe eines Lokals aufhängt; Kleidungsstücke in einem Ladenlokal, die durch die Kunden dort anprobiert werden).

Darüber hinaus ist davon auszugehen, dass die Zeugin den Beherrschungswillen an allen Gegenständen hatte, die sich in ihrem Ladenlokal befanden, unabhängig davon, ob sie diese Gegenstände auch konkret hätte aufzählen können. Man spricht insoweit von einem **generellen Gewahrsamswillen** der Zeugin. Wenn sie Gegenstände in einem räumlich eingrenzbaren Bereich deponiert, weiß, wo sich diese Gegenstände befinden und diese irgendwann wieder in Gebrauch nehmen möchte, befinden sich diese Sachen in ihrer **Gewahrsamssphäre**. Davon ist hier auszugehen. Die Kasse befindet sich im Ladenlokal, somit innerhalb der abgrenzbaren Gewahrsamssphäre der Zeugin C.

bb) Begründung neuen Gewahrsams

Meist vollziehen sich Gewahrsamsverlust und die Begründung neuen Gewahrsams in einem Akt. Der Moment, in dem der Täter (oder eine dritte Person) neuen Gewahrsam begründet, ist die Trennlinie zwischen einem (nur) **versuchten Diebstahl**, von dem der Täter nach der Idee des Gesetzgebers noch (strafbefreiend) zurücktreten kann (§ 24 StGB), und einem **vollendeten Diebstahl**, der nicht mehr rücktrittsfähig ist. 7

Fraglich ist, ob und wenn ja, wann dieser Moment **im Fall** eingetreten ist. Die Tathandlung der Beschuldigten ist zur Beantwortung dieser Frage unter Berücksichtigung der Verkehrsanschauung genau unter die Lupe zu nehmen. Die Beschuldigte nimmt die Geldscheine aus der offen stehenden Kasse an sich und steckt diese dann in einen von ihr mitgebrachten Jutebeutel.

Der früheste Moment einer möglichen neuen Gewahrsamsbegründung könnte bereits im Ergreifen der Geldscheine gesehen werden. Gelangen Sachen in die körperliche Sphäre einer Person, geraten sie in einen sozial und rechtlich akzeptierten persönlichen Bereich, in die eine andere Person nicht einfach so eingreifen darf und wird. Wer diese Grenze überschreitet, muss mit dem Widerstand des neuen Gewahrsamsinhabers rechnen. Bei **kleinen, leicht beweglichen Sachen**, die man schon in der Hand verschwinden lassen kann, genügt nach der h.M. (sog. Apprehensionstheorie, von „apprehendere“ (lat.) = ergreifen) bereits das **Ergreifen**, Festhalten und Verbergen der Sache für die Begründung eines neuen Gewahrsams. Von diesem Zeitpunkt an müsste der ursprüngliche Gewahrsamsinhaber Gewalt anwenden, um die Sache zurückzuerlangen (vgl. BGH, Beschl. v. 06.07.2010, 3 StR 180/10). Bei nur vier Scheinen ist die Annahme gut vertretbar, dass die Beschuldigte B eine neue ungehinderte Sachherrschaft über die Scheine bereits erlangt, als sie diese an sich nimmt.

Andernfalls könnte sie in dem Moment, in dem sie die Geldscheine in den von ihr mitgebrachten Jutebeutel steckte, neuen Gewahrsam an den Scheinen begründet haben. Es ist anerkannt, dass bei **größeren,** aber noch leicht transportablen **Gegenständen** das Verbergen des Gegenstandes **unter der Kleidung** oder **in einer mitgeführten Tasche** für eine Neubegründung des Gewahrsams ausreicht (BGH NJW 1981, 997). Als nicht ausreichend erachtet wird aber das offene Bei-sich-führen solcher Gegenstände oder das Verbergen größerer Sachen in Behältnissen, die üblicherweise jederzeit vom Gewahrsamsinhaber (gewaltlos) kontrolliert werden können (Einkaufskorb, Einkaufswagen, Plastiktüte des Marktes (OLG Köln, NJW 1984, 810).

Es stellt sich allerdings die Frage, ob man im vorliegenden Fall wirklich schon von einem Gewahrsamswechsel (und damit von einer – nicht mehr rücktrittsfähigen – Vollendung des Diebstahls) sprechen kann, da sich die Beschuldigte ja im Moment der Ansichnahme der Geldscheine und auch beim Verstecken im mitgebrachten Jutebeutel noch im Ladenlokal der Zeugin befand, sich mithin innerhalb der fremden Gewahrsamssphäre der Zeugin C aufhielt. Es wird aber ganz überwiegend davon ausgegangen, dass man bereits innerhalb einer fremden Gewahrsamssphäre eine sog.

Gewahrsamsenklave bilden kann, also eine kleine eigene „Gewahrsamsinsel" innerhalb der Sphäre eines anderen. Nach den obigen Ausführungen kann diese Enklave bei kleinen Gegenständen bereits mit Ergreifen, bei größeren Gegenständen mit Einstecken des Gegenstandes in ein eigens hierfür mitgebrachtes eigenes Transportmittel begründet werden. Erst wenn der Gegenstand wirklich so **sperrig, groß oder schwer** ist, dass er vom Täter nicht verborgen werden kann (z. B. Flachbildfernseher), wird der Gewahrsamswechsel erst mit **Verlassen der fremden Gewahrsamssphäre** vollzogen (BGH NStZ 1981, 435).

Hinweis:

Mit Neubegründung des Gewahrsams ist der Diebstahl vollendet, ein Rücktritt ist nicht mehr möglich. Eine Bestrafung hat zu erfolgen. Selbst ein eventuelles **Zurücklegen** des Diebesgutes oder (wie hier) das **Wegwerfen** der Beute ist nach diesem Moment nur noch für die Strafzumessung von Relevanz, kann also gegebenenfalls noch strafmildernd berücksichtigt werden, ändert aber nichts mehr an einer Bestrafung wegen vollendeten Diebstahls. Das ist insbesondere dann bemerkenswert, wenn es der Täterin (wie hier) nicht einmal gelingt, das Ladenlokal mit der Beute zu verlassen.

cc) Gewahrsamsbruch

8 Eine Wegnahme setzt begrifflich ein Handeln ohne bzw. gegen den Willen des Gewahrsamsinhabers voraus. Hat der Gewahrsamsinhaber sich hingegen bereits vor der Wegnahme mit einem Gewahrsamswechsel einverstanden erklärt und liegt seine Zustimmung in den Gewahrsamsverlust an der konkreten in Rede stehenden Sache vor, so ist von einem sog. **tatbestandsausschließenden Einverständnis** auszugehen, das einen Bruch des Gewahrsams und damit eine Wegnahme ausschließt. Dabei ist es nach überwiegender Auffassung egal, ob das Einverständnis durch einen Trick erlangt wurde. Es wird dennoch als wirksam und damit den Tatbestand des § 242 I StGB ausschließend angesehen. In diesen Konstellationen kommt aber ein sog. Sachbetrug gem. § 263 I StGB in Betracht. Gedanklich abzugrenzen ist die beschriebene Konstellation von einem Trickdiebstahl, bei dem der Gewahrsamsinhaber mit Hilfe eines Tricks dazu gebracht wird, seinen Gewahrsam nur zu lockern (nicht aber komplett preiszugeben), damit der Täter die Sache leichter an sich nehmen kann (vgl. BGHSt 18, 221).

Im Fall hat die Zeugin C weder ausdrücklich noch konkludent zu verstehen gegeben, dass sie mit einer Wegnahme einverstanden wäre. Vielmehr wusste sie nichts vom Vorhaben der Beschuldigten B, so dass der Gewahrsamswechsel hier ohne ihre Zustimmung erfolgte und somit als Bruch anzusehen ist.

Der Umstand, dass die Beschuldigte bei ihrer Wegnahme vom Zeugen A beobachtet wurde, ist unerheblich ein Diebstahl muss **nicht heimlich** erfolgen. Der Diebstahl ist also mit Ergreifen (spätestens Einstecken) der Geldscheine vollendet.

2. Subjektiver Tatbestand

a) Vorsatz

Beim Diebstahl müssen der Beschuldigten B **im Moment der Tathandlung** (sog. Koinzidenzprinzip oder Simultaneitätsgrundsatz), also der Wegnahme der Geldscheine, die Umstände bekannt sein, die den objektiven Tatbestand eines Diebstahls ausmachen – ihr muss also klar sein, dass sie eine fremde bewegliche Sache wegnimmt und diesen Umstand müsste sie mindestens billigend in Kauf genommen haben (Eventualvorsatz, dolus eventualis). 9

Hinweis:

Vgl. zum Zweck der Wiederholung die Ausführungen zum Vorsatz in **Fall 1**.

Die Beschuldigte muss also die normative Bewertung der „Fremdheit" der Geldscheine zumindest **laienhaft** nachvollzogen haben (BGHSt 3, 255), eine genaue Subsumtion der zivilrechtlichen Eigentumslage wird von rechtlichen Laien regelmäßig nicht verlangt. Geht ein Täter irrtümlich davon aus, dass es sich um seine Sache handelt oder dass der Eigentümer mit der Wegnahme einverstanden sei, fehlt es am erforderlichen Vorsatz, eine Strafbarkeit muss entfallen (vgl. § 16 I StGB).

Folgt man **im Fall** der Einlassung der Beschuldigten, war ihr deutlich bewusst, dass sie keinerlei Verfügungsrecht über die Geldscheine hatte und dass diese „nicht ihr", sondern „der Zeugin C gehören". Nach dem vom Zeugen A beobachteten Tatbild hat sie zudem einen Gewahrsamsbruch im geeigneten Moment in ihr Vorstellungsbild aufgenommen, sie wollte dieses Geld unbedingt an sich bringen und handelte somit im Moment der Wegnahme vorsätzlich im Sinne eines direkten Vorsatzes 1. Grades.

b) Absicht rechtswidriger Zueignung

Neben dem Vorsatz verlangt § 242 I StGB zur Verwirklichung des (subjektiven) Tatbestandes zusätzlich, dass der Täter im Moment der Wegnahme die Absicht haben muss, sich die Sache rechtswidrig zuzueignen. Hierbei handelt es sich um den eigentlichen Angriff auf das Rechtsgut Eigentum. Der Täter des Diebstahls will sich (oder einem Dritten) unbedingt die Verfügungsmacht über eine fremde Sache verschaffen 10 und nimmt dazu mindestens billigend in Kauf, den ursprünglichen Eigentümer aus seiner Verfügungsposition zu verdrängen.

Da es sich um ein Tatbestandsmerkmal handelt, das nur in der (subjektiven) Vorstellung des Täters vorhanden sein muss, braucht es objektiv gar **nicht** zu einer **tatsächlichen (objektiven) Zueignung** zu kommen. Diese muss nicht einmal realisierbar sein. Es reicht einfach schon aus, wenn der Täter diese im Moment seiner Wegnahmehandlung beabsichtigte (BGH NStZ 2004, 86). Man spricht von einem sog. **erfolgskupierten Delikt** (Fischer StGB § 242 Rn. 32). Die Zueignungsabsicht wird auch als „überschießende Innentendenz" bezeichnet, weil sich der Täter mehr vornehmen muss, als in der objektiven Wirklichkeit passiert.

Hinweis:

Teilen Sie das Tatbestandsmerkmal zum besseren Verständnis in mehrere Einzelaspekte auf:

- die **Zueignungsabsicht**, die sich ihrerseits aus der **Aneignungsabsicht** und dem **Enteignungsvorsatz** zusammensetzt,
- die **Rechtswidrigkeit** der Zueignung

und (da es sich bei der Rechtswidrigkeit der Zueignung eigentlich um ein objektives Tatbestandsmerkmal handelt, das ausnahmsweise erst im subjektiven Tatbestand geprüft wird)

- die Prüfung des **Vorsatzes hinsichtlich der Rechtswidrigkeit.**

aa) Aneignungsabsicht

11 Als erste Komponente der Zueignungsabsicht braucht es den *unbedingten Willen* (= dolus directus 1. Grades, **Absicht**, vgl. Fischer StGB § 242 Rn. 33a) *zur* ***zumindest vorübergehenden*** *Anmaßung einer eigentümerähnlichen Herrschaftsgewalt über die Sache, um sich oder einem Dritten diese entweder ihrer Substanz oder ihrem wirtschaftlichen Wert nach dem eigenen Vermögen einzuverleiben.*

Das bedeutet, dass es dem Täter entweder auf die Sache selber, ihre Sachherrschaft und ihren Gebrauch (sog. **Substanz**theorie) oder auf den der Sache innewohnenden **Wert** (sog. **Sachwert**theorie, z. B. bei Theaterkarten, Fahrkarten, Sparbuch etc.) ankommen muss. Die Rechtsprechung geht schon seit längerer Zeit davon aus, dass beide oben genannte Aspekte von der Aneignungsabsicht erfasst sind und **verbindet beide Komponenten** (Substanz + Wert) im Rahmen der sog. **Vereinigungstheorie** (vgl. BGHSt 24, 119).

Klausurtipp:

Es kommt in einer Klausur regelmäßig im Hinblick auf die ständige Rechtsprechung nicht (mehr) auf eine Darstellung der unterschiedlichen Theorien an. Gehen Sie direkt – wie in der o.g. Definition – von der Vereinigungstheorie aus und prüfen Sie zunächst, ob es der Täter auf die Substanz der Sache oder – falls dies zu verneinen ist – auf den mit der Sache verknüpften wirtschaftlichen Vorteil abgesehen hat.

Es reicht regelmäßig aus, wenn der Täter sich diesen Vorteil **nur vorübergehend** verspricht (BGH NJW 1985, 812), er muss die Sache nicht dauerhaft haben oder gar behalten wollen. Eine bereits bei Wegnahme geplante Verwertung der Sache z. B. durch geplanten Weiterverkauf schadet daher nicht.

Hinweis:

Plant der Täter bei Wegnahme der Sache ausschließlich ihre **Zerstörung** (z. B. Entwendung einer Strafakte, um diese zu verbrennen, BGH NJW 1977, 1460), begründet dies keine Aneignungsabsicht. Dem Täter kommt es zwar auf die Begründung von Sachherrschaft an, er hat aber kein eigenes Interesse am Gegenstand. In diesem Fall kann ihm aber eine Sachbeschädigung gem. § 303 I StGB vorgeworfen werden.

Nach den beschriebenen Grundsätzen hatte die Beschuldigte B **im Fall** im Moment der Wegnahme der Geldscheine den unbedingten Willen (d. h. es kam ihr darauf an = Absicht = dolus directus 1. Grades), zumindest vorübergehend eigentümerähnlich über die Geldscheine zu verfügen und sich so ihre Substanz anzueignen. Sie will diese nicht dauerhaft für sich behalten, aber diese doch vorübergehend erlangen, um sie für sich zu verwerten, indem sie ihre ausstehenden Schulden mit dem Geld begleicht.

bb) Enteignungsvorsatz

Der Täter handelt mit Enteignungsvorsatz, wenn er im Moment der Wegnahme *zumindest **billigend in Kauf nimmt** (= dolus eventualis, „mir doch egal"), dass der verfügungsberechtigte Eigentümer **dauerhaft** aus seiner Stellung als Eigentümer verdrängt wird und seine Rechte nicht mehr ausüben kann.* 12

Da die Enteignungskomponente voraussetzt, dass der Täter zumindest billigt, dass dem Eigentümer die Nutzungsmöglichkeit über die Sache **dauerhaft** (vgl. Fischer StGB § 242 Rn. 33a) entzogen wird, müsste man den Enteignungsvorsatz konsequenterweise verneinen, wenn der Täter nachgewiesenermaßen bereits im Moment der

Wegnahme (!) unwiderlegbar plante, dass die entwendete Sache an den Eigentümer zurückgelangen soll. Hat der Täter also einen **unbedingten Rückgabewillen** im **Moment der Wegnahme**, würde dies seinen Enteignungsvorsatz entfallen lassen. Eine Zueignungsabsicht läge dann nicht vor. Allerdings wird dies regelmäßig voraussetzen, dass der Täter die Sache in der Zwischenzeit nicht erheblich durch übermäßigen oder überlangen Gebrauch abnutzt und ihr so ihren Wert entzieht (BGHSt 34, 309, 312; OLG Celle NJW 1967, 1921 zum Fall, in dem der Täter ein neues Buch aus einer Buchhandlung entwendet, um es zu lesen und sodann wieder zurückzustellen – hier wurde ein Enteignungsvorsatz bejaht). Es dürfte im Wesentlichen darauf abzustellen sein, ob der Täter die Sache **alsbald** nach Entwendung ohne Eigentumsleugnung und ohne wesentliche Wertminderung an den Eigentümer zurückgelangen lassen wollte. Sollte das der Fall sein, spricht man von einer **Gebrauchsanmaßung**, die tatsächlich regelmäßig straflos sein wird. Eine Strafbarkeit kann sich aber ausnahmsweise, z. B. bei vorübergehender Ingebrauchnahme von Fahrzeugen, aus § 248b StGB ergeben.

Soweit sich der Täter **erst nach der Wegnahme** zu einer Rückgabe der gestohlenen Sache entscheidet, hat dies keinerlei Einfluss auf seine Strafbarkeit, da der Diebstahl bereits vollendet ist. Alle objektiven und subjektiven Tatbestandsmerkmale waren ja im Moment der Wegnahme bereits verwirklicht. Ein nachträgliches Zurücklegen des entwendeten Gegenstandes kann dann nur noch auf der Ebene der Strafzumessung als ein zugunsten des Täters sprechendes Argument Berücksichtigung finden, es führt aber nicht zur Straflosigkeit mangels Zueignungsabsicht.

Das gilt auch für den **vorliegenden Fall,** in dem sich die Beschuldige B ihrer Tatbeute entledigt und diese von sich wirft, bevor sie das Ladenlokal verlässt. Dies hatte sie im Moment der Wegnahme weder vorausgesehen noch geplant, so dass dieser Umstand nicht zur Annahme reicht, sie habe im Moment der Wegnahme eine Enteignung der Zeugin C nicht billigend in Kauf genommen. Fraglich könnte **im Fall** der vorübergehende Enteignungsvorsatz der Beschuldigten B aber deswegen sein, weil sie – insoweit nicht zu widerlegen – angibt, dass sie vorhatte, „das Geld in Höhe der entwendeten 350,– € „irgendwie zusammenzukratzen“ und dieses „irgendwann wieder“ zurückzulegen. Es ist aber fraglich, ob es sich hierbei um ausreichende Anhaltspunkte für einen unbedingten Rückführungswillen handelt. Zum einen sollte es sich bei den 350,– €, deren Rückgabe sie äußerst vage in Aussicht stellte, gerade nicht um genau die entwendeten Geldscheine, also die Scheine aus der Kasse handeln. Zum anderen wäre ihre Idee viel zu unkonkret, um darin einen unbedingten Rückführungswillen hinreichend sicher entnehmen zu können. Es ist davon auszugehen, dass sie im Moment der Wegnahme (mindestens!) billigte, dass die Zeugin C die Geldscheine nie mehr wiedersehen würde. Sie handelte also mit der für einen Diebstahl erforderlichen Zueignungsabsicht.

cc) Rechtswidrigkeit der (beabsichtigten) Zueignung

Der Begriff „rechtswidrig“ im § 242 I StGB bezieht sich eindeutig auf die vom Täter erstrebte Zueignung. Im Gegensatz zur „Rechtswidrigkeit“ im Tatbestand des § 303 I StGB weist der Begriff nicht auf die allgemeine Rechtswidrigkeit der Tat hin und hat folglich nichts mit den an anderer Stelle beschriebenen Rechtfertigungsgründen zu tun. Der Begriff ist als **objektives Tatbestandsmerkmal** zu verstehen, das (ausnahmsweise) erst im subjektiven Tatbestand geprüft werden kann, da es sich auf die beabsichtigte Zueignung bezieht. 13

Klausurtipp:

Man spricht daher auch nicht von „rechtswidriger Zueignungsabsicht“, sondern präziser von der „Absicht rechtswidriger Zueignung“, um den Bezug zu verdeutlichen.

Die Rechtswidrigkeit der beabsichtigten Zueignung wird rein zivilrechtlich beurteilt und entfällt nur dann, wenn die beabsichtigte Zueignung im Widerspruch zur Eigentumsordnung steht. Dies ist nicht der Fall, wenn der Täter im Moment der Wegnahme (objektiv) einen **fälligen und einredefreien Anspruch auf Übereignung gerade der weggenommenen Sache** (Stück- oder Speziesschuld) hat. Es ist also an dieser Stelle eine zivilrechtliche Prüfung etwaiger schuldrechtlicher Ansprüche des Täters auf Übereignung des von ihm entwendeten Gegenstandes durchzuführen. Zu beachten ist, dass sich der Anspruch (z. B. aus § 433 I BGB oder § 985 BGB) wirklich auf Herausgabe **genau der weggenommenen Sache** richten muss. Ein sog. Gattungsanspruch (also ein Anspruch auf eine Sache derselben Art und Güte) reicht insoweit nicht aus (BGHSt 17, 87, 89).

Darüber hinaus muss der Anspruch im zivilrechtlichen Sinne **fällig** sein und es dürfen gegen ihn **keine Einreden** bestehen. Kann also der durch die Wegnahme betroffene Eigentümer gegen einen Anspruch des Täters auf Herausgabe der weggenommenen Sache z. B. die Einrede des nichterfüllten Vertrages gem. § 320 BGB oder die Einrede der Verjährung erheben, ist die vom Täter beabsichtigte Zueignung rechtswidrig. Die Prüfung dieses Tatbestandsmerkmals ist **objektiv** vorzunehmen, d. h. der Anspruch muss tatsächlich bestehen, damit die Rechtswidrigkeit entfällt. Glaubt der Täter (fälschlicherweise) nur daran, einen solchen Anspruch zu haben, entfällt deswegen nicht die Rechtswidrigkeit der beabsichtigten Zueignung (aber vielleicht der Vorsatz bezüglich dieses Merkmals, s.u.)

Im Fall hatte die Beschuldigte B keinen erkennbaren Anspruch genau auf die von ihr weggenommenen Geldscheine, daher war die von ihr beabsichtigte Zueignung auch rechtswidrig.

Anmerkung:

Angenommen, die Zeugin C hätte der Beschuldigten 350,– € geschuldet, die Schuld hätte sie längst begleichen müssen und auch Einreden wären nicht ersichtlich. Selbst dann würde sich an der Bewertung nichts ändern, weil die Rechtsprechung Geldschulden als sog. Gattungsschulden begreift. Die Beschuldigte hätte eben gerade keinen Anspruch genau auf die speziellen, sich (zufällig) in der Kasse befindenden Geldscheine. Allerdings wird in diesen Fällen häufig das (laienhafte) Bewusstsein der Täter fehlen, keinen entsprechenden Anspruch zu haben, was sich auf den Vorsatz hinsichtlich der Rechtswidrigkeit der Zueignung auswirkt – siehe nächste Voraussetzung und vgl. BGHSt 17, 87; 83, 300.

dd) Vorsatz hinsichtlich der Rechtswidrigkeit der Zueignung

14 Dem Täter muss bewusst sein, dass er keinen einredefreien und fälligen Anspruch auf Herausgabe der von ihm weggenommenen Sache hat (BGHSt 17,90). Geht er (auch irrtümlich, d. h. zu Unrecht) davon aus, dass ihm ein solcher Anspruch zusteht, fehlt sein entsprechender Vorsatz bezüglich der Rechtswidrigkeit der Zueignung, vgl. § 16 I StGB. Der subjektive Tatbestand des Diebstahls wäre dann nicht erfüllt. Da es sich bei der Rechtswidrigkeit der Zueignung um ein „normatives" Tatbestandsmerkmal handelt, das eine (zivil-)rechtliche Bewertung verlangt, stellt man an die Vorstellung des Täters keine großen Anforderungen und lässt ein laienhaftes Verständnis ausreichen (sog. **Parallelwertung der Laiensphäre**). Es fand bereits Erwähnung, dass sich rechtliche Laien gerade bei Geld- und Gattungsschulden oft mit einer rechtlichen Bewertung schwertun.

Im Fall ist der Beschuldigten B klar, dass ihr ein entsprechender Anspruch gegen die Zeugin C nicht zusteht, d. h. sie handelte bezüglich der Rechtswidrigkeit der von ihr beabsichtigten Zueignung vorsätzlich im Sinne eines direkten Vorsatzes (2. Grades).

Sie hat somit den objektiven und subjektiven Tatbestand des § 242 I StGB erfüllt.

III. Rechtswidrigkeit des Diebstahls

15 Die Tatbestandsverwirklichung des (einfachen) Diebstahls gem. § 242 I StGB ist ein Indiz für die Rechtswidrigkeit der durch die Beschuldigte B begangenen Tat. Nur ausnahmsweise kann ihr Verhalten gerechtfertigt sein. Dies würde aber einen sog. **Rechtfertigungsgrund** (oder **Erlaubnistatbestand**) voraussetzen, der ihr Verhalten unter bestimmten Voraussetzungen als nicht gesetzeswidrig einstuft.

Im Fall sind keine Gründe ersichtlich, die das Verhalten der Beschuldigten ausnahmsweise rechtfertigen oder erlauben würden. Der Umstand, dass sie Schulden hat und diese dringend begleichen muss, reicht nicht für die Annahme z. B. eines rechtfertigenden Notstandes gem. § 34 StGB aus, da es an einer erkennbaren gegenwärtigen Gefahrenlage fehlt, die sie hierdurch abwenden will. Sonst wäre es jeder verschuldeten Person erlaubt, Diebstähle zur Begleichung dieser Schulden zu begehen. Mangels weiterer erkennbarer Rechtfertigungsgründe war die Tat der Beschuldigten rechtswidrig.

IV. Schuld

Es handelt sich bei der Beschuldigten B um eine erwachsene Person, daher wird ihre 16
Schuldfähigkeit grundsätzlich vermutet. Anhaltspunkte für eine Schuldunfähigkeit oder eine verminderte Schuldfähigkeit gem. §§ 20, 21 StGB bestehen nicht. Ebenso wenig bietet sich hier die Prüfung eines Entschuldigungsgrundes an. Die Beschuldigte B lässt durchaus eine Unrechtseinsicht erkennen, so dass sie im vorliegenden Fall schuldhaft handelte.

Hinweis:

Vgl. zur Wiederholung der Schuld und ihrer Merkmale die Ausführungen zu **Fall 1**.

Zwischenergebnis:

Die Beschuldigte hat sich somit wegen eines (einfachen) Diebstahls gem. § 242 I StGB strafbar gemacht.

Klausurtipp:

Es mag seltsam anmuten, dass hier im Ergebnis eine Strafbarkeit der Beschuldigten wegen eines **vollendeten Diebstahls** anzunehmen ist, obwohl die Beschuldigte B doch mit ihrer Beute nicht einmal das Ladenlokal verlassen hat. Vielleicht hätten Sie hier beim Durchlesen des Sachverhalts eher auf einen **versuchten Diebstahl** getippt, der nach **§ 242 II i.V.m. § 23 I StGB** unter Strafe gestellt ist. Es sei aber darauf hingewiesen, dass ein versuchtes Delikt immer nur dann anzunehmen ist, wenn vorher eine Vollendung ausgeschlossen wurde. Gerade beim Diebstahl führt die Möglichkeit, eine Gewahrsamsenklave noch innerhalb einer fremden Gewahrsamssphäre zu bilden, häufig zu einer recht frühen Vollendung des Delikts. Hinzukommt, dass es ja nicht zur Zueignung kommen muss, sondern dass die Absicht hierzu im Moment der Wegnahme ausreicht.

Es macht daher Sinn, bei der Prüfung einer Strafbarkeit grundsätzlich **zuerst mit dem vollendeten Delikt** zu beginnen und erst im Anschluss daran – sollte man eine Vollendung verneinen – den Versuch eines Delikts zu prüfen, sollte das Gesetz hierfür eine Bestrafung vorsehen, vgl. § 23 I StGB.

Vgl. zum besonderen Aufbau einer Versuchsprüfung die Ausführungen zu **Fall 6**.

B. Strafbarkeit wegen eines besonders schweren Falls des Diebstahls

I. Allgemeine Ausführungen und Aufbau

17 Fraglich ist, ob die Beschuldigte B vielleicht sogar einen **besonders schweren Fall** des Diebstahls gem. **§ 243 I StGB** verwirklicht haben könnte. Das Gesetz zählt beispielhaft einige Umstände auf, bei deren Vorliegen in der Regel von einer höheren kriminellen Energie und damit auch von einer höheren Bestrafung (3 Monate bis 10 Jahre Freiheitsstrafe) auszugehen ist. Es handelt sich um einen nicht abschließenden Katalog von Strafschärfungsgründen, die auch **„Regelbeispiele"** oder **„Strafzumessungsregeln"** genannt werden (BGHSt 23, 254). Da der Katalog nicht geschlossen ist, kommt im Einzelfall auch ein sog. „unbenannter besonders schwerer Fall" in Betracht.

Bei den Regelbeispielen handelt es sich nach allgemeiner Auffassung nicht um Tatbestandsmerkmale, sie werden somit auch – im Gegensatz zu sog. qualifizierenden Tatbestandsmerkmalen wie z. B. denjenigen in § 244 StGB – nicht im objektiven Tatbestand geprüft, sondern erst nach der Feststellung der Schuld. Sie sind aber wie Tatbestandsmerkmale zu subsumieren. Ist ein Regelbeispiel erfüllt, wird der besonders schwere Fall grundsätzlich vermutet. Diese Feststellung ist aber im Einzelfall widerlegbar, sollten z. B. gleichzeitig auch besondere strafmildernde Umstände zu berücksichtigen sein (BGH NStZ 2004, 265).

Diese Idee findet sich sogar in der Norm des § 243 StGB wieder. Ein besonders schwerer Fall des Diebstahls ist nämlich trotz Vorliegens einer der Fälle des § 243 I S. 2 Nr. 1-6 gem. **§ 243 II StGB** ausgeschlossen, wenn sich die Tat auf eine **geringwertige Sache** bezieht. Eine geringwertige Sache liegt vor, wenn sich der Wert des weggenommenen Gegenstandes unter **25,– €** bewegt. Nimmt der Täter bei einer Gelegenheit mehrere Gegenstände weg, wird der Wert dieser Sachen zusammengerechnet. Dass sich die Tat auf eine geringwertige Sache „beziehen" muss, bedeutet, dass sie **objektiv geringwertig** sein und der Täter diesen Umstand bei Beginn der Tathandlung **subjektiv** in seine Vorstellung mit aufgenommen haben muss (BGH NStZ 1987, 71).

Nach den bisherigen Ausführungen sähe der **Aufbau** einer Strafbarkeitsprüfung bei einem besonders schweren Fall des Diebstahls folgendermaßen aus:

I. Tatbestand
   1. Objektiver Tatbestand des Grunddelikts, § 242 I StGB
   2. Subjektiver Tatbestand des Grunddelikts

II. Rechtswidrigkeit

III. Schuld

IV. Regelbeispiel besonders schwerer Fall
   1. Zumessungsregel aus dem Katalog des § 243 I S. 2 Nr. 1 7 StGB
   2. Unbenannter besonders schwerer Fall
   3. Wenn 1. oder 2. (+): ggf. Ausschluss gem. § 243 II StGB

II. Prüfung der Strafzumessungsregeln

Fraglich ist, ob eine Strafzumessungsregel **im Fall** für die Beschuldigte in Betracht kommt. **§ 243 I S. 2 Nr. 1 StGB** ist im vorliegenden Fall nicht gegeben, da die Beschuldigte B zur Ausführung des Diebstahls nicht in den Kiosk eingebrochen oder eingestiegen ist. Grund für die höhere Bestrafung ist bei Nr. 1, dass sich der Täter zur Ausführung des Diebstahls über eine Schutzsphäre, die ein ver- bzw. umschlossener Raum bildet, mit erhöhter krimineller Energie hinwegsetzt. Die Beschuldigte befand sich hier allerdings bereits in den Räumlichkeiten der Zeugin C, als sie den Entschluss fasste, den Diebstahl zu begehen. 18

§ 243 I S. 2 Nr. 2 StGB könnte in Betracht zu ziehen sein, da die Beschuldigte das Geld aus einer Kasse im Kiosk nahm. Dazu müsste die Kasse ein „**verschlossenes Behältnis**" darstellen, das geeignet ist, die Sache gegen eine Wegnahme besonders zu sichern. Ein Behältnis ist ein *verschlossenes Raumgebilde, das zur Verwahrung und zur Sicherung von Sachen dient, aber nicht dazu bestimmt ist, von Menschen betreten zu werden.* Verschlossen ist das Behältnis, *wenn sein Inhalt durch eine Schließvor-*

richtung gegen einen unbefugten Zugriff von außen besonders gesichert ist (BGHSt 1, 163). Allerdings ist **im Fall** zu beachten, dass die Kasse im Moment der Wegnahme des Geldes geöffnet war, somit die Wegnahme nicht erheblich erschwerte und insoweit kein „verschlossenes Behältnis" im Sinne der Vorschrift darstellt. Hätte die Beschuldigte die Kasse vor Ort aufgebrochen oder sogar die komplette Kasse entwendet, um diese zu Hause zu öffnen (BGHSt 24, 248), dann wäre Nr. 2 erfüllt.

Fraglich ist, ob die Beschuldigte hier **„gewerbsmäßig"** gestohlen hat i.S.d. **§ 243 I S. 2 Nr. 3 StGB**. Dies ist dann der Fall, *wenn sie sich selbst durch eine wiederholte Tatbegehung in Zukunft eine nicht nur vorübergehende Haupt- oder Nebeneinnahmequelle verschaffen will (*OLG Hamm, NStZ-RR 2004, 335). Zwar will die Beschuldigte mit dem Geld Schulden begleichen, eine Gesamtbewertung der tat- und täterbezogenen Umstände spricht aber gegen eine dauerhafte Einnahmequelle.

Anhaltspunkte für einen weiteren besonders schweren Fall im Sinne des § 243 I S. 2 StGB oder einen sog. „unbenannten" besonders schweren Fall liegen hier nicht vor, so dass sich die Beschuldigte im Ergebnis nicht wegen Diebstahls im besonders schweren Fall, sondern wegen eines einfachen Diebstahls strafbar gemacht hat.

Klausurtipp:

Sprechen Sie immer nur diejenigen Regelbeispiele an, die auch wirklich bei lebensnaher Betrachtung im Einzelfall in Betracht kommen.

III. Exkurs: Abgrenzung zur Qualifikation des § 244 StGB

19 Es wurde bereits erwähnt, dass ein Diebstahl auch in qualifizierter Form begangen werden kann. Der Gesetzgeber sieht in **§ 244 StGB** verschiedene sog. **Qualifikationstatbestände** vor. Diese stellen echte Tatbestände mit einer Versuchsstrafbarkeit und echten Tatbestandsmerkmalen dar, die vorsätzlich begangen werden müssen, § 15 StGB.

Handelt der Täter als Mitglied einer Bande, führt er beim Diebstahl eine Waffe oder ein anderes gefährliches Werkzeug bei sich oder bricht er zur Begehung des Diebstahls in eine Wohnung ein, wird der Diebstahl mit einer erhöhten Mindestfreiheitsstrafe von 6 Monaten bestraft. Bricht der Täter in eine dauerhaft genutzte Privatwohnung ein, handelt es sich gem. **§ 244 IV StGB** sogar um ein **Verbrechen** im Sinne des § 12 I StGB, da diese Tatbegehung mit einer Mindestfreiheitsstrafe von einem Jahr bestraft wird. Der **Aufbau** der Strafbarkeitsprüfung bei einem qualifizierten Diebstahl sieht wie folgt aus:

I. Tatbestand

1. Objektiver Tatbestand

a. Objektive Tatbestandsmerkmale des Grundtatbestands des Delikts (§ 242 I StGB)

b. Obj. Tatbestandsmerkmale des Qualifikationstatbestandes (§ 244 StGB)

2. Subjektiver Tatbestand

a. **Vorsatz** hinsichtlich der Tatbestandsmerkmale des Grund- **und des Qualifikationstatbestandes**

b. Ggf.: besondere subjektive Tatbestandsmerkmale wie die Absicht der rechtswidrigen Zueignung (plus Vorsatz bzgl. der Rechtswidrigkeit der Zueignung)

II. Rechtswidrigkeit

III. Schuld

Klausurtipp:

Liegen (z.B. bei einem Wohnungseinbruchsdiebstahl) sowohl die Voraussetzungen des Qualifikationstatbestandes als auch diejenigen einer Strafzumessungsregel vor, macht es Sinn, die Strafzumessungsregel eher kurz und klarstellend im Anschluss an die Prüfung des Qualifikationstatbestandes zu prüfen, da die Strafzumessungsregel (mitsamt einfachem Diebstahl) im Rahmen einer gesetzlichen Konkurrenz vom „stärkeren" Qualifikationstatbestand verdrängt wird (BGHSt 23, 239).

C. Strafbarkeit wegen räuberischen Diebstahls

Wer einen räuberischen Diebstahl gem. **§ 252 StGB** begeht, ist wie ein Räuber zu bestrafen. Der Raubstraftatbestand findet sich in § 249 StGB. Es handelt sich bei beiden Delikten um Verbrechen mit einer Mindestfreiheitsstrafe von einem Jahr. Der räuberische Diebstahl enthält zusätzlich zum Diebstahl noch ein Nötigungselement. Die Nötigung ist darüber hinaus auch ein eigenständiger Straftatbestand in § 240 I StGB (siehe dazu unten mehr). Bei § 252 StGB handelt es sich um einen selbständigen Tatbestand, der eingreift, wenn ein Täter bei einem Diebstahl auf frischer 20

Tat erwischt wird und dann ein qualifiziertes Nötigungsmittel – also Gewalt gegen eine Person oder Drohungen mit Gefahr für das Leben einer Person – anwendet, um sich im Besitz des gestohlenen Gutes zu halten. Der Unterschied zu einem Raub liegt darin, dass bei einem Raub das Nötigungsmittel bereits zur Ermöglichung der Wegnahme verwendet wird. Beim räuberischen Diebstahl ist die Wegnahme der fremden Sache bereits erfolgt und der Täter will seinen (unrechtmäßigen) Besitz an der Beute sichern.

Hinweis:

Eine eingehendere Darstellung dieses Verbrechens und seiner Voraussetzungen soll hier nicht erfolgen, da es in der Ausbildung der Rechtspfleger keine große Rolle spielt.

Der Vollständigkeit halber sei eine kurze Übersicht über den **Aufbau** eines räuberischen Diebstahls beigefügt:

I. Tatbestand

1. Objektiver Tatbestand

a. **Vollendete Vortat** (jede Art eines Diebstahls mit vollendeter Wegnahme, aber ohne endgültige Sicherung der Beute; nach h.M. kommt auch ein Raub als Vortat in Betracht)

b. **Auf frischer Tat betroffen** (wenn der Täter beim Diebstahl oder unmittelbar danach in unmittelbarer Nähe wahrgenommen wird)

c. **Einsatz des qualifizierten Nötigungsmittels** (Gewalt gegen eine Person, also unmittelbarer physisch wirkender Zwang, oder Drohung mit Gewalt gegen eine Person)

2. Subjektiver Tatbestand

a. **Vorsatz** bzgl. der objektiven Tatbestandsmerkmale

b. **Beutesicherungsabsicht** (Nötigungsmittel wird eingesetzt, um sich im Besitz des gestohlenen Gutes zu halten)

II. Rechtswidrigkeit

III. Schuld

Die Beschuldigte wurde **im Fall** zwar durch den Zeugen C auf frischer Tat im Sinne des § 252 StGB betroffen und wendete dann auch Gewalt gegen den Zeugen an, allerdings hatte sie vorher bereits die Jutetasche mit dem Geld in die Ecke des Ladens geworfen und sich der Beute aus ihrem Diebstahl entledigt. Ihr fehlte somit die für die Verwirklichung eines räuberischen Diebstahls erforderliche Beuteerhaltungsabsicht. Sie schubste den Zeugen von sich, um sich aus der Situation zu befreien, das reicht für eine Strafbarkeit nach § 252 StGB nicht aus.

Klausurtipp:

Es ist gut vertretbar, die Prüfung direkt mit § 252 StGB zu beginnen. Sie werden in Lehrbüchern oftmals die Empfehlung finden, die Prüfung der Strafbarkeit mit dem „schwersten" denkbaren Delikt zu beginnen. Dies dürfte hier dem Strafmaß folgend der räuberische Diebstahl sein. Allerdings will diese Entscheidung im Einzelfall gut durchdacht sein. Gerade im vorliegenden Fall macht es durchaus Sinn, „von unten her" aufzubauen, also mit dem einfachen Diebstahl zu beginnen, dann den besonders schweren Fall zu prüfen und erst im Anschluss den (nicht vorliegenden) räuberischen Diebstahl anzusprechen, aber mit knapper Begründung abzulehnen.

D. Strafbarkeit wegen Nötigung

I. Allgemeine Ausführungen

Das Delikt der Nötigung gem. **§ 240 StGB** trifft häufig, insbesondere in Fällen von Nachbarschafts- und sonstigen privaten Streitigkeiten, mit weiteren Privatklagedelikten wie Körperverletzung, Beleidigung und Bedrohung zusammen, muss jedoch nicht unbedingt eine solche Verbindung aufweisen, wie z. B. der Bereich des Straßenverkehrsrechts oder der vorliegende Fall zeigen. 21

Der Grundtatbestand der Nötigung findet sich in § 240 I StGB. § 240 IV StGB enthält besonders schwere Fälle (zum Aufbau s.o.). Geschütztes Rechtsgut ist die **Freiheit der Willensentschließung und Willensbetätigung** (BVerfGE 73, 237; RGS. 48, 346). Tatbestandlich handelt somit gem. § 240 I StGB, wer einer anderen Person ein bestimmtes Verhalten aufzwingt, die Person also gegen ihren Willen zu einer Handlung, einer Duldung oder einem Unterlassen nötigt. Durch welche Handlung der entgegenstehende Wille des Opfers überwunden wird, bestimmt § 240 I StGB nicht näher, allerdings ist für die Erfüllung des Tatbestands die Anwendung von Zwangsmitteln (Gewalt oder Drohung mit einem empfindlichen Übel) erforderlich. Durch diese muss kausal ein **Verhalten** des Opfers hervorrufen werden, welches über das bloße Hinnehmen der Einwirkung durch den Täter hinausgeht. Dass allein der Wille des Gegenübers gebeugt wird, reicht als Ergebnis nicht aus. Hieraus ergibt sich folgender **Aufbau** bei der Nötigungsprüfung:

I. Tatbestand

1. Objektiver Tatbestand

a. Nötigungshandlung: Gewalt / Drohung mit empfindlichen Übel

b. (Kausaler) Nötigungserfolg: jedes Handeln, Dulden oder Unterlassen

2. Subjektiver Tatbestand

– Vorsatz

II. Rechtswidrigkeit

1. Allgemeine Rechtfertigungsgründe

2. Verwerflichkeit, vgl. § 240 II StGB

III. Schuld

(evtl.):

IV. Besonders schwerer Fall der Nötigung gem. § 240 IV StGB

II. Prüfung des Tatbestandes

22 Die Beschuldigte B könnte sich vorliegend wegen einer Nötigung gem. § 240 I StGB zum Nachteil des Zeugen A strafbar gemacht haben, indem sie den Zeugen A kräftig schubste und ihn so dazu veranlasste, sie loszulassen.

1. Nötigungshandlung – Gewalt oder Drohung mit empfindlichem Übel

Dazu müsste sie zunächst Gewalt angewendet haben. Der **Gewalt**begriff lässt sich nicht eindeutig definieren und ist daher seit langem umstritten. Der BGH stellte ursprünglich auf eine **physische** Zwangswirkung auf das Opfer ab (BGHSt 8, 102; 19, 263), erachtete später aber auch den vom Opfer empfundenen **psychisch** wirkenden Zwang als ausreichend (BGHSt 23, 46, sog. Laepple- oder Sitzblockade-Fall, wurde aber später von BVerfGE 73, 206 für diese Auffassung kritisiert). Die Literatur bejaht aktuell eine Gewaltanwendung in Fällen eines (zumindest auch) **physisch vermittelten Zwangs zur Überwindung eines geleisteten oder erwarteten Widerstandes**. Ausgeschlossen aus dem Gewaltbegriff sind daher **rein psychische** Einwirkungen auf das Opfer.

Neben der Gewaltanwendung nennt § 240 I StGB die **Drohung mit einem empfindlichen Übel** als weiteres (oder die Gewalt ergänzendes) Nötigungsmittel, wobei darunter *das Inaussichtstellen einer künftigen, vom Betroffenen als nachteilig empfundenen, Veränderung in der Außenwelt verstanden wird, auf deren Eintritt der Drohende Einfluss hat oder zu haben vorgibt* (BGHSt 16, 386).

Im Fall verpasste die Beschuldigte B dem Zeugen A einen so kräftigen Stoß, dass dieser zu Boden stürzte. Sie wirkte somit physisch auf den Zeugen ein und wendete daher willensbrechende Gewalt (sog. vis absoluta) gegen ihn an.

2. Nötigungserfolg

Ihr Stoß hatte kausal (conditio-sine-qua-non = jede Bedingung, die nicht hinweggedacht werden kann, ohne dass der Erfolg entfällt) zur Folge, dass der Zeuge ihren Arm loslassen musste. Die Beschuldigte führte durch ihre Tathandlung also kausal einen **Nötigungserfolg** herbei, nämlich ein Unterlassen seiner weiteren Festnahmebemühungen nach ihrem Diebstahl. 23

3. Vorsatz

Für die Verwirklichung der Nötigung reicht – wie auch für alle anderen Delikte ohne besondere weitere Anforderungen – grundsätzlich die schwächste Form des Vorsatzes, also der Eventualvorsatz (dolus eventualis) aus. Es ist davon auszugehen, dass die Beschuldigte **im Fall** ganz bewusst und gewollt zur Gewalt griff, um sich dem Zugriff des Zeugen A zu entziehen. Ihr kam es darauf an, sich zu befreien, um das Ladenlokal verlassen zu können. Dazu musste sie den Zeugen dazu bringen, den Griff zu lockern bzw. zu lösen. Sie handelte absichtlich, also mit dolus directus 1. Grades. 24

III. Prüfung der Rechtswidrigkeit – Verwerflichkeit als Besonderheit

Ob die in § 240 I StGB erwähnte **Rechtswidrigkeit** der Nötigung als Teil des Tatbestandes zu verstehen ist und diesen begrenzt (so BVerfGE 73, 238, 253, BVerfG NJW 2002, 1031) oder als spezielle Rechtswidrigkeitsregel anzusehen ist, auf die sich die **Verwerflichkeitsklausel des § 240 II StGB** bezieht (so BGHSt 5, 247), ist umstritten. 25

Klausurtipp:

Es wird empfohlen, die zweite Variante anzunehmen und beim Prüfungspunkt der allgemeinen Rechtswidrigkeit zunächst nicht (wie sonst) anzunehmen, dass die Tatbestandsmäßigkeit die Rechtswidrigkeit indiziert, sondern vielmehr nach einer Prüfung der allgemeinen Rechtfertigungsgründe (Punkt 1. – eine gerechtfertigte Nötigung kann nicht verwerflich sein) noch eine gesonderte **Verwerflichkeitsprüfung** im Sinne des **§ 240 II StGB** vorzunehmen (Punkt 2.).

1. Rechtfertigungsgründe – Notwehr?

26 Zunächst ist also zu prüfen, ob die Beschuldigte B vielleicht im Hinblick auf das Vorliegen eines besonderen Erlaubnistatbestands ausnahmsweise so handeln durfte, wie sie es getan hat, also den Zeugen A von sich schubsen und Gewalt anwenden, um ihn davon abzubringen, sie festzuhalten.

Hinweis:

Einführende Erläuterungen zum Prüfungspunkt der Rechtswidrigkeit finden sich bereits in **Fall 1**. Zur Vermeidung von Wiederholungen wird an dieser Stelle darauf verwiesen.

Um zu ermitteln, welcher Rechtfertigungsgrund aus einer Anzahl von nicht im StGB gebündelten Erlaubnistatbeständen **im Fall** für die Beschuldigte konkret in Betracht kommen könnte, muss man überlegen, welches Verhalten der jeweilige Rechtfertigungsgrund eigentlich erlaubt. Verfolgt der Täter mit seiner Handlung mehrere Ziele, können diese auch durch unterschiedliche Rechtfertigungsgründe erfasst sein. Wäre sie z. B. Betroffene einer Besitzstörung, käme § 859 BGB zu ihren Gunsten in Betracht. Würde man ihr eine Verletzung fremden Eigentums im Sinne einer Sachbeschädigung vorwerfen, könnte man über die §§ 228, 904 BGB als spezielle Rechtfertigungsgründe nachdenken. Bei einer Körperverletzung, mit der das Opfer einverstanden war, müsste man über eine rechtfertigende Einwilligung gem. § 228 StGB nachdenken. **Im Fall** schubst die Beschuldigte den Zeugen A mit Wucht auf den Boden, weil er sie festhielt und sie so daran hinderte, die Räumlichkeiten zu verlassen. Sie handelte also, um ihre Fortbewegungsfreiheit wiederzuerlangen, in die der Zeuge A im Moment ihrer Tathandlung eingriff.

Da die Beschuldigte handelte, um eins ihrer Rechtsgüter zu verteidigen, könnte ihr Verhalten durch den Rechtfertigungsgrund der **Notwehr gem. § 32 StGB** gerechtfertigt sein. Wer eine Tat begeht, die durch Notwehr geboten ist, handelt nicht rechtswidrig, vgl. § 32 I StGB.

a) Allgemeine Ausführungen zur Notwehr

Für den Begriff der Notwehr findet sich im Gesetz eine **Legaldefinition in § 32 II StGB.** Danach ist Notwehr die *Verteidigung*, die *erforderlich* ist, *um einen gegenwärtigen rechtswidrigen Angriff von sich oder einem anderen abzuwenden.* 27

Das Notwehrrecht beruht auf den Gedanken des Selbstschutzes und des Rechtsbewährungsprinzips. Nicht nur das konkret angegriffene Rechtsgut, sondern die gesamte Rechtsordnung wird durch den Angegriffenen verteidigt (BGHSt 24, 356, 359). Hieraus folgt auch der Grundsatz der sog. „**Schneidigkeit** des Notwehrrechts" zur Abwehr eines Angriffs darf sich der Angegriffene auch „härtester" Mittel gegen den Angreifer bedienen und braucht einem Angriff nicht auszuweichen. Es gilt insoweit der Grundsatz: „Das Recht braucht dem Unrecht nicht zu weichen".

Sollten die Voraussetzungen des § 32 StGB vorliegen, wäre eine Verletzung von **Rechtsgütern des Angreifers** durch die Beschuldigte gerechtfertigt. Sollte sie mit ihrer Handlung darüber hinaus noch in Rechtsgüter unbeteiligter Dritter eingreifen, so müsste hierfür ein anderer Rechtfertigungsgrund (z. B. § 34 StGB rechtfertigende Notstandslage bei einer gegenwärtigen Gefahrenlage) herangezogen werden.

b) Aufbau der Notwehrprüfung

Der Wortlaut des Gesetzes setzt einen **gegenwärtigen rechtswidrigen Angriff** voraus, vgl. § 32 II StGB. Diese Situation wird auch als sog. **Notwehrlage** bezeichnet. Liegt eine solche Notwehrlage vor, ist dem Angegriffenen eine verteidigende **Notwehrhandlung** gegen den Angriff gestattet, wenn und soweit diese **erforderlich** ist. Insgesamt muss (vgl. § 32 I StGB) die Notwehr **geboten** sein und der Angegriffene muss handeln, **um** den Angriff von sich oder einer anderen Person (sog. „Nothilfe") **abzuwenden**. Hieraus ergibt sich für die Prüfung der Notwehr folgender Aufbau: 28

- **Notwehrlage**: gegenwärtiger rechtswidriger Angriff auf den Täter oder eine dritte Person
- **Notwehrhandlung**: Verteidigung gegen den Angriff muss das „erforderliche" Maß einhalten
- **Gebotenheit** der Notwehrhandlung
- **Verteidigungswille** (Handlung, um den Angriff abzuwenden = subjektives Rechtfertigungselement)

aa) Notwehrlage

29 Der Wortlaut des Gesetzes setzt einen **gegenwärtigen rechtswidrigen Angriff** voraus, vgl. § 32 II StGB. Dabei versteht man unter einem **Angriff** *die Bedrohung eines rechtlich geschützten Interesses (Rechtsgutes) bzw. die Verletzung dieses Interesses eines anderen durch menschliches Verhalten* (Fischer StGB § 32 Rn. 5). Das für den Angriff geforderte **menschliche Verhalten** muss nicht unbedingt mit Handlungsbewusstsein oder gar mit Vorsatz geschehen. Es reicht auch ein fahrlässiges Handeln des „Angreifers" aus, durch das dieser vorwerfbar eine Gefahr für ein Rechtsgut des Angegriffenen verursacht. Das Verhalten muss auch weder zielgerichtet noch schuldhaft sein. Sogar in einem Unterlassen kann ein Angriff liegen. Der Angriff muss nach allgemeiner Meinung nicht einmal einen Straftatbestand erfüllen, um abgewehrt werden zu dürfen (z. B. Verletzung des allgemeinen Persönlichkeitsrechts durch unangemessenes Fotografieren, vgl. OLG Hamm JZ 1988, 308). Meist wird dies aber der Fall sein. „Angriffe" durch Tiere gelten grds. nicht als Angriff im Sinne des § 32 StGB, in diesem Fall wäre der Rechtfertigungsgrund des sog. Defensivnotstandes gem. § 228 BGB zu beachten. Etwas anderes würde gegebenenfalls dann gelten, wenn ein Mensch das Tier zum Angriff treibt oder hetzt.

Notwehrfähig ist jedes **Rechtsgut** oder jedes rechtlich anerkannte Interesse des Angegriffenen oder eines Dritten (letzteres bezeichnet man als sog. **Nothilfe**). Dabei ist zu berücksichtigen, dass unter die Rechtsgüter grds. nur die sog. **Individualrechtsgüter** (Leben, Leib, Freiheit, körperliche Unversehrtheit, Eigentum, Ehre usw.), nicht aber sog. **Kollektivrechtsgüter** gezählt werden (z. B. Sicherheit des Straßenverkehrs; hier sind zum Schutz die staatlichen Behörden berufen, vgl. *Perron* in Schönke/Schröder § 32 Rn. 8). Auch der Schutz der Rechtsordnung ganz allgemein (öffentlicher Frieden, öffentliche Ordnung) fällt nicht unter die geschützten Rechtsgüter des § 32 StGB.

Der Angriff **muss objektiv vorliegen**, was aus nachträglicher Sicht zu begutachten ist (sog. ex post Perspektive). Nimmt der Täter hingegen einen Angriff nur irrtümlich an, handelt es sich um einen Fall der sog. Putativnotwehr, der unter bestimmten Voraussetzungen die (Vorsatz-)Schuld des Täters entfallen lassen kann (sog. **Erlaubnistatbestandsirrtum**, dessen Einordnung sehr umstritten ist und dessen Darstellung mangels Relevanz für die Rechtspfleger-Ausbildung hier unterleiben soll, vgl. aber bei Interesse die Darstellung bei Fischer StGB § 32 Rn. 20 ff.).

Im Fall stellt sich der Zeuge A der Beschuldigten B in den Weg und hindert sie daran, den Laden zu verlassen. Zudem packt er sie am Arm und hält sie fest. Hierbei handelt es sich um einen Eingriff in ihr Individualrechtsgut der persönlichen Fortbewegungsfreiheit, der gem. § 239 StGB (Freiheitsberaubung) unter Strafe steht.

30 **Gegenwärtig** ist ein Angriff, der *unmittelbar bevorsteht, gerade stattfindet oder noch fortdauert.* Der Angriff **beginnt**, sobald es ohne weitere Zwischenschritte zur Verletzung des Rechtsguts kommen kann (BGH NStZ 2000, 365). Er **dauert solange an**, wie die akut bedrohliche Situation fortbesteht, also mit einer unmittelbaren Wieder-

holung oder gar Vertiefung der Beeinträchtigungen des Rechtsguts (z. B. weitere Schläge) zu rechnen ist (BGH NStZ 2006, 152, 153). **Beendet** ist der Angriff, wenn er seinen tatsächlichen Abschluss gefunden hat, weil er endgültig fehlgeschlagen ist oder weil der Schaden unabwendbar eingetreten ist. Letzteres gilt auch für den Fall, dass der bereits ausgeführte Schlag „noch wehtut" oder bei bereits ausgesprochenen Beleidigungen, die „noch in der Luft hängen". Sollte kein weiterer Rechtsgutseingriff drohen, ist der Angriff in diesen Fällen beendet. Ein weiteres (gewaltsames) Vorgehen hiergegen wäre nicht mehr durch Notwehr gerechtfertigt, sondern als Selbstjustiz zu bewerten. Bei Dauerdelikten, z. B. der Freiheitsberaubung gem. § 239 StGB, ist Notwehr bis zur Beendigung des Delikts möglich (BGH NStZ-RR 2010, 140). Bei Eigentumsdelikten (Diebstahl, Raub) dauert der Angriff regelmäßig solange an, wie noch kein gesicherter Gewahrsam des Angreifers vorhanden ist.

Im Fall hält der Zeuge A die Beschuldigte B im Moment ihres Stoßes am Arm fest und hindert sie so daran, das Ladenlokal zu verlassen. Der Eingriff in ihre Fortbewegungsfreiheit fand im Moment der Tathandlung statt, war also gegenwärtig.

Rechtswidrig ist der Angriff, *wenn der Betroffene ihn nicht zu dulden braucht bzw.* 31
der Angriff im Widerspruch zur Rechtsordnung steht, oder umgekehrt: ein Angriff, den der Täter (Inhaber des Rechtsguts) von Rechts wegen hinzunehmen hat, ist nicht rechtswidrig (Fischer StGB § 32 Rn. 21). Dies wirft allerdings die Frage auf, ob das **Handeln des Angreifers seinerseits durch einen Rechtfertigungsgrund gedeckt** sein könnte. Eine Verteidigung dagegen wäre dann nämlich nicht erlaubt (z. B. keine Notwehr gegen Notwehr, keine Notwehr gegen einen „Angriff", in den eingewilligt wurde, keine Notwehr gegen zulässige und ordnungsgemäß durchgeführte Festnahmehandlungen durch Polizei oder Privatpersonen i.S.d. § 127 I, II StPO).

Klausurtipp:

Es kommt an dieser Stelle in Klausuren oft (wie hier) zu Inzidenzprüfungen, die man auch **„Schachtelprüfung"** nennt. Diese resultieren aus dem Umstand, dass bei der Frage der Rechtswidrigkeit des Angriffs geprüft werden muss, ob der Angreifer vielleicht seinerseits gerechtfertigt sein könnte. Verwenden Sie bei der Notwehr–Schachtelprüfung besondere Sorgfalt auf den im Folgenden dargestellten Aufbau und verwechseln Sie nicht Täter und Angreifer in den jeweiligen Prüfungsabschnitten. Täter ist und bleibt derjenige, dessen Strafbarkeit Sie prüfen. Bringen Sie die Beteiligten nicht durcheinander und achten Sie darauf, bei Ihrer Prüfung ordentlich und logisch aus der eingeschachtelten Prüfungsebene wieder „herauszukommen".

32 Die Frage, ob der Angreifer seinerseits gerechtfertigt sein könnte, muss man sich auch **im Fall** stellen. Der Eingriff des Zeugen A in die Fortbewegungsfreiheit der Beschuldigten B beruht ja nicht auf purer krimineller Energie oder dem Willen, grundlos in Rechtsgüter der B einzugreifen, sondern ist vom Willen getragen, die Beschuldigte B am Verlassen des Ladenlokals mit der Beute zu hindern. Der Zeuge A handelt hier, um seinerseits den Rechtsgutseingriff der Beschuldigten B in das Eigentumsrecht der Zeugin C zu verhindern – dies könnte seinerseits ein Handeln im Rahmen einer gerechtfertigten **„Nothilfe" im Sinne des § 32 StGB** darstellen. Es ist also im Rahmen einer eingeschachtelten Prüfung festzustellen, ob die Voraussetzungen des § 32 StGB, diesmal aber zugunsten des Zeugen A (!) vorliegen.

Zum besseren Überblick hier eine kurze Übersicht zum **„Schachtel"-Aufbau**:

I. Tatbestand des § 240 I StGB durch B verwirklicht

II. Rechtswidrigkeit

– Notwehr gem. § 32 StGB zugunsten B?

1. Notwehrlage:

a. Angriff (des A)

b. Gegenwärtigkeit

d. Rechtswidrigkeit des Angriffs

Verhalten des Angreifers (A) **seinerseits gem. § 32 StGB gerechtfertigt (Nothilfe)?**

aa. Notwehrlage (nunmehr aus Sicht d. Angreifers)

– *Gegenwärtiger rechtswidriger Angriff (auf den Angreifer oder eine dritte Person) durch B*

bb. Notwehrhandlung (des Angreifers A)

cc. Gebotenheit der Verteidigung (des Angreifers)

dd. Verteidigungswille (des Angreifers)

Wenn alle Voraussetzungen (+):

Rechtswidrigkeit des Angriffs (durch A) abzulehnen (Erg. zu d.)

Das bedeutet: Keine Notwehrlage für B (Erg. zu 1.) und damit keine Notwehr; also war die Tat (der B) rechtswidrig (Erg. zu II.)

Wenn eine Voraussetzung (–):

Angriff (des A) war rechtswidrig (Erg. zu d.)

Das bedeutet:	Es lag eine Notwehrlage für B vor und die Prüfung der Notwehr ist fortzusetzen (Notwehrhandlung aus Sicht der B, Gebotenheit dieser Handlung und Verteidigungswille der B)

Es ist also zu überprüfen, ob das Verhalten des Zeugen A **seinerseits gem. § 32 StGB** 33
gerechtfertigt war. Das setzt voraus, dass er handelte, um einen **gegenwärtigen rechtswidrigen Angriff** von sich oder einer dritten Person abzuwenden. Hier griff die Beschuldigte B gerade im Moment in das Eigentumsrecht der Zeugin C ein, da sie im Begriff war, das Geld aus der Kasse mit sich aus dem Laden zu nehmen. Die Wegnahmehandlung war zwar bereits mit Bildung der Enklave vollendet, die Beute war aber noch nicht endgültig gesichert, so dass der Angriff noch andauerte. Dieser Eingriff war nicht erkennbar gerechtfertigt und somit bestand objektiv eine gegenwärtige Notwehrlage (in Form einer „Nothilfelage" zugunsten der Zeugin C).

Zudem müsste sein Verhalten (in den Weg stellen und Arm der Beschuldigten B fest- 34
halten) die **erforderliche Nothilfehandlung** im Sinne des § 32 II StGB gewesen sein. Erforderlich ist die Verteidigungshandlung grundsätzlich dann, wenn ein angemessenes Verhältnis zum Angriff gewahrt bleibt. Allerdings ist auch die bereits erwähnte besondere Schneidigkeit des Notwehr- bzw. Nothilferechts zu berücksichtigen. Daher findet eine Abwägung des betroffenen Rechtsguts und desjenigen, in das eingegriffen wird, im Gegensatz zum Notstand gem. § 34 StGB nicht statt. Man versetzt sich in die Situation eines objektiven Dritten in der Situation des Angriffs (BGHSt 3, 196) und überlegt, welches Einschreiten *nach den konkreten Umständen des Einzelfalls zum einen* ***geeignet*** *ist, den Angriff sofort und endgültig abzuwehren und gleichzeitig (falls es mehrere geeignete Abwehrmaßnahmen gibt) das* ***relativ (verhältnismäßig) mildeste Mittel*** *darstellt, den Angriff nachhaltig zu beenden* (BGHSt 27, 337). Zu berücksichtigen ist zudem, dass als Reaktion auf den Angriff nur ein **Eingriff in Rechtsgüter des Angreifers** erlaubt ist, nicht jedoch in Rechtsgüter Dritter unbeteiligter Personen.

Im Fall ist davon auszugehen, dass der Zugriff des Zeugen A geeignet war, den Angriff der Beschuldigten B auf das Eigentum der Zeugin C zu unterbinden, denn das beherzte Dazwischengehen des Zeugen A hat dazu geführt, dass die Beschuldigte B ihren Zugriff auf das Geld unterließ und die Beute von sich warf. Mit dem Festhalten am Arm griff der Zeuge A ausschließlich in das Rechtsgut der Beschuldigten B ein. Diese Art des Zugriffs liegt am untersten Rand denkbarer Intensität gegen die Beschuldigte B, mildere Mittel sind daher im Fall nicht ersichtlich (insbesondere war ein Rufen der Polizei in der hektischen Situation eher nicht möglich).

Klausurtipp:

Denken Sie bei der Einschätzung der Erforderlichkeit immer an den Grundsatz „Das Recht braucht dem Unrecht nicht zu weichen". Es ist anerkannt, dass man durchaus in die Freiheit einer Person oder sogar in ihre körperliche Unversehrtheit (je nach den Umständen des Einzelfalls vielleicht sogar als letztes Mittel in ihr Leben) eingreifen darf, um sein Eigentum oder das einer anderen Person zu schützen.

35 Fraglich ist, ob die somit erforderliche Nothilfehandlung des Zeugen A auch **geboten** im Sinne des **§ 32 I StGB** war. Die Notwehr ist nicht geboten, *wenn von dem Angegriffenen aus Rechtsgründen eine Hinnahme der Rechtsgutsverletzung oder eine eingeschränkte und damit risikoreichere Verteidigung zu erwarten wäre.* An dieser Stelle sieht die Vorschrift also einen Anknüpfungspunkt für mögliche Einschränkungen des grundsätzlich schneidigen Notwehrrechts vor, ohne diese aber genauer zu benennen. Es gab zu diesem Punkt zahlreiche gerichtliche Entscheidungen über die letzten Jahrzehnte, die das Tatbestandsmerkmal der Gebotenheit näher präzisiert haben (vgl. hierzu die Übersicht bei Fischer StGB § 32 Rn. 36 ff.). Zusammenfassend ist festzustellen, dass hier im Gegensatz zum Punkt „erforderlich" weniger auf die konkrete Angriffssituation geschaut, als eher die Auseinandersetzung im Rahmen einer Gesamtbetrachtung bewertet wird.

Von der Rspr. anerkannte Fallgruppen für eine fehlende Gebotenheit im Einzelfall sind:

Angriffe von Kindern, Angriff einer offenkundig schuldunfähigen Person, Bagatellangriffe (Anpusten mit Rauch aus einer Zigarette), eigenes pflichtwidriges Vorverhalten des Angegriffenen (sog. Notwehrprovokation oder vorwerfbar herbeigeführte Notwehrlage), unerträgliches Missverhältnis zwischen den Rechtsgütern (Tötung zum Schutz des Hausrechts, BGH NStZ 2016, 333).

Klausurtipp:

Die beispielhaft aufgezählten Fälle sind eher seltene Ausnahmefälle. Daher wird von Ihnen nicht erwartet, dass Sie das Tatbestandsmerkmal vertiefen, wenn erkennbar keine Fallgruppe gegeben ist. Stellen Sie das dann einfach im „Urteilsstil" fest.

Im Fall ist keine dieser Fallgruppen erkennbar, das Verhalten des Zeugen A war somit geboten.

Zuletzt fehlt noch das sog. **subjektive Rechtfertigungselement** beim Zeugen A. Es ist mittlerweile allgemein anerkannt, dass bei Rechtfertigungsgründen bzw. Erlaubnistatbeständen auch ein subjektiver Bezug zur Rechtfertigung bestehen muss. Bei der Notwehr drückt dies der Tatbestand des § 32 II StGB deutlich aus („um … zu“). 36

Der Angegriffene muss also mit **Verteidigungswillen** gehandelt haben. Dieser liegt vor, *wenn der Angegriffene in Kenntnis der Notwehrlage handelt und er dem Angriff durch sein Handeln entgegentreten will* (so jedenfalls die herrschende Rspr., vgl. BGHSt 2, 114). Danach ist davon auszugehen, dass der Täter neben dem Zweck der Verteidigung auch noch ein anderes Motiv (z.B. Rachsucht, Vergeltung) verfolgen kann, wenn dieses Motiv hinter der Verteidigung zurücktritt (BGHSt 3, 198; nach vielen Literaturmeinungen soll allein die Kenntnis der Notwehrlage ausreichen, zum Streitstand vgl. Fischer StGB § 32 Rn. 25).

Im Fall handelte der Zeuge A nicht, weil er rechtsfeindlich eingestellt war, sondern weil er erkannte, dass die Beschuldigte B soeben in die (rechtmäßige) Eigentumslage der Geschädigten Zeugin C eingegriffen hatte. Diese wollte er schützen und den Angriff der Beschuldigten B hierauf abwenden.

Damit liegen für den Zeugen A alle Voraussetzungen der Notwehr in Form der sog. Nothilfe zugunsten der Zeugin C vor, sein Zugriff war gem. § 32 StGB gerechtfertigt.

Hinweis:

Werfen Sie noch einmal einen Blick in das oben beschriebene Prüfungsschema bei einer Schachtelprüfung. Die inzidente Prüfung des (zweiten) § 32 StGB ergibt, dass das Handeln des Zeugen A nicht rechtswidrig war. Wenn aber sein Angriff nicht rechtswidrig war, kann (logischerweise) das sich hiergegen richtende Verhalten (der Beschuldigten B) nicht gerechtfertigt sein.

War das Verhalten des Zeugen A also gerechtfertigt, hat dies unweigerlich zur Folge, dass seinerseits kein gegenwärtiger rechtswidriger Angriff auf die Beschuldigte vorlag.

Ohne einen solchen rechtswidrigen Angriff **fehlt** es aber an einer **Notwehrlage** für die Beschuldigte B, die ihr Verhalten ausnahmsweise gem. § 32 StGB erlaubt hätte.

bb) Ergebnis zur Prüfung der Notwehr

Der kräftige Stoß der Beschuldigten B gegen den Zeugen A, durch den dieser auf den Boden stürzte, war nicht gem. § 32 StGB gerechtfertigt. Andere Rechtfertigungsgründe kommen für die Beschuldigte B nicht in Betracht.

2. Verwerflichkeitsprüfung im Sinne des § 240 II StGB

37 Neben der Prüfung der allgemeinen Rechtfertigungsgründe besteht bei der Prüfung der Nötigung die Besonderheit, dass zusätzlich gem. § 240 II StGB eine Verwerflichkeitsprüfung vorzunehmen ist. Gem. § 240 II StGB hängt die Bejahung der Rechtswidrigkeit der Nötigung davon ab, ob die Anwendung des **Nötigungsmittels** zu dem **angestrebten Zweck** als verwerflich anzusehen ist. Dies ist im Rahmen einer **Gesamtwürdigung** zu überprüfen (BVerfG NJW 1991, 972). Die Verwerflichkeit kann sich aber nach allgemeiner Meinung nicht nur aus dieser sog. **Mittel-Zweck-Relation**, sondern auch schon daraus ergeben, dass das Mittel oder der Zweck – separat betrachtet – verwerflich, also in einem „erhöhten Grad sittlich zu missbilligen" (BGHSt 17, 328) bzw. sozialwidrig ist.

Im Fall muss davon ausgegangen werden, dass eine Gewaltanwendung der Beschuldigten B gegen den eigentlich völlig unbeteiligten Zeugen A, der sich zudem noch auf dem Boden des Rechts befindet (s.o.), um sich nach ihrem Diebstahl der Situation durch Flucht entziehen zu können, als verwerflich anzusehen ist. Ihre Tat ist also insgesamt als rechtswidrig einzustufen.

IV. Prüfung der Schuld

38 Wie bereits bei der Diebstahlsprüfung festgestellt wurde, bestehen **im Fall** keine Anhaltspunkte für eine Schuldunfähigkeit oder eine verminderte Schuldfähigkeit der Beschuldigten B gem. §§ 20, 21 StGB. Auch hier bietet sich keine Prüfung eines Entschuldigungsgrundes an. Die Beschuldigte B lässt Unrechtseinsicht erkennen, so dass sie auch bezüglich der Nötigung gem. § 240 I StGB schuldhaft handelte.

V. Besonders schwerer Fall

39 Anhaltspunkte für das Vorliegen eines **besonders schweren Falles gem. § 240 IV StGB** bestehen nicht.

E. Verhältnis der Delikte zueinander

40 Die Beschuldigte B hat sich somit nicht nur wegen eines **Diebstahls** gem. § 242 I StGB, sondern auch wegen einer **Nötigung** gem. § 240 I, II StGB strafbar gemacht.

Am Ende einer Strafbarkeitsprüfung, in der die Verwirklichung mehrerer Delikte bejaht wird, stellt sich regelmäßig die Frage, in welchem Verhältnis diese Delikte zueinander stehen. Diese Frage resultiert aus dem Umstand, dass das Gesetz zwei unterschiedliche Möglichkeiten vorsieht, die Strafe für das Fehlverhalten der Beschuldigten zu bestimmen. Sind nämlich mehrere Taten im Sinne des materiellen Strafrechts zu bejahen, muss die Entscheidung getroffen werden, ob diese im Verhältnis der **Tateinheit (§ 52 StGB)** oder im Verhältnis der **Tatmehrheit (§ 53 StGB)** zueinander stehen.

I. Tatmehrheit (Realkonkurrenz) nach § 53 StGB

Die für den Täter „ungünstigste" Konkurrenz dürfte wegen des sog. Häufungsprinzips (Asperationsprinzip) die sog. Realkonkurrenz gem. **§ 53 StGB** darstellen. Stehen die ausgeurteilten Delikte im Verhältnis der **Tatmehrheit** zueinander, wird für jedes Delikt eine tat- und schuldangemessene Einzelstrafe bestimmt. Dann bildet man unter nochmaliger Abwägung der für und gegen den Täter sprechenden Umstände aus diesen Einzelstrafen eine **Gesamtstrafe gem. § 54 I, II StGB**. 41

Hinweis:

Vgl. zu dieser Thematik die Ausführungen in **Fall 8**.

II. Tateinheit (Idealkonkurrenz) nach § 52 StGB

Die für den Täter in der Regel (aber nicht unbedingt immer) „günstigere" Variante der Konkurrenz dürfte im Hinblick auf das Einschlussprinzip (sog. eingeschränktes Absorptionsprinzip) die **Idealkonkurrenz** (Tateinheit) gem. **§ 52 StGB** darstellen. Die Strafe ist hier entweder dem durch eine Handlung mehrmals verletzen Strafgesetz (§ 52 I StGB) oder – erfüllt die Handlung mehrere Straftatbestände – dem strengsten dieser Strafgesetze zu entnehmen (vgl. § 52 II StGB). Es wird auch bei Verwirklichung mehrerer Straftatbestände nur auf eine einzige Strafe erkannt. 42

Hinweis:

Dieser Themenbereich wird später im Zusammenhang mit der Darstellung der strafvollstreckungsrechtlichen Probleme noch eingehender beleuchtet. Schauen Sie in die Ausführungen zu **Fall 8**, um Ihre Kenntnisse auf diesem Gebiet zu vertiefen.

Im vorliegenden Fall ist im Hinblick auf den örtlichen und zeitlichen Zusammenhang davon auszugehen, dass der Diebstahl und die Nötigung im Sinne einer **(natürlichen)**

Handlungseinheit, die zur Tateinheit gem. § 52 I StGB führt, zusammengefasst werden können. Es wird also wegen beider Delikte nur auf eine Strafe erkannt werden, wobei der Strafrahmen dem strengsten der beiden Strafgesetze zu entnehmen ist. Das ist hier § 242 I StGB, da dieser eine Freiheitsstrafe von bis zu 5 Jahren androht.

Klausurtipp:

Fassen Sie Ihr Ergebnis am Ende der Bearbeitung nochmals gründlich zusammen und vergessen Sie nicht, die Ausgangsfrage zu beantworten!

F. Gesamtergebnis

Die Beschuldigte B hat sich wegen eines einfachen Diebstahls gem. § 242 I StGB in Tateinheit (§ 52 StGB) mit einer Nötigung gem. § 240 I, II StGB strafbar gemacht.

Fall 4

A. Themenbereiche

Protokollierung einer Revision – Zulässigkeit der Revision – Schlüssigkeit und Begründetheit der Revision – Verfahrenshindernisse

B. Sachverhalt

Angeklagter A wird in seiner Anwesenheit am Freitag, den 01.04.2022, durch das Amtsgericht Köln – Strafrichter – wegen Diebstahls zu einer Geldstrafe von 50 Tagessätzen zu je 20,– € verurteilt.

A legt mit eigenhändig unterschriebenem Schriftsatz vom 07.04.2022, der am 08.04.2022 beim Amtsgericht Köln eingeht, Revision gegen das vorgenannte Urteil ein.

Das schriftliche Urteil des Amtsgerichts Köln wird A am Freitag, dem 06.05.2022, wirksam förmlich zugestellt.

Am Dienstag, dem 07.06.2022, erscheint A auf der Rechtsantragstelle beim für Revisionseinlegungen und -begründungen zuständigen Rechtspfleger R des Amtsgerichts Köln und möchte seine Revision zu Protokoll des R begründen.

Er trägt folgenden Sachverhalt vor, der sich auch aus der vorgelegten Urteilsausfertigung und den beigezogenen Akten ergibt:

A hatte am 01.01.2017 seinem Mitbewohner B, mit dem er in einer Wohngemeinschaft lebte, Bargeld i.H.v. 1.000,– € aus dessen WG-Zimmer entwendet, um das Geld aufgrund eines finanziellen Engpasses für sich zu verwenden. B hatte sofort am 02.01.2017 bei der Polizei Strafanzeige erstattet und Strafantrag gegen A gestellt, da nach den Gesamtumständen augenscheinlich wohl nur A als Täter in Betracht kam. Noch am selben Tag war A von der Polizei zum Tatvorwurf vernommen worden; den Diebstahl stritt A jedoch zunächst ab.

In der Folgezeit verließ A die WG und wohnte unangemeldet bei diversen Bekannten, sodass die Staatsanwaltschaft das gegen ihn eingeleitete Ermittlungsverfahren aufgrund unbekannten Aufenthalts im April 2017 vorläufig einstellte.

Erst im Rahmen eines anderen Ermittlungsverfahrens wurde der Aufenthaltsort des A sowie dessen ladungsfähige Anschrift Anfang November 2021 aktenkundig und nach Wiederaufnahme der Ermittlungen durch die StA am 10.12.2021 Anklage gegen A erhoben. Die Eröffnung des Verfahrens erfolgte sodann am 04.01.2022; schließlich wurde mit Verfügung vom 04.02.2022 Hauptverhandlungstermin auf den 01.04.2022 anberaumt.

Im Hauptverhandlungstermin gab A den Diebstahl unumwunden zu. Ferner legte er eine schriftliche Bestätigung des B vom 15.02.2022 vor, worin dieser ihm die Rückzahlung eines Betrages i.H.v. 1.000,– € quittierte. Auf eine Vernehmung des geladenen und erschienen Zeugen B wurde im allseitigen Einvernehmen verzichtet. Eine förmliche Rücknahme des seitens des B gestellten Strafantrags erfolgte (im Hinblick auf die Folgen des § 470 StPO) nicht.

A ist der Auffassung, dass seitens des B nach erfolgter Schadenswiedergutmachung keinerlei Strafverfolgungsinteresse mehr bestanden habe und die Tat ohnehin nach mehr als 5 Jahren bereits verjährt gewesen sei, so dass die Verurteilung wegen Diebstahls und die Anwendung des Strafgesetzbuches insgesamt nicht rechtens seien.

C. Aufgaben

Ist die Revision zulässig und schlüssig / begründet?

Bestehen Verfahrenshindernisse?

Wird Rechtspfleger R die Revisionsbegründung protokollieren?

Besprechung von Fall 4

A. Vorbemerkung

Seitens des Angeklagten kann die Begründung der Revision entweder in einer von dem Verteidiger oder einem Rechtsanwalt unterzeichneten Schrift oder zu Protokoll der Geschäftsstelle geschehen, § 345 II StPO. Die Aufnahme von Erklärungen über die Begründung der Revision ist – wie die Entgegennahme der Revisionseinlegung (§ 341 I StPO) – gemäß **§ 24 I Nr. 1b RPflG** dem Rechtspfleger übertragen. 1

Nimmt ein Rechtspfleger ein Protokoll nach § 345 II StPO auf, trifft ihn die prozessuale Fürsorgepflicht, auf eine sachdienliche Fassung und Begründung der gestellten Anträge hinzuwirken (vgl. BVerfG, Entscheidung vom 18.9.2006 – 2 BvR 1612/06).

Zu beachten ist **Nr. 150 RiStBV**:

Rechtsmittel des Angeklagten zu Protokoll der Geschäftsstelle

(1) [1]Legt der Angeklagte die Berufung zu Protokoll der Geschäftsstelle ein oder begründet er sie in dieser Form, so ist er zu befragen, ob er das Urteil in seinem ganzen Umfang anfechten oder die Anfechtung auf bestimmte Beschwerdepunkte beschränken will (§ 318 StPO). [2]Das Protokoll muß dies klar erkennen lassen. [3]Wird eine erneute Beweisaufnahme begehrt, so sind neue Beweismittel genau zu bezeichnen. [4]In den Fällen des § 313 Abs. 1 Satz 1 StPO ist der Angeklagte im Hinblick auf die Entscheidung über die Annahme der Berufung nach § 313 Abs. 2 StPO auf die Möglichkeit der Begründung des Rechtsmittels hinzuweisen.

(2) [1]Rechtfertigt der Angeklagte die Revision zu Protokoll der Geschäftsstelle (§ 345 Abs. 2 StPO), so soll der Rechtspfleger dafür sorgen, daß er die Gerichtsakten, mindestens aber eine Abschrift des angefochtenen Urteils zur Hand hat. [2]Der Rechtspfleger belehrt den Angeklagten über die richtige Art der Revisionsrechtfertigung und wirkt auf eine den gesetzlichen Vorschriften entsprechende Fassung hin. [3]Der Rechtspfleger ist an den Wortlaut und die Form des zur Begründung der Revision Vorgebrachten nicht gebunden, wohl aber an dessen sachlichen Kern. [4]Er nimmt in das Protokoll auch das Vorbringen auf, für das er die Verantwortung ablehnt; er belehrt den Angeklagten über die sich daraus ergebenden Folgen und vermerkt diese Belehrung im Protokoll.

(3) [1]Das Protokoll muß aus sich heraus verständlich sein. [2]Bezugnahmen auf andere Schriftstücke sind unwirksam. [3]Dies gilt vor allem für handschriftliche Erklärungen des Beschwerdeführers. [4]Diese können auch nicht dadurch zu einer zulässigen Begründung der Revision werden, daß sie äußerlich die Form

des Protokolls erhalten oder daß sie in das Protokoll übernommen werden, ohne daß sie der Rechtspfleger geprüft und ihnen eine möglichst zweckmäßige Form gegeben hat.

(4) [1]Es ist ein bestimmter Antrag aufzunehmen. [2]Dieser muß erkennen lassen, ob der Beschwerdeführer das Urteil im Ganzen anfechten oder ob er die Revision beschränken will; der Umfang der Beschränkung ist genau anzugeben.

(5) [1]Will der Beschwerdeführer rügen, daß das Strafgesetz nicht richtig angewandt worden sei, so ist die Erklärung aufzunehmen, daß die Verletzung sachlichen Rechts gerügt wird; Zusätze müssen rechtlicher Natur sein. [2]Die allgemeine Sachrüge ist angebracht, wenn dem Revisionsgericht die materielle Überprüfung des Urteils im ganzen ermöglicht werden soll.

(6) [1]Wird ein Verfahrensverstoß geltend gemacht, so muß der prozessuale Vorgang, in dem der Mangel gefunden wird, z.B. die Ablehnung eines Beweisantrages oder eines Antrages auf Bestellung eines Verteidigers, genau wiedergegeben werden. [2]Es genügt nicht, auf Aktenstellen Bezug zu nehmen. [3]Wohl aber ist es angebracht, auf die Aktenstellen hinzuweisen, aus denen sich die behaupteten Verfahrenstatsachen ergeben. [4]Wird gerügt, daß die Aufklärungspflicht verletzt worden sei, so müssen auch die angeblich nicht benutzten Beweismittel bezeichnet werden.

Ohne Vorbehalt darf er nur aufnehmen, was er geprüft hat und wofür er die Verantwortung zu übernehmen bereit ist (*Gericke* in KK-StPO § 345 Rn. 18).

Die Verantwortung für den Inhalt der Begründung braucht der Rechtspfleger – trotz seiner Prüfungs- und Belehrungspflicht – aber nicht in gleicher Weise wie der Verteidiger zu übernehmen (*Schmitt* in Meyer-Goßner/Schmitt StPO § 345 Rn. 20).

Er ist auch nicht wie der Verteidiger dazu berufen, die Erfolgsaussichten der Revision zu beurteilen (vgl. *Peglau* in Rpfleger 2007, 633).

Die Aufgabe des Rechtspflegers besteht aber darin, eine inhaltlich schlüssige Revisionsbegründung zu protokollieren, wobei er auf die ordnungsgemäße Form hinsichtlich der Einlegung sowie der Begründung der Revision zu achten hat.

Das **Bundesverfassungsgericht** (BVerfG, Beschluss vom 06.06.2007 – 2 BvR 61/07) beschreibt die **Aufgabe des Rechtspflegers** wie folgt:

Die Rolle des ... die Revisionsbegründung aufnehmenden Rechtspflegers beschränkt sich im Rahmen der Revisionsbegründung, § 345 II StPO, nicht nur auf eine formelle Beurkundung des von dem Angeklagten Vorgebrachten. Vielmehr hat er sich an der Anfertigung der Revisionsbegründung gestaltend zu beteiligen und die Verantwortung für ihren Inhalt zu übernehmen, was verfassungsrechtlich nicht zu beanstanden ist (vgl. BVerfGE 10, 274 <282f.>). Die

Revisionsgerichte sollen dadurch vor einer Überlastung durch unsachgemäßes Vorbringen Rechtsunkundiger bewahrt werden; zudem soll so vermieden werden, dass Revisionen rechtsunkundiger Angeklagter schon von vornherein an Formfehlern oder sonstigen Mängeln scheitern (vgl. BVerfGE 64, 135 <152>). Der Rechtspfleger ist dabei an den Wortlaut und die Form des zur Begründung der Revision Vorgebrachten nicht gebunden, wohl aber an dessen sachlichen Kern; er hat den Angeklagten über die richtige Art der Revisionsbegründung zu belehren und auf formgemäße Abfassung hinzuwirken (BVerfGE 10, 272 <283>, m.w. Nachw.).

Eine ordnungsgemäße Revisionsbegründung besteht aus Revisionsanträgen, § 344 I StPO und deren Rechtfertigung, also einer (schlüssigen) Begründung, § 344 II StPO.

Die Revisionsbegründung muss i.S.d. **§ 344 II StPO** erfolgen. Danach muss aus der Begründung hervorgehen, ob das Urteil wegen der **Verletzung einer Rechtsnorm über das Verfahren** oder wegen Verletzung einer anderen Rechtsnorm angefochten wird.

Wird die **Verletzung materiellen Rechts** gerügt, hat der Rechtspfleger auf Verlangen des Angeklagten die sog. **Sachrüge** zu protokollieren. Im Rahmen der Sachrüge wird gerügt, dass das Gericht **materiell-rechtliche Vorschriften** im Urteil nicht richtig angewandt hat.

Hinweis:

Zum Themenbereich der materiellen Rüge / Sachrüge wird auf die Ausführungen zu **Fall 6** verwiesen.

Im Falle des Vorbringens der **formellen Rügen**, also von **Verfahrensrügen i.S.d. § 344 II S. 2 StPO** gelten strengere Regelungen. Hier müssen die den Verfahrensmangel begründenden Tatsachen angegeben werden, da das Revisionsgericht nicht von sich aus die Ordnungsmäßigkeit des gesamten Verfahrens prüfen kann (*Schmitt* in Meyer-Goßner/Schmitt StPO § 344 Rn. 20). 2

Dabei ist eine Bezugnahme auf Akten, das Sitzungsprotokoll und andere Schriftstücke unzulässig. Vielmehr müssen die Fundstellen in ihrem Wortlaut oder ihrem wesentlichen Inhalt nach wiedergegeben werden. Das Revisionsgericht muss allein auf Grund der Begründungsschrift prüfen können, ob ein Verfahrensfehler vorliegt, wenn das tatsächliche Vorbringen der Revision zutrifft (vgl. BGH NJW 1982, 1655 sowie BGH NJW 1995, 2047).

Der **Umfang der Revisionsprüfung** ergibt sich aus **§ 352 StPO**. Der Prüfung des Revisionsgerichts unterliegen nur die gestellten Revisionsanträge und, soweit die Revision auf Mängel des Verfahrens gestützt wird, nur die Tatsachen, die bei Anbringung der Revisionsanträge bezeichnet worden sind. Verfahrenshindernisse sind von Amts wegen zu beachten.

Nachfolgend ein Prüfungsschema für das Revisionsgutachten

I. Die Zulässigkeit der Revision

3 1. Die **Statthaftigkeit** der Revision, § 333 StPO bzw. §§ 335, 312 StPO
2. Die **ordnungsgemäße Einlegung** der Revision, **§ 341 StPO**
   a. Adressat
   b. Form
   c. Frist
   d. (Ergebnis)
3. Die **ordnungsgemäße Begründung** der Revision, **§ 345 StPO**
   a. Adressat
   b. Form
   c. Frist
   d. (Ergebnis)

⇨ Ergebnis: Die Revision ist insgesamt zulässig (bzw. ggf. unzulässig).

II. Die Begründetheit der Revision (Schlüssigkeit der Revision)

1. **Verfahrenshindernisse (von Amts wegen** zu prüfen)
2. Die **formellen** Rügen – auf konkrete Rüge hin zu überprüfen
3. Die **materiellen** Rügen – auf pauschale Rüge hin zu überprüfen

⇨ Ergebnis: Das Revisionsvorbringen ist schlüssig (bzw. ggf. nicht schlüssig).

Hinweis:

Ein Muster für die Protokollierung einer Revision durch den Rechtspfleger (Revisionsbegründungsprotokoll) finden Sie am Ende von **Fall 4**.

Klausurtipp:

In Rechtspfleger-Klausuren dürfte die praktische Fertigung eines Revisionsbegründungsprotokolls eher eine Ausnahme darstellen.

B. Zulässigkeit der Revision

I. Statthaftigkeit

Grds. ist die Revision gem. § 333 StPO gegen die Urteile der Strafkammern und der Schwurgerichte sowie gegen die im ersten Rechtszug ergangenen Urteile der Oberlandesgerichte zulässig. 4

Hier handelt es sich aber weder um ein landgerichtliches Urteil noch um ein Urteil des Oberlandesgerichts, sondern um ein Urteil des Amtsgerichts.

Allerdings kann ein amtsgerichtliches Urteil (des Strafrichters oder des Schöffengerichts), gegen das Berufung zulässig ist, nach § 335 StPO i.V.m. § 312 StPO statt mit Berufung mit der Revision angefochten werden.

Gegen das Urteil des Amtsgerichts Köln vom 01.04.2022 war die vom Angeklagten eingelegte Revision als sog. Sprungrevision daher statthaft.

Beachte (zu § 335 III StPO):

Legt gegen das Urteil ein Beteiligter Revision und ein anderer Berufung ein, so wird, solange die Berufung nicht zurückgenommen oder als unzulässig verworfen ist, die rechtzeitig und in der vorgeschriebenen Form eingelegte Revision als Berufung behandelt. Dies ist im vorliegenden Fall nicht ersichtlich.

II. Ordnungsgemäße Einlegung der Revision

1. Adressat

5 Die Revision muss gem. § 341 I StPO bei dem Gericht, dessen Urteil angefochten wird, eingelegt werden. Dies war hier das AG Köln als sog. „iudex a quo“ (= „Richter, von dem es kommt“).

2. Form

Nach § 341 I StPO muss die Revision ferner zu Protokoll der Geschäftsstelle oder schriftlich eingelegt werden.

Die Einlegung der Revision in Strafsachen zu Protokoll der Geschäftsstelle ist nach §§ 3 Nr. 3e), 24 I Nr. 1b) RPflG dem Rechtspfleger übertragen. Hier erfolgte die Revisionseinlegung aber schriftlich, mit eigenhändig unterschriebenen Schriftsatz vom 07.04.2022, der am 08.04.2022 beim zuständigen AG Köln einging. Zur Schriftform gehört, dass aus dem Schriftstück der Inhalt der Erklärung, die abgegeben werden soll und die Person, von der die Erklärung ausgeht, ersichtlich sind.

Die Einhaltung der Schriftform i.S.d. § 126 BGB wird nicht verlangt (vgl. *Schmitt* in Meyer-Goßner-Schmitt StPO, Einl. Rn. 128).

3. Frist

Die Revision muss gem. § 341 I StPO binnen einer Woche nach Verkündung des Urteils erfolgen. Eine Ausnahme ergibt sich aus Abs. 2, sofern die Verkündung des Urteils nicht in Anwesenheit des Angeklagten stattgefunden hat. In diesem Fall beginnt für diesen die Frist mit der Zustellung, sofern nicht in besonderen Fällen (bspw. nach § 234 StPO) die Verkündung in Anwesenheit des Verteidigers mit nachgewiesener Vertretungsvollmacht stattgefunden hat.

Nach den Sachverhaltsvorgaben war der Angeklagte A hier bei der Urteilsverkündung am 01.04.2022 anwesend.

Damit ergibt sich folgende Fristberechnung unter Anwendung der §§ 314 I, 43 I StPO:

Fristbeginn (FB):	Fr. 01.04.2022	(Verkündung)
	+ 1 Woche	
Fristende (FE):	Fr. 08.04.2022	(24.00 Uhr)

Der Schriftsatz des Angeklagten ist hier am 08.04.2022 und damit rechtzeitig innerhalb der Frist beim AG Köln eingegangen.

Kerkmann

4. Ergebnis

Die Revisionseinlegung erfolgte insgesamt ordnungsgemäß.

III. Ordnungsgemäße Begründung der Revision

1. Adressat

Die Revisionsbegründung (nebst Revisionsanträgen) ist gem. § 345 I StPO bei dem Gericht, dessen Urteil angefochten wird, anzubringen. Dies war hier ebenfalls das AG Köln als sog. „iudex a quo" (s.o.). 6

2. Form

Nach § 345 II StPO muss der Angeklagte die Revision in einer von dem Verteidiger oder einem Rechtsanwalt unterzeichneten Schrift oder zu Protokoll der Geschäftsstelle begründen.

Im Falle der Protokollierung ist nur der Rechtspfleger nach §§ 3 Nr. 3e), 24 I Nr. 1b) RPflG für die Aufnahme der Revisionsbegründung zuständig (vgl. *Schmitt* in Meyer-Goßner/Schmitt StPO, Einl. Rn. 133). Hier erscheint der Angeklagte A am 07.06.2022 also richtigerweise auf der Rechtsantragstelle des AG Köln, bei dem für Revisionseinlegungen und -begründungen zuständigen Rechtspfleger R.

3. Frist

Grds. ist gem. § 345 I S. 1 StPO die Revision binnen eines Monats nach Ablauf der Einlegungsfrist (s.o., Fristende der Revisionseinlegungsfrist war hier am 08.04.2022, 24.00 Uhr) zu begründen.

[Es ergäbe sich dann folgender Fristbeginn für die Revisionsbegründungsfrist:

FB:	Sa. 09.04.2022, 0.00 Uhr
	+ 1 Monat
FE	Mo. 09.05.2022, 24.00 Uhr (vgl. BGH Rpfleger 1990, 35).]

(Ferner kann sich nach § 345 I S. 2 StPO, je nachdem wann das Urteil zu den Akten gebracht worden ist, eine Verlängerung der Frist ergeben.)

War aber bei Ablauf der Frist zur Einlegung des Rechtsmittels das Urteil noch nicht zugestellt, so beginnt die Frist nach § 345 I S. 3 StPO mit der Zustellung des Urteils (und in den Fällen des Satzes 2 der Mitteilung des Zeitpunktes, zu dem es zu den Akten gebracht ist). So liegt es hier. Hier wurde das Urteil nicht innerhalb der Einlegungsfrist zugestellt, sondern erst am 06.05.2022, also nach Ablauf der Einlegungsfrist. Damit ist Fristbeginn für die Revisionsbegründungsfrist die Zustellung am 06.05.2022.

Fristberechnung gem. §§ 345 I S. 1, 3, 43 I, II StPO:

FB:	Fr. 06.05.2022	(Zustellung)
	+ 1 Monat	
	~~Mo. 06.06.2022~~	(= Feiertag, Pfingstmontag – es gilt § 43 II StPO)
FE:	Di. 07.06.2022	(24.00 Uhr)

Bis dahin kann die Revisionsbegründung erfolgen.

4. Ergebnis

Die Revisionsbegründung kann am 07.06.2022 ordnungsgemäß erfolgen.

⇨ Die Revision ist insgesamt zulässig.

C. Die Begründetheit (Schlüssigkeit der Revision)

7 **Merke:**

Auch wenn die Revision zulässig eingelegt worden ist, wird das angegriffene Urteil (im Rahmen der Begründetheit) nicht ohne Weiteres in vollem Umfang überprüft.

Nach § 352 StPO erfolgt die Überprüfung vielmehr nur im Rahmen der gestellten Revisionsanträge und der erhobenen Revisionsrügen.

Sofern die **Verletzung von Verfahrensvorschriften** gerügt wird, werden nur die **konkreten Tatsachen** überprüft, die in der Revisionsbegründung bezeichnet sind, **§ 344 II S.2 StPO**).

Bei **Verletzung des materiellen Rechts** kann **pauschal** die sog. **Sachrüge** erhoben werden.

Vorab sind aber evtl. vorhandene **Verfahrenshindernisse** von Amts wegen in jeder Lage des Verfahrens zu beachten.

Verfahrenshindernisse

Verfahrenshindernisse (auch Verfolgungshindernisse genannt) sind Umstände, die eine Strafverfolgung bzw. die Durchführung eines Verfahrens gegen einen Beschuldigten mit der Folge seiner Bestrafung ausschließen. 8

Das Vorliegen der Prozessvoraussetzungen und das Fehlen von Verfahrenshindernissen prüft das Revisionsgericht **von Amts wegen**, also auch dann, wenn die Revisionsbegründung hierzu keine Ausführungen enthält.

Verfahrenshindernisse sind grundsätzlich **in jeder Lage des Verfahrens von Amts wegen zu prüfen** (BGH NJW 1968, 2253).

Daher sind evtl. Verfahrenshindernisse auch im Revisionsbegründungsprotokoll zu erwähnen.

„Ohne dass es einer ausdrücklichen Rüge bedarf, wird auf folgende von Amts wegen zu berücksichtigende Verfahrenshindernisse hingewiesen: ...“

Wichtige im Strafverfahren zu beachtende Verfahrenshindernisse sind (u.a.):

- die fehlende bzw. unwirksame Anklage, § 170 I StPO
- der fehlende Eröffnungsbeschluss, §§ 203, 207 StPO
- Mängel bei der sachlichen Zuständigkeit
- die Nichtanwendbarkeit des deutschen Strafrechts
- der Eintritt der Verfolgungsverjährung, §§ 78 ff. StGB
- der fehlende Strafantrag bei Antragsdelikten, §§ 77 ff. StGB, 158 StPO bzw. keine Bejahung des besonderen öffentlichen Interesses an der Strafverfolgung durch die Staatsanwaltschaft
- der Strafklageverbrauch = Verbot der Doppelbestrafung, Art. 103 III GG
- die Immunität eines Abgeordneten, Art. 46 GG, § 152a StPO
- die dauerhafte Verhandlungsunfähigkeit
- die Strafunmündigkeit eines Kindes, § 19 StGB

I. Mängel der Anklageschrift

Enthält die Anklage derart gravierende Mängel (bspw. Fehlen der Angaben zur Tatzeit und des Tatorts), dass unklar bleibt, welche prozessuale Tat dem Angeklagten überhaupt zur Last gelegt wird, handelt es sich um einen Mangel hinsichtlich der sog. 9

„**Umgrenzungsfunktion der Anklage**“, der zur Unwirksamkeit der Anklage und damit zu einem Verfahrenshindernis führt (*Schneider* in KK-StPO § 200 Rn. 30 ff.).

Sofern lediglich bloße Ungenauigkeiten (z.B. Fehlen der gesetzlichen Merkmale der Straftat oder der anzuwendenden Strafvorschrift) vorliegen, „sog. Mangel der **Informationsfunktion der Anklage**“ führen diese nicht zu einem Verfahrenshindernis (*Schmitt* in Meyer-Goßner/Schmitt StPO § 200 Rn. 27).

Im Falle des **vollständigen Fehlens einer Anklage** (bspw. wenn das Gericht wegen einer weiteren prozessualen Tat verurteilt, die nicht Gegenstand der Anklage war) ist ein Verfahrenshindernis gegeben.

II. Fehlender Eröffnungsbeschluss

10 Das Vorhandensein eines Eröffnungsbeschlusses (§§ 203, 207 StPO) ist eine von Amts wegen zu beachtende Prozessvoraussetzung.

Bis zum Beginn der Hauptverhandlung kann ein fehlender bzw. fehlerhafter Eröffnungsbeschluss nachgeholt werden; nach BGH NJW 1980, 1858 kann dies auch noch in der Hauptverhandlung erfolgen (a.A. *Schmitt* in Meyer-Goßner/Schmitt StPO § 203 Rn. 4). Nach Erlass des erstinstanzlichen Urteils, also im Berufungsverfahren, ist eine Nachholung jedenfalls nicht mehr möglich (vgl. auch *Schneider* in KK-StPO § 207 Rn. 21).

III. Mängel der sachlichen Zuständigkeit

11 Hat zu Unrecht ein Gericht niedriger Ordnung entschieden, obwohl ein Gericht höherer Ordnung zuständig gewesen wäre (z.B der Strafrichter verurteilt wegen eines Verbrechens, s. dazu § 12 StGB) liegt ein **Verstoß gegen die sachliche Zuständigkeit** (im Beispiel aus § 25 GVG) und damit ein Verfahrenshindernis vor. Gleiches gilt bspw. bei Überschreitung der Strafgewalt des Amtsgerichts aus § 24 II GVG. Folge ist die Aufhebung des Urteils und die gleichzeitige Verweisung an das zuständige Gericht nach § 355 StPO.

Verstöße gegen die örtliche und funktionelle Zuständigkeit hingegen begründen kein von Amts wegen zu beachtendes Verfahrenshindernis; diese können aber mit einer formellen Rüge nach § 338 Nr. 4 StPO (= absoluter Revisionsgrund) geltend gemacht werden.

IV. Anwendbarkeit des deutschen Strafrechts

Das StGB knüpft in erster Linie an das in **§ 3 StGB** benannte **Territorialitätsprinzip** 12
(Gebietsgrundsatz) an. Danach gilt das deutsche Strafrecht für Taten, die im Inland begangen wurden, gleichgültig, ob sie ein Deutscher oder ein Ausländer begangen hat. Dieser Grundsatz gilt völlig unabhängig davon, welcher Nationalität der Täter und auch das Opfer angehören. So wäre auch auf einen australischen Täter, der ein argentinisches Opfer in Köln verprügelt, deutsches Strafrecht anzuwenden.

Umgekehrt können die deutschen Strafnormen für Taten, die im Ausland begangen wurden, nur unter ganz bestimmten, in §§ 4-7 StGB bezeichneten Voraussetzungen angewendet werden (Fischer StGB § 3 Rn. 1).

Nur **ausnahmsweise** kann auf im Ausland begangene Taten deutsches Strafrecht angewendet werden. Eine dieser Ausnahmen ist in **§ 4 StGB** (sog. **Flaggenprinzip**) beschrieben. Danach gilt das deutsche Strafrecht unabhängig vom Recht des Tatorts, für Taten, die auf einem Schiff oder in einem Luftfahrzeug begangen werden, das berechtigt ist, die Bundesflagge oder das Staatszugehörigkeitszeichen der Bundesrepublik Deutschland zu führen.

Darüber hinaus gibt es spezielle Delikte, die in §§ 5, 6 StGB aufgezählt sind und auf die immer deutsches Strafrecht anzuwenden ist.

Eine **weitere Ausnahme** zum Territorialitätsprinzip stellt **§ 7 I StGB** dar, das sog. **passive Personalitätsprinzip** für **im Ausland begangene Straftaten gegen Deutsche**, wenn die Straftat, deren Opfer ein deutscher Staatsangehörige geworden ist, auch in der Rechtsordnung des ausländischen Staates unter Strafe steht oder aber der Tatort gar keiner Strafgewalt untersteht (z.B. im Weltall, auf hoher See oder mangels des Vorhandenseins eines Hoheitsgebietes).

Darüber hinaus führt **§ 7 II Nr. 1 StGB** das sog. **aktive Personalitätsprinzip** als Ausnahme von § 3 StGB auf. Daher ist deutsches Strafrecht auch auf Straftaten anzuwenden, die **im Ausland durch einen deutschen Staatsangehörigen begangen** werden, wenn das Verhalten auch dort mit Strafe bedroht ist oder der Tatort gar keiner Strafgewalt untersteht.

Zum Fall:

Im vorliegenden Fall wurde die Straftat in Köln, also im Inland begangen. Gem. 13
§ 3 StGB findet hierauf deutsches Strafrecht Anwendung, ein Verfahrenshindernis besteht insoweit also nicht.

(Anhaltspunkte für Mängel hinsichtlich der sachlichen Zuständigkeit bzw. in der Anklageschrift oder beim Eröffnungsbeschluss sind nicht ersichtlich.)

V. Eintritt der Verfolgungsverjährung, §§ 78 ff. StGB

14 Die Verjährung ist ein Prozesshindernis, das nach **§ 78 I S. 1 StGB** die Ahndung der Tat ausschließt (vgl. *Mitsch* in MüKo StGB § 78 Rn. 1). Aus Gründen des Rechtsfriedens und der Rechtssicherheit sowie um einer eventuellen Untätigkeit der Strafverfolgungsbehörden entgegenzuwirken, verjähren alle Straftaten (bis auf Mord, vgl. § 78 II StGB) nach einem bestimmten Zeitablauf. Die Tat bleibt auch nach Ablauf der Verjährungsfrist eine **Straftat**, **ist** allerdings **nicht mehr verfolgbar** i.S.d. § 152 II StPO.

Stellt sich heraus, dass in einem Verfahren Verfolgungsverjährung eingetreten ist, ist das Strafverfahren einzustellen (in der Hauptverhandlung durch Prozessurteil nach § 260 III StPO, in anderen Verfahrensabschnitten durch staatsanwaltliche Verfügung nach § 170 II StPO oder durch gerichtlichen Beschluss gem. § 206a StPO). Das Prozesshindernis der Verjährung ist in allen Lagen des Verfahrens von Amts wegen zu berücksichtigen (*Mitsch* in MüKo StGB § 78 Rn. 9). Wird der Angeklagte trotz eingetretener Verfolgungsverjährung wegen einer Straftat verurteilt, ist das Urteil durch eine Revision erfolgreich anfechtbar.

1. Verjährungsfrist

15 Zur Feststellung der möglichen Verfolgungsverjährung ist zunächst die **Verjährungsfrist** zu ermitteln. Diese unterscheidet sich bei den verschiedenen Tatbeständen und **richtet sich gem. § 78 III StGB nach der** jeweils in der verletzten Strafnorm **angedrohten Höchststrafe**.

Zum Fall:

Im vorliegenden Fall gilt es also, die Verjährungsdauer bei einem einfachen Diebstahl zu ermitteln. § 242 I StGB droht für den Diebstahl im Tatbestand eine Höchststrafe von 5 Jahren Freiheitsstrafe an. Gem. § 78 III Nr. 4 StGB verjährt eine Straftat, die mit einer Höchststrafe von einem bis zu fünf Jahren bewehrt ist, in 5 Jahren.

16 **Weitere Beispiele:**

- Hausfriedensbruch gem. § 123 I StGB droht eine Höchststrafe von bis zu einem Jahr Freiheitsstrafe an, so dass nach § 78 III Nr. 5 die Verjährungsfrist 3 Jahre beträgt
- Sachbeschädigung gem. § 303 I StGB droht eine Höchststrafe von 2 Jahren Freiheitsstrafe an, verjährt somit gem. § 78 III Nr. 4 StGB nach 5 Jahren

- einfache Körperverletzung gem. § 223 I StGB droht eine Höchststrafe von 5 Jahren an, verjährt somit ebenfalls gem. § 78 III Nr. 4 StGB
- gleiches gilt für den Betrug nach § 263 I StGB
- Diebstahl im besonders schweren Fall gem. § 243 I StGB droht zwar eine Höchststrafe von 10 Jahren an, im Hinblick auf **§ 78 IV StGB** bleibt aber die Strafschärfung eines „besonders schweren Falles" (auch „**Regelbeispiel**" oder „**Strafzumessungsregel** genannt") bei der Frage der Verjährung außer Betracht, so dass auch hier die Verjährungsfrist – wie beim einfachen Diebstahl – gem. § 78 III Nr. 4 StGB 5 Jahre beträgt.
- gefährliche Körperverletzung gem. § 224 I StGB oder der Wohnungseinbruchsdiebstahl gem. § 244 I Nr. 3, IV StGB sehen jeweils eine Höchststrafe von bis zu 10 Jahren vor, so dass die Verjährungszeit hier gem. § 78 III Nr. 3 StGB 10 Jahre beträgt. (Insoweit handelt es sich bei diesen Tatbeständen nicht um „besonders schwere Fälle" im Sinne des o.g. § 78 IV StGB, sondern um eigenständige **Qualifikationstatbestände**, deren Straferhöhung Berücksichtigung finden muss.)

2. Bestimmung des Beginns der Verjährungsfrist

Steht die Verjährungsdauer fest (s.o.), muss man das Datum der Verjährung der Tat 17
berechnen. **Beginn der Verjährungsfrist** ist der Tag, an dem die **Tat „beendet"** wurde, vgl. **§ 78a StGB**. Dies ist regelmäßig dann der Fall, wenn der Beschuldigte alle Tatbestandsmerkmale eines Tatbestandes erfüllt hat.

Zum Fall:

Im vorliegenden Fall hatte A am 01.01.2017 seinem Mitbewohner B 1.000,– € Bargeld aus dessen WG-Zimmer entwendet. Es ist also von einem Diebstahl nach § 242 I StGB auszugehen.

Hinweis:

Zur Strafbarkeit des Diebstahls (§§ 242 ff. StGB) finden Sie eingehende Ausführungen in **Fall 3**, auf die vollumfänglich verwiesen wird. Im vorliegenden Fall wird daher von einer materiell-rechtlichen Diebstahlsprüfung abgesehen.

Die nachfolgenden Erläuterungen zum Diebstahl beschäftigen sich allein mit den möglichen Verfahrenshindernissen.

Wie bereits in Fall 3 erörtert, muss der Täter bei einem Diebstahl eine fremde bewegliche Sache in der Absicht wegnehmen, diese sich oder einem Dritten rechtswidrig zuzueignen. Mit der Wegnahme geht die h.M. zunächst von einer „Vollendung" des Diebstahls aus. Die für § 78a StGB relevante „Beendigung" soll aber erst dann vorliegen, wenn der Täter die Sache so in seinen Zugriffsbereich gebracht hat, dass von einer Sicherung der Beute auszugehen ist (ausf. dazu Fischer StGB § 242 Rn. 53 f.). Für gewöhnlich werden Vollendung und Beendigung an einem Tag zusammenfallen.

Hier geschah der Diebstahl am 01.01.2017. An diesem Tag wurden alle Tatbestandsmerkmale erfüllt und die Tat auch beendet. Der 01.01.2017 ist also der Beginn für die Berechnung der Verjährungsfrist.

18 **Weitere Beispiele:**

- bei einem Betrug gem. § 263 I StGB muss der Beschuldigte einen anderen Menschen täuschen, bei diesem (kausal) einen Irrtum hervorrufen, dieser Irrtum muss den Getäuschten zu einer Vermögensverfügung veranlassen, die dann wiederum auf Seiten des Getäuschten einen Vermögensschaden verursacht. Erst wenn dieser Schaden eingetreten ist, ist der Tatbestand des § 263 I StGB vollständig erfüllt, die Tat somit beendet.
- bei einer einfachen Körperverletzung gem. § 223 I StGB ist das dann der Fall, wenn der Beschuldigte bei einem anderen Menschen (vorsätzlich) eine körperliche Misshandlung oder eine Beschädigung seiner Gesundheit vorgenommen hat. Wenn sich der Körperschaden in mehreren Schritten verwirklicht, ist der letzte Schritt maßgebend. Treten schwere Folgen i.S.d. § 226 StGB erst später ein, ist der Zeitpunkt des Eintritts dieser Folgen maßgeblich (vgl. BGH NStZ 2009, 34).

Hinweis:

Lesen Sie sowohl zu den Körperverletzungsdelikten (§§ 223 ff. StGB) als auch zum Betrug (§ 263 StGB) die eingehenden Ausführungen in **Fall 6**.

3. Berechnung des Ablaufs der Verjährungsfrist

19 Der Lauf der Verjährungsfrist beginnt also mit dem Tag, in den das maßgebende Ereignis fällt, § 78a StGB.

Die **Frist endet** an dem Tag, der nach seiner Bezeichnung dem Anfangstag vorangeht. Beginnt eine dreijährige Verjährungsfrist am 15. April 2021, tritt Verjährung mithin am 14. Juli 2024, 24 Uhr ein. Ob das Fristende auf einen Werktag, Sonntag oder Feiertag fällt, ist unerheblich (*Greger/Weingarten* in Laufhütte u.a., StGB § 78, Rn. 7).

Zum Fall:

Diebstahl / Tat = 01.01.2017

Die Verjährungsfrist bei Diebstahl (Höchstmaß der Strafe: 5 Jahre gem. § 242 I StGB) beträgt 5 Jahre gem. § 78 III Nr. 4 StGB.

Beginn der Verjährung: am 01.01.2017 (§ 78a StGB)

Ende der Verjährungsfrist: am 31.12.2021 (24.00 Uhr)

Ab dem 01.01.2022 wäre die Tat damit verjährt und könnte nicht mehr verfolgt werden.

Im Hinblick darauf, dass die Verurteilung des Angeklagten wegen des Vorwurfs des Diebstahls im Fall erst am 01.04.2022 erfolgte, müsste man nun eigentlich feststellen, dass zu diesem Zeitpunkt die Verjährung bereits eingetreten und damit ein Verfahrenshindernis bestünde. Warum „eigentlich"?

4. Ruhen der Verjährung / Unterbrechung der Verjährung

Weil es in den in **§ 78b StGB** besonders geregelten Ausnahmefällen zu **einem Ruhen der Verjährung** kommt oder in den Fällen, die in **§ 78c StGB** aufgeführt sind, eine **Unterbrechung der Verjährung** eingetreten sein kann. 20
Diese beiden Aspekte gilt es zu überprüfen, bevor man zu einem endgültigen Ergebnis gelangt.

a) Ruhen der Verjährung

In § 78b StGB ist normiert, dass die Verjährung unter bestimmten Voraussetzungen ruht. Bedeutsam ist vor allem **§ 78b III StGB**. Danach wird die Verjährung gehemmt, wenn vor Fristablauf ein erstinstanzliches Urteil ergangen ist, so dass die Verjährungsfrist nicht mehr vor dem rechtskräftigen Abschluss des Verfahrens ablaufen kann (= **Ablaufhemmung**; vgl. Fischer StGB § 78b Rn. 11). 21

b) Unterbrechung der Verjährung

Die Verjährung kann gem. **§ 78c StGB** unterbrochen werden. Der Begriff der „Unterbrechung" ist hierbei genauer unter die Lupe zu nehmen. Gem. **§ 78c III S. 1 StGB** bedeutet „Unterbrechung" nicht einfach, dass die Verjährungsfrist nicht läuft (also gleichsam auf die „Pause-Taste" gedrückt wird), sondern dass die Verjährungsfrist von Neuem beginnt (um beim vorherigen Bild zu bleiben: „Rewind-Taste"). Findet 22 also eine der in § 78c StGB beschriebenen prozessualen Handlungen statt, so setzt sich die **Verjährungsfrist** ab diesem Tag auf Null zurück und **beginnt von Neuem** zu laufen.

In § 78c I StGB sind hierzu **zwölf verschiedene Unterbrechungsszenarien** genannt, die zu dieser Folge führen können. So unterbrechen bspw. die erste Vernehmung des Beschuldigten (§ 78c I Nr. 1 StGB), ein Haftbefehl (Nr. 5), die Anklageerhebung (Nr. 6), die Eröffnung des Hauptverfahrens (Nr. 7) oder die Anberaumung der Hauptverhandlung (Nr. 8) den Lauf der Verjährung.

Dies führt aber nicht dazu, dass bei geschicktem und taktischem Vorgehen der Strafverfolgungsbehörden am Maßstab des Katalogs, der die Verjährung unterbrechenden Handlungen, eine Straftat immer wieder in die Verjährungsunterbrechung geführt werden kann und bspw. eine Körperverletzung erst in 15, 20 oder gar 30 Jahren verjährt.

Hierfür sieht **§ 78c III S. 2 StGB** eine **Obergrenze** der Verjährung vor. Diese Vorschrift greift das besagte Problem auf und bestimmt den Termin einer sog. **„absoluten Verjährung"**, also ein Datum, nach dem keine unterbrechenden Maßnahmen mehr in Betracht kommen. **Das Doppelte der gesetzlichen Verjährungsfrist** stellt diese Grenze dar. Nach diesem Datum ist keine Strafverfolgung mehr möglich, eine hiernach erfolgte Verurteilung wäre rechtsfehlerhaft und eine Revision hiergegen begründet.

Zum Fall:

23 Da bislang kein Urteil im ersten Rechtszug ergangen ist, liegt kein Ruhen der Verjährung nach § 78b III StGB vor.

Zu beachten ist aber eine mögliche Unterbrechung der Verjährung nach § 78c StGB.

Hier liegen mit Nr. 1 (erste Vernehmung des Beschuldigten am 02.01.2017, § 136 StPO), Nr. 6 (Erhebung der öffentlichen Klage am 10.12.2021, § 152 StPO), Nr. 7 (Eröffnung des Hauptverfahrens am 04.01.2022, § 203 StPO) und Nr. 8 (Anberaumung des Hauptverhandlungstermins am 04.02.2022 auf den 01.04.2022, 213 StPO) mehrere Unterbrechungstatbestände nach § 78c StGB vor.

Nach jeder dieser Unterbrechungen beginnt die 5-jährige Verjährungszeit gem. § 78c III S. 1 StGB von Neuem. Die absolute Verjährung nach § 78c III S. 2 StGB (= doppelte Verjährungsfrist) würde erst am 31.12.2026 eintreten.

Die Tat ist damit nicht verjährt. Die diesbezüglichen Einwendungen des Verurteilten gehen somit ins Leere.

Klausurtipp:

Liegt das Urteil erkennbar innerhalb einer Zeitspanne von 3 Jahren zur Beendigung der Tat (vgl. § 78 III Nr. 5 StGB) kann kurz festgestellt werden:

„Angesichts der seit der Tatbegehung und -beendigung am … erst vergangenen … Jahre/Monate kommt eine Verfolgungsverjährung im Hinblick auf die kürzeste im StGB vorgesehene Verjährungsfrist von 3 Jahren gem. § 78 III Nr. 5 StPO erkennbar nicht in Betracht."

[Besser, da ausführlicher und genauer, wäre es natürlich, die Verjährungsfrist der einzelnen zur Erörterung stehenden Delikte jeweils explizit festzustellen.]

VI. Fehlender Strafantrag, §§ 77 ff. StGB, 158 StPO

Grundsätzlich gilt das Offizial- und Legalitätsprinzip, d.h. die Staatsanwaltschaft muss strafbare Handlungen verfolgen und ggf. Anklage erheben, § 152 I, II StPO. 24

Bei sog. **Offizialdelikten erfolgt** die Verfolgung **von Amts wegen**.

Bspw. werden schwerwiegende Straftaten wie Mord (§ 211 StGB) und Totschlag (§ 212 StGB), aber z.B. auch die gefährliche Körperverletzung (§ 224 StGB), Raub (§ 249 StGB) sowie zahlreiche weitere Straftaten (wie „normaler" Diebstahl bzw. Betrug oder Urkundenfälschung) von Amts wegen verfolgt, ohne dass ein Strafantrag vorliegen muss.

Dieses Prinzip ist aber bei einigen Delikten aus Bagatellgründen oder wegen einer persönlichen Beziehung (zwischen Täter und der verletzten Person) durchbrochen.

Unter einem Antragsdelikt versteht man eine Straftat, der grundsätzlich nur auf Antrag des Geschädigten von den Strafverfolgungsbehörden nachgegangen wird.

Bei den sog. **Antragsdelikten** ist zur Verfolgung der Tat ein **Strafantrag** erforderlich. 25

Unterschieden wird zwischen absoluten und relativen Antragsdelikten.

1. Absolute Antragsdelikte

Absolute Antragsdelikte werden nur auf Antrag verfolgt. Fehlt der Strafantrag hier, liegt ein echtes Verfolgungshindernis vor. 26

Beispiele für absolute Antragsdelikte sind: § 123 I StGB (Hausfriedensbruch), § 247 StGB (Haus- und Familiendiebstahl), § 248b III StGB (Unbefugter Gebrauch eines Fahrzeugs) oder § 263 IV StGB i.V.m. § 247 StGB (Haus- und Familienbetrug).

2. Relative Antragsdelikte

27 **Relative Antragsdelikte** stellen eine Mischform aus Offizial- und Antragsdelikt dar. Wenn ein Strafantrag vorliegt, sind sie verfolgbar. Fehlt der Strafantrag, kann die Strafverfolgungsbehörde (= Staatsanwaltschaft) dennoch wegen des besonderen öffentlichen Interesses an der Strafverfolgung einschreiten und die Tat verfolgen.

Zur **Bejahung des besonderen öffentlichen Interesses** genügt eine formlose Erklärung der StA (BGH NJW 1961, 2120). Diese kann bspw. in einem Aktenvermerk erfolgen oder in der Anklageschrift **ausdrücklich** angegeben werden. Selbst wenn eine solche Erklärung fehlen sollte, kann in der Anklageerhebung (oder in der Beantragung eines Strafbefehls) **konkludent** die Annahme des besonderen öffentlichen Interesses an der Strafverfolgung gesehen werden. Die Strafverfolgungsbehörde kann das besondere öffentliche Interesse an der Strafverfolgung auch in der Hauptverhandlung oder sogar noch in der Revisionsinstanz erklären (BGH NJW 1954, 1536).

Nur wenn ein Strafantrag nicht vorliegt und die Staatsanwaltschaft das besondere öffentliche Interesse an der Strafverfolgung (ausdrücklich) verneint hat, wäre also von einem Verfahrenshindernis auszugehen. Beispiele für relative Antragsdelikte sind:

§ 230 StGB (gilt für die vorsätzliche Körperverletzung nach § 223 StGB sowie die fahrlässige Körperverletzung nach § 229 StGB), § 248a StGB (Diebstahl geringwertiger Sachen), § 263 IV StGB i.V.m. 248a StGB (geringwertiger Betrug) oder § 303c StGB (für die Sachbeschädigung gem. § 303 StGB).

3. Prüfungsablauf (Antragsdelikt)

Für die Feststellung des Strafantragserfordernisses gilt folgender **Prüfungsablauf**:

28 **a) Liegt ein Antragsdelikt vor?**

⇨ z.B. §§ 230, 247, 248a, 248 b III, 263 IV, 303c StGB

29 **b) Falls ja: liegt ein wirksamer Strafantrag vor?**

aa) Erforderlich ist das Vorliegen einer Erklärung, die den **Willen zur Strafverfolgung** eindeutig erkennen lässt (z.B. ausdrücklich: „Ich stelle Strafantrag wegen…“, oder durch auslegungsfähige Formulierungen wie „ich möchte, dass der Täter zur Rechenschaft gezogen wird“).

Eine Strafanzeige mit einer Erklärung wie bspw. „hiermit teile ich folgende Beobachtung mit … entscheiden Sie, ob das bestraft werden muss“, genügt den Erfordernissen eines Strafantrags nicht.

bb) Vorliegen muss sodann die Antragsberechtigung nach § 77 I StGB, die i.d.R. dem Verletzten (= als „Opfer“ bzw. „Geschädigten“) zusteht. Geregelt ist ein eventueller Übergang des Antragsrechts in § 77 II StGB, sofern der Verletzte verstirbt sowie in § 77 III StGB die Antragsberechtigung des gesetzlichen Vertreters, falls der Antragsberechtigte bspw. geschäftsunfähig oder beschränkt geschäftsfähig ist.

Zu beachten ist das **Antragsrecht des Dienstvorgesetzten** aus **§ 77a StGB**.

cc) Adressat des Strafantrags (und einer Strafanzeige) können die Staatsanwaltschaft, die Polizeibehörden oder das Amtsgericht sein, § 158 I StPO.

dd) Form: Bei Straftaten, deren Verfolgung nur auf Antrag eintritt, muss der Strafantrag nach § 158 II StPO bei einem Gericht oder der Staatsanwaltschaft schriftlich oder zu Protokoll, bei einer anderen Behörde (z.B. Polizei) schriftlich angebracht werden.

ee) Der Strafantrag ist binnen einer Frist von 3 Monaten ab Kenntnis von Tat und Täter zu stellen, § 77b StGB.

ff) Zu beachten ist, dass keine Rücknahme nach § 77d StGB erfolgt sein darf. Diese ist bis zum rechtskräftigen Abschluss des Strafverfahrens möglich (Abs. 1 S. 2). Adressat und Form der Rücknahme entsprechen der Stellung des Strafantrags. Nach wirksamer Rücknahme besteht ein Verfahrenshindernis. Nach Abs. 1 S. 3 kann ein zurückgenommener Antrag nicht erneut gestellt werden.

c) Falls kein wirksamer Strafantrag vorliegt, stellt sich die Frage, ob die StA einen solchen Antrag ersetzen kann: 30

Wie bereits oben festgestellt, führt der fehlende Strafantrag bei absoluten Antragsdelikten immer zu einem Verfahrenshindernis. Bei relativen Antragsdelikten kann die StA das besondere öffentliche Interesse an der Strafverfolgung bejahen (ausdrücklich oder ggf. auch konkludent) und dadurch den fehlenden Strafantrag ersetzen.

Zum Fall:

A hatte seinem Mitbewohner B, mit dem er in einer Wohngemeinschaft lebt, aus dessen WG-Zimmer Bargeld i.H.v. 1.000,– € gestohlen. 31

Fraglich ist, ob es sich insoweit um einen Haus- und Familiendiebstahl nach § 247 StGB handeln könnte. Die Vorschrift will das Zusammenleben in besonderen persönlichen

Lebensbereichen schützen. Erfasst werden nach h.M. auch Wohngemeinschaften (vgl. Fischer StGB § 247 Rn. 2).

Somit handelt es sich um ein absolutes Antragsdelikt.

B hatte als Geschädigter nach § 77 I StGB hier (sofort einen Tag nach der Tat) am 02.01.2017, also fristgemäß i.S.d. § 77b StGB bei der Polizei (ordnungsgemäß) Strafantrag nach § 158 I, II StPO gestellt. Eine Rücknahme des Strafantrags nach § 77d StGB ist nicht erfolgt.

Damit liegt ein wirksamer Strafantrag vor und es besteht kein Verfahrenshindernis.

Nur als **kurzer Hinweis** sei erwähnt, dass bei der Zurücknahme des Strafantrags Kosten für den Zurücknehmenden entstehen können, vgl. § 470 StPO.

VII. Strafklageverbrauch / Verbot der Doppelbestrafung

32 Der Strafklageverbrauch ist eine der wesentlichen (negativen) Voraussetzungen im Strafprozess. Er ist die wichtigste Wirkung der materiellen Rechtskraft.

Hinweis:

Lesen Sie zur Bedeutung der Rechtskraft sowie zur Rechtskraftprüfung insbesondere die tiefergehenden Ausführungen in **Fall 2**.

Die Rechtskraft des Urteils bezieht sich dabei auf die prozessuale Tat, über die geurteilt wurde.

Ist ein Urteil rechtskräftig geworden, steht einer erneuten Anklage des Täters wegen derselben Tat der Strafklageverbrauch als wesentliches Verfahrenshindernis entgegen.

Art. 103 III GG bestimmt, dass niemand wegen derselben Tat auf Grund der allgemeinen Strafgesetze mehrmals bestraft werden darf (= Verbot der Doppelbestrafung; **„ne bis in idem“**).

VIII. Immunität von Abgeordneten, Art. 46 GG, 152a StPO

33 (Politische) Immunität meint den Schutz von Abgeordneten (des Bundestages, Art. 46 GG oder der Landesparlamente, § 152a StPO i.V.m. der jeweiligen Landesverfassung) vor möglicher Strafverfolgung. Auch der Bundespräsident als Staatsoberhaupt genießt Immunität über Art. 60 IV GG.

IX. Verhandlungsunfähigkeit

Die Verhandlungsfähigkeit des Beschuldigten ist die Fähigkeit, (im Strafverfahren) in oder außerhalb der Hauptverhandlung seine Interessen vernünftig wahrzunehmen, die Verteidigung in verständiger und verständlicher Weise zu führen, Prozesserklärungen abzugeben oder entgegenzunehmen (vgl. BVerfG NJW 1995, 1951, BGH NJW 1995, 1973). Eine **dauerhafte Verhandlungsunfähigkeit** führt zur Einstellung des Verfahrens nach **§ 206a StPO** (= Verfahrenshindernis). 34

Liegt eine Verhandlungsunfähigkeit nur **vorübergehend** vor und bestehen Zweifel an dauernder Verhandlungsunfähigkeit, die vor allem dann begründet sein können, wenn das Gericht die Verhandlungsfähigkeit nicht sicher feststellen kann, kommt lediglich die vorläufige Einstellung des Verfahrens nach **§ 205 StPO** in Betracht (vgl. BGH NStZ 1996, 242).

X. Strafunmündigkeit

Schuldunfähig und damit strafunmündig ist, wer bei Begehung der Tat noch nicht vierzehn Jahre alt ist, **§ 19 StGB**. Die Strafunmündigkeit stellt ein Prozesshindernis dar. Wird dennoch ein Ermittlungsverfahren gegen ein strafunmündiges Kind eingeleitet, ist das Verfahren durch die Staatsanwaltschaft gem. § 170 II StPO einzustellen (MüKo StGB/*Streng* § 19 Rn. 11). 35

Klausurtipp: 36

In der Bearbeitung einer Revisionsklausur sollte im Rahmen der Schlüssigkeitsprüfung regelmäßig festgestellt werden, dass **Verfahrenshindernisse von Amts wegen** zu berücksichtigen sind.

Sofern keine anderweitigen Anhaltspunkte gegeben sind, dürfte es sich anbieten, zumindest kurz auf die Anwendbarkeit des deutschen Strafrechts (§§ 3 ff. StGB), die Verfolgungsverjährung (§§ 78 ff. StGB) sowie auf ein evtl. Strafantragserfordernis (§§ 77 ff. StGB, 158 StPO) einzugehen.

Zum Fall:

Wie oben bereits festgestellt, liegen hier keine Verfahrenshindernisse vor. 37

Allerdings gibt der Angeklagte an, dass nach seiner Einschätzung „die Verurteilung wegen Diebstahls und die Anwendung des Strafgesetzbuches insgesamt nicht rechtens sei.“

Dies ist als Erhebung der Sachrüge zu werten, mit der die Verletzung materiellen Rechts insgesamt gerügt wird.

Hinweis:

Wie bereits erwähnt finden Sie in **Fall 3** eingehende Ausführungen zur Strafbarkeitsprüfung des Diebstahls (§§ 242 ff. StGB) und in **Fall 6** ausführliche Erläuterungen zur materiellen Rüge (= Sachrüge), so dass im vorliegenden Fall von weiteren materiell-rechtlichen Erwägungen zu diesen Themenbereichen Abstand genommen wird.

Schlussendlich kann hier festgehalten werden, dass der der Rechtspfleger im vorliegenden Fall für die Protokollierung der Sachrüge zuständig wäre, § 24 I Nr. 1b RPflG.

Die (strengen) Anforderungen des § 344 II S. 2 i.V.m. S. 1 StPO gelten nicht.

Die Sachrüge kann wie folgt erhoben werden:

„Gerügt wird die Verletzung materiellen Rechts."

Mit der Erhebung der Sachrüge ist das Revisionsgericht verpflichtet, das Urteil vollumfänglich auf materiell-rechtliche Fehler hin zu überprüfen.

38 **Klausurtipp:**

In einer Klausur, die die Protokollierung der Revision durch den Rechtspfleger zum Gegenstand hat, ist im Rahmen der Sachrüge eine umfassende materiell-rechtliche Prüfung im Gutachtenstil vorzunehmen.

Fehler können hier regelmäßig bei der rechtlichen Würdigung (sog. Subsumtionsfehler) sowie bei der fehlerhaften Bewertung der Konkurrenzen oder bei der Bildung der Strafe liegen.

Zu prüfen sind nach den Sachverhaltsvorgaben (siehe dazu die tatsächlichen Sachverhaltsfeststellungen im Urteil sowie das Vorbringen des Angeklagten bei der Protokollaufnahme) sämtliche ausgeurteilte Straftaten.

Das Urteil ist insoweit aber ausschließlich auf Fehler der materiell-rechtlichen Rechtsanwendung hin zu untersuchen. Bspw. wäre im Falle einer Verurteilung wegen Diebstahls allein § 242 StGB zu prüfen. Sollte die Prüfung zum Ergebnis führen, dass dieser Tatbestand nicht erfüllt ist, wäre die Revision aus Sicht des Rechtspflegers schlüssig. Im Folgenden ist dann – vorbehaltlich einer abweichenden Aufgabenstellung – in der revisionsrechtlichen Rechtspfleger-Klausur nicht weiter zu prüfen, welcher Tatbestand stattdessen gegeben sein könnte.

Noch einmal wird zur Problematik des Diebstahl auf **Fall 3** und zur Sachrüge auf **Fall 6** verwiesen.

Ein Muster für ein Revisionsbegründungsprotokoll finden Sie im Folgenden am Ende des vorliegenden Falles.

Erläuterungen zur Gesamtstrafenbildung und zur Bestimmung des Strafrahmens bei der Gesamtstrafenbildung finden Sie in **Fall 8**.

D. Das Revisionsbegründungsprotokoll (Muster)

1. Kopf

Gericht (AG / LG) ... Datum, ... 39

Gegenwärtig: ... (Rechtspfleger)

Rechtsantragstelle für Strafsachen

In der Strafsache gegen ...

wegen ...

erscheint der Angeklagte ... (vollständige Personalien: Name, Anschrift) **und erklärt:**

2. ggf. Revisionseinlegung (sofern noch nicht erfolgt)

Gegen das Urteil des ... (Gericht) – Aktenzeichen ... vom ... lege ich

Revision

ein.

3. ggf. Wiedereinsetzungsantrag (sofern eine Frist versäumt wurde)

Zugleich beantrage ich,

gegen die Versäumung der Frist zur Einlegung / Begründung der Revision

Wiedereinsetzung in den vorigen Stand

zu gewähren.

Gründe: ...

Glaubhaftmachung: ...

4. Revisionsbegründung

Die (danach fristgerecht eingelegte) Revision begründe ich wie folgt:

I. (Verfahrenshindernisse)

Ohne dass es einer ausdrücklichen Rüge bedarf, wird auf folgende von Amts wegen zu berücksichtigenden Verfahrenshindernisse hingewiesen: ...

II. (formelle Rügen)

Die Verletzung von Vorschriften über das Verfahren wird gerügt.

Konkret rüge ich die Verletzung der §§ ....

Das Gericht hat ...

[hier sind die Anknüpfungstatsachen explizit zu benennen]

(beachte:

– keinerlei Bezugnahmen

Ausnahme:

bei Hilfsanträgen, deren Ablehnung dem Urteil zu entnehmen ist, kann auf die Urteilsgründe verwiesen werden

- wesentliche Schriftstücke oder Aktenstellen sind wörtlich zu zitieren
- bei Verletzung von Verfahrensvorschriften, die auf Anordnung des Vorsitzenden beruht: Darstellung, dass vorher versucht worden ist, eine Entscheidung des Vorsitzenden gem. § 238 II StPO herbeizuführen)

Beweis: ...

Dies stellt einen (relativen / absoluten) Revisionsgrund dar.

Gründe: ...

III. (materielle Rüge / Sachrüge)

Ich rüge die Verletzung materiellen Rechts.

Insbesondere weise ich erläuternd, nicht einschränkend, auf folgende Punkte hin: ...

Der Angeklagte wurde zu Unrecht wegen ... verurteilt.

Evtl. weitere Begründung: ...

5. Anträge

Nach alledem wird beantragt, ...

- Kassatorischer Teil:

  das Urteil des ... vom ... aufzuheben.

- bei eigener Sachentscheidung des Revisionsgerichts, § 354 I StPO
  - direkt:

  bei nur sachlich-materiellen Mängel und Prozesshindernissen
  - analog:

  bei Schuldspruchberichtigung

und den Angeklagten freizusprechen / das Verfahren einzustellen.

- Zurückverweisung, § 354 II S. 1 StPO

  und die Sache zur erneuten Verhandlung und Entscheidung an eine andere Kammer / Abteilung des LG / AG ... zurückzuverweisen.

Fall 5

A. Themenkreise

Relative Revisionsgründe – Absolute Revisionsgründe – Schlüssigkeit und Begründetheit der Revision.

B. Ausgangssachverhalt

Angeklagter A erscheint auf der Rechtsantragstelle beim für Revisionseinlegungen und -begründungen zuständigen Rechtspfleger R des Amtsgerichts Düsseldorf und möchte ausdrücklich eine Revision zu Protokoll des R gegen ein Urteil des AG Düsseldorf – Schöffengericht – einlegen und diese gleichzeitig begründen.

Er trägt folgenden Ausgangssachverhalt vor:

„Unmittelbar nach dem Schlussplädoyer des Staatsanwalts zog sich das Gericht zur Beratung zurück, allerdings ohne mir zuvor die Möglichkeit eines letzten Wortes einzuräumen, und verkündete anschließend direkt sein Urteil. Ich war völlig perplex und meine, dass das ja wohl so nicht richtig sein kann. Eigentlich wollte ich nämlich den Richtern meinen Standpunkt noch einmal deutlich machen. Die Nichtgewährung des letzten Wortes ist doch so ein gravierender Rechtsfehler, der meines Erachtens zur Aufhebung des Urteils führen muss."

C. Sachverhaltsergänzungen

1. Sachverhaltsergänzung Nr. 1

„Das Gericht hat es unterlassen, die Sache aufzurufen. Ein Aufruf, dass alle Beteiligten in meiner Sache in den Saal eintreten sollen, erfolgte weder vom Vorsitzenden bzw. Protokollführer direkt noch über die Sprechanlage."

2. Sachverhaltsergänzung Nr. 2

„Zu beanstanden ist, dass das Gericht einfach mit der Hauptverhandlung begonnen hat, ohne zu klären, ob alle geladenen Personen, insbesondere die Zeugen, überhaupt erschienen sind."

3. Sachverhaltsergänzung Nr. 3

„Ein Fehler in der Verhandlungsführung besteht auch darin, dass der Vorsitzende die Zeugen X und Y nicht aus dem Gerichtssaal geschickt hat. Diese sind während der gesamten Verhandlung, u.a. bei der Anklageverlesung sowie meiner Einlassung zur Sache, bis zu ihrer eigenen Vernehmung im Sitzungssaal verblieben, obwohl ihnen doch kein Recht zur Anwesenheit zustand."

4. Sachverhaltsergänzung Nr. 4

„Komisch kam mir vor, dass der Zeuge nicht darüber belehrt wurde, dass er vor Gericht die Wahrheit sagen muss und nicht lügen darf."

5. Sachverhaltsergänzung Nr. 5

„Ferner beanstande ich, dass ich als Angeklagter nach dem Auszug der Zeugen nicht vom Vorsitzenden zu meinen persönlichen Verhältnissen befragt worden bin, obwohl dies in § 243 II S. 2 StPO vorgeschrieben ist."

6. Sachverhaltsergänzung Nr. 6

„Ein Verfahrensfehler liegt des Weiteren darin, dass der Staatsanwalt den Anklagesatz nicht verlesen hat. Dies ist – wie ich zwischenzeitlich erfahren habe – doch in der Strafprozessordnung ausdrücklich vorgesehen."

7. Sachverhaltsergänzung Nr. 7

„Es kann ja wohl nicht richtig sein, dass ich als Angeklagter in der Hauptverhandlung mit keinem Wort darüber belehrt worden bin, dass ich ein Recht dazu habe, die Aussage zu verweigern. Wenn ich das gewusst hätte, hätte ich natürlich keine Angaben gemacht und mich nicht selbst belastet."

8. Sachverhaltsergänzung Nr. 8

„In der Hauptverhandlung habe ich nach der Vernehmung des Zeugen X, der mich hinsichtlich der mir vorgeworfenen Körperverletzung in Düsseldorf schwer belastet hat, kurz vor Ende der Beweisaufnahme einen Antrag auf Vernehmung der Zeugin Zita Zeisel, wohnhaft Lützowstraße 34 in 30169 Hannover, gestellt, zum Beweis dafür, dass die Zeugin Zeisel bekunden kann, dass ich mich zur fraglichen Tatzeit bei dieser in deren Wohnung in Hannover aufgehalten habe.

Den entsprechend dazu schriftlich ausformulierten Antrag habe ich anschließend auch sofort über die Protokollführerin dem vorsitzenden Richter ausgehändigt. Das Gericht hat aber die Zeugin Zeisel nicht geladen, sondern folgenden Beschluss erlassen:

‚Der Beweisantrag auf Vernehmung der Zeugin Zeisel wird mit der Begründung abgelehnt, dass aufgrund der bisherigen Beweislage feststeht, dass der Angeklagte am Tatort in Düsseldorf anwesend war. Damit ist erwiesen, dass der Angeklagte zur Tatzeit nicht in Hannover gewesen sein kann.‘

Diese Vorgehensweise halte ich nicht für richtig. Das Gericht hätte sich meine Entlastungszeugin doch zumindest einmal anhören müssen, bevor es mich schuldig spricht. Die fehlerhafte Ablehnung meines Vernehmungsantrages möchte ich mit der Revision überprüfen lassen.“

9. Sachverhaltsergänzung Nr. 9

„Es gibt noch einen weiteren Zeugen, nämlich meinen Freund Fritz, der meine Unschuld bestätigen kann, weil er die ganze Zeit anwesend war. Schon der Polizei habe ich Namen und Anschrift des Fritz mit dem Bemerken genannt, dass dieser mich entlasten könne. Die Polizei hat Fritz aber nicht vernommen und auch der Richter hat ihn nicht geladen, obwohl er sogar auf meine Nachfrage in den Akten nachgeschaut und auch festgestellt hat, dass die Polizei meine Angaben seinerzeit aktenkundig gemacht hat. Der Vorsitzende hat hinsichtlich Fritz dann aber lediglich lapidar gemeint, es komme seines Erachtens nicht auf dessen Angaben an. Ich habe in der Hauptverhandlung hiergegen nichts unternommen und insbesondere auch keinen förmlichen Antrag auf zeugenschaftliche Vernehmung meines Freundes Fritz gestellt, möchte mich nun aber hiergegen wehren, da ich die gerichtliche Vorgehensweise nicht als richtig ansehe. Fritz hätte mich bestimmt entlasten können Was kann ich tun?“

10. Sachverhaltsergänzung Nr. 10

„Ich möchte noch einen weiteren Verfahrensfehler mit der Revision anfechten:

U.a. hatte die Staatsanwaltschaft mich zunächst wegen vorsätzlicher Trunkenheit im Verkehr (§ 316 I StGB) angeklagt, da ich mit meinem PKW nach einer geplanten Zechtour in alkoholisiertem Zustand (BAK 1,2 ‰) auf öffentlichen Straßen gefahren sei.

In der gerichtlichen Hauptverhandlung hat mich dann der Tatzeuge T im Rahmen seiner Vernehmung erheblich belastet. Er hat ausgesagt, dass es auf der Fahrt auch zu mehreren gefährlichen Situationen gekommen sei, die beinahe zu einem Unfall geführt hätten. Es sei nur vom Zufall abhängig gewesen, dass ich mit dem PKW beim Abkommen von der Fahrbahn nicht zwei am Rand geparkte andere PKW gestreift hätte. Außerdem sei ich einmal derart in den Gegenverkehr gefahren, dass sich ein entgegenkommender Motorradfahrer nur noch im letzten Moment durch Ausweichen auf den Grünstreifen vor einem Frontalzusammenstoß und einer Kollision mit meinem PKW retten konnte.

Daraufhin hat mich das Gericht statt des Vorwurfs der Trunkenheit im Verkehr einfach wegen Gefährdung des Straßenverkehrs (§ 315c I Nr. 1a, III Nr. 1 StGB) zu einer Geldstrafe mit entsprechenden Führerscheinmaßnahmen verurteilt. Da dies aber andere rechtliche Voraussetzungen und schärfere Konsequenzen beinhaltet, möchte ich nunmehr rügen, dass nach der Aussage des T vor der Verurteilungsverkündung kein entsprechender Hinweis über die veränderte Sach- und Rechtslage ergangen ist.

Auf eine solche Situation war ich nicht vorbereitet."

11. Sachverhaltsergänzung Nr. 11

„Beanstanden möchte ich auch, dass der Sitzungsvertreterin der Staatsanwaltschaft zum Ende der Verhandlung hin keine ausreichende Gelegenheit zu einem Schlussplädoyer eingeräumt wurde. Diese wurde vom Vorsitzenden nur kurz zu ihrem Antrag befragt. Eine umfassende rechtliche Würdigung und eine Bewertung der für bzw. gegen mich sprechenden Umstände wurde ihr nicht ermöglicht. Irgendwie hatte ich den Eindruck, dass es sich um eine junge, noch nicht allzu erfahrene Staatsanwältin handelte, die aufgrund der Ansprache des Vorsitzenden gar keine Chance hatte, etwas weiter auszuholen. Möglicherweise hätte sie ja für mich positive Gesichtspunkte ins Verfahren eingebracht. Bis dahin fand ich ihr Auftreten und ihre Befragungen jedenfalls objektiv und fair."

D. Aufgaben

Ist die Revision schlüssig / begründet?

Wird Rechtspfleger R die Revisionsbegründung protokollieren?

Hinweise für die Bearbeitung:

Die Revision soll sowohl statthaft (als Sprungrevision gem. §§ 335, 312 StPO) als auch im Übrigen zulässig sein. Insbesondere sollen die Förmlichkeiten hinsichtlich der Revisionseinlegung gem. §§ 341 ff. StPO sowie bzgl. der Revisionsbegründung gem. §§ 345 ff. StPO eingehalten worden sein. Anhaltspunkte für mögliche Verfahrenshindernisse sind nicht ersichtlich.

Die Gerichtsakte nebst Hauptverhandlungsprotokoll, das das Vorbringen des Angeklagten bestätigt, liegt dem Rechtspfleger vor.

Weiterer Hinweis:

Zu den Themenbereichen Rechtsmitteleinlegung, Zulässigkeit der Revision sowie mögliche Verfahrenshindernisse wird zur Vermeidung von Wiederholungen auf die Ausführungen in **Fall 4** verwiesen.

Besprechung von Fall 5

A. Vorbemerkung

Wie bereits im vorherigen Fall ausgeführt, sind hinsichtlich der **formellen Rügen (= Verfahrensrügen) i.S.d. §§ 352, 344 II StPO** strenge Regeln zu beachten. 1

Aus der Begründung muss hervorgehen, ob das Urteil wegen **Verletzung einer Rechtsnorm über das Verfahren** oder wegen Verletzung einer anderen Rechtsnorm angefochten wird, **§ 344 II S. 1 StPO**; ferner müssen bei der Erhebung von Verfahrensrügen die den Mangel enthaltenden Tatsachen angegeben werden, **§§ 344 II S. 2, 352 I StPO**.

I. Konkreter Sachvortrag

Gefordert ist zunächst ein **konkreter Sachvortrag**, aus dem sich der **Verfahrensverstoß** ergibt. Dabei genügt es nicht, auf Fundstellen in den Akten Bezug zu nehmen. Vielmehr müssen solche Stellen, wenn sie für die Beurteilung der Rüge von Bedeutung sein können, in ihrem Wortlaut oder ihrem wesentlichen Inhalt nach in der Rechtfertigungsschrift wiedergegeben werden (BGH NJW 2006, 457). Das Revisionsgericht muss allein auf Grund der Begründungsschrift prüfen können, ob ein Verfahrensfehler vorliegt, wenn das tatsächliche Vorbringen der Revision zutrifft (BGH NJW 1982, 1655; NJW 1995, 2047). 2

Klausurtipp:

In einer Revisionsklausur (hier: Protokollierung der Revisionsbegründung durch den Rechtspfleger) sollte der der Prüfung zu Grunde gelegte Sachvortrag in einem ausführlichen **Obersatz** dargestellt werden.

Beispiel:

„Dadurch, dass [… Sachverhalt = konkreter Sachvortrag …] könnte ein (absoluter / relativer) Revisionsgrund gemäß §§ [… verletzte Norm(en)…] in Betracht kommen.“

II. Benennung der Beweise

3 Sodann sind die entsprechenden Beweise aufzuführen. Die **Benennung der Beweise** erfolgt üblicherweise nach der jeweiligen Tatsachenbehauptung.

In der Regel wird es hier auf das Hauptverhandlungsprotokoll bzw. den Akteninhalt sowie das Vorbringen des Revisionsführers ankommen.

Klausurtipp:

In Klausuren finden Sie regelmäßig einen Hinweis dieser Art:

„Es ist zu unterstellen, dass die vom Revisionsführer geschilderten Verfahrensvorgänge zutreffend dargestellt und durch die Akten sowie das Sitzungsprotokoll belegt sind.“

Damit erübrigen sich – anders als in der Praxis – weitere Ausführungen zu den konkreten Beweisen.

III. Schlüssigkeit

4 Hier liegt einer der Schwerpunkte der Revisionsklausur. Insoweit hat eine ausführliche gutachtliche Prüfung der vorgebrachten formellen Rügen zu erfolgen, mit einer abschließenden rechtlichen Schlussfolgerung zur **Schlüssigkeit des Revisionsvorbringens**.

Man unterscheidet insoweit zwischen **relativen Revisionsgründen** gem. **§ 337 StPO und absoluten Revisionsgründen** gem. **§ 338 StPO**.

Eine formelle Rüge gestützt auf **§ 337 StPO** hat grundsätzlich Erfolg, wenn

- die Verletzung eines Gesetzes vorliegt (vgl. § 337 II StPO)

  und
- das Urteil hierauf beruht.

In **§ 338 StPO** sind in einem Katalog (§ 338 Nr. 1 bis Nr. 8) besondere Verfahrensverstöße geregelt, die man als **absolute Revisionsgründe** bezeichnet.

Auch für einen absoluten Revisionsgrund bedarf es der Verletzung einer Verfahrensnorm; allerdings wird das **Beruhen** des Urteils für den Fall des Vorliegens einer dort aufgeführten gesetzlichen Regelung **unwiderlegbar vermutet**.

B. Prüfungsablauf

Hinweis: 5

Schauen Sie sich zunächst noch einmal das **Prüfungsschema für das Revisionsgutachten** im vorherigen **Fall 4** (dort Rn. 3) an.

Die formellen Rügen sind nach diesem Prüfungsschema unter

… II. Die Begründetheit der Revision (Schlüssigkeit der Revision)

… 2. Die formellen Rügen

zu prüfen.

Hinweis:

Dargestellt wird im Folgenden zunächst der Prüfungsaufbau für mögliche **relative Revisionsgründe**.

Anschließend (s. Rn. 64 ff. unter E.) erfolgen Erläuterungen zu den absoluten Revisionsgründen.

1. Liegt eine Gesetzesverletzung i.S.d. § 337 StPO vor?

Das setzt gem. § 337 I StPO zunächst voraus, dass eine **Norm über das Verfahren verletzt** wurde. 6

Nach § 337 II StPO ist das Gesetz verletzt**, wenn eine Rechtsnorm nicht oder nicht richtig angewendet worden ist**.

a) Unter den Begriff der „**Rechtsnorm**“ fallen nur allgemeinverbindliche Regelungen und keine Dienstvorschriften oder Verwaltungsanordnungen (vgl. § 7 EGStPO).

b) Nach der sog. **Rechtskreistheorie** (BGH NJW 1958, 557) kann der Angeklagte seine Revision nur auf die Verletzung solcher Normen stützen, die seinen Rechtskreis betreffen, d.h. die zumindest auch seinem Schutz zu dienen bestimmt sind (= **Schutznorm**).

Rechtsnormen, die nur dem Schutz des Staates (z. B. §§ 54, 96 StPO) oder dritter Personen (z.B. §§ 55 II, 81c StPO) dienen, können eine Revision des Angeklagten nicht begründen.

c) Das verletzte Gesetz darf **keine bloße Soll- oder Ordnungsvorschrift** sein.

Obwohl Soll- bzw. Ordnungsvorschriften zwar grds. Rechtsnormen i.S.d. § 337 StPO sind, kann der Verstoß gegen eine solche Norm mit der Revision nicht erfolgreich gerügt werden.

Die Einhaltung sog. Ordnungsvorschriften, also von Vorschriften, die nur einen reibungslosen Ablauf des Verfahrens sichern sollen bzw. die der Verfahrensökonomie dienen, wird von der Rechtsprechung, jedenfalls im Hinblick auf eine mögliche Revision, als verzichtbar angesehen. Dies gilt z.B. für den Verstoß gegen den in § 243 I S. 1 StPO (eigentlich) vorgeschriebenen Aufruf der Sache (vgl. *Schmitt* in Meyer-Goßner/Schmitt StPO § 243 Rn. 4, 9, 36). Gleiches gilt für die Nichtbeachtung reiner Sollvorschriften wie bspw. § 243 V S. 5 StPO (*Schmitt* in Meyer-Goßner/Schmitt StPO § 243 Rn. 32 ff., 41).

Erwartet werden unter dem Prüfungspunkt „Gesetzesverletzung" also Ausführungen hinsichtlich der Art der verletzten Norm (Schutznorm? / Soll- und Ordnungsvorschrift?).

Hierzu ist ggf. eine Gesetzesauslegung angezeigt. Neben der Frage nach dem Sinn und Zweck der verletzten Vorschrift (teleologische Auslegung) können ggf. folgende Punkte zur Begründung herangezogen werden: Wortlaut (grammatikalische Auslegung), Sinnzusammenhang (systematische Auslegung) sowie evtl. auch Entstehungsgeschichte der Norm (historische Auslegung oder Verfassungs- und Europarechtskonforme Auslegung).

2. Beruht das Urteil auf der Gesetzesverletzung?

7 Das Urteil müsste bei richtiger Anwendung des Gesetzes anders ausgefallen sein. Dies ist nach der sog. **Möglichkeitstheorie** (stRspr. BGH u.a. NJW 1952, 192, NJW 1955, 1765, NJW 1956, 837, NStZ 1983, 568) schon dann der Fall, wenn die bloße Möglichkeit einer anderen Entscheidung bei normgerechtem Verfahren besteht. Diese Möglichkeit ist nur ausgeschlossen, wenn eine andere Entscheidung nicht zu erwarten oder nur rein theoretisch ist.

Zu prüfen ist insoweit also, ob unter Zugrundelegung eines rechtlich fehlerfreien Verfahrens eine andere als die getroffene und angefochtene Entscheidung möglich scheint. Nur wenn diese ausgeschlossen oder rein theoretisch ist, fehlt es an dem ursächlichen Zusammenhang (u.a. BGHSt 14, 265).

▪ Ausgangssachverhalt:

Der Angeklagte hat hier einen Verfahrensverstoß beanstandet, in dem er wie folgt vorgetragen hat: 8

„Unmittelbar nach dem Schlussplädoyer des Staatsanwalts zog sich das Gericht zur Beratung zurück, allerdings ohne mir zuvor die Möglichkeit eines letzten Wortes einzuräumen, und verkündete anschließend direkt sein Urteil. Ich war völlig perplex und meine, dass das ja wohl so nicht richtig sein kann. Eigentlich wollte ich nämlich den Richtern meinen Standpunkt noch einmal deutlich machen. Die Nichtgewährung des letzten Wortes ist doch so ein gravierender Rechtsfehler, der meines Erachtens zur Aufhebung des Urteils führen muss."

▪ Lösungsvorschlag:

Zu prüfen ist die Schlüssigkeit der Revision.

Dadurch, dass dem Angeklagten zum Schluss der Beweisaufnahme nicht das letzte Wort gewährt wurde, könnte ein (relativer) Revisionsgrund gemäß § 337 I, II StPO i.V.m. § 258 II 2. HS StPO in Betracht kommen. (= Obersatz)

1. Gesetzesverletzung?

Das setzt gem. § 337 I StPO zunächst voraus, dass eine Norm über das Verfahren verletzt wurde.

Nach § 337 II StPO ist ein Gesetz verletzt, wenn eine Rechtsnorm nicht oder nicht richtig angewendet worden ist.

Hier kommt ein Verstoß gegen § 258 II 2. HS StPO in Betracht. Nach dieser Vorschrift, die eine Rechtsnorm i.S.d. § 7 EGStPO darstellt, gebührt dem Angeklagten nach dem Schluss der Beweisaufnahme das letzte Wort.

Dies ist hier nach dem Vorbringen des Angeklagten nicht erfolgt. Vielmehr wurde der Angeklagte verurteilt, ohne das ihm die Gelegenheit zum letzten Wort gewährt wurde.

Beweis: Protokoll der Hauptverhandlung, Verfahrensakte

Nach der sog. Rechtskreistheorie (stRspr. des BGH) kann der Angeklagte seine Revision nur auf die Verletzung solcher Normen stützen, die seinen Rechtskreis betreffen, d.h. die zumindest auch seinem Schutz zu dienen bestimmt sind.

Zweck der Vorschrift ist, dass der Angeklagte vor Beginn der Urteilsberatung als Letzter die Möglichkeit haben soll, sich noch einmal zur Sache zu äußern; so erhält das Gericht vor der Urteilsfindung noch einmal einem unmittelbaren Eindruck von seiner Person und seiner Sicht des Geschehens. Mit dem letzten Wort soll der Angeklagte damit abschließend nochmals Gelegenheit haben, zusammengefasst auf die ihm zur Last gelegten Vorwürfe einzugehen und die Beweise aus seiner Sicht zu würdigen. Die Gewährung des letzten Wortes betrifft also eindeutig den Rechtskreis des Angeklagten, da § 258 II 2. HS StPO ein wesentliches Verteidigungsrecht des Angeklagten im Strafprozess darstellt.

Es handelt sich damit nicht um eine bloße Soll- oder Ordnungsvorschrift.

Eine Gesetzesverletzung nach § 337 I, II StPO ist somit gegeben.

2. Beruhen?

Das Urteil müsste auf dieser Gesetzesverletzung beruhen. Zu prüfen ist demnach, ob das Urteil hier möglicherweise anders ausgefallen sein könnte, wenn dem Angeklagten das letzte Wort vorschriftsgemäß i.S.d. § 258 II 2. HS StPO gewährt worden wäre. Nach der sog. Möglichkeitstheorie (stRspr. BGH) ist dies bereits dann der Fall, wenn die bloße Möglichkeit einer anderen Entscheidung bei normgerechtem Verfahren besteht.

Auf einem Verstoß gegen § 258 II 2. HS StPO wird das Urteil in der Regel beruhen, weil Äußerungen des Angeklagten regelmäßig geeignet sein dürften, das Urteil zu beeinflussen (vgl. u.a. BGH StraFo 2014, 251 oder BGH StV 2019, 812).

Hier wollte der Angeklagte „den Richtern seinen Standpunkt noch einmal deutlich machen." Es kann nicht ausgeschlossen werden, dass dies dann auch Auswirkungen auf die Urteilsfindung hätte haben können.

Die Möglichkeit, dass das Urteil auf der Nichterteilung des letzten Wortes beruht, dürfte demnach bestehen.

Die Revision ist daher schlüssig und begründet.

Der Rechtspfleger wird die Revision nebst Begründung protokollieren.

9 **Hinweis:**

Die bloße Bezugnahme auf das fehlerhafte Sitzungsprotokoll (als sog. „Protokollrüge") genügt nicht.

So würde die reine Feststellung, `dem Angeklagten sei ausweislich des Sitzungsprotokolls nicht das letzte Wort gewährt worden,´ zur Begründung der Revision im vorliegenden Fall nicht ausreichen, da das Urteil nicht auf der Unrichtigkeit des Protokolls beruhen kann.

Das Urteil kann allein auf dem Ergebnis der Beweisaufnahme beruhen. Das Gericht entscheidet nach seiner freien, aus dem Inbegriff der Verhandlung geschöpften Überzeugung, § 261 StPO.

Allerdings dient die Bestimmung des **§ 274 StPO** der Vereinfachung des Revisionsverfahrens. Danach kann die Beobachtung der für die Hauptverhandlung wesentlichen vorgeschriebenen Förmlichkeiten nur durch das Protokoll bewiesen werden. Damit soll vermieden werden, dass die **Förmlichkeiten des Hauptverfahrens** nachträglich zum Gegenstand von Beweiserhebungen im Rechtsmittelverfahren werden.

Erforderlich ist also stets die Bezeichnung der verletzten Norm und eine Darstellung des Verfahrensmangels mit Ausführungen zu den zugrunde gelegten Tatsachen. Dazu hat ggf. eine wörtliche Zitierung der entscheidenden Stellen in Anträgen bzw. Beschlüssen zu erfolgen. Sodann erfolgen rechtliche Ausführungen zum Sinn und Zweck der verletzten Norm mit Erläuterungen dazu, inwieweit das Urteil auf der Gesetzesverletzung beruht.

Klausurtipp:

Der Klausurersteller kann hinsichtlich der formellen Rügen auf eine Vielzahl von möglichen Verfahrensfehlern zurückgreifen, die wohl überwiegend aus dem Gang der gerichtlichen Hauptverhandlung entnommen werden.

Gemäß dem **„Baukastenprinzip"** werden – zumeist chronologisch – Fehler aus der Hauptverhandlung konstruiert, die in einer Klausur gutachtlich auf ihre mögliche Revisibilität zu untersuchen sind.

Die Sachverhaltsergänzungen Nrn. 1-11 stellen exemplarisch weitere mögliche Verfahrensfehler dar.

C. Kurzschema zur Prüfung eines Verfahrensfehlers

(möglicher relativer Revisionsgrund) 10

- **Obersatz** (Dadurch, dass ____________ … Benennung des Sachverhalts)

  Revisionsgrund gem. § 337 I, II StPO i.V.m. ____________ … (verletzte Norm)

- **Gesetzesverletzung**?

  Normverstoß i.S.d. § 337 II StPO

  (Rechtskreistheorie)

  – Schutznorm für den Angeklagten als Revisionsführer

  Keine Soll- und Ordnungsvorschrift

  u.a. Ausführungen zum Sinn und Zweck der verletzen Norm
- **Beruhen**?

  (Möglichkeitstheorie)

  – Möglichkeit einer anderen Entscheidung bei normgerechtem Verfahren
- **Ergebnis**

D. Fallerweiterungen zum Ausgangssachverhalt

11 Nachfolgend werden die Sachverhaltsergänzungen Nrn. 1-7 (unter D. I.) sowie Nrn. 8-9 (unter D II.) und Nrn. 10-11 (unter D. III.) besprochen.

I. Fehler hinsichtlich des Verfahrensablaufs der Hauptverhandlung / sog. „Gang der Hauptverhandlung"

§ 243 StPO normiert die **Abfolge der Hauptverhandlung**, beginnend mit dem Aufruf der Sache (Abs. 1 S. 1 StPO), bis zum Eintritt in die Beweisaufnahme, § 244 I StPO.

Neben förmlichen Regelungen, die der Organisation und Verfahrensökonomie dienen, beinhaltet die Norm auch Aspekte, die der Wahrheitsfindung unter besonderer Berücksichtigung der Interessen den Angeklagten dienen (vgl. *Schneider* in KK-StPO § 243 Rn. 1).

1. Aufruf der Sache, § 243 I S. 1 StPO – Sachverhaltsergänzung Nr. 1

12 ▪ **Sachverhalt:**

Der Angeklagte trägt vor:

„Das Gericht hat es unterlassen, die Sache aufzurufen. Ein Aufruf, dass alle Beteiligten in meiner Sache in den Saal eintreten sollen, erfolgte weder vom Vorsitzenden bzw. Protokollführer direkt noch über die Sprechanlage.“

▪ **Lösungsvorschlag:**

Dadurch, dass zu Beginn der Verhandlung kein Aufruf der Sache erfolgte, könnte ein (relativer) Revisionsgrund gemäß § 337 I, II StPO i.V.m. § 243 I S. 1 StPO in Betracht kommen.

Das setzt gem. § 337 I StPO eine Gesetzesverletzung voraus. Nach § 337 II StPO ist ein Gesetz verletzt, wenn eine Rechtsnorm nicht oder nicht richtig angewendet worden ist (s.o. Rn. 6).

Hier kommt ein Verstoß gegen § 243 I S. 1 StPO in Betracht. Auch diese Norm, die vorschreibt, dass die Hauptverhandlung mit dem Aufruf der Sache beginnt, stellt eine Rechtsnorm i.S.d. § 7 EGStPO dar.

Der Aufruf der Sache ist aber keine wesentliche Förmlichkeit des Verfahrens und kein wesentlicher Teil der Hauptverhandlung (*Schneider* in KK-StPO § 243 Rn. 6 f.), sondern lediglich eine Ordnungsvorschrift, die als Maßnahme der Verhandlungsleitung der Strukturierung des Verhandlungstages dient.

Auf einen Verstoß gegen § 243 I S. 1 StPO kann die Revision nicht gestützt werden (*Schmitt* in Meyer-Goßner/Schmitt StPO § 243 Rn. 36).

Klausurtipp:

Die Fragen danach, ob es sich bei dem zur Erörterung stehenden Verfahrensverstoß um eine Schutznorm für den Angeklagten handelt, auf dem das Urteil ggf. beruhen kann oder ob lediglich eine Ordnungsvorschrift nicht beachtet worden ist, lassen sich häufig nicht aus dem Gesetzestext entnehmen.

Außerdem dürfen in einer Rechtspflegerklausur üblicherweise keine Kommentare verwendet werden, in denen die Revisibilität von Verfahrensverstößen bei den einzelnen Normen erläutert wird.

Daher ist neben einem gewissen Grundverständnis zur Problematik auch das Erlernen von Einzelproblemen unabdingbar.

Dazu dient dieser Fall mit seinen Fallerweiterungen und den zusätzlichen Hinweisen.

2. Feststellung der Anwesenden, § 243 I S. 2 StPO – Sachverhaltsergänzung Nr. 2

13 ▪ **Sachverhalt:**

Der Angeklagte trägt vor:

„Zu beanstanden ist, dass das Gericht einfach mit der Hauptverhandlung begonnen hat, ohne zu klären, ob alle geladenen Personen, insbesondere die Zeugen, überhaupt erschienen sind."

▪ **Lösungsvorschlag:**

Da keine Präsenzfeststellung der Personen durchgeführt wurde, deren Anwesenheit erforderlich ist, könnte ein (relativer) Revisionsgrund gemäß § 337 I, II StPO i.V.m. § 243 I S. 2 StPO in Betracht kommen.

Das setzt gem. § 337 I StPO eine Gesetzesverletzung voraus. Nach § 337 II StPO ist ein Gesetz verletzt, wenn eine Rechtsnorm nicht oder nicht richtig angewendet worden ist (s.o. Rn. 6).

Das Gericht soll durch die Präsenzfeststellung vorab klären, ob beim Ausbleiben einer Person oder beim Fehlen von herbeizuschaffenden Beweismitteln die Hauptverhandlung durchgeführt werden kann, da bspw. neue förmliche Ladungen oder eine Vorführung durch die Polizei etc. erfolgen müssen.

Auch hierbei handelt es sich weder um eine wesentliche Förmlichkeit noch um einen wesentlichen Teil der Hauptverhandlung (*Schneider* in KK-StPO § 243 Rn. 10), sondern ebenfalls nur um eine Ordnungsvorschrift, die dem reibungslosen Ablauf der Verhandlung und damit der Verfahrensökonomie dient.

Ein Verstoß gegen § 243 I S. 2 StPO ist demnach ebenfalls nicht revisibel (*Schmitt* in Meyer-Goßner/Schmitt StPO § 243 Rn. 36).

3. Fehlendes Hinausschicken der Zeugen aus dem Sitzungssaal, § 243 II S. 1 StPO – Sachverhaltsergänzung Nr. 3

14 ▪ **Sachverhalt:**

Der Angeklagte trägt vor:

„Ein Fehler in der Verhandlungsführung besteht auch darin, dass der Vorsitzende die Zeugen X und Y nicht aus dem Gerichtssaal geschickt hat. Diese sind während der gesamten Verhandlung, u.a. bei der Anklageverlesung sowie meiner Einlassung zur Sache, bis zu ihrer eigenen Vernehmung im Sitzungssaal verblieben, obwohl ihnen doch kein Recht zur Anwesenheit zustand."

▪ **Lösungsvorschlag:**

Durch das Nichtentfernen der Zeugen X und Y aus dem Sitzungssaal könnte ein (relativer) Revisionsgrund gemäß § 337 I, II StPO i.V.m. § 243 II S. 1 StPO gegeben sein. Dazu müsste eine Gesetzesverletzung i.S.d. § 337 II StPO vorliegen (s.o. Rn. 6).

Die Zeugen werden i.d.R. erst gemeinsam belehrt (u.a. zur Wahrheitspflicht nach § 57 StPO) und müssen anschließend den Sitzungssaal wieder verlassen, weil ihre Vernehmung erst im Rahmen der späteren Beweisaufnahme nach der Vernehmung des Angeklagten stattfindet, § 244 I StPO. Dies ist hier nicht erfolgt. § 243 II S. 1 StPO wurde also nicht beachtet.

Der Regelungszweck der Norm besteht darin, die Unbefangenheit der Zeugen zu bewahren; sie sollen ihre Angaben ohne Kenntnis der Einlassung des Angeklagten und der Bekundungen anderer Beweispersonen machen (*Schneider* in KK-StPO § 243 Rn. 14). Um zu verhindern, dass die Zeugen sich absprechen oder sich beeinflussen lassen, wenn sie die Aussagen des Angeklagten oder anderer Zeugen kennen, ist § 243 II S. 1 StPO unter Zugrundelegung der Rechtskreistheorie (stRspr. des BGH) grds. als eine Schutznorm anzusehen, die auch den Rechtskreis des Angeklagten tangiert. Allerdings kollidiert die Regelung bspw. mit dem Recht des Nebenklägers, der, obwohl er ebenfalls Zeuge im Verfahren ist, nach § 397 I S. 1 StPO ein Recht auf Anwesenheit im Prozess hat. Ferner bestünde auch eine mögliche Kollision mit der gerichtlichen Aufklärungspflicht aus § 244 II StPO (siehe dazu untenstehend unter Rn. 44ff.), wenn das Gericht einen versehentlich im Saal verbliebenen Zeugen oder einen erst später als Zeuge benannten Zuhörer, der sich im Sitzungssaal befand, nicht mehr zeugenschaftlich vernehmen könnte.

Insbesondere aus Gründen des Vorrangs der Wahrheitsfindung kann eine zeugenschaftliche Vernehmung daher nicht mit der Begründung abgelehnt werden, die benannte Person sei während des vorangegangenen Teiles der Beweisaufnahme im Sitzungssaal anwesend gewesen (u.a. RGSt 1, 366; *Schmitt* in Meyer-Goßner/Schmitt StPO § 243 Rn. 9).

Aus diesem Grund wird § 243 II S. 1 StPO nach h.M. lediglich als reine Ordnungsvorschrift eingestuft, deren Verletzung die Revision nicht begründet (u.a. *Schneider* in KK-StPO § 243 Rn. 103; *Arnoldi* in MüKo StPO § 243 Rn. 89).

4. Fehlende Belehrung der Zeugen über die Wahrheitspflicht, § 57 S. 1 StPO – Sachverhaltsergänzung Nr. 4

▪ **Sachverhalt:** 15

Der Angeklagte trägt vor:

„Komisch kam mir vor, dass der Zeuge nicht darüber belehrt wurde, dass er vor Gericht die Wahrheit sagen muss und nicht lügen darf.“

▪ **Lösungsvorschlag:**

Vor der Vernehmung werden die Zeugen zur Wahrheit ermahnt und über die strafrechtlichen Folgen einer unrichtigen oder unvollständigen Aussage belehrt. Da diese Belehrung unterblieben ist, könnte ein (relativer) Revisionsgrund gemäß § 337 I, II StPO i.V.m. § 57 S. 1 StPO gegeben sein.

Das setzt gem. § 337 I StPO eine Gesetzesverletzung voraus. Nach § 337 II StPO ist ein Gesetz verletzt, wenn eine Rechtsnorm nicht oder nicht richtig angewendet worden ist (s.o. Rn. 6).

Fraglich ist, ob es sich bei der Ermahnung zur Wahrheit (auch) um eine Schutznorm zu Gunsten des Angeklagten handelt, die dessen Rechtskreis betrifft. Das ist umstritten.

Nach stRspr. des BGH (u.a. 5 StR 175/53 sowie BGH VRS 36, 23) und h.M. in der Literatur (u.a. *Bader* in KK-StPO § 57 Rn. 8; *Schmitt* in Meyer-Goßner/Schmitt StPO § 57 Rn. 7) ist die Bestimmung des § 57 StPO lediglich eine Ordnungsvorschrift, die **allein** dem **Schutz des Zeugen** (vor den Folgen einer Falschaussage gem. §§ 153 f. StGB) und nicht den Belangen des Angeklagten oder der Wahrheitsfindung dient (a.A. *Maier* in MüKo StPO § 57 Rn. 23 ff.).

Eine Verletzung der Norm kann die Revision daher wohl nicht begründen.

16 **Hinweis:**

Anders sieht es bei der **Zeugenbelehrung nach § 52 III StPO** aus.

§ 52 StPO sieht für bestimmte Angehörige des Angeklagten (z.B. nach § 52 I Nr. 2 StPO für den Ehegatten des Angeklagten) ein sog. **Zeugnisverweigerungsrecht** vor, über das der Zeugnisverweigerungsberechtigte nach Abs. 3 ausdrücklich zu belehren ist. Grund dafür ist, dass die in § 52 I StPO aufgeführten Zeugnisverweigerungsberechtigten sich möglicherweise in einem Gewissenskonflikt befinden, da sie zum einen zur Wahrheit verpflichtet sind, zum anderen aber zu befürchten ist, dass sie durch ihre Aussage einem nahen Angehörigen schaden.

§ 52 I StPO schützt daher die familiäre Nähebeziehung zwischen dem Angeklagten und dem Zeugen, indem letzterem ein umfassendes Zeugnisverweigerungsrecht gewährt wird. Damit ist aber ebenfalls der Rechtskreis des Angeklagten betroffen.

Bei der Zeugenbelehrung nach § 52 III StPO handelt sich somit **(auch)** um eine **Schutznorm zu Gunsten des Angeklagten**, mit deren Verletzung die Revision begründet werden kann, wenn der Zeuge ausgesagt hat und das Urteil auf dieser Aussage beruht (BGHSt 6, 279).

Weiterer Hinweis: 17

Hingegen besteht in der **Belehrung eines Zeugen nach § 55 II StPO** wiederum nur ein **Schutz für den Zeugen**, dem im Falle des **§ 55 I StPO** ein sog. **Auskunftsverweigerungsrecht** zusteht.

Nach dieser Vorschrift kann jeder Zeuge die Auskunft auf solche Fragen verweigern, deren Beantwortung ihm selbst oder einem ihm nahen Angehörigen die Gefahr zuziehen würde, wegen einer Straftat oder einer Ordnungswidrigkeit verfolgt zu werden.

§ 55 StPO schützt also – anders als § 52 StPO – allein das Interesse des Zeugen, sich nicht selbst (oder niemanden aus seinem Umfeld) belasten zu müssen.

Damit wird der Rechtskreis des Angeklagten grds. nicht tangiert.

Auf eine unterlassene Belehrung nach § 55 II StPO kann die Revision damit nach h.M. nicht gestützt werden (BGHSt 1, 39); eine unrichtige Belehrung kann aber u.U. als Verstoß gegen die gerichtliche Aufklärungspflicht gerügt werden (vgl. BGH MDR 53, 402), dann allerdings über § 244 II StPO und nicht aus § 55 StPO heraus.

Ausführungen zu § 244 II StPO erfolgen – wie bereits erwähnt – weiter untenstehend unter Rn. 44ff. Insoweit wird auf die Sachverhaltsergänzung Nr. 9 hingewiesen.

5. Vernehmung des Angeklagten über seine persönlichen Verhältnisse, § 243 II S. 2 StPO – Sachverhaltsergänzung Nr. 5

- **Sachverhalt:** 18

Der Angeklagte trägt vor:

„Ferner beanstande ich, dass ich als Angeklagter nach dem Auszug der Zeugen nicht vom Vorsitzenden zu meinen persönlichen Verhältnissen befragt worden bin, obwohl dies in § 243 II S. 2 StPO vorgeschrieben ist.“

- **Lösungsvorschlag:**

Zu prüfen ist, ob die vom Angeklagten vorgetragene Nichtbeachtung des § 243 II S. 2 StPO eine Gesetzesverletzung darstellt.

Das setzt gem. § 337 I StPO eine Gesetzesverletzung voraus. Nach § 337 II StPO ist ein Gesetz verletzt, wenn eine Rechtsnorm nicht oder nicht richtig angewendet worden ist (s.o. Rn. 6).

Zunächst sieht die Norm vor, dass der Angeklagte „über seine persönlichen Verhältnisse“ zu vernehmen ist. Nur insoweit ist der Angeklagte zur Aussage verpflichtet.

Zur Sache muss er nicht aussagen; dazu wird er im Übrigen später belehrt (vgl. § 243 V S. 1 StPO nebst den untenstehenden Ausführungen zu Rn. 21 f.). Aus diesem Grund geht es bei der Vernehmung zur Person in diesem frühen Verfahrensstadium nicht um eine – spätestens für die Bemessung von Rechtsfolgen relevante – umfassende Erforschung der Person des Angeklagten (*Arnoldi* in MüKo StPO § 243 Rn. 21). Vielmehr dient die Norm zunächst einmal der **Identitätsfeststellung**. Sonstige Vorgänge wie sein Vorleben, Werdegang, berufliche Ausbildung, Tätigkeit, familiäre und wirtschaftliche Verhältnisse etc. gehören schon zur Vernehmung zur Sache i.S.d. § 243 V S. 2 StPO (vgl. OLG Köln NStZ 1989, 44).

Neben der Feststellung der Identität des Angeklagten zählen aber auch Fragen zu Prozessvoraussetzungen, die sich auf die Person des Angeklagten beziehen, wie die zur Verhandlungsfähigkeit, und weiter die Feststellung, ob der Angeklagte sich i.S.v. § 140 II StPO selbst verteidigen kann, zur Vernehmung über die persönlichen Verhältnisse (vgl. *Schneider* in KK-StPO § 243 Rn. 18). Insoweit handelt es sich um eine wesentliche Förmlichkeit des Verfahrens und damit letztlich auch um eine Norm, die dem Schutz des Angeklagten zu dienen bestimmt ist (Rechtskreistheorie).

Die unterbliebene Vernehmung zu den persönlichen Verhältnissen ist damit eine Gesetzesverletzung nach § 337 II StPO, die die Revision grds. begründen kann.

Das Urteil wird aber im Allgemeinen – jedenfalls im Schuldspruch – nicht auf dem Gesetzesverstoß beruhen (vgl. u.a. *Schneider* in KK-StPO § 243 Rn. 103 sowie *Arnoldi* in MüKo StPO § 243 Rn. 89, jeweils mit Hinweis auf OLG Köln NStZ 1989, 44), da die Möglichkeit eines anderen Urteilsausgangs mit Vernehmung zur Person regelmäßig nicht gegeben sein dürfte. Dazu müssten Anhaltspunkte vorliegen, dass der erschienene Angeklagte z.B. nicht mit der Person identisch war, gegen die sich die Anklage und das Verfahren richteten oder in der Hauptverhandlung (bspw. durch Alkohol oder Drogeneinfluss) verhandlungsunfähig oder der deutschen Sprache (unerkannt) nicht mächtig war.

6. Verlesung des Anklagesatzes, § 243 III StPO – Sachverhaltsergänzung Nr. 6

19 ▪ **Sachverhalt:**

Der Angeklagte trägt vor:

„Ein Verfahrensfehler liegt des Weiteren darin, dass der Staatsanwalt den Anklagesatz nicht verlesen hat. Dies ist – wie ich zwischenzeitlich erfahren habe – doch in der Strafprozessordnung ausdrücklich vorgesehen.“

▪ **Lösungsvorschlag:**

Dadurch, dass der Sitzungsvertreter der Staatsanwaltschaft die Anklage nicht verlesen hat, könnte ein (relativer) Revisionsgrund gemäß § 337 I, II StPO i.V.m. § **243 III S. 1 StPO** in Betracht kommen.

Das setzt gem. § 337 I StPO eine Gesetzesverletzung voraus. Nach § 337 II StPO ist ein Gesetz verletzt, wenn eine Rechtsnorm nicht oder nicht richtig angewendet worden ist (s.o. Rn. 6).

Die Verlesung des Anklagesatzes erfüllt unter anderem den Zweck, den Angeklagten und die übrigen Verfahrensbeteiligten, insbesondere die Schöffen, aber auch die Öffentlichkeit über weitere Einzelheiten des Vorwurfs zu unterrichten und ihnen zu ermöglichen, ihr Augenmerk auf die Umstände zu richten, auf die es in tatsächlicher und rechtlicher Hinsicht ankommt (BGH NStZ 2018, 614). Nach der sog. Rechtskreistheorie (s.o. Rn. 6) handelt es sich damit bei der Vorschrift des § 243 III S. 1 StPO um eine Schutznorm für den Angeklagten, da die **Informationen** aus der Anklageschrift auch noch einmal dazu dienen, dem Angeklagten Gewissheit darüber zu verschaffen, auf welche konkreten Tatvorwürfe er sein Verteidigungsvorbringen einzurichten hat. Die Verlesung der Anklageschrift zählt zu den wesentlichen Förmlichkeiten des Verfahrens, deren Beachtung das Protokoll ersichtlich machen muss und die nur durch das Protokoll bewiesen werden kann (BGH NStZ 1986, 39).

Eine Gesetzesverletzung i.S.d. § 337 II StPO liegt demnach vor.

Zu prüfen ist, ob das Urteil auf der Nichtbeachtung beruht, § 337 I StPO. Nach stRspr. des BGH (u.a. NJW 1956, 354; NStZ 1984, 521; 1986, 374; 2000, 214) ist die Revision im Allgemeinen begründet, wenn die Verlesung des Anklagesatzes unterbleibt oder wenn dieser nicht vollständig verlesen wird.

Im Sinne der sog. Möglichkeitstheorie (s.o. Rn. 7) dürfte auch regelmäßig von einem Beruhen auszugehen sein, da sich der Angeklagte vielleicht anders eingelassen, er geschwiegen oder sich eine andere Verteidigungsstrategie zu Recht gelegt hätte, wenn ihm die Anklage noch einmal vorgetragen worden wäre. Dies kann ausnahmsweise nur dann ausgeschlossen werden, wenn die Sach- und Rechtslage einfach ist oder wenn die Prozessbeteiligten auf andere Weise über den Untersuchungsgegenstand zweifelsfrei unterrichtet worden sind (vgl. *Schneider* in KK-StPO § 243 Rn. 105 sowie u.a. BGH NJW 1982, 1057).

Klausurtipp:

In Klausurfällen, die doch eher umfangreich sind, dürfte bei der Nichtverlesung der Anklageschrift in aller Regel von einem Beruhen (und damit von einem Revisionsgrund) auszugehen sein.

20 **(Klausur-)Hinweis:**

Verstöße bei der **Mitteilungspflicht** des Gerichts über evtl. Erörterungen der Beteiligten (**Verständigungsgespräche**) und ihr Ergebnis nach **§ 243 IV S. 1 StPO** dürften nach einer Grundsatzentscheidung des Bundesverfassungsgerichts (BVerfG NJW 2013, 1058) generell als revisibel anzusehen sein. Dennoch gibt es dazu keinen Automatismus, so dass das Beruhen jeweils im Rahmen einer Einzelfallprüfung festzustellen ist.

Klausurrelevant dürften derartige Verfahrensabsprachen – da nur schwer darstellbar – kaum sein. Auf tiefergehende Ausführungen zu § 243 IV StPO wird daher verzichtet.

7. Belehrung des Angeklagten, § 243 V S. 1 StPO – Sachverhaltsergänzung Nr. 7

21 ▪ **Sachverhalt:**

Der Angeklagte trägt vor:

„Es kann ja wohl nicht richtig sein, dass ich als Angeklagter in der Hauptverhandlung mit keinem Wort darüber belehrt worden bin, dass ich ein Recht dazu habe, die Aussage zu verweigern. Wenn ich das gewusst hätte, hätte ich natürlich keine Angaben gemacht und mich nicht selbst belastet.“

▪ **Lösungsvorschlag:**

Dadurch, dass der Angeklagte nicht über sein Recht belehrt wurde, dass „es ihm freistehe, sich zu der Anklage zu äußern oder nicht zur Sache auszusagen“, könnte ein (relativer) Revisionsgrund gemäß § 337 I, II StPO i.V.m. § 243 V S. 1 StPO in Betracht kommen.

Das setzt gem. § 337 I StPO eine Gesetzesverletzung voraus. Nach § 337 II StPO ist ein Gesetz verletzt, wenn eine Rechtsnorm nicht oder nicht richtig angewendet worden ist (s.o. Rn. 6).

Der Grundsatz, dass niemand gezwungen werden darf, sich selbst zu belasten („**nemo tenetur** se ipsum accusare“), gehört zu den anerkannten Prinzipien eines rechtsstaatlichen Strafverfahrens und ist Ausfluss des **Rechtes auf ein faires Verfahren** (vgl. Art. 6 EMRK – sog. „Fair-trial-Gebot“).

Daher ist der Angeklagte darüber zu belehren, dass er ein Wahlrecht hat, sich „redend“ oder „schweigend“ verteidigen zu können. Der Hinweis hat Vorsorglichkeits- und Fürsorgecharakter. Laut BGH (NJW 1974, 1570) handelt es sich um eine Schutznorm zu Gunsten des Angeklagten und nicht um eine bloße Ordnungsvorschrift, so dass ein Verstoß gegen die Norm eine Gesetzesverletzung i.S.d. § 337 II StPO darstellt. Der Hinweis nach Abs. 5 S. 1 zählt i.Ü. zu den protokollierungsbedürftigen wesentlichen Förmlichkeiten des Verfahrens (*Schmitt* in Meyer-Goßner/Schmitt StPO § 243 Rn. 23).

Ein Fehler bei der Belehrung des Angeklagten kann nach allgM (u.a. BGH NJW 1992, 1463) mit der Revision gerügt werden, wenn der Hinweis erforderlich war, um den Angeklagten über seine Verteidigungsmöglichkeiten zu unterrichten, und er die Aussage zur Sache verweigert hätte. Kannte der nicht belehrte Angeklagte nachweislich sein Schweigerecht (bspw. weil schon mehrfach gegen ihn in vergleichbarer anderer Sache verhandelt worden ist), kann unter Umständen die Rüge der Verletzung von § 243 V S. 1 StPO als unbegründet anzusehen sein (vgl. zur BGH-Rspr. *Pfeiffer/Miebach* in NStZ 1983, 210 sowie *Kusch* in NStZ-RR 2000, 290).

Da im obigen Beispiel davon ausgegangen werden kann, dass dem Angeklagten sein Schweigerecht nicht bekannt war, dürfte ein Beruhen naheliegen und ein schlüssiges Revisionsvorbringen gegeben sein.

Hinweis: 22

Klausurrelevante Verfahrensfehler können auch im Rahmen der **Vernehmung des Angeklagten zur Sache** auftreten, **§ 243 V S. 2 StPO**.

§ 243 V S. 2 StPO bietet dem Angeklagten frühzeitig, noch vor dem Eintritt in die Beweisaufnahme, die Möglichkeit, sein Recht auf rechtliches Gehör wahrzunehmen.

In der Hauptverhandlung hat der Angeklagte also nicht nur das „letzte Wort" (s.o. Rn. 8), sondern auch das „Recht zum ersten Wort" (so pointiert *Schneider* in KK-StPO § 243 Rn. 81). Nach seiner Wahl darf der Angeklagte hier frei reden, eine vorbereitete Erklärung verlesen (oder auch ggf. verlesen lassen, die er dann aber bestätigen muss) oder schweigen.

Die Vorschrift stellt unzweifelhaft eine Schutznorm zu Gunsten des Angeklagten dar (s.o. Rechtskreistheorie), da sie der Wahrung seiner Verteidigungsmöglichkeiten dient.

Mögliche Fehler in der (Nicht)Anwendung des § 243 V S. 2 StPO (i.V.m. § 337 I, II StPO) können darin liegen, dass

a) die Vernehmung ganz unterbleibt,

b) diese dem Angeklagten nicht in einem zusammenhängenden Bericht ermöglicht wurde,

c) diese zu spät erfolgt oder

d) diese – nach Auffassung des Angeklagten – nur unzureichend durchgeführt wurde.

Ein Beruhen des Urteils auf der Verletzung des Abs. 5 S. 2 dürfte zu lit. a) wohl regelmäßig anzunehmen sein (s.o. Rn. 7, Möglichkeitstheorie), da nicht ausgeschlossen werden kann, dass der Angeklagte etwas Entlastendes zu seiner Verteidigung hätte hervorbringen können (*Arnoldi* in MüKo StPO § 243 Rn. 100).

Zu Buchstabe b) kann ein Revisionsgrund bspw. dann angenommen werden, wenn dem Angeklagten das wichtige Recht beschnitten wurde, im Zusammenhang zu dem Schuldvorwurf Stellung zu nehmen (vgl. u.a. BGH NJW 1960, 349; BGH StV 1990, 245). Ausnahmen sind aber denkbar, z.B. wenn der Angeklagte zur Weitschweifigkeit neigt oder er zu einer geordneten Gedankenführung nicht in der Lage ist (KK-StPO/*Schneider* § 243 Rn. 85). Dann kann es sinnvoll sein, die Vernehmung in Form von Fragen und Antworten zu führen (BGH NStZ 2000, 549).

Gleichermaßen dürfte dies für lit. c) gelten, mithin, wenn die Vernehmung nicht zu dem in Abs. 5 S. 2 genannten Zeitpunkt, also vor der Beweisaufnahme erfolgt, sondern erst später (vgl. *Arnoldi* in MüKo StPO § 243 Rn. 100). Schließlich stellt die Einlassung des Angeklagten einen der zentralen Aspekte der Hauptverhandlung dar, die den weiteren Verlauf der Hauptverhandlung entscheidend lenkt.

Eine unter d) genannte unzulängliche Vernehmung des Angeklagten zur Sache kann hingegen i.d.R. mit der Revision ebenso wenig erfolgreich gerügt werden, wie die unvollständige Befragung eines Zeugen (*Schmitt* in Meyer-Goßner/Schmitt StPO § 243 Rn. 40 sowie BGH NStZ 2000, 549). Die Einlassung muss vom Angeklagten selbst kommen; ein Recht auf bestimmte Fragen bzw. eine bestimmte Art der Befragung hat er nicht.

II. Verfahrensfehler im Rahmen der Beweisaufnahme

23 Nach der Vernehmung des Angeklagten folgt der Eintritt in die **Beweisaufnahme, § 244 I StPO**. Damit gehört die Vernehmung des Angeklagten formal eigentlich also nicht zur Beweisaufnahme. Dennoch zählen die Angaben des Angeklagten, wenn er aussagt, zu den Beweismitteln im Strafverfahren (vgl. BGH NJW 1952, 673).

Die Beweisaufnahme dient der umfassenden Sachaufklärung, sowohl belastender als auch entlastender Umstände. Sie ist der Teil der Hauptverhandlung, in dem mit den sog. Strengbeweismitteln der StPO: **S**achverständige, **A**ugenschein, **U**rkunden, **Z**eugen Aussage des **A**ngeklagten/**B**eschuldigten (Merkwort: „SAUZA“ oder „SABUZ“) entweder von Amts wegen (vgl. § 244 II StPO) oder auf Antrag eines Verfahrensbeteiligten (vgl. § 244 III StPO) Beweise zum Tatgeschehen erfolgen.

Das Gericht unterliegt der **Amtsermittlungspflicht**, d.h. die Beweisaufnahme muss sich nach **§ 244 II StPO** unter „verständiger Würdigung der Sachlage“ **von Amts wegen** auf alle Tatsachen sowie zulässigen und geeigneten Beweismittel erstrecken, die für die Entscheidung von Bedeutung sind und die für das Gericht erreichbar sind. Nur Beweismittel, die nach diesen Grundsätzen nicht relevant sind, darf das Gericht beiseitelassen.

Der **Beweisantrag i.S.d. § 244 III StPO** ermöglicht es den Verfahrensbeteiligten, das Gericht zu bestimmten Beweiserhebungen zu zwingen, die es von Amts wegen nicht erheben will.

Klausurtipp:

Auch **Fehler im Umgang mit sog. Beweisanträgen** nach § 244 III StPO sind beliebte Fragestellungen, die gerne in Klausuren eingebaut werden (s.o. „Baukastenprinzip“).

Gleiches gilt bei **Verstößen gegen die gerichtliche Aufklärungspflicht** nach § 244 II StPO (sog. **„Aufklärungsrüge“**).

Gerügt werden können diese über § 337 I, II StPO als relative Revisionsgründe.

Der bereits bekannte Prüfungsaufbau (s.o. Rn. 5 ff.) gilt entsprechend auch hier:

Obersatz (Benennung des Sachverhalts)

Revisionsgrund gem. § 337 I, II StPO i.V.m. *§ 244 III StPO bzw. § 244 II StPO*

Gesetzesverletzung?

Normverstoß i.S.d. § 337 II StPO

(Rechtskreistheorie)

– Schutznorm für den Angeklagten als Revisionsführer

Keine Soll- und Ordnungsvorschrift

u.a. Ausführungen zum Sinn und Zweck der verletzen Norm

Beruhen?

(Möglichkeitstheorie)

– Möglichkeit einer anderen Entscheidung bei normgerechten Verfahren

Ergebnis

24 Sofern ein **förmlicher Beweisantrag** abgelehnt wurde, ist im Rahmen der Revisionsprüfung zunächst zu prüfen, ob dieser überhaupt **ordnungsgemäß i.S.d. § 244 III S. 1 StPO** gestellt wurde.

Legaldefinition des Beweisantrags aus § 244 III S. 1 StPO:

Ein Beweisantrag liegt vor, wenn der Antragsteller ernsthaft verlangt, Beweis über eine bestimmt behauptete konkrete Tatsache, die die Schuld- oder Rechtsfolgenfrage betrifft, durch ein bestimmt bezeichnetes Beweismittel zu erheben und dem Antrag zu entnehmen ist, weshalb das bezeichnete Beweismittel die behauptete Tatsache belegen können soll.

Anschließend ist ggf. weiter zu erörtern, ob ein **Ablehnungsgrund nach § 244 III S. 2, S. 3 Nrn. 1-6, IV, V StPO** gegeben ist und ein korrekter **Beschluss i.S.d. § 244 VI StPO** vorliegt. (Siehe dazu die nachfolgende Sachverhaltsergänzung Nr. 8 unter Rn. 27 ff.) 1

25 **Gegenbegriff (zum Beweisantrag) – bloßer Beweisermittlungsantrag:**

Ein Beweisermittlungsantrag ist jedes Begehren, das vom Gericht ein Tätigwerden verlangt, mit dem ein unmittelbarer oder mittelbarer Aufklärungseffekt erzielt werden soll, und das nicht in der Form eines Beweisantrags vorgebracht wird, weil der Antragsteller eine bestimmte Beweistatsache nicht behauptet oder ein bestimmtes Beweismittel nicht benennt (vgl. BGH NStZ 1990, 602).

Auf einen **Beweisermittlungsantrag** hin hat das Gericht nach **§ 244 II StPO** zu prüfen, ob Aufklärung geboten und möglich ist und deshalb Anlass zu der verlangten Beweiserhebung besteht.

Bei einem fehlerhaften Umgang des Gerichts mit einem Beweisermittlungsantrag hat das Gericht möglicherweise seine Aufklärungspflicht aus § 244 II StPO nicht beachtet, so dass wiederum die **Aufklärungsrüge** in Betracht zu ziehen ist. (Siehe dazu die untenstehende Sachverhaltsergänzung Nr. 9 unter Rn. 44 ff.)

26 **Auf Gesetzesverletzungen** sowohl **gegen § 244 III-VI StPO** als auch gegen **§ 244 II StPO beruht i.d.R. die Revision** (vgl. § 337 I, II StPO), da kaum auszuschließen sein dürfte, dass die Beweiserhebung etwas Entlastendes hervorgebracht oder der Angeklagte sich bei ordnungsgemäßer Ablehnung anders verteidigt hätte

1. Fehlerhafter Umgang mit Beweisanträgen / Unzulässige Ablehnung eines Beweisantrags, § 244 III-VI StPO – Sachverhaltsergänzung Nr. 8

27 ▪ **Sachverhalt:**

Der Angeklagte trägt vor:

„In der Hauptverhandlung habe ich nach der Vernehmung des Zeugen X, der mich hinsichtlich der mir vorgeworfenen Körperverletzung in Düsseldorf schwer belastet hat, kurz vor Ende der Beweisaufnahme einen Antrag auf Vernehmung der Zeugin Zita Zeisel, wohnhaft Lützowstraße 34 in 30169 Hannover, gestellt, zum Beweis dafür, dass die Zeugin Zeisel bekunden kann, dass ich mich zur fraglichen Tatzeit bei dieser in deren Wohnung in Hannover aufgehalten habe.

Den entsprechend dazu schriftlich ausformulierten Antrag habe ich anschließend auch sofort über die Protokollführerin dem vorsitzenden Richter ausgehändigt. Das Gericht hat aber die Zeugin Zeisel nicht geladen, sondern folgenden Beschluss erlassen:

‚Der Beweisantrag auf Vernehmung der Zeugin Zeisel wird mit der Begründung abgelehnt, dass aufgrund der bisherigen Beweislage feststeht, dass der Angeklagte am Tatort in Düsseldorf anwesend war. Damit ist erwiesen, dass der Angeklagte zur Tatzeit nicht in Hannover gewesen sein kann.‘

Diese Vorgehensweise halte ich nicht für richtig. Das Gericht hätte sich meine Entlastungszeugin doch zumindest einmal anhören müssen, bevor es mich schuldig spricht. Die fehlerhafte Ablehnung meines Vernehmungsantrages möchte ich mit der Revision überprüfen lassen.“

a) Allgemeine Erwägungen zu § 244 III StPO

Die Verfahrensbeteiligten haben mit dem Beweisantrag ein probates Mittel, um das 28
Gericht zur Erhebung der aus Sicht der jeweiligen Beteiligten notwendigen Beweise zu veranlassen. Das Gericht darf den Beweisantrag nur ablehnen, wenn ein **Ablehnungsgrund i.S.d. § 244 III-V StPO** vorliegt. Die strengen Regelungen für die Ablehnung greifen jedoch nur dann, sofern ein zulässiger **Beweisantrag** gestellt ist.

Wenn ein Gericht einen ordnungsgemäß gestellten, zulässigen Beweisantrag ohne Ablehnungsgrund nach § 244 III-V StPO ablehnt, liegt eine Gesetzesverletzung i.S.v. § 337 I StPO vor, auf der das Urteil auch regelmäßig beruht (KK-StPO/*Krehl* § 244 Rn. 234).

b) Wirksamer Beweisantrag

Voraussetzung für eine Verletzung des § 244 III-V StPO ist also zunächst ein **wirksamer Beweisantrag**: 29

aa) Antragsrecht

Das **Antragsrecht** steht im Wesentlichen dem **Angeklagten**, dem **Verteidiger**, der ein eigenes, vom Angeklagten unabhängiges Antragsrecht hat (BGH NStZ 2009, 581), der **Staatsanwaltschaft** und dem **Nebenkläger** (BGH NStZ 2011, 713) sowie ggf. dem Privatkläger zu. Wenn der Beweisantrag von einer nicht antragsberechtigten Person gestellt wird, ist er unzulässig, so dass das Gericht nicht an die Vorgehensweise nach § 244 III ff. StPO gebunden ist.

bb) Bestimmte Beweistatsache / bestimmtes Beweismittel

30 **Inhaltlich** muss der Beweisantrag eine **bestimmte Beweistatsache** und ein **bestimmtes Beweismittel** (Sachverständiger, Augenschein, Urkunden, Zeugen, Angeklagter = „SAUZA", s.o. Rn. 23) bezeichnen (ausf. zur bestimmten Beweistatsache *Krehl* in KK-StPO § 244 Rn. 69 ff. sowie zur Angabe eines bestimmten Beweismittels Rn. 79 ff.). Bspw. müssen Zeugen so konkret benannt werden, dass sie identifizier- und ermittelbar sind (BGH NJW 1994, 1294).

Die Benennung eines bloßen Beweisziels (z.B. „der Angeklagte ist unschuldig") reicht ebenso wenig aus wie eine vage Formulierung hinsichtlich der Beweistatsache („das Gericht möge untersuchen, ob nicht vielleicht...") oder völlig substanzlose Behauptungen, die quasi „ins Blaue hinein" gestellt werden. Es reicht aber, wenn der Antragsteller die Tatsache ernstlich für möglich hält.

cc) Konnexität

31 Zudem muss die **Konnexität** zwischen Beweismittel und Beweistatsache angegeben werden, um dem Gericht eine sinnvolle Prüfung der Ablehnungsgründe zu ermöglichen (vgl. *Trüg/Habetha* in MüKo StPO § 244 Rn. 134). So muss der Antrag bspw. erkennen lassen, weshalb der Zeuge etwas zu dem Beweisthema bekunden können soll (z.B: „Der benannte Zeuge war bei dem Tatgeschehen zugegen und hat die Vorgänge beobachtet. Er wird somit aus eigener Wahrnehmung bekunden können, dass es der X war, der den Angeklagten zuerst angegriffen hat, nicht umgekehrt...").

dd) Form

32 Der Beweisantrag ist **mündlich zu stellen**, wobei nach § 257a StPO das Gericht dem Beteiligten aufgeben kann, den Antrag schriftlich zu formulieren; der Antrag ist dann aber zu verlesen. Beweisanträge sind in der Hauptverhandlung bis zum Beginn der Urteilsverkündung zulässig (*Schmitt* in Meyer-Goßner/Schmitt StPO § 244 Rn. 33).

▪ Lösungsvorschlag zur Sachverhaltsergänzung Nr. 8:

Dadurch, dass das Gericht den Beweisantrag des Angeklagten mit der Begründung abgelehnt hat, es sei nach der Beweislage bereits erwiesen, dass dieser zur Tatzeit am Tatort in Düsseldorf und somit nicht in Hannover gewesen sei, könnte ein relativer Revisionsgrund gem. § 337 I, II StPO i.V.m. § 244 III StPO vorliegen.

Dies setzt eine Verletzung einer Verfahrensvorschrift (Schutznorm i.S.d. Rechtskreistheorie, s. dazu oben Rn. 6) voraus. Hier könnte § 244 III StPO verletzt sein.

Zu prüfen ist zunächst, ob ein **ordnungsgemäßer Beweisantrag** i.S.d. § 244 III S. 1 StPO vorliegt.

Der Angeklagte hat als rechtmäßiger Antragssteller das **Beweismittel**, nämlich die Zeugin Zita Zeisel (mit ladungsfähiger Anschrift) hinreichend konkret und individualisierbar benannt.

Auch das **Beweisthema**, die Zeugin könne bekunden, dass sich der Angeklagte zur Tatzeit nicht in Düsseldorf, sondern in Hannover bei seiner Freundin der Zeugin Zeisel aufgehalten habe, ist hinreichend bestimmt.

Aus dem Antrag wird deutlich, warum das benannte Beweismittel das Beweisthema erhellen kann. Damit ist die Konnexität gewahrt.

Der Antrag wurde in der Hauptverhandlung vor Schluss der Beweisaufnahme mündlich vorgetragen und zudem auch schriftlich vorgelegt. Form und Zeit der Antragstellung wurden also beachtet.

Ein ordnungsgemäßer Beweisantrag lag somit vor.

Weiter muss nun geprüft werden, ob das Gericht den Beweisantrag richtigerweise ablehnen durfte.

c) Fehlerhafter Umgang mit Beweisanträgen (allgemeine Ausführungen)

Mögliche Fehler des Gerichts beim Umgang mit Beweisanträgen können zum einen 33
darin liegen, dass der **Beweisantrag übergangen** wurde, d.h. vom Gericht gar nicht beachtet oder **unrichtigerweise als Beweisermittlungsantrag behandelt** wurde sowie zum anderen darin, dass das Gericht den **Beweisantrag mit unzutreffenden Gründen** durch Beschluss **abgelehnt** hat.

§ 244 StPO enthält in Abs. 3 S. 2 und S. 3 Nrn. 1-6 sowie in Abs. 6 S. 2 StPO zahlreiche **Gründe für die Ablehnung eines Beweisantrages**.

aa) Übersicht über die Ablehnungsgründe des § 244 III StPO

– Unzulässigkeit der Beweiserhebung (vgl. § 244 III S. 2; nicht des Beweisantrages)

Unzulässig ist die Beweiserhebung mit in der StPO nicht vorgesehenen Beweismitteln; z.B. die Vernehmung des Mitangeklagten als Zeugen (BGH NStZ 2011, 168) oder über nicht zugelassene Beweisthemen, wie bspw. der Umgang anderer Gerichte mit Rechts- und Wertungsfragen (BGH NJW 1968, 1293 sowie NJW 1973, 1805).

– **Weitere Ablehnungsgründe** aus **Abs. 3 Satz 3** des § 244 StPO: 34

Ziff. 1: **Offenkundigkeit der Beweistatsache** (= Oberbegriff für Allgemeinkundigkeit und Gerichtskundigkeit):

Allgemeinkundigkeit meint Tatsachen und Erfahrungssätze, von denen verständige und erfahrene Menschen regelmäßig Kenntnis haben oder über die sie sich aus allgemein zuverlässigen Quellen (Zeitungen, Landkarten, Geschichtsbücher) unschwer unterrichten können (z.B. welche zulässige Höchstgeschwindigkeit auf einem bestimmten Streckenabschnitt gilt).

Gerichtskundigkeit liegt vor bei Tatsachen und Erfahrungssätzen, die der Richter im Zusammenhang mit seiner Tätigkeit zuverlässig in Erfahrung gebracht hat. Diese Erkenntnisse kann er auch aus anderen Verfahren gewonnen haben (vgl. BGH NJW 1954, 1656).

35 Ziff. 2: **Bedeutungslosigkeit der Beweistatsache**:

Die Bedeutungslosigkeit einer Beweistatsache kann vom Gericht angenommen werden, wenn ein Zusammenhang zwischen ihr und der abzuurteilenden Tat nicht besteht (*Schmitt* in Meyer-Goßner/Schmitt StPO § 244 Rn. 54 ff.).

Diese kann aus **Rechtsgründen** bestehen, wenn eine Verurteilung schon aus feststehenden rechtlichen Gründen nicht möglich ist, weil Strafausschließungs- oder Aufhebungsgründe bzw. ein Prozesshindernis vorliegen. Ferner kann die Bedeutungslosigkeit aus **tatsächlichen Gründen** gegeben sein, bspw. bei der Beweiserhebung zu Tatsachen, die mit der Urteilsfindung nichts zu tun haben. (So wäre es z.B. ohne Bedeutung für den Ausgang des Verfahrens, wenn zum Beweis, dass der Angeklagte nicht gestohlen hat, weil er es aus finanziellen Gründen nicht nötig habe, seine Ehefrau über sein großes Vermögen aussagen soll).

36 Ziff. 3: **Erwiesensein der Beweistatsache**:

Das Erwiesensein (andere Bezeichnung: die Erwiesenheit) kann angenommen werden, wenn das Gericht von der Richtigkeit der Beweistatsache aufgrund der bisherigen Beweisaufnahme schon so überzeugt ist, dass es sie dem Urteil auch ohne weitere Beweiserhebung zugrunde legen will.

Erachtet das Gericht durch Beschluss eine unter Beweis gestellte Tatsache als erwiesen, so dürfen sich die Urteilsfeststellungen dazu nicht in Widerspruch setzen (vgl. BGH NJW 1989, 845).

Beachte:

Es reicht nicht, wenn das Gericht lediglich bereits vom **Gegenteil der Beweistatsache** überzeugt ist (vgl. zur BGH-Rspr. *Pfeiffer* in NStZ 1982, 188 zu 4 StR 593/80).

37 Ziff. 4: **Völlige Ungeeignetheit des Beweismittels**:

Das Gelingen der **Beweiserhebung** erscheint **infolge völliger Ungeeignetheit** des Beweismittels von vornherein **ausgeschlossen**. Davon kann z.B. ausgegangen werden, wenn ein Zeuge seine Wahrnehmung aufgrund geistiger Gebrechen oder Volltrunkenheit nicht machen konnte (*Schmitt* in Meyer-Goßner/Schmitt StPO § 244 Rn. 59) oder wenn ein Sachverständigen-Gutachten auf unausgereiften Untersuchungsmethoden beruht (BGH NStZ 1985, 515). Auch der sog. „Lügendetektor" (= Polygraph) gilt im Strafverfahren weiterhin als ungeeignetes Beweismittel (BGH NStZ 2011, 474; abw. AG Bautzen Urt. v. 26.03.2013 – 40 Ls 330 Js 6351/12).

Ziff. 5: **Unerreichbarkeit des Beweismittels**: 38

Diese kann angenommen werden, sofern **alle Bemühungen des Gerichts zur Beibringung erfolglos geblieben** sind und **keine begründete Aussicht** besteht, **das Beweismittel in absehbarer Zeit herbeischaffen zu können** (BGH NStZ 1983, 180). Eine nur vorübergehende Unerreichbarkeit berechtigt nicht zur Ablehnung des Beweisantrags (vgl. OLG Celle NJW 1961, 1490). Die Anforderungen zur möglichen Erreichbarkeit variieren je nach Bedeutung des Zeugen für die Sache.

Zu prüfen ist bspw., ob der Zeuge unbekannten Aufenthalts ist, ob alle realistischen Ermittlungsansätze (EMA-Anfrage, Aufenthaltsermittlung der örtlichen Polizei durch Nachfrage bei Verwandten/Bekannten etc.) ausgeschöpft wurden.

Ziff. 6: **Wahrunterstellung**: 39

Das Gericht behandelt die Beweistatsache in der Beweiswürdigung tatsächlich so, als wäre sie wahr und bereits erwiesen. Dies ist nur bei entlastenden Tatsachen möglich; es dürfen aus ihnen keine ungünstigen Schlüsse für den Angeklagten gezogen werden. Die Wahrunterstellung beruht auf dem Gedanken der **Prozessökonomie** und dient der Verfahrensbeschleunigung. Sie darf sich nur auf beweiserhebliche Tatsachen beziehen (vgl. *Trüg/Habetha* in MüKo StPO § 244 Rn. 336 f.); Wahrunterstellung und Bedeutungslosigkeit als Ablehnungsgründe schließen einander aus (BGH NZV 2015, 562).

bb) § 244 VI S. 2 StPO: Verschleppungsabsicht 40

Das Gericht ist der Überzeugung, dass die Beweiserhebung nichts zugunsten des Antragstellers ergeben wird, dass auch der Antragsteller sich dessen bewusst ist und den Antrag daher nur zur Verfahrensverzögerung gestellt hat. Die Ablehnung setzt weiter voraus, dass die Beweiserhebung eine nicht unerhebliche Verzögerung bewirken würde.

(Klausur-)Hinweis:

Der Ablehnungsgrund der Verschleppungsabsicht aus **§ 244 VI S. 2 StPO** dürfte – da nur schwer darstellbar – wenig klausurrelevant sein.

Gleiches gilt für **§ 244 IV StPO**, der die die Ablehnungsmöglichkeiten für den Sachverständigenbeweis erweitert sowie für **§ 244 V StPO**, der zusätzliche Regelungen für die Ablehnung von Augenscheinbeweisen sowie zur Ablehnung der Vernehmung eines Zeugen, dessen Ladung im Ausland zu bewirken wäre, enthält.

41 ▪ **Lösungsvorschlag zur Sachverhaltsergänzung Nr. 8 (Forts.):**

Wie oben (unter Rn. 32) bereits festgestellt wurde der Beweisantrag formell ordnungsgemäß gestellt.

Fraglich ist, ob das Gericht diesen in zulässiger Weise aus einem der in § 244 III StPO genannten Ablehnungsgründe inhaltlich korrekt abgelehnt hat.

Formell richtig liegt zunächst ein Ablehnungsbeschluss vor, § 244 VI S. 1 StPO.

Das Gericht führt zur **Begründung** an, dass aufgrund der bisherigen Beweislage feststehe und erwiesen sei, dass der Angeklagte zur Tatzeit am Tatort in Düsseldorf anwesend war, **§ 244 III Nr. 3 StPO**. Dieser Ablehnungsgrund dürfte jedoch fehlerbehaftet sein. Feststellungen dazu, ob der Angeklagte sich zur Tatzeit bei der Zeugin Zeisel in Hannover aufgehalten hat, wurden bis dato nicht getroffen.

Damit ist nach Auffassung des Gerichts also gerade nicht die beweiserhebliche Tatsache erwiesen, sondern das **Gegenteil**.

Der gerichtliche festgestellte Ablehnungsgrund des Erwiesenseins kann demnach nicht greifen, so dass von einer **Gesetzesverletzung** des § 244 III StPO (i.V.m. § 337 II StPO) auszugehen ist.

[Der Umstand, dass das Gericht die Zeugin F nicht mehr vernommen hat, könnte u.U. sogar dahingehend gedeutet werden, dass das Gericht ohne erkennbaren Grund (und damit voreingenommen) davon ausgegangen ist, die Zeugin Zeisel würde lügen, wenn sie ihre Aussage macht. Angaben des Angeklagten in diese Richtung enthält der Sachverhalt aber nicht.]

Bei § 244 III StPO handelt es sich nach h.M. um eine **Schutznorm** zu Gunsten des Angeklagten, da die unsachgemäße Ablehnung eines Beweisantrags des Angeklagten diesen in seinen Verteidigungsrechten unrechtmäßig beschneidet (*Schmitt* in Meyer-Goßner/Schmitt StPO § 244 Rn. 104). Sein Rechtskreis ist also verletzt.

Von einem **Beruhen** ist ebenfalls auszugehen, da die Möglichkeit besteht, dass das Urteil bei richtiger Anwendung des Gesetzes (keine Ablehnung und damit Vernehmung der Zeugin Zita Zeisel) anders ausgefallen wäre. Sogar ein Freispruch wäre möglich gewesen, sofern das Gericht den Angaben der Zeugin gefolgt wäre.

Es liegt daher ein Revisionsgrund gem. § 337 I, II i.V.m. § 244 III StPO vor.

Gleichzeitig (dies wird häufig übersehen) dürfte auch ein relativer Revisionsgrund nach **§ 337 I, II StPO i.V.m. § 244 II StPO** vorliegen. Das Gericht hat neben

§ 244 III StPO auch den Amtsermittlungsgrundsatz gem. **§ 244 II StPO** verletzt, da es der Beweiserhebung im Hinblick auf die Zeugin Zeisel nicht nachgekommen ist, obwohl deren Angaben für die Entscheidung von Bedeutung gewesen wären und diese ein erreichbares, geeignetes und zulässiges Beweismittel war (vgl. dazu insb. die nachfolgenden Ausführungen unter Rn. 43-46).

Die Rüge des Verurteilten dürfte somit Aussicht auf Erfolg haben.

Hinweis: 42

Ist im Revisionsverfahren ein Beschwerdeführer der Ansicht, der Tatrichter habe einen **Beweisantrag zu Unrecht abgelehnt**, so steht es ihm grundsätzlich frei, **entweder die Verletzung des Beweisantragsrechts aus § 244 III StPO zu rügen oder geltend zu machen, das Gericht habe** durch die Nichterhebung des Beweises **seine aus § 244 II StPO folgende Aufklärungspflicht verletzt** (BGH NStZ 2011, 471).

Könnte das Gericht einen Beweisantrag aus einem der in Abs. 3 genannten Gründe ablehnen, zwingt i.d.R. auch die Aufklärungspflicht nicht zur Beweiserhebung nach Abs. 2.

2. Verstoß gegen den Amtsermittlungsgrundsatz (Aufklärungsrüge), § 244 II StPO – Sachverhaltsergänzung Nr. 9

▪ Sachverhalt: 43

Der Angeklagte trägt vor:

„Es gibt noch einen weiteren Zeugen, nämlich meinen Freund Fritz, der meine Unschuld bestätigen kann, weil er die ganze Zeit anwesend war. Schon der Polizei habe ich Namen und Anschrift des Fritz mit dem Bemerken genannt, dass dieser mich entlasten könne. Die Polizei hat Fritz aber nicht vernommen und auch der Richter hat ihn nicht geladen, obwohl er sogar auf meine Nachfrage in den Akten nachgeschaut und auch festgestellt hat, dass die Polizei meine Angaben seinerzeit aktenkundig gemacht hat. Der Vorsitzende hat hinsichtlich Fritz dann aber lediglich lapidar gemeint, es komme seines Erachtens nicht auf dessen Angaben an. Ich habe in der Hauptverhandlung hiergegen nichts unternommen und insbesondere auch keinen förmlichen Antrag auf zeugenschaftliche Vernehmung meines Freundes Fritz gestellt, möchte mich nun aber hiergegen wehren, da ich die gerichtliche Vorgehensweise nicht als richtig ansehe. Fritz hätte mich bestimmt entlasten können Was kann ich tun?“

a) Allgemeine Ausführungen zu § 244 II StPO:

44 Wie bereits oben unter Rn. 23 festgestellt, unterliegt das Gericht der sog. **Amtsaufklärungspflicht** (Amtsermittlungsgrundsatz).

> **Wortlaut § 244 II StPO:**
>
> Das Gericht hat zur Erforschung der Wahrheit die Beweisaufnahme von Amts wegen auf alle Tatsachen und Beweismittel zu erstrecken, die für die Entscheidung von Bedeutung sind.

Die Ermittlung des wahren Sachverhalts ist das zentrale Anliegen des Strafprozesses (vgl. u.a. BVerfG NJW 1981, 1719). Damit verbunden ist das **Gebot bestmöglicher Sachverhaltsaufklärung** (KK-StPO/*Krehl* § 244 Rn. 28).

Das Gericht muss daher die Beweisaufnahme i.S.d. § 244 II StPO nach „verständiger Würdigung der Sachlage" auf alle Tatsachen und tauglichen, erlaubten und erreichbaren Beweismittel erstrecken, die für die Entscheidung von Bedeutung sind. Dabei muss es sich des erreichbaren, nicht durch ein Beweiserhebungs- oder -verwertungsverbot ausgeschlossenen (BGH NJW 2011, 287), sachnächsten Beweismittels bedienen und es in der nach den Umständen bestmöglichen Form verwenden (BGH NJW 2000, 2518). Hierzu muss es „alle nicht von vornherein aussichtslosen Schritte unternehmen, um zu einer möglichst zuverlässigen Beweisgrundlage zu gelangen" (BGH NJW 1983, 1005).

b) Gerichtliche Aufklärungspflicht

45 Zusammengefasst besteht keine gerichtliche Pflicht zur Heranziehung eines Beweismittel, bei

aa) Unzulässigkeit (vgl. obige Ausführungen unter Rn. 33 zu § 244 III S. 2 StPO)

Unzulässige Beweismittel sind solche, die in der StPO nicht zugelassen sind (s.o. „SAUZA" unter Rn. 23). Z.B. darf ein Mitangeklagter im selben Verfahren nicht als Zeuge vernommen werden (vgl. dazu BGH StraFo 2009, 520; BayObLG StV 1989, 522). Andere Beispiele wären Beweise, die durch eine verbotene Methode (§ 136a StPO) oder durch einen Verstoß gegen gesetzliche Vorschriften erlangt worden sind.

bb) Ungeeignetheit (vgl. obige Ausführungen unter Rn. 37 zu § 244 III S. 3 Nr. 4 StPO)

Völlig ungeeignet ist ein Beweismittel dann, wenn seine Verwendung zur Sachaufklärung nichts beizutragen vermag, so dass die Beweiserhebung nutzlos wäre. Gleiches gilt, wenn sich das mit dem in Betracht kommenden Beweismittel in Aussicht stehende Ergebnis nach sicherer Lebenserfahrung nicht erzielen lässt; z.B. wenn ein Zeuge die in seinem Wissen vermutete Wahrnehmung wegen körperlicher Einschränkungen (Blindheit / Taubheit) oder geistiger Einschränkungen (Trunkenheit) nicht machen konnte. Auch ein Sachverständigengutachten, das auf unausgereiften Untersuchungsmethoden (bspw. Parapsychologie) beruht, ist als ungeeignet anzusehen.

cc) Unerreichbarkeit (vgl. obige Ausführungen unter Rn. 38 zu § 244 III S. 3 Nr. 5 StPO)

Diese ist anzunehmen, wenn alle Bemühungen des Gerichts, die der Bedeutung und dem Wert des Beweismittels entsprechen, zu dessen Beibringung erfolglos geblieben sind und keine begründete Aussicht besteht, dass es in absehbarer Zeit herbeizuschaffen ist.

Das Maß der erforderlichen Nachforschung richtet sich immer nach der Bedeutung des Beweismittels für die Wahrheitsfindung, der Schwere der Tat sowie der bereits aufgewendeten Bemühungen durch das Gericht. So muss das Gericht bei nicht erschienenen oder unbekannt verzogenen Zeugen zunächst (ggf. durch die Polizei) weitere Ermittlungen anstellen, z.B. Anfrage beim EMA, Ausländeramt o.Ä. Sofern ein Zeuge am Terminstag nicht verfügbar ist, muss das Gericht vertagen, jedenfalls dann, wenn der Zeuge in absehbarer Zeit vernommen werden kann.

Bei Zeugen im Ausland sind ggf. Anfragen bei Botschaften, Konsulaten oder Rechtshilfeersuchen zu veranlassen.

dd) Bedeutungslosigkeit der Beweistatsache (vgl. obige Ausführungen unter Rn. 35 zu § 244 III S. 3 Nr. 2 StPO)

Der unter dd. genannte Punkt ist im Übrigen das einzige, der nach allgM vier Kriterien für ein Beweismittel, das sich im Wortlaut des § 244 II StPO findet.

Die unter aa. bis cc. genannten drei ersten Kriterien gelten aber nach h.M. (vgl. dazu *Becker* in Löwe-Rosenberg, StPO Rn. 46ff. zu § 244) als weitere Maßstäbe für die gerichtliche Aufklärungspflicht.

▪ Lösungsvorschlag zur Sachverhaltsergänzung Nr. 9 46

Dadurch, dass das Gericht den Fritz nicht geladen und als Zeuge vernommen hat, könnte ein Verstoß gegen die gerichtliche Aufklärungspflicht und damit ein relativer Revisionsgrund gem. § 337 I, II StPO i.V.m. § 244 II StPO vorliegen.

Dazu müsste die Verletzung einer Verfahrensnorm (Schutznorm im Sinne der Rechtskreistheorie, s. dazu oben Rn. 6) vorliegen, § 337 II StPO.

§ 244 II StPO könnte hier verletzt sein. Das wäre dann der Fall, wenn das Gericht seiner Ermittlungspflicht nicht nachgekommen ist. Es hätte den Zeugen Fritz laden und hören müssen, wenn dieser für die Sache von Bedeutung war, ein zulässiges und geeignetes Beweismittel darstellt und auch erreichbar war.

Im vorliegenden Fall ist nicht ersichtlich, dass die Vernehmung des Freundes Fritz zu den Vorgängen aus einem der hier genannten Gründe nicht in Betracht gekommen wäre. Bei seiner Zeugenvernehmung handelt es sich um eine zulässige Beweiserhebung. Der Zeuge war auch in der Lage (es gibt hier keine entgegenstehenden Anhaltspunkte), die von ihm erwarteten Wahrnehmungen zu machen und damit geeignet. Er war mit einer ladungsfähigen Anschrift in der Akte geführt und somit erreichbar. Ferner bestand auch ein Zusammenhang zwischen seiner möglichen entlastenden Beobachtung und dem Gegenstand der Urteilsfindung, so dass die Angaben des Zeugen von Bedeutung gewesen wären.

Daher hat das Gericht hier gegen die Amtsaufklärungspflicht gem. § 244 II StPO verstoßen. Es liegt eine Gesetzesverletzung vor.

Bei § 244 II StPO handelt es sich um eine **Schutznorm** zu Gunsten des Angeklagten, die seinen Rechtskreis tangiert, da sie den Kern der Beweisaufnahme und Wahrheitsermittlung durch das Gericht betrifft, die sich unmittelbar auf den Angeklagten und sein Schicksal in der Hauptverhandlung auswirkt.

Von einem Beruhen (s. dazu Rn. 7) ist ebenfalls auszugehen, da die Möglichkeit besteht, dass das Urteil bei richtiger Anwendung des Gesetzes anders ausgefallen wäre (sofern das Gericht den Zeugen vernommen hätte, hätte dieser zugunsten des Angeklagten aussagen und das Gericht ihm Glauben schenken können, wodurch der Angeklagte womöglich freigesprochen worden wäre).

Es liegt daher ein Revisionsgrund gem. § 337 I, II i.V.m. § 244 II StPO vor.

47 **(Klausur-)Hinweis:**

Weitere Verfahrensverstöße können sich auch aus der Verletzung von Vorschriften der §§ 249 ff. StPO ergeben.

Von Relevanz ist vor allem **§ 250 StPO** (nebst seiner Ausnahmen).

III. Weitere mögliche Fehlerquellen, auf die eine Revision gestützt werden kann

Hinweis:

Die folgenden Punkte sind nur exemplarisch ausgewählt und möchten mögliche weitere Problemfelder aufzeigen. Eine tiefergehende Behandlung lässt der Umfang dieses Fallbuchs nicht zu.

1. Urkundenbeweis

Urkunden sind nach **§ 249 I S. 1 StPO** zum Zweck der Beweiserhebung über ihren Inhalt in der Hauptverhandlung zu **verlesen**. 48

Unter dem Urkundenbeweis versteht man die Verwertung des gedanklichen Inhalts eines Schriftstücks. Er ist dann zulässig, wenn das Gesetz ihn nicht ausdrücklich verbietet. Die Norm regelt lediglich die Form, nicht aber die Notwendigkeit dieses Beweises, da hierfür § 244 II, III StPO maßgebend sind (vgl. *Schmitt* in Meyer-Goßner-Schmitt StPO § 249 Rn. 1).

Klausurrelevante Probleme dürften daher aus der Verletzung des § 249 StPO eher nicht zu erwarten sein. Dennoch muss der Begriff des Urkundenbeweises für die nachfolgenden Ausführungen bekannt sein.

2. Unmittelbarkeitsgrundsatz

a) Allgemeine Ausführungen zum Unmittelbarkeitsgrundsatz

Besondere Bedeutung im Strafverfahren hat der **Unmittelbarkeitsgrundsatz** aus **§ 250 StPO**. 49

§ 250 S. 1 StPO:

Beruht der Beweis einer Tatsache auf der Wahrnehmung einer Person, so ist diese in der Hauptverhandlung zu vernehmen.

Der Unmittelbarkeitsgrundsatz gibt damit vor, dass das Gericht Beweise selbst erheben muss und nicht durch sog. Surrogate ersetzen darf. Daher sind bspw. Zeugen persönlich zu vernehmen und es dürfen nicht lediglich die Protokolle über frühere Vernehmungen verlesen und als Urkunde (§ 249 StPO) in den Prozess eingeführt werden.

Es gilt also ein **Vorrang des Personalbeweises vor dem Urkundenbeweis**.

Verstöße gegen die Regelungen des § 250 StPO können als relative Revisionsgründe (i.V.m. § 337 I, II StPO) gerügt werden.

b) „Zeuge vom Hörensagen“

50 Ein so weitreichender Grundsatz, dass bei der Beweisaufnahme stets nur das sachnächste Beweismittel genutzt werden darf und sog. **„Zeugen vom Hörensagen“** verboten sind, ergibt sich allerdings nicht (*Schmitt* in Meyer-Goßner-Schmitt StPO § 250 Rn. 3 f.).

Aus den o.g. Grundsätzen des § 244 II StPO (s. Rn. 45 ff.) dürfte deren ergänzende Vernehmung zur Wahrheitsfindung sogar regelmäßig geboten sein. I.Ü. ist die Vernehmung eines solchen Zeugen ein Personalbeweis.

c) Verlesung von früheren, protokollierten Aussagen (als Urkundenbeweis)

51 **§ 250 S. 2 StPO:**

Die Vernehmung darf nicht durch Verlesung des über eine frühere Vernehmung aufgenommenen Protokolls oder einer Erklärung ersetzt werden.

Die **Verlesung einer früheren schriftlichen Aussage** erscheint aufgrund von § 250 S. 2 StPO damit – zunächst einmal grds. – unzulässig, da ein Verstoß eine Umgehung der Vorgaben des Unmittelbarkeitsgrundsatzes darstellen könnte.

Allerdings soll nach dem Wortlaut der Vorschrift lediglich die reine **Ersetzung der Vernehmung durch die Urkundenverlesung** über § 250 S. 2 StPO **verhindert werden**, **nicht** aber die **Ergänzung**.

Es besteht unter bestimmten Voraussetzungen also zumindest die Möglichkeit der Beweisverwertung von früheren Aussagen (bspw. aus dem Ermittlungsverfahren), die in Vernehmungsprotokollen enthalten sind.

Gründe für den Bedarf einer Verwertung solcher Aussagen können dann bestehen, wenn die Auskunftsperson in der Hauptverhandlung nicht vernommen werden kann (z.B. weil sie nicht anwesend ist, keine Erinnerung mehr hat oder die Aussagebereitschaft zwischenzeitlich weggefallen ist).

Die §§ 251 ff. StPO enthalten Ausnahmen von diesen Grundsätzen und regeln Möglichkeiten der Ersetzung der persönlichen Vernehmung durch Verlesung von Protokollen. Insoweit wird auf die untenstehenden Ausführungen zu Rn. 54-57 hingewiesen.

d) Verlesung zum Zwecke des Vorhalts

Von der Verlesung der Protokolle und ihrer Verwendung als Urkundenbeweis zu unterscheiden ist die generell erlaubte Verlesung eines Protokolls als Vorhalt über eine frühere Aussage. Diese dient nicht als (Urkunden-)Beweis, sondern lediglich als Gedächtnisunterstützung. 52

Verwertet wird allein die auf den Vorhalt folgende Aussage der Auskunftsperson als Personalbeweis (*Schmitt* in Meyer-Goßner-Schmitt StPO § 250 Rn. 14).

e) Ausnahmen vom Vorrang des Personalbeweises

Bevor eine Rüge des § 250 (S. 2) StPO durchgreifen kann, sind zunächst die nach §§ 251 ff. StPO zugelassenen Ausnahmen zu beachten. 53

Die wichtigsten Ausnahmen enthalten § 251 StPO, § 253 StPO sowie § 254 StPO.

aa) Verlesung von Protokollen über die frühere Vernehmung von Zeugen, Sachverständigen und Mitbeschuldigten, § 251 StPO

Die Ausnahme des **§ 251 I StPO gilt für sämtliche Vernehmungsprotokolle** (richterliche und nichtrichterliche, auch polizeiliche Vernehmungen), während **§ 251 II StPO nur** für frühere **richterliche Vernehmungen** gilt. 54

Abs. 1 lässt konkret folgende Ausnahmen des Urkundenbeweises durch die Verlesung von Protokollen zu:

- Einverständnis der Prozessbeteiligten (Nr. 1)
- Bestätigung eines Geständnisses (Nr. 2)
- Unmöglichkeit der Vernehmung auf absehbare Zeit (Nr. 3)
- Vorliegen oder Höhe eines Vermögensschadens (Nr. 4)

Abs. 2 erlaubt die Ersetzung der Vernehmung durch Verlesung des richterlichen Vernehmungsprotokolls in folgenden Ausnahmefällen:

- Krankheit, Gebrechlichkeit oder andere nicht zu beseitigende Hindernisse für eine längere Zeit (Nr. 1)
- Unzumutbarkeit des Erscheinens (Nr. 2)
- Einverständnis der Prozessbeteiligten (Nr. 3)

Zu beachten ist im Besonderen die in Abs. 1 Nr. 3 genannte Formulierung „auf absehbare Zeit“. Dieser unbestimmte Rechtsbegriff ist unter Abwägung aller Umstände (Bedeutung der Beweisfrage und Schwere der Straftat sowie des Beschleunigungsgrundsatzes) zu bestimmen (*Schmitt* in Meyer-Goßner-Schmitt StPO § 251 Rn. 10).

Ähnliches gilt bei Abs. 2 Nr. 1 für die Bestimmung der Länge der Zeit, in der die Auskunftsperson nicht vernommen werden kann.

Formal ist für die **Anordnung der Verlesung** ein **begründeter Gerichtsbeschluss** erforderlich, **§ 251 IV S. 1 u. 2 StPO**.

bb) Protokollverlesung zur Gedächtnisunterstützung, § 253 StPO

55 **§ 253 I StPO** erlaubt zudem bei Lücken im Erinnerungsvermögen die Protokollverlesung zur **Gedächtnisunterstützung**.

Gleiches gilt nach Abs. 2 auch bei einem Widerspruch zwischen jetziger und früherer Aussage.

Der bedeutsame Unterschied zur o.g. Verlesung zum Zwecke des Vorhalts (Rn. 53) liegt bei der Verlesung i.S.d. § 253 StPO darin, dass die verlesenen Protokolle gleichwohl **als Urkundenbeweis** in den Prozess eingeführt werden können.

Voraussetzung ist hier aber die **Anwesenheit des Zeugen** in der Hauptverhandlung (KG NJW 1979, 1668) sowie dessen **Erklärung, sich nicht mehr erinnern zu können**.

cc) Verlesung eines richterlichen Protokolls bei Geständnis, § 254 StPO

56 Gemäß **§ 254 I StPO** können **Erklärungen des Angeklagten**, die **in einem richterlichen Protokoll** enthalten sind, zum Zweck der Beweisaufnahme über ein **Geständnis** verlesen werden.

Gleiches gilt nach Abs. 2 auch bei in der Vernehmung hervortretenden Widersprüchen mit der früheren Aussage.

Zu beachten ist, dass die **Verlesung nach § 254 StPO** als **Urkundenbeweis nur bei richterlichen Protokollen zulässig ist**.

Aus der Beschränkung auf richterliche Protokolle ergibt sich aber zugleich auch, dass Niederschriften über eine polizeiliche oder staatsanwaltliche Vernehmung nicht in dieser Weise verwertet werden dürfen. Die Rechtsprechung hat allerdings stets anerkannt, dass nichtrichterliche Protokolle dem Angeklagten vorgehalten und zu diesem Zwecke auch wörtlich verlesen werden dürfen. Bestätigt der Angeklagte auf Vorhalt die Richtigkeit der in einem solchen Protokoll enthaltenen Erklärungen, so steht der Verwertung dieser auf die Verlesung des Protokolls von dem Angeklagten selbst abgegebenen Erklärung kein verfahrensrechtliches Hindernis entgegen (BGHSt 1, 337 mit Hinweis auf RGSt Bd 61 S. 72).

Die Privilegierung richterlicher Vernehmungen wird mit der besonderen Bedeutung der richterlichen gegenüber einer sonstigen Vernehmung begründet (vgl. auch §§ 153 ff. StGB). Eine Vernehmung durch den Richter ist – auch für den Zeugen erkennbar – vergleichbar mit der Situation in einer Hauptverhandlung.

f) Verbot der Protokollverlesung nach Zeugnisverweigerung, § 252 StPO

Nach dem **Wortlaut des § 252 StPO** besteht ein **Verlesungsverbot** hinsichtlich der Aussage eines vor der Hauptverhandlung vernommenen Zeugen, der erst in der Hauptverhandlung von seinem Recht, das Zeugnis zu verweigern, Gebrauch macht. 57

Hierbei handelt es sich um eine Ergänzung des § 52 StPO (s.o. Rn. 16). Die Regelung betrifft nur Aussagen von Zeugen mit einem Zeugnisverweigerungsrecht aus §§ 52 ff. StPO, nicht jedoch das Auskunftsverweigerungsrecht aus § 55 StPO (s.o. Rn. 17).

Sofern der Zeugnisverweigerungsberechtigte der Verwertung der früheren Aussage aber zustimmt, gilt das Verbot nicht.

Zu beachten ist, dass nach **allgA** (BGH NJW 1952, 356 sowie u.a. *Diemer* in KK-StPO § 252 Rn. 1) **§ 252 StPO über den Wortlaut der Vorschrift hinaus** ein **generelles Verwertungsverbot** nach sich zieht, wonach auch die **Vernehmung der Verhörpersonen unzulässig** ist. 58

Allerdings gilt dies nur für die nichtrichterlichen Verhörspersonen, während die **Vernehmung des Ermittlungsrichters möglich** ist, wenn dieser den Zeugen über sein Zeugnisverweigerungsrecht belehrt hatte (stRspr. BGH: NJW 1952, 356, NJW 1958, 919, NJW 1960, 584; vgl. auch *Diemer* in KK-StPO § 252 Rn. 22 ff.).

Klausurtipp:

Diese von der Rechtsprechung entwickelte Ausnahme muss man sich als mögliches Klausurproblem merken, da sie aus dem Gesetz selbst nicht ersichtlich ist.

3. Verletzung der Hinweispflicht nach § 265 I StPO – Sachverhaltsergänzung Nr. 10

▪ **Sachverhalt:** 59

Der Angeklagte trägt vor:

„Ich möchte noch einen weiteren Verfahrensfehler mit der Revision anfechten:

U.a. hatte die Staatsanwaltschaft mich zunächst wegen vorsätzlicher Trunkenheit im Verkehr (§ 316 I StGB) angeklagt, da ich mit meinem PKW nach einer geplanten Zechtour in alkoholisiertem Zustand (BAK 1,2 ‰) auf öffentlichen Straßen gefahren sei.

In der gerichtlichen Hauptverhandlung hat mich dann der Tatzeuge T im Rahmen seiner Vernehmung erheblich belastet. Er hat ausgesagt, dass es auf der Fahrt auch zu mehreren gefährlichen Situationen gekommen sei, die beinahe zu einem Unfall geführt hätten. Es sei nur vom Zufall abhängig gewesen, dass ich mit dem PKW beim Abkommen von der Fahrbahn nicht zwei am Rand geparkte andere PKW gestreift hätte. Außerdem sei ich einmal derart in den Gegenverkehr gefahren, dass sich ein entgegenkommender Motorradfahrer nur noch im letzten Moment durch Ausweichen auf den Grünstreifen vor einem Frontalzusammenstoß und einer Kollision mit meinem PKW retten konnte.

Daraufhin hat mich das Gericht statt des Vorwurfs der Trunkenheit im Verkehr einfach wegen Gefährdung des Straßenverkehrs (§ 315c I Nr. 1a, III Nr. 1 StGB) zu einer Geldstrafe mit entsprechenden Führerscheinmaßnahmen verurteilt. Da dies aber andere rechtliche Voraussetzungen und schärfere Konsequenzen beinhaltet, möchte ich nunmehr rügen, dass nach der Aussage des T vor der Verurteilungsverkündung kein entsprechender Hinweis über die veränderte Sach- und Rechtslage ergangen ist.

Auf eine solche Situation war ich nicht vorbereitet."

▪ Lösungsvorschlag:

Dadurch, dass kein **rechtlicher Hinweis** auf eine mögliche Verurteilung nach § 315c StGB erfolgt ist, könnte ein (relativer) Revisionsgrund gemäß § 337 I, II StPO i.V.m. § **265 I StPO** in Betracht kommen. … Gesetzesverletzung (s.o. Rn. 6) …

Der Angeklagte darf nicht auf Grund eines anderen als des in der gerichtlich zugelassenen Anklage angeführten Strafgesetzes verurteilt werden, ohne dass er zuvor auf die Veränderung des rechtlichen Gesichtspunktes besonders hingewiesen und ihm Gelegenheit zur Verteidigung gegeben worden ist. Diese Hinweispflicht ist hier unterblieben. Bei § 265 StPO handelt es sich um eine Rechtsnorm, die i.S.d. § 339 StPO lediglich zugunsten des Angeklagten gegeben ist (BGH MDR 1968, 18) und damit um eine Schutznorm i.S.d. der sog. Rechtskreistheorie (s.o. Rn. 6).

Eine Gesetzesverletzung i.S.d. § 337 II StPO liegt demnach vor.

Zu prüfen ist, ob das Urteil auf der Nichtbeachtung beruht, § 337 I StPO (s.o. Rn. 7). Es dürfte sich hier nicht mit Sicherheit ausschließen lassen, dass sich der Angeklagte bei einem (rechtzeitig) gegebenen Hinweis möglicherweise anders und erfolgreicher (als geschehen) hätte verteidigen können (vgl. BGH StV 2011, 607 bzw. BGH NStZ-RR 1996, 10). Schließlich bringt er vor, er sei auf eine solche Situation nicht vorbereitet gewesen. Damit erscheint das Revisionsvorbringen schlüssig.

4. Fehlender Schlussvortrag nach § 258 I StPO – Sachverhaltsergänzung Nr. 11

60 **▪ Sachverhalt:**

Der Angeklagte trägt vor:

„Beanstanden möchte ich auch, dass der Sitzungsvertreterin der Staatsanwaltschaft zum Ende der Verhandlung hin keine ausreichende Gelegenheit zu einem Schlussplädoyer eingeräumt wurde. Diese wurde vom Vorsitzenden nur kurz zu ihrem Antrag befragt. Eine umfassende rechtliche Würdigung und eine Bewertung der für bzw. gegen mich sprechenden Umstände wurde ihr nicht ermöglicht. Irgendwie hatte ich den Eindruck, dass es sich um eine junge, noch nicht allzu erfahrene Staatsanwältin handelte, die aufgrund der Ansprache des Vorsitzenden gar keine Chance hatte, etwas weiter auszuholen. Möglicherweise hätte sie ja für mich positive Gesichtspunkte ins Verfahren eingebracht. Bis dahin fand ich ihr Auftreten und ihre Befragungen jedenfalls objektiv und fair."

a) Allgemeine Erwägungen zu § 258 StPO

§ 258 StPO gibt allen Prozessbeteiligten das Recht, nach Schluss der Beweisaufnahme und unmittelbar vor der Urteilsberatung zum gesamten Sachverhalt, dem Ergebnis der Beweisaufnahme und zu allen Rechtsfragen zusammenfassend und abschließend Stellung zu nehmen (KK-StPO/*Ott* § 258 Rn. 1). Die Vorschrift dient damit der **Gewährleistung des durch Art. 103 I GG garantierten Anspruchs auf rechtliches Gehör** (BVerfG MDR 1980, 909) sowie der Erforschung der Wahrheit. I.Ü. sind die Schlussvorträge wesentliche Teile der Hauptverhandlung (vgl. BGH NJW 2014, 2807). 61

b) Schlussvorträge nach § 258 StPO

Nach Schluss der Beweisaufnahme erhalten **alle Berechtigten** Gelegenheit zum Schlussvortrag. Verstöße gegen die Norm können einen (relativen) Revisionsgrund darstellen. 62

Vorgesehen ist das Recht des Schlussvortrags gem. § 258 I StPO ausdrücklich für den **Staatsanwalt** und den **Angeklagten**. Berechtigt zum Schlussvortrag sind über den Wortlaut des Abs. 1 hinaus bspw. aber auch der **Nebenkläger**, § 397 I S. 3 StPO oder ggf. der **Privatkläger**, § 385 I StPO.

Die Worterteilung an den Angeklagten gilt zugleich für seinen **Verteidiger** (RGSt 42, 51), der nach Abs. 3 für den Angeklagten sprechen kann.

Wie bereits im Ausgangsfall dargelegt (s.o. Rn. 8), gebührt dem Angeklagten **das letzte Wort, § 258 II 2. HS StPO**.

Die Verletzung des § 258 ist kein absoluter Revisionsgrund. Nur in Ausnahmefällen dürfte das Beruhen aber ausgeschlossen werden (*Schmitt* in Meyer-Goßner/Schmitt StPO § 258 Rn. 34), da die bloße Möglichkeit eines Beruhens ausreicht (stRspr. BGH, vgl. NStZ 2016, 222; NStZ 1996, 612).

▪ Lösungsvorschlag zu Sachverhaltsergänzung Nr. 11:

Im Übergehen der Staatsanwältin hinsichtlich eines Schlussplädoyers könnte ein relativer Revisionsgrund gem. § 337 I, II StPO i.V.m. § 258 I 1. Alt. StPO zu sehen sein. 63

… Gesetzesverletzung (s.o. Rn. 6) …

Nach § 258 I 1. Alt. StPO muss der Sitzungsvertreter der StA nach dem Schluss der Beweisaufnahme die Möglichkeit zum Schlussvortrag erhalten. Da hier der Staatsanwältin dazu keine ausreichende Gelegenheit gegeben wurde, vielmehr wurde sie nur kurz zu ihrem Antrag befragt, wurde das Gesetz nicht bzw. zumindest nicht richtig angewendet.

Die Vorschrift muss gemäß der „Rechtskreistheorie“ (s.o. Rn. 6) auch dem Schutz des Angeklagten dienen. Der jeweilige Sitzungsvertreter der Staatsanwaltschaft soll Gelegenheit erhalten, im Schlussvortrag die Beweislage zu würdigen. Die Staatsanwaltschaft ist als „objektive Behörde“ verpflichtet, Beweise objektiv zu bewerten und ggf. zugunsten des Angeklagten auf Freispruch zu plädieren oder jedenfalls eine tatangemessene, eventuell auch milde Bestrafung zu fordern. Da dies der Sitzungsvertreterin nicht gewährt wurde, wurde der Rechtskreis des Angeklagten und somit ein Schutzgesetz verletzt.

Von einem Beruhen ist nach der sog. Möglichkeitstheorie (s.o. Rn. 7) auszugehen, wenn zumindest die Möglichkeit besteht, dass das Urteil unter Beachtung bzw. ordnungsgemäßer Anwendung des Gesetzes anders ausgefallen wäre. Hier dürfte die Möglichkeit bestehen, dass die Staatsanwältin das Gericht durch ihren Vortrag in seiner Urteilsfindung (Schuldfrage, Strafhöhe) beeinflusst hätte. Es ist nicht sicher auszuschließen, dass das Urteil im Falle der Ermöglichung eines Schlussplädoyers der Sitzungsvertreterin anders, z. B. milder ausgefallen wäre (BGH NStZ 2013, 58). Nach der „Möglichkeitstheorie“ kann daher ein Beruhen des Urteils auf dem Gesetzesverstoß angenommen und ein relativer Revisionsgrund gem. § 337 I, II StPO zumindest nicht ausgeschlossen werden.

Das Revisionsvorbringen dürfte demnach schlüssig sein.

E. Absolute Revisionsgründe

I. Allgemeines

64 Wie bereits oben (Rn. 1 ff. unter A.) dargelegt, bedarf es (auch) für die Annahme eines absoluten Revisionsgrundes der Verletzung einer Verfahrensnorm.

Im Einzelnen ergeben sich die möglichen Revisionsgründe aus der Verletzung der Verfahrensvorschriften, die dem Katalog des **§ 338 StPO** zugrunde liegen.

Dabei dient § 338 StPO als reine **Kausalitätsvermutung** lediglich zur Feststellung der **Beruhensfrage**.

Hierzu stellt die Norm als **unwiderlegbare Vermutung** klar, dass in den Fällen der Nrn. 1 ff., das Urteil stets als auf einer Verletzung des Gesetzes beruhend anzusehen ist.

Grund dafür ist, dass der Gesetzgeber die in § 338 StPO genannten **Verfahrensmängel** als so schwerwiegend ansieht, dass diese **grundsätzlich entscheidungserheblich sind**. Eine derartige Rüge lässt demnach, falls sie zulässig erhoben wird und begründet ist, in Abweichung von § 337 I StPO keinen Raum mehr für die Frage, ob das Urteil auf dem festgestellten Verfahrensmangel beruht (BGH NJW 1977, 1829).

Auch die Geltendmachung absoluter Revisionsgründe unterliegt den allgemeinen Vorschriften für die Begründung von Verfahrensrügen nach §§ 352, 344 II S. 2 StPO; d.h. es ist eine konkrete Rüge erforderlich.

Die Prüfung beginnt ebenfalls mit einem einleitenden Obersatz (s.o. Rn. 2).

Klausurtipp:

Typischer Fehler wäre die Formulierung im Obersatz dergestalt, *„dass eine Verletzung von § 338 Nr. ... StPO in Betracht kommen könnte.“*

Nicht § 338 StPO kann verletzt sein, sondern lediglich die Verfahrensbestimmung(en), die der jeweiligen Nummer der Vorschrift zugrunde liegt/liegen!

Nur insoweit muss eine Gesetzesverletzung gegeben sein.

Im Gegensatz zu den relativen Revisionsgründen (s. dort Rn. 7 „Beruhen“) wird bei den absoluten Revisionsgründen die Kausalität/Entscheidungserheblichkeit unwiderlegbar vermutet, so dass der letzte Prüfungspunkt („Beruhen i.S.d. Möglichkeitstheorie“) entfällt.

Erforderlich ist, dass der Verfahrensmangel bis zur Entscheidung fortgewirkt hat; d.h. das Gericht kann ihn ggf. noch in der Hauptverhandlung durch **Nach- oder Wiederholung heilen** (*Schmitt* in Meyer-Goßner/Schmitt StPO § 338 Rn. 3).

Die in § 338 StPO genannten Vorschriften sind die **Grundprinzipien der Verfahrensführung** und schützen regelmäßig auch den Angeklagten.

Der bei den relativen Revisionsgründen maßgebliche Prüfungspunkt „Schutznorm“ (i.S.d. Rechtskreistheorie) hat daher keine eigene Bedeutung. Er wird dadurch „ersetzt“, dass der Angeklagte den Verfahrensverstoß nur dann erfolgreich rügen kann, wenn er von dem Verfahrensverstoß unmittelbar betroffen ist.

II. Die absoluten Revisionsgründe im Einzelnen

1. § 338 Nr. 1 StPO (Nicht vorschriftsgemäße Besetzung des Gerichts)

a) Regelungszweck

65 Sinn der Norm ist die in Art. 101 I S. 2 GG bzw. in § 16 S. 2 GVG vorgeschriebene Sicherung des Anspruchs auf den gesetzlichen Richter, mit dem Ziel der höchstmöglichen Unparteilichkeit. Geregelt ist die Besetzung der Gerichte im Strafverfahren im GVG (dort in den §§ 24 ff. für die Amtsgerichte, §§ 74 ff. für die Landgerichte, §§ 120 ff. für die Oberlandesgerichte sowie in § 135 GVG für den BGH) und im DRiG.

b) Mögliche (teils klausurrelevante) Fehlerquellen

66 ▪ **Gerichtliche Geschäftsverteilung**

Bei allen Gerichten gibt es Geschäftsverteilungspläne, die schon vor Eingang einer rechtlichen Angelegenheit bestimmen, welcher Richter darüber entscheidet, s. § 21e GVG.

Wird davon rechtswidrig bzw. willkürlich abgewichen, liegt ein Besetzungsfehler vor (BGH NStZ 2016, 562).

▪ **Fälschliche Annahme der Verhinderung eines Richters**

Hier ist zu prüfen, ob unter Zugrundelegung der seitens der Justizverwaltung vorgetragenen Umstände (z.B. durch Urlaub, Krankheit) ein dienstlicher Verhinderungsfall vorgelegen hat, nicht aber, ob die Verhinderung tatsächlich bestanden hat (*Schmitt* in Meyer-Goßner/Schmitt StPO § 338 Rn. 3).

▪ **Vorgeschriebene Richteranzahl**

Das GVG bestimmt auch, mit wieviel Richtern ein Spruchkörper besetzt sein muss, so dass eine Über-/Unterbesetzung einen Besetzungsfehler darstellt

Hinweis:

Zum Themenbereich der Besetzung des Spruchkörpers wird auf die Darstellungen des Instanzenzuges in **Fall 2** Rn. 1-3 verwiesen.

▪ **Gesetzeswidrige Heranziehung von Schöffen** (s. insoweit §§ 28 ff. GVG, 45 DRiG)

Erfolgen Fehler bei der Schöffenwahl oder Vereidigung, so liegt ein Besetzungsfehler vor.

▪ **Mängel in der Person des Richters (auch Schöffen)**

Gemeint sind grundsätzliche, generell bestehende Mängel, nicht aber Fälle, die zur Ausschließung führen bzw. mögliche Befangenheitsgründe (s. Rn. 69 ff. zu § 338 Nrn. 2 und 3). Anerkannte Mängel sind bspw. Stumm- bzw. Taubheit wegen der Mündlichkeit der Hauptverhandlung (*Schmitt* in Meyer-Goßner/Schmitt StPO § 338 Rn. 12 f.). Fraglich ist, wie die Mitwirkung eines blinden Richters zu bewerten ist. Streitig ist insoweit, ob diese generell die Besetzung beeinträchtigen kann oder nur dann, wenn es auch auf die Augenscheinseinnahme ankommt (m.w.N. *Schmitt* in Meyer-Goßner/Schmitt StPO § 338 Rn. 11).

Unaufmerksamkeit infolge geistiger Abwesenheit, z.B. ein schlafender (Schöffen-)Richter (BGH NStZ 1982, 41; s.a. OLG Hamm NJW 2006, 1449), führt zur unvorschriftsmäßigen Besetzung, wenn eine nicht unerhebliche Zeitspanne und ein wesentlicher Verfahrensvorgang betroffen ist. U.U. kann dies auch bei starker Übermüdung gelten (vgl. BGH NStZ 2019, 106 sowie NStZ 1982, 41) oder bei Ablenkung eines Richters durch Aktenstudium während eines wichtigen Verhandlungsabschnitts (BGH NJW 1962, 2212).

Ein Mangel in der Person des Richters kann auch darin liegen, dass ein Richter auf Probe im ersten Jahr nach seiner Ernennung nicht Vorsitzender sein darf, § 29 I S. 2 GVG.

Klausurtipp:

Ein beliebter Klausurfall ist der sog. „schlafende Richter" – s.o. Mängel in der Person des Richters oder Schöffen.

Zu beachten ist hierbei, dass die bloße Unaufmerksamkeit oder leichte Ermüdungserscheinungen nicht genügen. Gefordert ist eine gewisse Erheblichkeit während eines wesentlichen Teils der Hauptverhandlung.

Ferner ist zu berücksichtigen, dass § 338 Nr. 1 StPO nur die unvorschriftsmäßige Besetzung des Gerichts (also Richter und Schöffen) regelt. Bspw. wäre ein schlafender Staatsanwalt nicht vom Regelungszweck der Nr. 1 erfasst. Hier kann aber ggf. ein Fall des § 338 Nr. 5 StPO gegeben sein (s. dazu Rn. 76 ff.).

c) Besonderheiten

67 Hingewiesen wird auf **§ 338 Nr. 1, 2. HS StPO**, der auf **§ 222a StPO** Bezug nimmt. § 222a StPO, der durch § 222b StPO ergänzt wird, ist nur im erstinstanzlichen Verfahren vor dem LG oder dem OLG anwendbar.

Vorgesehen ist nach diesen Vorschriften eine (frühzeitige) Mitteilung der genauen Besetzung des jeweils zuständigen Spruchkörpers.

Damit sollen die §§ 222a, 222b StPO dazu beitragen, den unnützen Aufwand und die erhebliche Verfahrensverzögerung zu vermeiden, die entstehen, wenn das Revisionsgericht wegen eines Besetzungsfehlers ein Urteil aufheben und das Verfahren an die Vorinstanz zurückverweisen muss (KK-StPO/*Gmel* § 222a Rn. 1).

Zu beachten ist hier die sog. „**Rügepräklusion**" aus § 338 Ziff. 1 a) – d) StPO.

> **Klausurtipp:**
>
> Die **Besetzungsrüge** nach §§ 338 Nr. 1 StPO, 222a f. StPO betrifft in erster Linie umfangreiche Großverfahren und spielt daher für die revisionsrechtliche Klausur im Rechtspflegerstudium keine Rolle.

2. § 338 Nr. 2 StPO (Mitwirkung eines ausgeschlossenen Richters)

a) Regelungszweck

68 Sinn der Norm ist der Ausschluss von Richtern aus Gründen einer Gefährdung der richterlichen Unabhängigkeit. Dieser bestimmt sich kraft Gesetztes nach den Voraussetzungen der §§ 22, 23 StPO, die für Schöffen über § 31 StPO entsprechend gelten.

Mit Rücksicht auf das Ansehen der Strafrechtspflege will der Gesetzgeber durch diese Bestimmungen schon den Anschein eines Verdachts der Parteilichkeit vermeiden und deshalb alle Personen von der Ausübung des Richteramtes ausschließen, wenn die Möglichkeit einer Voreingenommenheit besteht (BGH NJW 1960, 301).

b) Mögliche (teils klausurrelevante) Fehlerquellen

69 **Mitwirkung eines (auszuschließenden) Richters in derselben Sache, wenn**

- er zu demselben Tatgeschehen, das er jetzt abzuurteilen hätte, bereits **als Zeuge oder Sachverständiger vernommen** ist, **§ 22 Nr. 5 StPO** (vgl. BGH NJW 1983, 2711).
- dieser in der Sache zuvor bereits **in anderer Funktion** (bspw. als Beamter der Staatsanwaltschaft oder Verteidiger) **vorbefasst** war, **§ 22 Nr. 4 StPO**.

Davon ist jedenfalls auszugehen, wenn der Richter zuvor (bspw. vor einem Laufbahnwechsel) als Staatsanwalt etwas zur Erforschung des Sachverhalts oder zur Beeinflussung des Verfahrensablaufs beigetragen hat (vgl. BGH NStZ 1982, 78).

Ferner gilt der Ausschluss auch in den Fällen des **§ 23 StPO**, wegen **Mitwirkung an einer angefochtenen Entscheidung** in derselben Sache (beachte hierzu aber BVerfG NJW 1971, 1029; BGH NJW 1967, 62).

- er selbst durch die Straftat verletzt ist, **§ 22 Nr. 1 StPO**.

  Dies gilt jedoch nur dann, wenn er durch die zur Aburteilung stehende Tat **unmittelbar als Verletzter betroffen** ist (vgl. BGHSt 1, 298; BGH NJW 2007, 1760).
- er **Ehegatte, Lebenspartner, Vormund oder Betreuer des Beschuldigten oder des Verletzten** ist oder gewesen ist, **§ 22 Nr. 2 StPO**.
- er **mit dem Beschuldigten** oder mit dem Verletzten in gerader Linie **verwandt oder verschwägert**, in der Seitenlinie bis zum dritten Grad verwandt oder bis zum zweiten Grad verschwägert ist oder war, **§ 22 Nr. 3 StPO**.

3. § 338 Nr. 3 StPO (Mitwirkung eines zu Recht abgelehnten Richters)

a) Regelungszweck

Hauptanwendungsfall der Vorschrift, die ebenfalls dem Schutz der richterlichen Un- 70
abhängigkeit dient, ist die Mitwirkung eines Richters oder Schöffen (über § 31 StPO) nach unrechtmäßiger Verwerfung eines gegen ihn gemäß **§§ 24 ff. StPO** gerichteten **Ablehnungsgesuchs** (vgl. dazu ausf. *Gericke* in KK-StPO § 338 Rn. 58 ff.).

Der Revisionsgrund nach § 338 Nr. 3 StPO betrifft die **Besorgnis der Befangenheit**.

Ein Ablehnungsgrund kommt nach § 24 II StPO in Betracht, wenn Umstände vorliegen, die geeignet sind, **Misstrauen in die Unparteilichkeit des Richters** zu rechtfertigen (vgl. BGH NJW 1953, 1358; NJW 2000, 965). Die tatsächliche Befangenheit ist nicht erforderlich. Ein solches Misstrauen in die Unparteilichkeit des Richters kann gegeben sein, wenn bei verständiger Würdigung des Sachverhaltes für einen „vernünftigen" Angeklagten Grund zu der Annahme besteht, der Richter begegne ihm nicht unvoreingenommen (u.a. BGH NStZ-RR 2004, 208).

b) Formelle Voraussetzungen der Ablehnung 71

Die Besorgnis der Befangenheit aus § 24 StPO allein genügt nicht zur Feststellung des absoluten Revisionsgrundes von § 338 Nr. 3 StPO. Vielmehr ist nach dem Wortlaut der Norm weiter erforderlich, dass ein ordnungsgemäßes **Ablehnungsgesuch nach**

§ 26 StPO gestellt und der **Ablehnungszeitpunkt aus § 25 StPO** eingehalten worden ist.

Die Verwerfung eines unzulässigen Ablehnungsantrags erfolgt gem. § 26a StPO durch Beschluss; bei einem zulässigen Ablehnungsgesuch findet die Entscheidung nach § 27 StPO statt. Rechtsmittelmöglichkeiten ergeben sich aus § 28 StPO.

c) Mögliche Fehlerquellen

72 Fehler können bspw. darin liegen, dass dem Ablehnungsantrag stattgegeben wurde und der abgelehnte Richter dennoch weiter am Verfahren teilgenommen hat oder dass das Ablehnungsgesuch zu Unrecht verworfen worden ist (vgl. *Schmitt* in Meyer-Goßner/Schmitt StPO § 338 Rn. 24).

d) (Klausurrelevante) Fallgruppen / Beispiele

73 ▪ Die **persönlichen Verhältnisse** des Richters berechtigen nur dann zur Ablehnung, wenn zwischen ihnen und der Strafsache ein besonderer Zusammenhang besteht. Religion, Weltanschauung, Geschlecht oder Familienstand des Richters sind i.d.R. kein Ablehnungsgrund (ausf. m.w.N. *Schmitt* in Meyer-Goßner/Schmitt StPO § 24 Rn. 9). Beim begründeten Verdacht dezidierter Ausländerfeindlichkeit des Richters kann aber die Besorgnis der Befangenheit im Verfahren gegen einen Angeklagten ausländischer Herkunft abgeleitet werden (OLG Karlsruhe NJW 1995, 2503 „Fall Orlet" sowie AG Köln StV 2007, 127).

▪ **Dienstliche Beziehungen** zu einem Verfahrensbeteiligten können eine Besorgnis der Befangenheit allenfalls dann begründen, wenn sie besonders eng sind oder sich zu einem engen persönlichen Verhältnis entwickelt haben (s. dazu bspw. BGH NJW 1998, 550).

▪ **Persönliche Beziehungen** des Richters zu Verfahrensbeteiligten können die Ablehnung ggf. rechtfertigen (so bspw. bei besonders enger Freundschaft, LG Bonn NJW 1966, 160 oder wenn Richterin und Staatsanwalt miteinander verheiratet sind, AG Kehl NStZ-RR 2014, 224).

▪ **„Spannungen zwischen Richter und Verteidiger"** sind im Allgemeinen nicht geeignet, das Vertrauen des Angeklagten in die Unparteilichkeit des Richters zu berühren (BGH MDR 1971, 897). Bei völlig unangemessenen feindseligen und unsachlichen Reaktionen des Richters oder bei ganz außergewöhnlichen Animositäten kann aber u.U. eine Ausnahme angenommen werden (vgl. OLG Hamm NStZ-RR 2005, 15 m.w.N.).

▪ **Äußerungen bzw. Verhalten des Richters** vor oder während der Hauptverhandlung stellen den größten Teil der relevanten Ablehnungen.

Hier einige Beispiele (aus KK-StPO/*Scheuten* § 24 Rn. 13):

Erklärung gegenüber dem Angeklagten vor Eröffnung des Hauptverfahrens, für das Gericht stehe auf Grund der Strafliste fest, dass er „der Typus des Gewohnheitsverbrechers" sei (BGH NJW 1961, 789); Anregung einer Ergänzung der Anklage, damit die Überführung des Angeklagten erleichtert werde (BGH MDR 1957, 653); Vorhalt „Sie lügen nach Aktenlage unverschämt" an den Angeklagten (BayObLG NJW 1993, 2948); Ratschlag an die Ehefrau des Angeklagten, sie solle sich mit ihrem Ehemann nicht versöhnen und von ihrem Zeugnisverweigerungsrecht keinen Gebrauch machen (BGHSt 1, 34); Hinweis an den Angeklagten, in anderen Ländern würde diesem die Todesstrafe drohen (BGH NStZ 1991, 226).

4. § 338 Nr. 4 StPO (Unzuständigkeit des Gerichts)

Die – wenig klausurrelevante – Vorschrift regelt den Fall, dass dem gesamten Spruch- 74
körper die Zuständigkeit fehlt; sie betrifft aber nur die sachliche Zuständigkeit (§§ 1 ff. StPO) und den Gerichtsstand (§§ 7 ff. StPO) sowie die Zuständigkeit besonderer, mit Vorrang ausgestatteter Strafkammern (§ 74e GVG).

§ 6 StPO schreibt vor, dass das Gericht seine **sachliche Zuständigkeit** in jeder Lage des Verfahrens von Amts wegen zu prüfen hat. Ein Verstoß gegen die sachliche Zuständigkeit stellt damit bereits ein Verfahrenshindernis dar, weshalb eine (Verfahrens-)Rüge der sachlichen Zuständigkeit grundsätzlich nicht mehr erforderlich ist (BayObLG Rpfleger 1985, 206).

> **Hinweis:**
>
> Zum Themenbereich Verfahrenshindernisse wird auf die eingehenden Ausführungen in **Fall 4** verwiesen.

Die **Rüge der örtlichen Zuständigkeit** setzt die rechtzeitige Erhebung des Einwands nach **§ 16 StPO** voraus. Nach § 16 S. 1 StPO hat das Gericht bis zur Eröffnung des Hauptverfahrens die örtliche Zuständigkeit von Amts wegen zu prüfen; danach darf es seine Unzuständigkeit nur auf Einwand des Angeklagten aussprechen, § 16 S. 2 StPO, den dieser bis zum Beginn seiner Sachvernehmung erheben muss, § 16 S. 3 StPO.

Auch die **Rüge der besonderen Zuständigkeit gleichrangiger Spruchkörper** (aus §§ 74 II, 74a-d GVG) setzt voraus, dass der Angeklagte rechtzeitig den Einwand nach **§ 6a StPO** erhoben hat. Die Rüge kann allein darauf gestützt werden, dass ein anderes Gericht aufgrund der in § 74e GVG gesetzlich angeordneten Rangfolge vorrangig zuständig ist; nicht aber darauf, dass normative Zuständigkeitsmerkmale fehlen, wie z.B. besondere Kenntnisse des Wirtschaftslebens i.S.d. § 74c I Nr. 6 GVG (vgl. BGH NStZ 1985, 464).

5. § 338 Nr. 5 StPO (Vorschriftswidrige Abwesenheit von Verfahrensbeteiligten)

a) Regelungszweck

75 Nr. 5 bezieht sich auf alle Vorschriften, die für Verfahrensbeteiligte Anwesenheitsgebote festlegen, so namentlich auf § 226 StPO, wonach die Hauptverhandlung in ununterbrochener Gegenwart der zur Urteilsfindung berufenen Personen sowie der StA und eines Urkundsbeamten der Geschäftsstelle durchzuführen ist, aber auch auf die mit Ausnahmen versehenen Regeln über die **Anwesenheitspflicht** des Angeklagten (§§ 230 ff., 247 StPO), des notwendigen Verteidigers (§ 145 StPO) und eines erforderlichen Dolmetschers (§ 185 GVG); zu beachten ist indes, dass für die Rüge der Richterbank allein § 338 Nr. 1 StPO (s.o. Rn. 66-68) maßgebend ist (*Gericke* in KK-StPO § 338 Rn. 70 f.).

Beachte:

§ 338 Nr. 5 StPO greift nur dann, wenn die **Abwesenheit bei einem wesentlichen Teil der Hauptverhandlung** stattgefunden hat (u.a. BVerfG StraFo 2005, 512; BGH NJW 1961, 419).

b) Anwesenheitspflichten und mögliche (klausurrelevante) Fehlerquellen

76 ▪ **Vertreter der StA**

Gemäß § 226 StPO ist die ununterbrochene Gegenwart der Staatsanwaltschaft erforderlich, wobei nach § 227 StPO mehrere Beamte der StA mitwirken dürfen. Ein Wechsel des Sitzungsvertreters durch Ablösung oder Ersetzung ist also möglich und kann mit der Revision nicht angefochten werden.

Abwesenheit kann gerügt werden, wenn der (anwesende) Vertreter der StA sachlich unzuständig war (*Gericke* in KK-StPO § 338 Rn. 70 f.). Die sachliche Zuständigkeit der StA regeln §§ 142 f. GVG. Bspw. erstreckt sich die Zuständigkeit von Amtsanwälten nach § 142 I Nr. 3, II GVG nur auf Verfahren vor dem Amtsgericht.

Kein Revisionsgrund liegt vor, wenn ein örtlich unzuständiger Staatsanwalt die Anklage vertreten hat (vgl. RGSt 73, 86).

Im Falle des „schlafenden Staatsanwalts" (s.o. Rn. 6 am Ende) muss zur ausreichenden Begründung der Verfahrensrüge vorgetragen werden, wie lange die Abwesenheit gedauert hat und dass die Verfahrensvorgänge, die in Abwesenheit durchgeführt worden sind, nicht wiederholt worden sind (OLG Hamm NJW 2006, 1449).

Der als Zeuge vernommene Sitzungsstaatsanwalt kann in derselben Hauptverhandlung in aller Regel nicht weiter als Anklagevertreter tätig sein. Hierbei handelt es sich jedoch nicht um einen absoluten Revisionsgrund im Sinne des § 338 Nr. 5 StPO; der Verstoß führt vielmehr nur dann zur Aufhebung des Urteils, wenn die Möglichkeit nicht auszuschließen ist, dass es auf ihm beruht (vgl. insoweit BGHSt 14, 265; RGSt 29, 236).

- **Angeklagter**

Für den Angeklagten besteht grds. Anwesenheitspflicht. Nach §§ 230 I, 231 I StPO muss er zur Hauptverhandlung erscheinen und darf sich nicht entfernen. Außerdem muss er auch verhandlungsfähig sein (*Schmitt* in Meyer-Goßner/Schmitt StPO, Einl. Rn. 97 sowie § 338 Rn. 40).

Dazu gibt es mit §§ 231 II, 231a, 231b, 231c, 232, 233, 247 StPO aber zahlreiche Ausnahmen. Zum Teil dienen diese dem staatlichen Interesse an der Strafverfolgung (§ 231a StPO oder § 231b StPO), teils wahren diese aber auch die Interessen des Angeklagten (§ 233 StPO oder § 247 S. 3 StPO) bzw. dienen dem Schutz von Zeugen oder Mitangeklagten (§ 247 S. 1 u. 2 StPO). Sofern der Angeklagte letzterenfalls zeitweise ausgeschlossen und dann wieder zugelassen wird, wird er über den versäumten Teil durch den Vorsitzenden informiert, § 247 S. 4 StPO. Der Ausschluss gilt bei § 247 S. 1 u. 2 StPO nur gelegentlich der jeweiligen Vernehmung, nicht aber zum Zwecke eines Urkundenbeweises (bspw. darf in Abwesenheit des Angeklagten keine Verlesung von Briefen erfolgen, BGH NJW 1968, 167).

Wesentliche Teile der Hauptverhandlung, für die nach der StPO die Anwesenheit des Angeklagten vorgesehen ist, sind neben seiner Vernehmung zur Person und Sache auch die Verlesung des Anklagesatzes (vgl. BGH NJW 1956, 1366), die Beweisaufnahme (BGH MDR 1983, 450) sowie ggf. die Verlesung des Strafregisterauszugs (*Kusch* in NStZ 1993, 27 zu BGH 4 StR 250/92).

- **Verteidiger**

Vorgeschrieben ist die Anwesenheit eines Verteidigers nur bei notwendiger Verteidigung nach § 140 StPO. § 338 Nr. 5 StPO ist in diesem Fall verletzt, wenn weder ein bestellter Verteidiger noch ein Wahlverteidiger während wesentlicher Teile der Hauptverhandlung anwesend war (BGH NJW 1961, 740). Hinsichtlich der Anwesenheitspflicht ist also nicht maßgeblich, ob der Angeklagte einen Wahl- oder Pflichtverteidiger hat, sondern gemäß § 145 I S. 1 StPO, ob ein Fall der notwendigen Verteidigung nach § 140 StPO vorliegt.

Ist der Angeklagte durch mehrere Verteidiger vertreten, genügt die Anwesenheit eines von ihnen (*Wiedner* in BeckOK StPO § 338 Rn. 135).

Die Revision kann i.S.d. § 338 Nr. 5 StPO auch darauf gestützt werden, dass dem Angeklagten entgegen §§ 140 I, II, 141 StPO kein Pflichtverteidiger beigeordnet wurde (BGHSt 15, 306).

▪ **Urkundsbeamter der Geschäftsstelle**

Nach § 226 StPO ist die ständige Anwesenheit eines Protokollführers erforderlich; anderenfalls liegt der unbedingte Aufhebungsgrund des § 338 Nr. 5 StPO vor (*Franke* in Löwe-Rosenberg u.a. StPO § 338, Rn. 102). Unproblematisch kann während der Hauptverhandlung die Person des Urkundsbeamten ausgetauscht werden; die eingesetzten Urkundsbeamten müssen auch nicht am zuständigen Gericht tätig sein (MüKo StPO/*Knauer/Kudlich* § 338 Rn. 115).

▪ **Dolmetscher**

Ein Dolmetscher muss bei einem der deutschen Sprache unkundigen Angeklagten nach § 185 GVG grds. während der gesamten Hauptverhandlung zugegen sein; ist dies nicht der Fall, greift § 338 Nr. 5 ein (BeckOK StPO/*Wiedner*, § 338 Rn. 147). Gleiches gilt, wenn ein völlig ungeeigneter Dolmetscher zum Einsatz kommt (MüKo StPO/*Knauer/Kudlich* § 338 Rn. 120).

6. § 338 Nr. 6 StPO (Beschränkung der Öffentlichkeit)

a) Regelungszweck

77 **Grundsatz der Öffentlichkeit, § 169 I S. 1 GVG:**

Die Verhandlung vor dem erkennenden Gericht einschließlich der Verkündung der Urteile und Beschlüsse ist öffentlich.

Nach § 169 I S. 2 GVG sind Ton- und Fernseh-Rundfunkaufnahmen sowie Filmaufnahmen zum Zwecke der öffentlichen Vorführung oder Veröffentlichung ihres Inhalts unzulässig.

Sinn des § 338 Nr. 6 StPO ist der **Schutz der Öffentlichkeit vor Beschränkungen**.

Über § 169 GVG soll verhindert werden, dass „die Tätigkeit des Gerichts hinter verschlossenen Türen in ein Dunkel gehüllt und dadurch Missdeutungen und Argwohn ausgesetzt ist" (MüKo StPO/*Knauer/Kudlich* § 338 Rn. 126 mit Hinweis auf RGSt 70, 109).

Zusammengefasst liegt der Schutzzweck des Öffentlichkeitsgrundsatzes in der Förderung des Vertrauens der Bevölkerung in die (Straf-)Rechtsprechung (BGH NJW

1953, 712) und deren Kontrolle sowie in der Sicherung einer unvoreingenommenen Verhandlung und damit dem Schutz des Angeklagten vor gerichtlicher Willkür oder Heimlichkeiten.

Zu beachten ist, dass über die Norm nur unzulässige **Einschränkungen** der Öffentlichkeit verboten sind.

§ 338 Nr. 6 StPO erfasst hingegen **nicht Erweiterungen** (z.B. wenn das Gericht entgegen § 169 I S. 2 GVG Fernsehaufnahmen im Gerichtssaal zulässt). Dann wäre aber ggf. ein relativer Revisionsgrund nach § 337 I, II StPO i.V.m. § 169 I S. 2 GVG möglich. Insofern stellt § 169 I S. 2 GVG eine Schutznorm dar, die eine emotionsfreie Justiz, frei von Schauspiel(ern) und ohne Prangerwirkung gewährleisten soll.

b) Ausnahmen vom Öffentlichkeitsgrundsatz

Die Öffentlichkeit ist in bestimmten gesetzlich geregelten Fällen ausgeschlossen bzw. 78
kann im Einzelfall ausgeschlossen werden:

▪ Räumliche Kapazität

Übersteigt die Zahl der (Presse-)Interessenten die der Plätze, ist eine (teilweise) Ausschließung zulässig (vgl. BVerfG NJW 2013, 1293 zum NSU-Prozess), um die ordnungsgemäße Durchführung des Verfahrens zu gewährleisten.

▪ Gesetzliche Ausschließungsgründe

- § 171a GVG: Wenn das Verfahren die Unterbringung des Angeklagten in einem psychiatrischen Krankenhaus oder einer Entziehungsanstalt zum Gegenstand hat, kann die Öffentlichkeit von der Hauptverhandlung ausgeschlossen werden.
- § 171b GVG: Nach dieser Regelung ist der Ausschluss zum Schutz der Privatsphäre (insb. eines Zeugen, z.B. bei Sexualstraftaten) möglich.
- § 172 GVG: In den in § 172 Nrn. 1-4 genannten Fällen, bspw. wegen Gefährdung der Staatssicherheit (Nr. 1) sowie des Lebens oder der Freiheit eines Zeugen (Nr. 1a), bei drohender Verletzung von (Privat-)Geheimnissen (Nrn. 2 u. 3) oder bei Vernehmung einer Person unter 18 Jahren (Nr. 4), kann das Gericht die Öffentlichkeit von der Verhandlung ausschließen.
- § 175 GVG: „Unerwachsenen", was sich nicht nach tatsächlichem Alter, sondern nach dem äußeren Erscheinungsbild bestimmt, kann der Zutritt versagt werden, wenn diese in einer „nicht der Würde des Gerichts entsprechenden Weise erscheinen" (z.B. betrunken oder verwahrlost).

- § 177 GVG: Die Vorschrift regelt Ungehorsamsfolgen bei massiven Störungen der Verhandlung. Danach können Störer aus dem Sitzungssaal entfernt werden bzw. ihnen kann der Zutritt verweigert werden.
- § 48 I JGG: Im Jugendstrafverfahren ist die Verhandlung gegen Jugendliche nicht öffentlich. Dies trägt dem Erziehungsgedanken Rechnung. Bestimmte Verfahrensbeteiligte sind aber zur Anwesenheit berechtigt (vgl. Abs. 2). Sofern sich das Verfahren auch gegen Heranwachsende und/oder Erwachsene richtet, ist die Verhandlung gemäß § 48 III JGG grundsätzlich öffentlich; im Interesse der Erziehung kann aber ggf. die Öffentlichkeit dennoch ausgeschlossen werden (BeckOK JGG/*Johann to Settel/Putzke C.*, JGG § 48 Rn. 17 f.).

c) Revisionsprüfung

79 Bei unzulässigen Einschränkungen der Öffentlichkeit kann ein absoluter Revisionsgrund aus § 338 Nr. 6 StPO vorliegen.

Im Rahmen der Erörterung einer unzulässigen Einschränkung der Öffentlichkeit ist neben den tatsächlichen (konkreten) Umständen, aus denen sich die Beschränkung ergibt (BGH NJW 2006, 1220), insb. zu prüfen, ob eine der o.g. Ausnahmen zutrifft (s. Rn. 78).

Zudem muss – als ungeschriebene Voraussetzung – ein **Verschulden des Gerichts** gegeben sein (BGH NJW 1966, 1570).

Dieses kann vorliegen, wenn die Formalien des Ausschließungsverfahrens nicht eingehalten wurden.

Formell erforderlich ist prinzipiell:

- ein Beschluss, § 174 I S. 2 GVG
- nach vorheriger Anhörung des Angeklagten, § 33 StPO (ggf. in nichtöffentlicher Sitzung, § 174 I S. 1 GVG), wobei aber § 33 StPO nicht zu den Öffentlichkeitsschutzregeln gehört, so dass bei fehlender Anhörung § 338 Nr. 6 StPO nicht erfüllt ist, aber der relative Revisionsgrund nach § 337 I, II StPO i.V.m. § 33 StPO vorliegen kann
- die Verkündung des Beschlusses in öffentlicher Sitzung, § 174 I S. 2 GVG
- sowie ggf. eine Begründung des Beschlusses, § 174 I S. 3 GVG.

Ebenfalls ist von einem Verschulden auszugehen, wenn eine dem Gericht bekannte tatsächliche Beschränkung nicht beseitigt wird (z.B. an Gerichtstür hängt versehentlich ein Schild mit der Aufschrift „Nichtöffentlich“, obwohl richtigerweise die Öffentlichkeit nicht ausgeschlossen werden durfte).

Verwehrt aber z.B. ein Gerichtswachtmeister irrtümlich einer Person den an sich möglichen freien Zutritt zu einer Hauptverhandlung, ohne dass das Gericht den Vorfall bemerken kann, so sind die Vorschriften über die Öffentlichkeit des Verfahrens nicht verletzt (BGH NJW 1969, 756).

7. § 338 Nr. 7 StPO (Fehlende oder verspätete Urteilsbegründung)

Die – wenig klausurrelevante – Vorschrift ist bereits ihrem Wortlaut nach in zwei Fallgruppen zu unterteilen, zum einen in die der gänzlich fehlenden Urteilsgründe und zum anderen in die der verspäteten Urteilsbegründung (MüKo StPO/*Knauer/ Kudlich* § 338 Rn. 158). 80

Fehlen die schriftlichen Urteilsgründe völlig, unterliegt das Urteil bereits auf die Sachrüge hin der Aufhebung; gleiches gilt, wenn das Urteil gar keine Unterschriften trägt, denn in diesem Fall ist nicht belegt, dass es sich bei den schriftlich niedergelegten Gründen um die von dem Gericht zugrunde gelegten handelt, so dass das Urteil auch hier so zu behandeln ist, als wenn jegliche prüffähigen Gründe fehlten (BGH NJW 2001, 838).

Hinweis:

Zur Sachrüge wird auf die Einführung der revisionsrechtlichen Prüfung in **Fall 4** sowie im speziellen auch auf den folgenden **Fall 6** hingewiesen.

Rechtsfehler im Übrigen (bspw. das Fehlen nur eines Teiles der Unterschriften bzw. eine unzulässige Unterzeichnung bei Verhinderung i.S.d. § 275 II StPO) müssen mit der Verfahrensrüge des § 338 Nr. 7 StPO geltend gemacht werden (vgl. BGH StV 2010, 618; BGH NStZ 2019,300).

Die vorgeschriebene Absetzungsfrist für die Urteilsgründe ergibt sich aus § 275 I S. 2 bzw. S. 4 StPO. Auch die nur geringfügige Nichteinhaltung oder eine irrtümlich falsche Berechnung der Urteilsabsetzungsfrist stellen einen absoluten Revisionsgrund dar (vgl. KK-StPO/*Gericke* § 338 Rn. 95 sowie BGH StraFo 2005, 76).

8. § 338 Nr. 8 StPO (Unzulässige Beschränkung der Verteidigung)

Problematisch ist die Einordnung von Nr. 8 in den Kreis der absoluten Revisionsgründe. Die Vorschrift soll – als Auffangtatbestand im Rahmen der Fürsorgepflicht des Gerichts – die Verteidigung sichern. Sie umfasst gerichtliche Hinweispflichten sowie eine angemessene Vorbereitungszeit für die Verteidigung. 81

Bei diesem Revisionsgrund **muss** allerdings nach stRspr. des BGH (u.a. NJW 1981, 860; NJW 2005, 300; NStZ 2010, 530) **ausnahmsweise das Beruhen geprüft werden**.

Da aber die Verteidigungsbeschränkung nach h.M. nur unzulässig sein kann, wenn eine besondere Verfahrensvorschrift verletzt ist (*Schmitt* in Meyer-Goßner-Schmitt StPO § 338 Rn. 58 m.w.N.), bringt eine Rüge nach § 338 Nr. 8 StPO keine Vorteile, da ein solcher Verfahrensverstoß direkt über § 337 StPO gerügt werden kann.

Im Übrigen dürfte die Norm in einer revisionsrechtlichen Rechtspfleger-Klausur, bei der regelmäßig ein nicht verteidigter Angeklagter die Protokollierung der Revisionsbegründung auf der Rechtsantragstelle begehrt, irrelevant sein.

Fall 6

A. Themenkreise

Revision – Verfahrenshindernisse – (gefährliche) Körperverletzung, § 224 I S. 2 Nr. 2, Alt. 2 StGB – Fahrlässigkeitsstrafbarkeit – Fahrlässige Körperverletzung, § 229 StGB – Betrug, § 263 I StGB – Vollendung und Versuch.

B. Sachverhalt

Am 19. März 2022 erscheint vor der beim Amtsgericht Köln für die Protokollierung von Revisionseinlegungen und -begründungen zuständigen Rechtspflegerin R der K, wohnhaft: Robert-Koch-Straße 23, 50931 Köln, – ausgewiesen durch Personalausweis – und erklärt:

„Ich bin am 31. Januar 2022 durch Urteil des Amtsgerichts – Strafrichter – Köln wegen einer gefährlichen Körperverletzung sowie wegen eines Betruges zu einer Freiheitsstrafe verurteilt worden.

Das Urteil habe ich mitgebracht (**Anlage 1**), es ist meiner Ansicht nach falsch. Deshalb habe ich sofort nach der in meiner Anwesenheit stattgefundenen Urteilsverkündung und anschließender Rechtsmittelbelehrung des Richters Revision eingelegt, indem ich mein Revisionsschreiben noch am selben Tag auf der Geschäftsstelle der für Strafsachen zuständigen Abteilung des AG Köln bei der Justizobersekretärin abgegeben habe. Am 22. Februar 2022 wurde mir dann das Urteil zugestellt.

Als Begründung für meine Revision möchte ich hier anführen, dass das Gericht offenbar keine Ahnung von der Anwendung des materiellen Strafrechts hat, denn sonst hätte es erkannt, dass ich den Zeugen N zwar verletzt habe, von einer gefährlichen Körperverletzung kann hier aber doch gar keine Rede sein. Der Zeuge N tauchte so plötzlich auf, dass ich gar nicht mehr reagieren konnte. Natürlich wollte ich nicht, dass irgendjemand verletzt wird; ich dachte wirklich, dass auf dem Gehweg nichts passieren würde – es war ja auch niemand zu sehen. Beim Betrug frage ich mich ehrlich gesagt auch, warum ich da verurteilt worden bin. Der Zeuge S hat letztlich doch gar keinen Schaden davongetragen, ich war ja eigentlich der Geschädigte.

Anlage 1 – Urteil des AG Köln

Anlage 1:

2 Ds – 505 Js 1345/21 (99/22)

Amtsgericht Köln

Im Namen des Volkes

Urteil

In der Strafsache gegen: K.,

geboren am 10. Mai 1994 in Köln, Deutscher, ledig

wohnhaft: Robert-Koch-Straße 23, 50931 Köln

wegen gefährlicher Körperverletzung und Betruges
hat das Amtsgericht Köln – Strafrichter – in der Hauptverhandlung vom 31. Januar 2022, an der teilgenommen haben:

Richter am Amtsgericht Dr. M.
als Richter,

Amtsanwalt D.
als Vertreter der Staatsanwaltschaft,

Justizobersekretärin J.
als Urkundsbeamtin der Geschäftsstelle,

für Recht erkannt:

Der Angeklagte K wird wegen gefährlicher Körperverletzung in Tatmehrheit mit Betrug zu einer Gesamtfreiheitsstrafe von 8 Monaten auf Bewährung verurteilt.

Der Angeklagte hat die Kosten des Verfahrens sowie seine notwendigen Auslagen zu tragen.

Angewandte Vorschriften: §§ 223 Abs. 1, 224 Abs. 1 Nr. 2, 2. Alt., 263 Abs. 1, 53 StGB

Gründe:

Das monatliche Nettoeinkommen des Angeklagten K beträgt ca. 600,– €. Der Angeklagte ist ledig und hat keinerlei Unterhaltsverpflichtungen. Er ist bereits einmal strafrechtlich wegen einfacher Körperverletzung in Erscheinung getreten.

Am 14. Juli 2021 gegen 13:30 Uhr befuhr der Angeklagte mit seinem Skateboard der Marke „Deathwish" den Fußgängerweg auf der Klosterstraße in Köln mit hoher Geschwindigkeit, während er einen neuen Trick, den „360 Kick-Flip" einübte, bei dem man sich im Sprung von seinem Skateboard löst und dieses mittels eines Tritts zu einer 360 Grad Drehung bringt. Als der Zeuge N aus seiner Wohnung in der Klosterstraße 23 trat, war der Anklagte gerade kurz vor einem der oben beschriebenen Sprünge. Durch das plötzliche Auftauchen des Zeugen irritiert, verlor der Angeklagte das Gleichgewicht und sein Tritt gegen das Skateboard hatte zur Folge, dass dieses dem Zeugen N direkt gegen den Kopf flog, so dass dieser einen schmerzhaften Nasenbeinbruch davontrug, der operiert werden musste. Diese Folgen, die bei angepasster Geschwindigkeit und ohne das Vollführen entsprechender Tricks hätten vermieden werden können, hätte der Angeklagte voraussehen können und müssen. Durch seine naive Annahme, es werde sicher nichts passieren, hat er sich über einfachste straßenverkehrsrechtliche Grundsätze hinweggesetzt und nicht die erforderliche Vorsicht walten lassen.

Am 04. August 2021 begab sich der Angeklagte zum mit ihm befreundeten Zeugen S zur Dürener Straße 245 in Köln. Der Zeuge schuldete dem

Angeklagten aus einem im Jahr 2020 abgeschlossenen Kaufvertrag über eine Playstation 4 noch den Restkaufpreis in Höhe von 150,– €, die er angeblich nicht zu zahlen in der Lage war. Der Angeklagte behauptete daher am Tattag gegenüber dem Zeugen S der Wahrheit zuwider, er sei im Besitz einer Eintrittskarte für ein ausverkauftes Konzert einer bekannten Schlagersängerin, der – wie der Angeklagte wusste – Lieblingskünstlerin des Zeugen S. Er sei bereit, die Karte für 150,– € abzugeben. Der Zeuge S glaubte den Ausführungen des Angeklagten, nahm das Angebot an und zahlte ihm den Betrag von 150,– € in der Annahme, hierfür die Karte zu erhalten. Die Übergabe fand aber – wie vom Angeklagten geplant – nicht statt, da er tatsächlich nie im Besitz der besagten Karte war. Dies war dem Angeklagten klar, ihm kam es aber darauf an, sich in den Besitz der 150,– € zu bringen.

...

Der Angeklagte ist wegen gefährlicher Körperverletzung sowie wegen eines tatmehrheitlichen Betruges zu bestrafen.

...

(Es folgen Ausführungen zur Beweiswürdigung, zur rechtlichen Qualifizierung, zur Strafzumessung und zur Kostenentscheidung pp.)

M.

Richter am Amtsgericht

C. Aufgabe

Prüfen Sie gutachtlich die Begründetheit der eingelegten Sprungrevision, die Zulässigkeit des Rechtsmittels ist zu unterstellen.

Gehen Sie davon aus, dass die vom Verurteilten K geschilderten Umstände zutreffend dargestellt und durch die Akten sowie das Sitzungsprotokoll belegt sind. Aus den Akten ergibt sich ein form- und fristgerechter Strafantrag, den der Zeuge N gegen den Beschwerdeführer wegen „der Körperverletzung zu seinem Nachteil“ bei der Polizei in Köln gestellt hat.

Ein Revisionsbegründungsprotokoll ist nicht zu fertigen.

Besprechung von Fall 6

A. Vorbemerkung

Klausuren für Rechtspfleger aus dem Bereich des Straf- und Strafprozessrechts beschäftigen sich regelmäßig mit der Situation, in der sich Rechtspfleger befinden, wenn sie von einem Verurteilten auf der Geschäftsstelle ihres Gerichts aufgesucht und um die Erstellung des **Revisionsbegründungsprotokolls** gebeten werden. Dabei braucht der Rechtspfleger die Verantwortung für den Inhalt der Begründung nicht in gleicher Weise wie der Verteidiger zu übernehmen. Er muss aber die sich aus den Richtlinien für das Straf- und Bußgeldverfahren geltenden Grundsätze berücksichtigen. Hier gilt insbesondere **Nr. 150 II RiStBV**. 1

Hinweis:

Vgl. zum Umfang der Aufgaben des Rechtspflegers die Vorbemerkung zu **Fall 4**.

Der Rechtspfleger soll den sachlichen Kern der Begründung aufnehmen. Auch wenn er gehalten ist, das Vorbringen aufzunehmen, für das er die Verantwortung ablehnt, so hat der doch den Angeklagten über die sich daraus ergebenden Folgen zu belehren. Aufgabe des Rechtspflegers ist es an dieser Stelle, dem Revisionsgericht die Prüfung grundloser oder unverständlicher Anträge zu ersparen (BVerfGE 64, 135, 152). Daher kommt auch dem Rechtspfleger eine Prüfungspflicht zu – vgl. Nr. 150 II S. 2, 4 RiStBV. Die Erstellung eines Protokolls macht im Ergebnis dann Sinn, wenn die **Revision zulässig und auch begründet** ist. Zu beiden Fragen ist in Revisionsklausuren für Rechtspfleger daher regelmäßig in Gutachtenform Stellung zu nehmen.

Vorliegend ist nach der Aufgabenstellung die **Zulässigkeit** der Revision jedoch **ausnahmsweise nicht** zu prüfen.

Klausurtipp:

Achten Sie genau auf die Aufgabenstellung in Ihrer Klausur und lesen Sie diese unbedingt immer, bevor Sie sich mit dem Sachverhalt beschäftigen. Eine genaue Kenntnis der Aufgabenstellung erspart oft Zeit und vergebliche Mühe.

Ansonsten wäre an dieser Stelle zu überlegen, ob die (Sprung-)Revision das gem. §§ 333 ff. StPO statthafte Rechtsmittel gegen das konkrete Urteil ist, ob die Revision gem. § 341 StPO ordnungsgemäß eingelegt wurde (d.h. beim richtigen Adressaten, in der richtigen Form und innerhalb der Einlegungsfrist) und ob sie ordnungsgemäß gem. § 345 StPO begründet wurde (auch hier sind der richtige Adressat, die Form und die Einhaltung der Begründungsfrist zu überprüfen).

Hinweis:

Vgl. zum Themenbereich der Zulässigkeitsprüfung die eingehenden Ausführungen zu **Fall 4** und zum Revisionsbegründungsprotokoll diejenigen zu **Fall 5**.

B. Verfahrens- bzw. Verfolgungshindernisse

2 Da die Zulässigkeit der Revision unterstellt werden soll, beginnt die Lösung gleich mit der Prüfung der **Begründetheit** der vorliegenden (Sprung-)Revision. Der **Umfang** der Prüfung hängt von verschiedenen Faktoren ab.

Ohne dass es auf eine konkrete Rüge des Verurteilten ankäme, muss von Amts wegen in jeder Lage des Verfahrens – also auch an dieser Stelle – geprüft werden, ob sog. **Verfahrens- oder Verfolgungshindernisse** vorliegen. Verfahrenshindernisse sind Umstände, die eine Strafverfolgung bzw. die Durchführung eines Verfahrens gegen einen Beschuldigten mit der Folge seiner Bestrafung ausschließen (z.B. wenn bereits eine Verfolgungsverjährung eingetreten war, der erforderliche Strafantrag für die Verfolgung einer Straftat fehlte oder für den Fall, dass überhaupt kein deutsches Strafrecht hätte Anwendung finden dürfen).

Hinweis:

Im Folgenden wird nur klarstellend und knapp im Urteilsstil auf mögliche Verfahrenshindernisse eingegangen. Wenn Sie sich mit Verfahrenshindernissen intensiver beschäftigen wollen, lesen Sie bitte die Besprechung von **Fall 4**.

Im Fall liegen keine entsprechenden Hindernisse vor. Eine **Verfolgungsverjährung** kommt erkennbar nicht in Betracht, da im Moment der Verurteilung die gem. §§ 78 III Nr. 5, 78a StGB kürzeste denkbare Verjährungsfrist von 3 Jahren ab Beendigung der Taten (Verurteilung am 31.01.2022, Beendigung der Taten am 14.07.2021 bzw.

am 04.08.2021) nicht annähernd erreicht war. **Deutsches Strafrecht** konnte gem. § 3 StGB Anwendung finden, da beide Taten in Köln, somit im Inland begangen wurden (§ 9 StGB). Bei der ausgeurteilten gefährlichen Körperverletzung sowie beim Betrug handelt es sich grundsätzlich um Offizialdelikte, für deren Verfolgung es keines **Strafantrags** bedarf. Für den Fall, dass entgegen der Verurteilung nur eine einfache (vorsätzliche) Körperverletzung gem. § 223 I StGB oder eine fahrlässige Körperverletzung gem. § 229 StGB vorliegen sollte, wäre der in diesem Fall gem. § 230 StGB erforderliche Strafantrag laut Bearbeitervermerk durch den Zeugen N, den Verletzten der Körperverletzung, form- und fristgerecht gestellt worden, vgl. §§ 77 ff. StGB, 158 StPO. Anhaltspunkte dafür, dass es sich beim Betrug gem. § 263 IV StGB i.V.m. §§ 247, 248a StGB um einen sog. Haus- und Familienbetrug handeln würde oder dass der verursachte bzw. beabsichtigte Schaden geringwertig wäre (Schadenshöhe unter 25,– bzw. 50,– €), was dazu führen würde, dass aus dem Betrug ausnahmsweise ein Antragsdelikt würde, ergeben sich vorliegend nicht. Weitere Verfahrenshindernisse sind nicht ersichtlich, so dass die Revision insoweit nicht begründet ist.

C. Formelle Rüge – Fehler bei der Anwendung von Verfahrensrecht

Darüber hinaus sind bei hinreichend konkret vorgebrachten Tatsachen auch die sog. 3
formellen Rügen des Verurteilten zu prüfen (vgl. §§ 352, 344 StPO), d.h. ob das Gericht den Angeklagten schützende Verfahrensvorschriften eingehalten oder missachtet hat. Der Prüfung des Revisionsgerichts unterliegen dabei nur die gestellten Revisionsanträge, § 352 I StPO.

Hinweis:

Es sei an dieser Stelle nochmals darauf hingewiesen, dass ein solcher Verstoß wirklich nur dann zu überprüfen ist, wenn der Verurteilte hierzu bei seiner Revisionsbegründung auch hinreichende tatsächliche Angaben macht. Vage Angaben oder (wie hier) überhaupt keine Erwähnung eines Verstoßes gegen Verfahrensvorschriften reichen für eine Prüfung nicht aus. Es ist also bei der Lektüre des Sachverhalts beim Vortrag des Verurteilten genau darauf zu achten, ob dazu Angaben gemacht werden, vgl. zu dieser Thematik die Besprechung von **Fall 5**.

Im Fall fehlt eine formelle Rüge ganz, so dass die Einhaltung von Verfahrensvorschriften durch das AG Köln im Rahmen des Gutachtens nicht zu überprüfen ist, vgl. § 352 I StPO.

D. Materielle Rüge

I. Allgemeine Anforderungen an eine Sachrüge

4 Gem. § 344 I StPO hat der Beschwerdeführer die Erklärung abzugeben, inwieweit er das Urteil anfechte und dessen Aufhebung beantrage (Revisionsanträge). Der Antrag ist zu begründen. Aus der Begründung muss gem. § 344 II StPO hervorgehen, ob das Urteil wegen Verletzung einer Rechtsnorm über das Verfahren (1.Alt.) oder wegen Verletzung einer anderen Rechtsnorm (2.Alt.) angefochten wird. Nur im Falle der 1. Alt. müssen die den Mangel enthaltenen Tatsachen angegeben werden.

Hieraus folgt im Umkehrschluss, dass an die Rüge des materiellen Rechts (2.Alt.), die auch als **Sachrüge** bezeichnet wird (vgl. *Schmitt* in Meyer-Goßner/Schmitt StPO § 352 Rn. 8), keine großen Anforderungen gestellt werden. Zum einen sollen dem Beschwerdeführer terminologische Ungenauigkeiten nicht zum Nachteil gereichen (BGHSt 19, 273, 275), eine ausdrückliche Bezeichnung als „Sach- oder Verfahrensrüge" wird nicht verlangt (OLG Hamm, RPfleger 1998, 367). Allerdings muss aus dem Revisionsvorbringen eindeutig hervorgehen, dass die Nachprüfung in materiellrechtlicher Hinsicht gerügt wird (BGH NStZ 1991, 597). Dabei soll die Rüge auslegungsfähig (BGHSt 25, 272, 275) und letztlich nach ihrem Sinn zu forschen sein. Schon nach § 344 II StPO ist davon auszugehen, dass es keiner näheren Angabe von Tatsachen für die vertretene Auffassung bedarf, so dass davon auszugehen ist, dass auch eine **pauschale Rüge** des materiellen Rechts ausreicht. Der BGH lässt z.B. folgenden Satz eines verurteilten Beschwerdeführers ausreichen: *„Es wird die Verletzung sachlichen Rechts gerügt"* (vgl. BGHSt 25, 272).

Fraglich ist, ob das Vorbringen des Verurteilten K **im Fall** diesen nicht sonderlich strengen Anforderungen gerecht wird. Der Verurteilte vertritt die Auffassung, „das Urteil" sei „falsch" und bringt ausdrücklich vor, „dass das Gericht offenbar keine Ahnung von der Anwendung des materiellen Strafrechts" habe. Sodann folgen Ausführungen zu den materiell-rechtlichen Strafvorschriften. Die Rechtsprechung hält es für ausreichend, wenn der Beschwerdeführer rügt, er sei zu Unrecht bestraft worden (vgl. OLG Hamm, NJW 1964, 1736). Den Ausführungen des Beschwerdeführers K lässt sich entnehmen, dass er genau diese Auffassung vertritt und fest davon ausgeht, die Vorschriften der §§ 224 I, 263 I StGB seien durch das Gericht auf den im Urteil festgestellten Sachverhalt nicht richtig angewendet worden.

Klausurtipp:

„Hören" Sie dem Verurteilten aufmerksam „zu". Macht er ergänzend zu einer (pauschalen) Rüge ergänzende Einzelausführungen, so „spricht"

> in diesem Moment der Klausurersteller zu Ihnen. Da zusätzliche Ausführungen zur pauschalen Rüge nicht unbedingt erforderlich sind, könnten diese Anmerkungen dem Zweck dienen, Sie zur Prüfung bestimmter Fragen anzuregen und Sie auf „den richtigen Weg“ zu leiten.

II. Umfang der Prüfung

Hat der Beschwerdeführer die Anwendung des materiellen Rechts durch das Gericht 5
mit einer ordnungsgemäßen Sachrüge (auch nur pauschal) angegriffen, ist **umfassend** zu prüfen, ob das Gericht bei der Verurteilung die Vorschriften des materiellen Strafrechts (StGB bzw. Nebengesetze) auf den Sachverhalt richtig angewendet hat und ob die Urteilsfeststellungen überhaupt eine tragfähige Grundlage für diese Prüfung bieten (BGHSt 14, 162, 165). Grundlage der Überprüfung ist dabei grundsätzlich das Urteil des erkennenden Gerichts (zu weiteren Prüfungsgrundlagen vgl. *Schmitt* in Meyer-Goßner/Schmitt StPO § 337 Rn. 22 ff.). Sollten sich sachlich-rechtliche Mängel ergeben, lässt sich das Beruhen i.S.d. § 337 StPO ohne weiteres aus dem Urteil folgern.

Die Aufgabenstellung des Falles umfasst somit die **Überprüfung aller (!)** der Verurteilung zu Grunde gelegten **Straftatbestände** auf ihre korrekte Rechtsanwendung. Es ist somit auf Grundlage des Urteils festzustellen, ob der Angeklagte zu Recht wegen gefährlicher Körperverletzung und wegen Betrugs verurteilt wurde.

> **Klausurtipp:**
>
> Die Aufgabenstellung in einer Klausur erfasst somit regelmäßig **nicht** die Frage, wegen welcher Norm oder wegen welchen Tatvorwurfs der Angeklagte *hätte verurteilt werden können oder müssen.* Sie haben also keine umfassende Prüfung derjenigen Delikte vorzunehmen, die statt der ausgeurteilten in Betracht gekommen *wären.* Soweit in den folgenden Ausführungen auf solche Delikte eingegangen wird, geschieht dies nur aus didaktischen Gründen und nur nach einem entsprechenden Hinweis.

III. Überprüfung der ausgeurteilten Straftatbestände

1. Gefährliche Körperverletzung, §§ 223 I, 224 I Nr. 2, Alt. 2 StGB

6 Fraglich ist, ob der Beschwerdeführer K durch das AG Köln zu Recht wegen gefährlicher Körperverletzung gem. §§ 223 I, 224 I Nr. 2, Alt. 2 StGB verurteilt wurde, weil er während einer Fahrt mit dem Skateboard dem Zeugen N das Board gegen den Kopf kickte und so einen Nasenbeinbruch bei diesem verursachte.

> **Hinweis:**
>
> Es wurde bereits in vorhergehenden Fällen (z.B. **Fall 1** und **Fall 3**) erklärt, wie eine Strafbarkeitsprüfung durchzuführen ist. An dieser Stelle wird zur Vermeidung von Wiederholungen auf die dortigen Ausführungen Bezug genommen – es gilt hier bzgl. des „dreistufigen" Aufbaus (Tatbestand, Rechtswidrigkeit, Schuld) nichts anderes.

a) Allgemeine Einordnung der Körperverletzung und Grundstruktur

7 **Geschütztes Rechtsgut** ist die **körperliche Unversehrtheit** und die Gesundheit eines anderen Menschen. Von dem Tatbestand der (gefährlichen) Körperverletzung wird grundsätzlich nur die körperliche Integrität und Gesundheit geschützt. **Seelische Einwirkungen** fallen jedenfalls so lange nicht unter die §§ 223 ff. StGB, wie sie nicht auch zu körperlichen Auswirkungen führen (BVerfG – Beschluss vom 27.09.2006 – 2 BvR 1603/06). Für die Körperverletzungsdelikte ist zumindest eine objektiv erkennbare körperliche Beeinträchtigung erforderlich, die von einer gewissen **Erheblichkeit** sein muss. Dabei ist das Erreichen dieser Grenze nicht nach subjektivem Empfinden des Opfers, sondern rein objektiv zu bestimmen (OLG Oldenburg NJW 1966, 2132, 2133).

Die **einfache** vorsätzliche Körperverletzung (§ 223 I StGB) bildet den Grundtatbestand. Sie gehört zu den Privatklagedelikten (§ 374 I Nr. 4 StPO). Von Amts wegen wird sie nur in den Fällen verfolgt, in denen ein öffentliches Interesse an der Strafverfolgung besteht (vgl. Nr. 233 RiStBV). Grundsätzlich ist zur Verfolgung eines Verstoßes gegen § 223 I StGB gem. § 230 I StGB ein **Strafantrag** erforderlich, sofern nicht die Staatsanwaltschaft das **besondere öffentliche Interesse an der Strafverfolgung** bejaht (Nr. 234 RiStBV).

In **§ 224 StGB** werden verschiedene besonders gefährliche Formen der Körperverletzung in einem **qualifizierten Tatbestand** zusammengefasst. Bei der gefährlichen Körperverletzung handelt es sich weder um ein Privatklage- noch um ein Antragsdelikt (vgl. Wortlaut des § 230 I StGB) – sie wird also als Offizialdelikt immer von Amts wegen verfolgt. Vom Qualifikationstatbestand des § 224 StGB abzugrenzen ist die schwere Körperverletzung gem. **§ 226 StGB**, bei der nicht die Ausführungsart, sondern die besonders schweren Folgen einer Körperverletzung härter geahndet werden. § 226 StGB stellt daher in allen Varianten auch ein Verbrechen dar.

Der **Aufbau** einer (gefährlichen) Körperverletzung sieht wie folgt aus:

I. Tatbestand

1. Objektiver Tatbestand

a. Grundtatbestand des § 223 I StGB

aa. Körperliche Misshandlung oder

bb. Gesundheitsschädigung eines anderen Menschen

(ggf. b. Qualifikationstatbestand des § 224 I StGB)

2. Subjektiver Tatbestand

– Vorsatz bzgl. Grund- (und Qualifikations-) tatbestand

II. Rechtswidrigkeit

III. Schuld

b) Prüfung der Tatbestandsmerkmale und Definitionen

aa) Objektiver Tatbestand

Der Grundtatbestand des § 223 I StGB setzt entweder eine körperliche Misshandlung (1. Alt.) oder eine Gesundheitsschädigung (2. Alt.) voraus. Beide Alternativen stehen selbständig nebeneinander, werden sich aber oft überschneiden. Als Erfolgsdelikt ist dem Tatbestand immanent, dass der Täter durch seine **Handlung** (oder u.U. auch ein Unterlassen, vgl. § 13 StGB) **kausal** den tatbestandlichen **Erfolg** – Misshandlung oder Gesundheitsschädigung – herbeigeführt haben muss. 8

Körperliche Misshandlung ist ein *übles, unangemessenes Behandeln, welches das körperliche Wohlbefinden oder die körperliche Unversehrtheit nicht nur unerheblich* (s. oben) oder *nur ganz vorübergehend beeinträchtigt* (BGHSt 14, 269). Unter einem **körperlich unversehrten** Körper wird ein zum Zeitpunkt der Einwirkung körperlich integrer und funktionsfähiger Körper verstanden. Man vergleicht die aktuelle körperliche Verfassung des Opfers mit derjenigen, die ohne die betreffende Einwirkung bestehen würde. Eingriffe in die Substanz des Körpers wie Beulen, Prellungen, Blutergüsse und blutende Wunden reichen im Regelfall für die Tatbestandsverwirklichung aus. Bei der **Zufügung von Schmerzen** ist bei entsprechender Intensität das körperliche Wohlbefinden regelmäßig beeinträchtigt (z.B. durch Schlag ins Gesicht: BGH NStZ-RR 2014, 11).

Im Fall kam es durch das Verhalten des Verurteilten K (Fahrt mit dem Skateboard auf dem Fußgängerweg vor dem Hauseingang, Versuch eines Tricks) kausal zu einer Verletzung im Gesicht des Zeugen N. Das Verhalten des Verurteilten kann man nicht hinwegdenken, ohne dass die erhebliche Substanzverletzung an der Nase (Nasenbeinbruch) beim Zeugen N entstanden wäre. Es war also kausal für den tatbestandlichen Erfolg. Die hierdurch verursachten Schmerzen beeinträchtigten zudem das körperliche Wohlbefinden des Zeugen N.

Unter einer **Gesundheitsschädigung** wird gemeinhin das *Hervorrufen oder Steigern eines – wenn auch nur vorübergehenden – pathologischen, also krankhaften Zustandes* verstanden (vgl. BGH NStZ 2015, 269). Ein pathologischer Zustand wird regelmäßig dann vorliegen, wenn eine ärztliche Behandlung erforderlich ist, wobei dies allerdings nur eine indizielle Wirkung haben dürfte und keine Voraussetzung darstellt. Eine Gesundheitsschädigung ist auch ohne eine körperliche Misshandlung denkbar (z.B. Ansteckung mit dem HI-Virus, BGH NStZ-RR 2008, 193).

Der Zeuge N erlitt **im Fall** einen Nasenbeinbruch, der ärztlich behandlungsbedürftig war und operiert werden musste. Tatbestandlicher Erfolg war hier daher neben der körperlichen Misshandlung auch eine Gesundheitsschädigung, die durch den Beschwerdeführer K hervorgerufen wurde.

Klausurtipp:

Es handelt sich bei den Tatbestandshandlungen des § 223 I StGB um echte Alternativen. Es reicht also aus, wenn eine der Alternativen festgestellt wird. In einer Klausur macht es aber einen guten Eindruck, wenn Sie für den Fall, dass beide Alternativen gegeben sind, kurz und klarstellend auch die 2. Alternative bejahen.

9 Fraglich ist, ob – wie ausgeurteilt – auch der **Qualifikationstatbestand** der gefährlichen Körperverletzung gem. **§ 224 I S. 2 Nr. 2, Alt. 2 StGB** erfüllt wurde. Dies setzt voraus, dass die Körperverletzung mittels eines anderen gefährlichen Werkzeugs begangen wurde. Die **Waffe** ist ein Sonderfall des gefährlichen Werkzeugs, so dass im Einzelfall eine Differenzierung nicht unbedingt erforderlich ist. Da man unter einer Waffe einen Gegenstand versteht, der *nach seiner Art* ***dazu bestimmt*** *ist, erhebliche Verletzungen von Menschen zu verursachen*, hat das Gericht das Skateboard hier zu Recht nicht unter die 1. Alt. subsumiert. Fraglich ist aber, ob das Skateboard als **„gefährliches Werkzeug“** im Sinne der Vorschrift gefasst werden kann, wie es das Gericht getan hat. Gefährliche Werkzeuge sind *Gegenstände*, die *nach ihrer objektiven*

Beschaffenheit und nach der Art ihrer Benutzung im Einzelfall geeignet sind, erhebliche Körperverletzungen hervorzurufen (BGH NStZ 2007, 95). Der Begriff des Werkzeugs ist also nicht im engen Wortsinn zu verstehen. Eigentlich können (fast) alle **beweglichen Gegenstände** je nach konkreter Anwendungsart zum gefährlichen Werkzeug werden. So geht z.B. von einem Kugelschreiber keine besondere Gefahr aus. Sticht man mit ihm aber dem Opfer ins Auge, wird er zum gefährlichen Werkzeug. Auch beim praktisch (leider) häufig vorkommenden Fall, dass der Täter sein Opfer mit dem sog. „beschuhten Fuß" tritt, kann der Schuh je nach Beschaffenheit und Ziel des Tritts ein gefährliches Werkzeug darstellen (statt zahlreicher Beispiele BGH NStZ-RR 2010, 33,34).

Die Körperverletzung muss „**mittels**" des gefährlichen Werkzeugs begangen worden sein. Dies ist dann der Fall, *wenn der Täter seinem Opfer durch ein von außen unmittelbar auf den Körper einwirkendes Tatmittel eine Körperverletzung i.S.d. § 223 I StGB beigebracht hat* (BGH NStZ 2006, 572). Das wäre z.B. dann nicht der Fall, wenn der Täter mit einem Fahrzeug auf sein Opfer zufährt, es aber verfehlt und das Opfer sich erst durch den Sprung auf die Seite verletzt.

Der Beschwerdeführer K hat nach den Feststellungen des Gerichts **im vorliegenden Fall** ein Skateboard gefahren. Ein Skateboard ist von seiner objektiven Beschaffenheit her recht schwer, das Deck ist hart und teils scharfkantig. Wird es – wie hier – mit Schwung vom Fuß des Beschwerdeführers gegen den Kopf des Geschädigten N befördert, so handelt es sich um ein gefährliches Werkzeug. Der Nasenbeinbruch wurde auch unmittelbar durch den Aufprall des Bretts im Gesicht des Geschädigten herbeigeführt, so dass die Körperverletzung hier auch mittels des gefährlichen Werkzeugs begangen wurde. Der Beschwerdeführer hat somit die objektiven Tatbestandsmerkmale einer gefährlichen Körperverletzung verwirklicht.

bb) Subjektiver Tatbestand

Fraglich ist, ob der Beschwerdeführer K auch **vorsätzlich** im Hinblick auf die Um- 10
stände gehandelt hat, die den objektiven Tatbestand einer gefährlichen Körperverletzung ausmachen. Es wurde bereits ausgeführt, dass eine Strafbarkeit gem. § 15 StGB nur in Betracht kommt, wenn der Täter vorsätzlich handelte, es sei denn, das Gesetz würde ausnahmsweise auch eine fahrlässige Begehungsweise unter Strafe stellen.

> **Hinweis:**
>
> Wenn Sie die Grundsätze des **vorsätzlichen Handelns** wiederholen möchten, lesen Sie bitte die Ausführungen zu diesem Themenbereich in **Fall 1**.

Der Beschwerdeführer müsste nach den Feststellungen im Urteil also die objektiven Tatumstände mindestens billigend in Kauf genommen haben (**Eventualvorsatz**). Dies ist dann der Fall, wenn er sich über die möglichen Folgen seiner Handlung für die körperliche Unversehrtheit des Opfers im Klaren ist (Wissenselement) und diese Folgen billigt. Er müsste sich also bzgl. der Verletzungen des Geschädigten N gesagt haben: „Na wenn schon!". Dabei ist der Eventualvorsatz regelmäßig zum „**bewussten Fahrlässigkeitsdelikt**" abzugrenzen. Bei der bewussten Fahrlässigkeit erkennt der Täter auch, dass sein Verhalten eine gewisse Gefahr für Rechtsgüter darstellt, geht aber im Gegensatz zu vorsätzlichem Verhalten davon aus, „alles werde schon gutgehen". Er billigt also keineswegs eine mögliche Rechtsgutsverletzung. In diesem Fall käme nur eine Bestrafung wegen fahrlässiger Körperverletzung gem. § 229 StGB in Betracht.

Die Feststellungen des Urteils lassen **im Fall** nicht den Schluss zu, der Beschwerdeführer K habe vorsätzlich im Sinne eines dolus eventualis gehandelt. In der Urteilsbegründung geht der erkennende Richter davon aus, der K sei in der Annahme unterwegs gewesen „es werde sicher nichts passieren". Auch wenn diese Annahme in Anbetracht der Umstände „naiv" gewesen sein und der K sich tatsächlich „über straßenverkehrsrechtliche Grundsätze hinweggesetzt" haben mag, bedeutet dies nicht, dass er die für einen Eventualvorsatz erforderliche Grenze des Willenselementes erreicht hat. Feststellungen, dass er es billigend in Kauf genommen hätte, die körperliche Unversehrtheit eines anderen Menschen mittels seines Boards zu verletzen, fehlen hier.

c) Zwischenergebnis

11 Das Gericht hat somit zu Unrecht ein vorsätzliches Handeln des Beschwerdeführers K angenommen und ihn daher zu Unrecht wegen einer (vorsätzlichen) gefährlichen Körperverletzung verurteilt. Die Anwendung des **materiellen Rechts** war **fehlerhaft**, seine (Sprung-) **Revision** ist diesbezüglich **begründet** und hat Aussicht auf Erfolg.

> **Hinweis:**
>
> Da **Fahrlässigkeitsdelikte** in der Praxis eine große Rolle spielen (insbesondere im Straßenverkehrsrecht) soll noch ein kurzer Überblick über den Tatbestand der fahrlässigen Körperverletzung und den Aufbau der Strafbarkeit bei Fahrlässigkeitsdelikten folgen. Es wird aber nochmals ausdrücklich darauf hingewiesen, dass in einer Klausur die Prüfung einer fahrlässigen Körperverletzung nun nicht mehr erforderlich ist. Die fehlerhafte Rechtsanwendung durch das Gericht wurde bereits festgestellt und reicht für die Annahme der Begründetheit aus.

d) Exkurs: Fahrlässige Körperverletzung gem. § 229 StGB

aa) Allgemeine Ausführungen

Die fahrlässige Begehung ist nach **§ 15 StGB** nur strafbar, wenn es das Gesetz ausdrücklich anordnet. Das ist für die Körperverletzung in § 229 StGB der Fall. 12

Die fahrlässige Körperverletzung gehört – wie die einfache (vorsätzliche) Körperverletzung – zu den **Privatklagedelikten**. Eine Verfolgung durch die Staatsanwaltschaft kommt somit lediglich in Betracht, wenn ein öffentliches Interesse an der Strafverfolgung besteht (§§ 374 I Nr. 4, 376 StPO, Nrn. 86, 87, 233 RiStBV). Die fahrlässige Körperverletzung wird zudem gem. § 230 StGB grundsätzlich nur auf einen entsprechenden **Strafantrag** hin verfolgt, es sei denn, die Staatsanwaltschaft bejaht ein besonderes öffentliches Interesse an der Strafverfolgung (Nr. 234 RiStBV).

Was genau eine „fahrlässige" Begehung eigentlich ist, sagt das Gesetz – ähnlich wie beim Vorsatz – leider nicht. Bei Delikten wie der fahrlässigen Körperverletzung ist nach dem Wortlaut des § 229 StGB jedenfalls unabdingbare Voraussetzung, dass der **tatbestandliche Erfolg**, also eine körperliche Misshandlung oder eine Gesundheitsschädigung, eingetreten ist (sog. **fahrlässiges Erfolgsdelikt**; §§ 161, 316 II StGB sind hingegen fahrlässige Tätigkeitsdelikte, bei denen der Fahrlässigkeitsvorwurf lediglich in der Fehlerhaftigkeit des Verhaltens zu sehen ist).

Darüber hinaus wird nach allgemeiner Auffassung verlangt, dass der Täter diesen Erfolg durch eine **(objektive) Pflichtwidrigkeit (sog. Sorgfaltspflichtverletzung)**, die auch in einem Unterlassen (§ 13 StGB) bestehen kann, herbeigeführt hat. Zu prüfen ist also zunächst, ob der Täter die (objektiv) erforderliche Sorgfalt außer Acht gelassen hat (vgl. auch § 276 II BGB). Um diese Frage zu beantworten, ist nach den Anforderungen zu fragen, die *ein besonnener und gewissenhafter Mensch aus dem Verkehrskreis des Täters in dessen sozialer Rolle bei einer Betrachtung der Gefahrenlage ex ante zu erfüllen hat* (BGH RÜ 2003, 268). Diese Anforderungen können sich aus **speziellen Rechtsnormen** ergeben, die Verhaltensmaßstäbe zum Gegenstand haben (z.B. Regelungen in der Straßenverkehrsordnung oder in Arbeitsschutzvorschriften). Wenn – wie oft im privaten Bereich – spezielle gesetzliche Regelungen für ein Verhalten fehlen, muss **das (erlaubte) Risiko** eines Tuns bzw. Unterlassens im Hinblick auf seine **Schadenswahrscheinlichkeit, Schadensintensität** und das **Gewicht des** hierdurch möglicherweise **gefährdeten Rechtsguts** ermittelt werden. Kurz: Je wichtiger das Rechtsgut ist, das durch das Handeln des Täters betroffen werden kann, und je höher das Risiko ist, desto strenger sind die Anforderungen, die an das sorgfältige Verhalten des Täters zu stellen sind. Hilfsweise sind allgemeine **Erfahrungssätze** und gewohnheitsmäßige **Verhaltensmaßregeln** heranzuziehen, mit deren Hilfe sich die Anforderungen an die Ausführung einer riskanten Handlung präzisieren lassen.

Gleichzeitig muss der Eintritt des tatbestandlichen Erfolgs auch **objektiv vorhersehbar** gewesen sein. Die objektive Vorhersehbarkeit liegt vor, *wenn der wesentliche Kausalverlauf und der eingetretene Erfolg nicht so sehr außerhalb der allgemeinen Lebenserfahrung liegen, dass man vernünftigerweise nicht damit zu rechnen brauchte* (vgl. RGSt 65, 135) – oder kurz gesagt: der Täter hat bei Vornahme einer Handlung / einem Unterlassen einen ihm vorwerfbaren Fehler mit vorhersehbaren Folgen für ein Rechtsgut begangen.

Im Hinblick darauf, dass eine Sorgfaltspflichtverletzung oft auf (ungeschriebenen) Verhaltensmaßregeln beruhen wird, die der eigentlichen Tathandlung bei einem Vorsatzdelikt nicht entsprechen und zeitlich dem Erfolg viel weiter vorgelagert sind (Schaffung einer Gefahr durch den Täter, die sich erst später realisiert), ist als Einschränkung der als zu weit verstandenen conditio-sine-qua-non-Formel zu prüfen, ob zwischen der Handlung und dem Erfolg ein sog. **objektiver Zurechnungszusammenhang** besteht (auch als Pflichtwidrigkeits- oder Risikozusammenhang bezeichnet). Die Sorgfaltswidrigkeit des Täters muss sich im Erfolg niedergeschlagen haben, d.h. gerade die durch den Täter fahrlässig geschaffene Gefahr muss sich im tatbestandlichen Erfolg realisiert haben. In der Rechtsprechung haben sich hier einige Fallgruppen entwickelt, bei deren Vorliegen ein solcher Zusammenhang abgelehnt wird. Tritt z.B. das Opfer selber eigenverantwortlich und selbstgefährdend zwischen den Kausalverlauf oder hätte ein **rechtmäßiges Alternativverhalten** zum gleichen Erfolg geführt (Beispiel: Autofahrer verursacht mit überhöhter Geschwindigkeit einen Unfall, dieser wäre aber auch bei angepasster Geschwindigkeit nicht zu verhindern gewesen), so fehlt es am erforderlichen Zurechnungszusammenhang.

Liegen die besagten objektiv zu beurteilenden Voraussetzungen vor, muss dem Täter aber sein Fehler nach herrschender Meinung auch **subjektiv vorwerfbar** sein, d.h. *der Täter muss nach seinen persönlichen Fähigkeiten und Kenntnissen im Hinblick auf seine Intelligenz, Bildung, soziale Stellung und Lebenserfahrung in der Lage sein, die objektive Sorgfaltspflicht (s.o.) einzuhalten und den drohenden Schaden (Erfolg) und den hierhin führenden wesentlichen Kausalverlauf zu erkennen* (BayObLG NJW 1998, 3580).

bb) Aufbau der fahrlässigen Körperverletzung

13 Die oben beschriebenen Besonderheiten haben zur Folge, dass der Aufbau der Strafbarkeitsprüfung bei einem Fahrlässigkeitsdelikt im Allgemeinen und bei der fahrlässigen Körperverletzung im Speziellen anzupassen ist. Grundsätzlich müssen aber auch hier Tatbestand, Rechtswidrigkeit und Schuld des Täters festgestellt werden. Daraus ergibt sich folgender Vorschlag für den Prüfungsaufbau:

I. Tatbestand

1. **Tatbestandlicher Erfolg** = körperliche Misshandlung oder Gesundheitsschädigung
2. **Tathandlung**
3. **Kausalität** (conditio sine qua non)
4. **Objektiver Fahrlässigkeitsvorwurf**
   a. Objektiver Sorgfaltspflichtverstoß
   b. Objektive Vorhersehbarkeit des wesentlichen Kausalverlaufs und des tatbestandlichen Erfolges
   c. Objektiver Zurechnungszusammenhang

II. Rechtswidrigkeit

III. Schuld

1. „Klassische" Prüfungspunkte der Schuld
2. Subjektive Fahrlässigkeit (Fahrlässigkeitsschuld)
   a. Subjektiver Sorgfaltspflichtverstoß
   b. Subjektive Vorhersehbarkeit des Kausalverlaufs / des Erfolgs

cc) Fahrlässige Körperverletzung bezogen auf den Fall

Hinweis: 14

Die folgenden Ausführungen erfolgen kurz und klarstellend im „reinen" Urteilsstil.

Hätte das Gericht den Beschwerdeführer im Fall wegen fahrlässiger Körperverletzung gem. § 229 StGB verurteilt, wäre dies nicht zu beanstanden gewesen. Die körperliche Misshandlung in Form eines Nasenbeinbruchs beim Geschädigten N ist kausal auf die schwungvolle Fahrt und den misslungenen Trick des Beschwerdeführers K zurückzuführen. Er hätte – so auch die richtigen Feststellungen des Gerichts – besser aufpassen, d.h. in der konkreten Situation (Fahrt auf einem Fußgängerweg vor Hausausgängen) vorsichtiger fahren müssen. Dass er auf dem Fußgängerweg gefahren ist, ist im Hinblick auf § 24 I StVO grundsätzlich nicht zu beanstanden. Er hätte aber als Fahrer eines Skateboards die Grundregeln für die Teilnahme am öffentlichen Straßenverkehr (§ 1 StVO) berücksichtigen und sicherstellen müssen, dass durch seine Fahrweise keine anderen Verkehrsteilnehmer gefährdet oder unnötig behindert werden. Indem er

Tricks im jederzeit zugänglichen Raum auf einem Gehweg vor Hauseingängen trainierte, erfülle er diese Pflicht jedenfalls nicht. Angesichts seiner Sorgfaltspflichtverletzung musste er auch objektiv damit rechnen, dass es zu Verletzungen Unbeteiligter kommen konnte, dies liegt nämlich innerhalb der allgemeinen Lebenserfahrung. Ein objektiver Zurechnungszusammenhang wäre zu bejahen, da die StVO nach ihrem Sinn und Zweck gerade verhindern will, dass es in ihrem Anwendungsbereich zu Unfällen und damit zu Personen – oder Sachschäden kommt.

Die Verwirklichung der objektiven Tatbestandsmerkmale indiziert die Rechtswidrigkeit der Tat. Erlaubnistatbestände waren hier nicht ersichtlich.

Bedenken gegen die Annahme der allgemeinen Schuldmerkmale bestehen nicht. Letztlich war es dem Beschwerdeführer K als durchschnittlich verständigem Teilnehmer am Straßenverkehr auch möglich, die objektiv bestehende Sorgfaltspflicht (s.o.) einzuhalten. Den Umstand, dass es bei einer Missachtung der Sorgfaltsregeln zu einem Unfall mit Personenschaden kommen kann, konnte der K mangels entgegenstehender Anhaltspunkte problemlos erkennen. Er hat sich somit wegen fahrlässiger Körperverletzung gem. § 229 StGB strafbar gemacht.

Hinweis:

Für Fahrlässigkeitsdelikte gelten in vielen Bereichen andere Regeln als für Vorsatzdelikte. So ist der Versuch eines Fahrlässigkeitsdelikts nicht möglich, da dieses ja nicht geplant wird. Auch eine (mit-)täterschaftliche Beteiligung an einer Fahrlässigkeitstat kommt nicht in Betracht, da es an einem gemeinschaftlichen Tatplan fehlt. Ebenso wenig kann zu einem Fahrlässigkeitsdelikt angestiftet oder hierzu Beihilfe geleistet werden.

2. Betrug, § 263 I StGB

15 Fraglich ist, ob sich der Beschwerdeführer K tatsächlich – wie vom AG Köln ausgeurteilt – wegen eines (vollendeten) Betruges gegenüber und zum Nachteil des Zeugen S gem. § 263 I StGB strafbar gemacht hat, indem er ihm eine Konzertkarte gegen Zahlung eines Betrages von 150,– € anbot, die er tatsächlich gar nicht zur Verfügung hatte.

a) Allgemeine Einordnung und Grundstruktur des Betrugs

16 Geschütztes Rechtsgut beim Betrug gem. § 263 I StGB ist das **Vermögen**. Darunter wird allgemein der *Inbegriff aller wirtschaftlichen Güter verstanden, die nach der Gesamtrechtsordnung einer Person zuzuordnen sind* (BGHSt 16, 221). Im Gegensatz zum Diebstahl, der nur das Eigentum einer Person an beweglichen Gegenständen

schützt, ist der Schutzbereich des Betrugs somit viel weitreichender, dafür aber auch vielfach umstritten und Gegenstand unübersichtlicher Auseinandersetzungen. Das Vermögensverständnis des BGH war immer schon sehr wirtschaftlich geprägt (sog. **„rein wirtschaftlicher Vermögensbegriff“**, BGHSt 26, 347), veränderte sich durch zahlreiche Entscheidungen über die letzten Jahre hinweg aber zu einem wirtschaftlichen Vermögensbegriff mit juristischen Einschränkungen (sog. **„ökonomisch-juristischer Vermögensbegriff“).** Weitgehende Einigkeit besteht insoweit, als u.a. Eigentum, beschränkt dingliche Rechte, Besitz, Gewahrsam (BGHSt 8, 256), Pfandrechte, (begründete) Forderungen und Anwartschaftsrechte (BGHSt 17, 147) zum Vermögen zählen. Hingegen werden wirtschaftlich wertlose Sachen, unbegründete Forderungen oder solche Gegenstände, für die kein (offizieller) Markt besteht wie z.B. Reisepässe, Führerscheine oder Personalausweise nicht zum Vermögen hinzugezählt (vgl. die Übersicht bei Fischer StGB § 263 Rn. 91 ff.). Umstritten, aber im Ergebnis wohl eher zu bejahen ist nach wie vor die Frage, ob auch rechtlich missbilligte, sittenwidrig oder gesetzeswidrig erlangte Werte zum Vermögen gehören (ob also z.B. ein Dieb oder ein Drogendealer vor einem Betrug geschützt werden sollen – vgl. hierzu die Übersicht bei Fischer StGB § 263 Rn. 101 ff.).

Klausurtipp:

In einer Klausur ist eine vertiefte Beschäftigung mit dem vielfach umstrittenen und unübersichtlichen Bereich des Vermögensbegriffs eher nicht zu erwarten, Grundkenntnisse dürften daher ausreichen.

Schaut man in den Tatbestand des § 263 StGB, fällt zunächst auf, dass der Betrug in Abs. 1 einen Grundtatbestand enthält, in Abs. 3 besonders schwere Fälle aufzählt und in Abs. 5 die Tat sogar als Verbrechen qualifiziert. Der Betrug ist grundsätzlich ein Offizialdelikt, kann aber in den Fällen des § 263 IV StGB, der auf die Vorschriften der §§ 247 und 248a StGB beim Diebstahl verweist, zu einem Antragsdelikt werden. Ist der durch den Betrug verursachte Schaden also von geringem Wert (unter 25,– bzw. unter 50,– €) oder ist das Opfer des Betruges ein Angehöriger (vgl. § 11 I Nr. 1 a StGB) oder eine Person, die mit dem Täter in einer häuslichen Gemeinschaft lebt, so wird für die Strafverfolgung ein Strafantrag verlangt.

Der Grundtatbestand des § 263 I StGB beschreibt die Tathandlung als „Vorspiegeln falscher oder Entstellung oder Unterdrückung wahrer Tatsachen“ – kurz als **Täuschung**. Durch diese Täuschung muss der Täter bei einer anderen Person einen **Irrtum** erregen oder unterhalten und im Hinblick hierauf muss es bei einem anderen zu einem **Vermögensschaden** kommen. Da der Betrug im Gegensatz zum Diebstahl nach ganz herrschender Meinung ein sog. „Selbstschädigungsdelikt“ darstellt (BGHSt 14, 171; Fischer StGB § 263 Rn. 70), ist der Tatbestand so zu verstehen, dass der Täter das Opfer mit Hilfe seiner Täuschungshandlung und dem hierdurch hervorgerufenen Irrtum dazu bringt, das eigene (oder ein ihm nahestehendes) Vermögen **selbst zu schädigen**. Da der Tatbestand dies aber nicht ausdrücklich aufzeigt, geht man davon aus, dass zwischen Irrtum und Vermögensschaden noch ein Verbindungsstück benötigt wird – die sog. **Vermögensverfügung** des Getäuschten (BGH NStZ 2006, 687). Nur durch dieses **ungeschriebene Tatbestandsmerkmal** kann es bei einem Selbstschädigungsdelikt durch Irrtum zum Schaden kommen. Unbedingtes Ziel des Täters muss im Moment der Tathandlung eine **rechtswidrige Bereicherung** entweder für sich oder eine dritte, andere Person sein. Dabei braucht die Bereicherung nicht tatsächlich einzutreten. Man kann hier – wie beim Diebstahl – von einer überschießenden Innentendenz beim Täter sprechen, seine **Absicht** geht über das hinaus, was objektiv vorliegen muss.

Aus dem Gesagten ergibt sich folgender **Aufbauvorschlag** zur Prüfung eines Betruges:

I. Tatbestand

1. Objektiver Tatbestand

a. Täuschung

b. Kausaler Irrtum

c. Kausale Vermögensverfügung des Getäuschten (ungeschriebenes Tatbestandsmerkmal)

d. Kausaler Vermögensschaden

2. Subjektiver Tatbestand

a. Vorsatz bzgl. Grundtatbestand

b. Absicht rechtswidriger (stoffgleicher) Eigen – oder Drittbereicherung

II. Rechtswidrigkeit

III. Schuld

(ggf.: IV. Besonders schwerer Fall des § 263 III StGB)

Hinweis:

Da es in der Praxis eine riesige Zahl von Betrugsvarianten gibt, ist kaum ein anderer Tatbestand so eingehend von Rechtsprechung und Literatur untersucht und geformt worden wie der Betrug. Gleichzeitig ist die Rechtsfortbildung in diesem Bereich noch lange nicht abgeschlossen. Im Rahmen der vorliegenden Falllösung kann daher nur ein grober Überblick über die verschiedenen Problembereiche des Betruges und seiner Voraussetzungen gegeben werden.

b) Prüfung des Tatbestandes

aa) Täuschung über Tatsachen

Im Tatbestand wird als Tathandlung verlangt, dass der Täter falsche Tatsachen vorspiegelt oder wahre Tatsachen entstellt oder unterdrückt, also letztlich „über Tatsachen täuscht". Die h.M. definiert die **Täuschung** als ein *entweder aktives (ausdrückliches oder schlüssiges) Tun oder ein pflichtwidriges Unterlassen, das eine andere Person irreführen oder einen bestehenden Irrtum verstärken oder unterhalten soll.* **Tatsachen** werden definiert als *alle gegenwärtigen oder vergangenen Verhältnisse, Zustände oder Geschehnisse, die dem Beweis zugänglich sind* (Fischer StGB § 263 Rn. 6). 17

Der BGH geht davon aus, dass der Begriff der Täuschung das Bewusstsein voraussetzt, dass die behauptete Tatsache unrichtig sei (BGHSt 18, 237), dass also eine **bewusste Fehlinformation** seitens des Täters vorliegen müsse. Ein Täter, der nicht wisse, dass die von ihm unterbreitete Information falsch sei, begehe bereits keine Täuschung.

Hinweis:

Es ist gut vertretbar, dieser Auffassung zu folgen. Sollten Sie dieser Meinung zuneigen, können Sie den Umstand der „bewussten" Täuschung trotz seines subjektiven Charakters bereits im objektiven Tatbestand prüfen. Alternativ kann man das Problem aber auch im subjektiven Tatbestand beim Vorsatz bzgl. der objektiven Tatbestandsmerkmale, hier der Täuschung, ansprechen.

Reklamehafte Anpreisungen, werbegleiche Übertreibungen („wäscht weißer als weiß") und Werturteile („der Wagen ist einfach der Hammer") gehören nicht in den Bereich der Täuschung über Tatsachen. Allerdings sind Behauptungen ins Blaue hinein unter Umständen als Täuschung anzusehen, wenn der Erklärende die Unwahrheit seiner Äußerung billigend in Kauf nimmt. Hat z.B. der Verkäufer arge Bedenken bzgl. der Echtheit des von ihm anderweitig erlangten Diamanten, behauptet aber einfach

„ins Blaue hinein“, dieser sei echt und habe eine hohe Karatzahl, ist von einer Täuschung auszugehen. Eine Abgrenzung ist oft schwierig und im Einzelfall zu treffen.

Die Täuschung kann entweder durch eine ausdrückliche Erklärung oder auch konkludent bzw. **schlüssig** erfolgen. Wer z.B. eine Rechnung stellt, erklärt damit schlüssig, die der Rechnung zugrundeliegenden Leistungen erbracht zu haben (BGH NStZ 1994, 188); wer eine Sache bestellt, erklärt schlüssig, diese Sache bezahlen zu können und zu wollen (BayObLG JR 1958, 67); wer eine Forderung gerichtlich geltend macht, erklärt schlüssig, dass die den Anspruch begründenden Tatsachen auch wirklich vorliegen – vgl. Wahrheitspflicht des § 138 I ZPO. Hier gilt es aber, im jeweiligen Einzelfall eine Entscheidung zu treffen, da nicht in jedem Fall in das Verhalten eine schlüssige Erklärung hineingelesen werden kann (Bsp.: Entgegennahme zu viel gezahlten Geldes, OLG Köln, NJW 1980, 2366).

Im Fall behauptete der Verurteilte K ausdrücklich und der Wahrheit zu wider, im Besitz eines Tickets für ein ausverkauftes Konzert einer bekannten Schlagersängerin zu sein. Da er das frei erfunden hatte, stellt seine Behauptung eine bewusst falsch behauptete Tatsache dar, mit der er aktiv auf das Vorstellungsbild des Zeugen S einwirkte. Er hat somit getäuscht.

bb) Kausaler Irrtum

18 Durch die Täuschungshandlung muss kausal ein Irrtum beim Getäuschten hervorgerufen oder unterhalten worden sein. **Irrtum** ist jede *Fehlvorstellung über die Tatsachen, die Gegenstand der Täuschung waren* oder auch jeder *Widerspruch zwischen Vorstellung und Wirklichkeit beim Getäuschten.* Die Täuschungshandlung des Täters muss **kausal** im Sinne der conditio-sine-qua-non Theorie für den Irrtum des Getäuschten sein, d.h. *die Täuschungshandlung darf nicht hinweggedacht werden können, ohne das ihr Erfolg (der Irrtum) entfiele.* Zweifel schaden nicht, wenn das Opfer dem Täter die falschen Tatsachen letztlich glaubt. Ob das Opfer die Täuschung bei sorgfältiger Prüfung hätte erkennen können, spielt ebenfalls keine Rolle. Auch leichtgläubige Personen verdienen den Schutz des § 263 StGB (BGHSt 34, 199, 201).

Macht sich der Getäuschte aufgrund der Täuschung zwar keine konkreten Gedanken, geht aber aufgrund allgemeiner Erfahrung, besonderen Vertrauens oder im Hinblick auf fehlende Auffälligkeiten davon aus, dass schon „alles in Ordnung sei“, kann dies für einen Irrtum ausreichen (BGHSt 2, 325, 326).

Im Fall ging der Zeuge S aufgrund der Behauptung des K davon aus, dass dieser tatsächlich im Besitz einer Konzertkarte sei. Das entsprach aber nicht den Tatsachen, so dass der Zeuge S einer Fehlvorstellung über Tatsachen und damit einem kausal auf der Täuschung des Beschwerdeführers beruhenden Irrtum unterlag.

cc) Vermögensverfügung

Wie bereits ausgeführt handelt es sich bei der Vermögensverfügung um ein ungeschriebenes Tatbestandsmerkmal, das in den objektiven Tatbestand des § 263 I StGB aufgrund seines Charakters als Selbstschädigungsdelikt hineinzulesen ist. 19

Klausurtipp:

Es entspricht einhelliger Meinung, dass es für die Verwirklichung eines Betruges einer Vermögensverfügung seitens des Getäuschten bedarf. Dieser Punkt darf daher in einer Klausur als unstreitig behandelt werden und bedarf keiner Erläuterung.

Wichtig ist, dass gerade der Getäuschte die vermögensschädigende Verfügung über eigenes oder fremdes Vermögen vornehmen muss. Es wird hier eine **Personenidentität** verlangt, da der durch die Täuschung verursachte Irrtum seinerseits die Ursache der Vermögensverfügung sein muss (BGHSt 18, 223 f.). Eine **Vermögensverfügung** ist *jedes Tun, Dulden oder Unterlassen, das sich unmittelbar vermögensmindernd auswirkt* (BGHSt 14, 170 f.). Da variabel ist, auf welche Weise der Getäuschte eine Vermögensminderung herbeiführt, kommt eine unbeschränkte Zahl verschiedener Verfügungen in Betracht – von der Übertragung von Eigentum über den Erlass einer Forderung bis hin zur Erbringung von Dienst- oder Arbeitsleistungen ist hier alles möglich. Entscheidend ist, dass die Verfügung **unmittelbar** zur Minderung eines Vermögens führt, also ohne weitere Zwischenschritte durch den Täter oder dritter Personen. Wird durch die Verfügung also nur eine Zugriffsmöglichkeit für den Täter eröffnet (z.B. eine Gewahrsamslockerung herbeigeführt, die der Täter zur Wegnahme nutzen kann – **Trickdiebstahl**, vgl. BGHSt 14, 171), so reicht dies nicht für einen Betrug aus.

Hinweis:

Da zwar der Getäuschte und der Verfügende, aber nicht unbedingt der Verfügende und der letztlich Geschädigte personenidentisch sein müssen, kann es beim Betrug zu Dreieckskonstellationen kommen (sog. **Dreiecksbetrug**). Damit in diesen Fällen der Charakter als Selbstschädigungsdelikt gewahrt bleibt, muss der Verfügende aber zumindest **„im Lager"** des Geschädigten stehen (so die Rspr., BGHSt 18, 221), ein „Näheverhältnis" zu ihm haben oder sogar „befugt" sein, die Verfügung vorzunehmen.

Im Fall hat der getäuschte Zeuge S im Glauben an die Existenz der Konzertkarte an den Verurteilten K eine Zahlung in Höhe von 150,– € geleistet. Rechtlich hat er ihm Besitz übertragen und ihm die Geldscheine übereignet. Hierdurch ist eine unmittelbare Vermögensminderung bei ihm im Wert der besagten Summe eingetreten. Die Verfügung beruhte auch unmittelbar auf seinem Irrtum.

dd) Vermögensschaden

20 Zur Tatvollendung muss ein Vermögensschaden festgestellt werden. Dieser liegt vor, wenn ein *Vergleich der Vermögenslage vor und nach der Vermögensverfügung ergibt, dass die Vermögensminderung nicht unmittelbar durch ein vermögenswertes Äquivalent ausgeglichen wurde* (BGHSt 34, 199; BVerfG NStZ 1998, 506). Diese Vorgehensweise wird auch **Gesamtsaldierung** genannt. Fraglich ist also, ob für die durch die Verfügung verursachte Minderung eine diese objektiv ausgleichende Gegenleistung (**Äquivalent**) ins Vermögen eingeflossen ist.

Einzubeziehen in die Saldierung sind z.B. einer Verbindlichkeit gegenüberstehende Leistungsansprüche, Befreiungen von Verbindlichkeiten oder Kreditsicherheiten. Bei einem Leistungsanspruch ist aber im Einzelfall zu fragen, gegen wen sich dieser richtet – handelt es sich z.B. um eine völlig mittellose überschuldete Person, so wird im Hinblick auf eine (fast) aussichtslose Möglichkeit der Realisierung des Anspruchs kein gleichwertiges Äquivalent anzunehmen sein. Die ständige Rechtsprechung lässt in diesem und ähnlich gelagerten Fällen bereits eine konkrete Gefährdung des Vermögens als Schadensposition ausreichen. Man spricht von einer **schadensgleichen Vermögensgefährdung** (RGSt 16, 1; BGHSt 33, 244, 246), wenn die Wahrscheinlichkeit eines endgültigen Vermögensverlustes zum Zeitpunkt der Verfügung bereits so groß ist, dass dies wie eine objektive Minderung des Gesamtvermögens angesehen werden kann.

Auch eine gutgläubig vom Nichtberechtigten erworbene Sache kann ein Äquivalent darstellen (BGHSt 15, 83, 87 – der BGH hält hier aber unter Umständen einen Gefährdungsschaden im Hinblick auf das Prozessrisiko für möglich). Nicht zu berücksichtigen sind Schadensersatzansprüche (z.B. resultierend aus der Täuschung), da diese ja gerade einen Schaden voraussetzen und diesen dann nur kompensieren.

> **Hinweis:**
>
> Auf der Ebene des Vermögensschadens tauchen beim Betrug zahlreiche Problemstellungen auf, deren umfassende Darstellung den Umfang dieser Bearbeitung sprengen würden. Wenn Sie Ihre Kenntnisse dazu vertiefen wollen, lesen Sie die Ausführungen und zahlreichen Beispiele zum Vermögensschaden bei Fischer StGB § 263 Rn. 110 ff.

Im Fall erwähnt der Beschwerdeführer K ausdrücklich, dass er nicht davon ausgeht, dass er einen Schaden verursacht hat. Es ist bereits festgestellt worden, dass der Zeuge S durch die Zahlung von 150,– € eine Minderung seines Vermögens verursacht hat. Fraglich ist, ob durch die Zahlung ein gleichwertiges Äquivalent in sein Vermögen eingeflossen ist, das diese Minderung kompensiert. Nach den Feststellungen im Urteil steht fest, dass der Zeuge S dem Beschwerdeführer K aus einem Kaufvertrag aus dem Jahr 2020 noch einen Restbetrag der Kaufpreissumme in Höhe von 150,– € schuldete. Es ist davon auszugehen, dass er durch die Zahlung genau dieses Betrages an den Beschwerdeführer (da seine Zahlung keine genaue Bestimmung enthielt), zunächst von der alten Verbindlichkeit aus dem Kaufvertrag gem. §§ 362, 366 II BGB in Höhe von 150,– € befreit wurde. Das hat konsequenterweise zur Folge, dass der Minderung seines Vermögens ein gleichwertiges Äquivalent gegenüber steht. In diesem Fall ist also ein Vermögensschaden abzulehnen, es liegt **kein vollendeter Betrug** vor. Der Vorsatz des Beschwerdeführers K und die Absicht, sich oder einen Dritten rechtswidrig (und stoffgleich) zu bereichern, müssen daher an dieser Stelle nicht mehr überprüft werden.

Hinweis:

Auf die subjektiven Tatbestandsvoraussetzungen des Betruges, insbesondere die **Absicht, sich rechtswidrig (und stoffgleich) zu bereichern**, wird aber in den unten als Exkurs geführten Ausführungen zum versuchten Betrug näher eingegangen.

c) Zwischen- und Endergebnis zum Fall 6

Die Anwendung des **materiellen Rechts** war **fehlerhaft.** 21

Das Gericht hat den Beschwerdeführer K zu Unrecht wegen (vorsätzlicher) Körperverletzung und auch zu Unrecht wegen eines (vollendeten) Betruges verurteilt.

Die Revision ist im Hinblick auf die Sachrüge des Beschwerdeführers somit begründet und hat Aussicht auf Erfolg.

Die Rechtspflegerin würde ein Revisionsbegründungsprotokoll aufnehmen, dessen Fertigung allerdings nicht Bestandteil der vorliegenden Aufgabenstellung ist.

Hinweis:

Vgl. zum Inhalt eines Revisionsbegründungsprotokolls die Ausführungen zu **Fall 4**.

Es kommt in der Praxis häufig vor, dass Tatbestände – wie hier § 263 I StGB – mangels Verwirklichung aller Tatbestandsmerkmale nicht vollendet werden. In diesen Fällen kann unter Umständen eine

Strafbarkeit wegen eines versuchten Delikts in Betracht kommen. Da der **Versuch** von praktischer Relevanz ist, soll Ihnen im Rahmen eines Exkurses ein kurzer Überblick über den Versuch und die Besonderheiten bei der Prüfung einer Versuchs-Strafbarkeit gegeben werden. Es wird zur Klarstellung darauf hingewiesen, dass eine solche Prüfung im vorliegenden Fall **nicht mehr erforderlich** wäre, da bereits eine fehlerhafte Verurteilung festgestellt wurde und nicht weiter zu prüfen ist, welche Strafbarkeit statt des zu Unrecht ausgeurteilten (vollendeten) Betruges vielleicht *vorliegen könnte.*

d) Exkurs: Der Versuch einer Straftat

aa) Allgemeine Ausführungen zur Versuchsstrafbarkeit

22 Grundsätzlich kann eine Bestrafung nur erfolgen, wenn der Täter alle Tatbestandsmerkmale eines Straftatbestandes verwirklicht hat. Man spricht dann von einer vollendeten Tat. Sollte dies der Fall sein, bleibt kein Raum für eine Versuchsstrafbarkeit. Kommt es aus tatsächlichen oder rechtlichen Gründen nicht zur Vollendung eines Vorsatzdeliktes, hat der Täter das aber angestrebt und auch mit der Verwirklichung bereits begonnen, spricht man von dem Versuch einer Straftat, der nach dem Willen des Gesetzgebers in vielen Fällen zu bestrafen ist.

Die Begründung hierfür variiert. So soll nach der Rechtsprechung schon der Umstand ausreichen, dass durch den Täter ein rechtsfeindlicher Wille nach außen betätigt wurde (sog. subjektive Theorie). Teils wird das Erfordernis einer Bestrafung damit begründet, dass das Vertrauen der Allgemeinheit in den Rechtsfrieden erschüttert sei (Eindruckstheorie).

23 Gem. **§ 23 I StGB** ist der Versuch eines **Verbrechens** (§ 12 StGB) stets strafbar. Für **Vergehen** gilt dies nur, wenn eine Strafbarkeit durch das Gesetz besonders angeordnet wurde. Dies wird regelmäßig in der jeweiligen Strafvorschrift bestimmt und kann sowohl bei Grunddelikten als auch bei Qualifikationen der Fall sein. Es gibt indes auch Delikte, bei denen ein Versuch ganz straflos bleibt (z.B. bei der Untreue, § 266 StGB oder beim Hausfriedensbruch, § 123 StGB).

Zu berücksichtigen ist, dass gem. **§ 23 II StGB** beim Versuch eine **mildere** Bestrafung in Erwägung zu ziehen ist. In Einzelfällen kann sogar gem. **§ 23 III StGB** ganz von einer Bestrafung abgesehen werden. Das setzt aber voraus, dass der Versuch überhaupt nicht zur Vollendung kommen konnte und der Täter aus **grobem Unverstand**, also *auf Grundlage einer völlig abwegigen Vorstellung von gemeinhin bekannten Ursachen* (BGHSt 41, 95) gehandelt hat (z.B. Versuch, mit einem Luftgewehr ein hoch fliegendes Flugzeug abzuschießen).

Fraglich ist, ab wann eine Strafbarkeit für den Versuch bestimmt ist. Ein Delikt durchläuft von der ersten Idee über die Planung bis hin zur erfolgreichen Ausführung (und ggf. noch einer sich anschließenden Sicherung der Beute) verschiedene **zeitliche Phasen**. Nicht in jedem Fall droht das Gesetz eine Strafe an bzw. ist die Strafe in voller Höhe vorgesehen. Spielt eine Person mit der Möglichkeit, eine Tat zu begehen, ist die Entscheidung über das „Ob“ (und folglich über das genaue tatbeschreibende „Wie“) noch nicht gefallen, spricht man von sog. **Tatgeneigtheit**. Dieser frühe Zeitraum ist für den Beschuldigten regelmäßig nicht von strafrechtlicher Relevanz. Entscheidet sich die Person, eine bestimmte Straftat zu begehen, ist ihr Vorsatz hinsichtlich des „Ob“ gefasst, das „Wie“ im Detail allerdings noch formbar. Man spricht hier davon, dass ein sog. **Tatentschluss** gefasst wird. Auch dieser Bereich ist als reiner Gesinnungsakt i.d.R. straflos (Ausnahme: § 30 II StGB). Sogar **Vorbereitungshandlungen** bleiben für den Beschuldigten grundsätzlich noch ohne strafrechtliche Folgen, es sei denn, die von ihm durchgeführten Handlungen sind bereits unter Strafe gestellt (z.B. Verstoß gegen das WaffenG durch Besorgen der Tatwaffe, Hausfriedensbruch beim „Ausbaldowern“ des Tatortes). 24

In das **strafbare Versuchsstadium** tritt ein, wer seinen Tatentschluss konkretisiert und mit der Umsetzung des Plans beginnt. Man nennt diesen Moment das **unmittelbare Ansetzen**, § 22 StGB. Dieses ist regelmäßig dann anzunehmen, wenn der Beschuldigte bereits **ein** (oder mehrere) **Tatbestandsmerkmal** (e) **verwirklicht** hat (BGH NStZ 2018, 648 f.). Aber auch, wer auf der Grundlage seines konkreten Tatplans und seiner Vorstellung von der Tat (BGHSt 28, 162) *Handlungen ausführt, die der Erfüllung eines Tatbestandsmerkmals unmittelbar vorgelagert sind und* ***ohne wesentlichen Zwischenschritt*** *in die Tatbestandsverwirklichung unmittelbar einmünden sollen* (BGH NStZ 2018, 648), setzt zur Begehung der Tat unmittelbar an.

Erforderlich ist insoweit, dass der Täter nach seiner Vorstellung von der Tat die sog. **„Schwelle zum jetzt geht's los“** überschreitet, d.h. eine konkrete nahe Gefahr für ein Rechtsgut begründet. Wann dies der Fall ist, ist im Einzelfall zu entscheiden (vgl. hierzu die Aufstellung bei Fischer StGB § 22 Rn. 11, 12). Meist werden dies Handlungen sein, die aus dem Vorbereitungsstadium hinaustreten und in einem unmittelbaren räumlich-zeitlichen Zusammenhang zur Verwirklichung stehen. Ist das Rechtsgut also nach der Vorstellung des Täters unmittelbar gefährdet, ist vom Überschreiten der Schwelle auszugehen.

Hinweis:

In der Literatur werden hierzu noch weitere Theorien (sog. Gefährdungs-/ Sphären- /Zwischenaktstheorie) vertreten, auf die an dieser Stelle nicht näher eingegangen werden soll.

25 Ab dem Moment des unmittelbaren Ansetzens bis zur Vollendung bzw. Beendigung der Tat, also dem Moment in dem alle Tatbestandsmerkmale erfüllt sind, billigt der Gesetzgeber dem Versuchstäter die Möglichkeit zu, **strafbefreiend vom Versuch des Delikts zurückzutreten.** Diese Option besteht unabhängig davon, ob nach der Vorstellung des Täters noch Tatbestandsmerkmale zur Herbeiführung des tatbestandlichen Erfolges zu verwirklichen sind (sog. **unbeendeter Versuch**, § 24 I 1, 1. Alt) oder er nach seiner Vorstellung von der Tat bereits alles getan hat, um den Taterfolg herbeizuführen (sog. **beendeter Versuch**, § 24 I 1, 2. Alt.).

Selbst wenn der Taterfolg unabhängig von den Rücktrittsbemühungen des Beschuldigten nicht eintritt, weil ein Dritter die Kausalkette unterbricht und den Erfolg verhindert, bleibt der Beschuldigte gem. § 24 I 2 StGB straflos, wenn er sich immerhin ernsthaft und freiwillig bemüht hat, den Eintritt des tatbestandlichen Erfolges zu verhindern. Die Begründungen für diese besondere Möglichkeit variieren (vgl. Übersicht bei Fischer StGB § 24 Rn. 2). Entscheidend nach Auffassung des BGH ist der Gedanke des **Opferschutzes** – das Opfer profitiert vom Umstand, dass der Täter auch nach Beginn seiner Tatausführung noch zurücktreten kann und hierfür mit Straffreiheit belohnt wird (BGHSt 35, 184); eine endgültige Rechtsgutsverletzung kann auf diese Weise vielleicht verhindert werden.

26 Voraussetzung für eine Straffreiheit ist aber in allen Fällen, dass der Täter **freiwillig**, also aus autonomen Motiven die Entscheidung zum Rücktritt trifft. Typische freiwillige Motive sind: Mitleid mit dem Opfer, Reue, Scham, Gewissensbisse, Einsicht. Es ist aber nicht unbedingt erforderlich, dass das freiwillige Motiv ethisch besonders hochwertig ist. So dürften Bedenken wegen eines drohenden Bewährungswiderrufs oder ein Abbruch der Tat, um auf eine bessere Gelegenheit zu warten, grundsätzlich ausreichen. Unterbricht der Täter aber die Tatbegehung, weil sich die Gefahr eines Erwischtwerdens für ihn unvertretbar erhöht, handelt er fremdbestimmt (heteronom) und sein Rücktritt wird nicht honoriert (BGH NStZ 2007, 265).

27 Von einer strafbefreienden Rücktrittsmöglichkeit soll der Beschuldigte insbesondere in den Fällen nicht profitieren, in denen sein Versuch **fehlgeschlagen** ist. Fehlgeschlagen ist ein Versuch dann, wenn *der Täter im Moment der letzten Ausführungshandlung* ***den Umstand erkennt (oder nur irrig annimmt), dass ihm die Vollendung der Tat*** *mit den bereits eingesetzten oder anderen bereitstehenden Mitteln* ***unmöglich ist*** (BGH NStZ 2014, 201). Wendet sich der Täter nur aus diesem Grund von der Tatbegehung ab, soll das von Seiten des Gesetzgebers nicht noch mit Straffreiheit belohnt werden.

bb) Aufbau des Versuchs in der Prüfung

28 Für den Prüfungsaufbau beim Versuch gilt grundsätzlich der bereits dargestellte dreistufige Deliktsaufbau Tatbestand, Rechtswidrigkeit und Schuld. Nach den oben geschilderten Besonderheiten des Versuchs ist aber unbedingt eine Anpassung dieses

Aufbaus erforderlich. Dies ist insbesondere dem Umstand geschuldet, dass der objektive Tatbestand nicht oder nicht vollständig erfüllt wurde, während der Tatentschluss (Vorsatz) des Täters im subjektiven Bereich bereits vollständig vorlag. Ferner muss berücksichtigt werden, dass nach der Schuld ein möglicher Rücktritt vom Versuch gem. § 24 StGB als möglicher Strafausschließungsgrund zu prüfen ist. Daraus ergibt sich folgender **Aufbau** für eine Klausur:

I. Vorprüfung

1. Nichtvollendung der Tat
2. Strafbarkeit des Versuchs, § 23 I StGB

II. Tatentschluss

- Vorsatz (der komplette Tatbestand muss hier – gespiegelt im subjektiven Vorstellungsbild des Täters – vorliegen)
- Eventuelle besondere subjektive Tatbestandsmerkmale

III. Unmittelbares Ansetzen, § 22 StGB

IV. Rechtswidrigkeit

V. Schuld

VI. Strafausschließungsgrund: Rücktritt vom Versuch, § 24 StGB

cc) Versuchsprüfung bezogen auf Fall 6

Fraglich ist, ob sich K wegen eines versuchten Betruges gegenüber und zum Nachteil 29 des Zeugen S gem. §§ 263 I, 22, 23 I StGB strafbar gemacht hat, indem er vorgab, ihm gegen eine Zahlung von 150,– € eine Eintrittskarte für ein ausverkauftes Konzert veräußern zu können / wollen.

Dies setzt zunächst voraus, dass die Tat **nicht vollendet** wurde. Es wurde bereits im Rahmen der Prüfung des § 263 I StGB festgestellt, dass vorliegend letztlich kein Schaden eingetreten ist. Der Betrug wurde nicht vollendet. Fraglich ist darüber hinaus, ob der versuchte Betrug überhaupt **strafbar** ist. Dies bestimmt sich nach § 23 I StGB. Der Betrug stellt kein Verbrechen i.S.d. § 12 StGB dar, aber § 263 II StGB bestimmt beim Vergehen des Betruges die Strafbarkeit eines Versuchs.

Der **subjektive Tatbestand** des Delikts muss **komplett** vorhanden sein. Wenn also die Vorstellung des Beschuldigten von der Tat (**Tatentschluss**, entspricht dem Vorsatz) verwirklicht worden wäre, müsste der objektive Tatbestand des Delikts vollständig vorliegen. Es wird also an dieser Stelle geprüft, ob der Täter die Umstände, die den Tatbestand einer Norm ausmachen, komplett in seinen Tatentschluss aufgenommen hat und er diese durch seine Handlung verwirklichen wollte (endgültiger Handlungswille). Für den Tatentschluss reicht grundsätzlich (wie für den Vorsatz) **dolus eventualis** aus. Stellt der versuchte Tatbestand bestimmte Anforderungen an den Vorsatz (z.B. „wider besseres Wissen"), so muss diese Vorsatzform auch beim Versuchs-Täter erfüllt sein. Zudem müssten eventuelle weitere **subjektive Tatbestandsmerkmale** wie z.B. eine Absicht der rechtswidrigen Bereicherung vorliegen.

K wollte vorliegend den Zeugen S mittels einer Täuschung dazu bringen, ihm in der irrigen Annahme, er könne ihm eine Eintrittskarte besorgen, 150,– € zu zahlen. Er wollte also einen Irrtum beim S hervorrufen und ihn hierdurch zu einer Vermögensverfügung verleiten. Allerdings war ihm bewusst, dass der Zeuge S noch offene Schulden bei ihm in genau dieser Höhe hatte und ihm war auch klar, dass S hierdurch von seiner Rest-Schuld befreit werden würde – ihm fehlte somit der Tatentschluss zum Hervorrufen eines Vermögensschadens beim Zeugen S.

30 Darüber hinaus dürfte ihm auch die **Absicht** gefehlt haben, sich **rechtswidrig (und stoffgleich) zu bereichern**. Dem Täter eines Betrugs muss es *subjektiv auf einen Vermögensvorteil für sich oder eine dritte Person ankommen* (dolus directus 1. Grades, vgl. BGHSt 16, 1). Wie bei § 242 I StGB und der dort vorausgesetzten Zueignungsabsicht kommt es nicht darauf an, ob der Vermögensvorteil auch tatsächlich erlangt wurde. Vermögensvorteil ist dabei *die Erhöhung des wirtschaftlichen Gesamtwertes des Vermögens* (Fischer StGB § 263 Rn. 186) – also die Kehrseite des Vermögensschadens. Da der Betrug als Vermögensverschiebungsdelikt angesehen wird, spricht man auch davon, dass der Vermögensvorteil **„stoffgleich"** sein muss und meint damit, dass *Vorteil und Schaden auf derselben Verfügung beruhen und der Vorteil unmittelbar aus dem geschädigten Vermögen entstehen müssen* (BGHSt 34, 379, 391). Das wäre z.B. nicht der Fall bei einer Person, die einem Dritten durch Täuschung ein Abo für eine Zeitung verkauft und hierfür von der Firma, für die er die Abos verkauft, eine Provision einstreichen will (BGHSt 21, 384).

Vorliegend versprach sich der K durch seine Täuschung und den hierdurch hervorgerufenen Irrtum eine Vermögensmehrung in Höhe von 150,– €, die unmittelbar auf der Vermögensverfügung des Zeugen S beruhen sollte. Auf diese Zahlung kam es ihm unbedingt an, diese war sein Ziel.

Fraglich ist aber, ob der von ihm angestrebte Vorteil auch **rechtswidrig** gewesen wäre. Das ist der Fall, *wenn nach materiellem (meist privatem) Recht kein einredefreier und fälliger Anspruch auf den Vermögensvorteil besteht und die Bereicherung objektiv im Widerspruch zur Rechtsordnung steht* (BGHSt 19, 206, 216). Dabei ist die Frage der Rechtswidrigkeit im Strafprozess ohne Bindung an vielleicht schon ergangene zivilrechtliche Entscheidungen zu prüfen.

Klausurtipp:

Gerade bei Vermögensdelikten kommt man ohne solide Grundkenntnisse des Zivilrechts oft nicht weiter. Prüfen Sie an dieser Stelle nach den Vorschriften des BGB chronologisch, ob ein Anspruch des Beschuldigten auf den Vermögensvorteil wirksam entstanden, vielleicht wieder untergegangen ist und ob dem Anspruch unter Umständen (rechtshemmende) Einreden entgegen stehen könnten.

Da die Rechtswidrigkeit nach objektiven Maßstäben zu prüfen ist, wird vorausgesetzt, 31
dass sich der Tatentschluss (**Vorsatz**) des Täters auch auf die Rechtswidrigkeit des angestrebten Vorteils beziehen muss. Da es sich um ein normatives Tatbestandsmerkmal handelt, wird dies nur dann abzulehnen sein, wenn der Beschuldigte nach einer **laienhaften Bewertung der Umstände** einen Anspruch für nicht gegeben oder zumindest zweifelhaft hält. Geht er aber davon aus, auf den Vorteil einen Anspruch zu haben, so fehlt es am Vorsatz bzgl. der Rechtswidrigkeit der Bereicherung. Sollte diese Ansicht irrig sein, so würde es sich um einen sog. Tatbestandsirrtum handeln, der gem. § 16 I S. 1 StGB den Vorsatz / Tatentschluss entfallen ließe (BGHSt 3, 160).

Vorliegend ist nach den Feststellungen im Urteil davon auszugehen, dass K gegen den Zeugen S einen objektiv vorliegenden Anspruch aus § 433 II BGB auf Zahlung des Rest-Kaufpreises in Höhe von 150,– € hatte. Diese Forderung ist bereits seit längerem fällig und offensichtlich auch frei von Einreden des Zeugen S – jedenfalls wurde nichts anderes festgestellt. Die von K angestrebte Bereicherung in Höhe von 150,– € stand somit nicht im Widerspruch zur Rechtsordnung – im Gegenteil: der Zeuge S war zur Zahlung dieses Betrages längst verpflichtet. Dies war dem K auch bewusst, genau aus diesem Grund ersann er ja gerade seine List, um den Zeugen endlich zur Zahlung des Betrages zu bewegen.

Eine **durch Täuschung** erreichte **Erfüllung eines materiell bestehenden Anspruchs** stellt nach ganz h.M. keinen (versuchten) Betrug dar (BGH NJW 1983, 2648; OLG Düsseldorf NJW 1998, 692; OLG München NJW 2006, 3364).

Der Tatentschluss des K zur Begehung eines Betruges fehlte also. Daher ist nicht mehr zu erörtern, ob (und wann) K zur Tatbestandsverwirklichung unmittelbar angesetzt hat, ob die Tat rechtswidrig und schuldhaft begangen wurde und ob ggf. ein strafbefreiender Rücktritt vorlag.

Im Ergebnis hat sich der K nicht wegen eines versuchten Betruges gem. §§ 263 I, 22, 23 I StGB gegenüber und zum Nachteil des Zeugen S strafbar gemacht.

Teil II:

Strafvollstreckungsrecht

Vorbemerkungen zum Teil „Strafvollstreckungsrecht“

Sachverhalte aus dem Bereich des Strafvollstreckungsrechts sind vielfach komplex und enthalten viele Daten, die für die Lösung relevant sein können. Um hier den Überblick zu behalten, empfiehlt sich grundsätzlich eine Darstellung des Sachverhalts in Form einer Zeitachse. Derartige Zeitstrahldarstellungen sind – sofern sachdienlich – zu Beginn der nachfolgenden Fallbesprechungen enthalten. Sie dienen lediglich der besseren Übersicht, gehören aber nicht in die formale Klausurlösung, sondern auf das Konzeptpapier.

Werden in den einzelnen Aufgaben Berechnungen verlangt, empfiehlt es sich, die Berechnungsergebnisse ebenfalls auf einer Zeitachse zu dokumentieren. Auf diese Weise können Flüchtigkeitsfehler leicht aufgedeckt werden, etwa, wenn die übertragenen Ergebnisse insgesamt betrachtet nicht in einer chronologisch aufsteigenden Reihenfolge stehen.

Für Berechnungen, die in diesem Teil des Studienbuchs anzufertigen sind, gelten die nachfolgenden **Bearbeitungshinweise**:

- Notwendige Bruchteilsberechnungen sind nach der Methode „abstrakt rückwärts“ durchzuführen.
- Soweit sich in den Berechnungen Bruchteile eines Monats ergeben, darf der gebrochene Monat mit 30 Tagen angenommen werden.
- Auf Kontrollberechnungen wird verzichtet.

Fall 7

A. Themenkreise

Freiheitsstrafe mit Bewährung / Fahrverbot / Einleitung der Vollstreckung mit Erörterung der Vollstreckungsvoraussetzungen.

B. Sachverhalt

A, der in der Vergangenheit schon mehrmals strafrechtlich in Erscheinung getreten ist, wird am 20.11.2018 um 16:15 Uhr von einer Polizeistreife gestellt, nachdem diese ihn wiederholt bei gefährlichen Überholmanövern und rücksichtslosem Verhalten im Straßenverkehr beobachtet hat. Der Aufforderung, seinen Führerschein herauszugeben, kommt A mit der Begründung nicht nach, er habe seine Ausweispapiere am Wochenende zuvor bei seiner Freundin vergessen. A folgt den Beamten zur Wache. Die Entnahme einer Blutprobe wird mit seinem Einverständnis veranlasst. Noch am gleichen Tag verlässt A die Polizeidienststelle wieder, nachdem seine Aussage protokolliert wurde.

Auf Antrag der Staatsanwaltschaft ergeht am 04.12.2018 ein Beschluss, wonach dem A die Fahrerlaubnis vorläufig entzogen wird. Der Beschluss wird dem Beschuldigten am 07.12.2018 persönlich zugestellt.

Am 08.02.2019 wird A in dieser Sache in Anwesenheit aller Beteiligten durch das Amtsgericht Bonn zu einer Freiheitsstrafe von 4 Monaten verurteilt. Die Strafe wird zur Bewährung ausgesetzt. Die Bewährungszeit beträgt 3 Jahre. Außerdem ordnet das Gericht die Entziehung der Fahrerlaubnis und die Einziehung des Führerscheins an. Es spricht eine Sperrfrist von 13 Monaten aus, innerhalb der dem A kein neuer Führerschein erteilt werden darf.

Bereits am 10.02.2019 geht beim Amtsgericht Bonn ein Schreiben des A mit folgendem Inhalt ein:

> „Sehr geehrtes Gericht,
>
> ich bin am 08.02.2019 von Ihnen verurteilt worden. Mir ist bewusst, dass mein Verhalten nicht in Ordnung war, aber die Strafe finde ich viel zu hoch und auch die Entziehung meines Führerscheins erscheint mir übertrieben. Bitte denken Sie erneut über die Sache nach und geben Sie mir eine mildere Strafe."

Im Urteil des Landgerichts Bonn vom 05.03.2019 wird die verhängte Bewährungsstrafe aufrechterhalten und ein Fahrverbot von 6 Monaten ausgesprochen. Im Übrigen wird das erstinstanzliche Urteil des Amtsgerichts Bonn aufgehoben.

A ist auch hiermit nicht einverstanden und erklärt direkt im Anschluss an die Hauptverhandlung zu Protokoll der Geschäftsstelle des Landgerichts Bonn, dass er das Urteil anfechte. Weitere Erklärungen folgen nicht. Mit Beschluss des Landgerichts Bonn vom 10.04.2019, zugestellt an A am 12.04.2019, wird die Revision als unzulässig verworfen.

Die Akten werden bei der Staatsanwaltschaft Bonn der für Strafvollstreckung zuständigen Rechtspflegerin R am 30.04.2019 zur weiteren Veranlassung vorgelegt. Die in der Akte liegenden beglaubigten Abschriften des Urteils tragen den Vermerk: „Rechtskräftig seit 11.04.2019“.

C. Aufgaben

1. Welche Überlegungen stellt die Rechtspflegerin bei Einleitung der Vollstreckung an?
2. Was prüft und veranlasst die Rechtspflegerin bei Einleitung der Vollstreckung im Hinblick auf die Freiheitsstrafe? Wer ist für die Bewährungsaufsicht zuständig?
3. Berechnen Sie die Bewährungszeit.
4. Was hat die Vollstreckungsbehörde im Hinblick auf das ausgesprochene Fahrverbot zu veranlassen?
5. Berechnen Sie die Fahrverbotsfrist für den Fall, dass der Führerschein des A am 27.05.2019 zur Akte gelangt.

Hinweis zur Gerichtsorganisation:

Amtsgericht	Landgericht	Oberlandesgericht
Bonn	Bonn	Köln

Besprechung von Fall 7

A. Die Darstellung des Sachverhalts im Zeitstrahl

20.11.18	4.12.18	7.12.18	8.2.19	10.2.19	5.3.19
Blutprobe	Beschluss § 111a StPO	ZU Beschl. an A	Urteil AG BN FS 4 Mon. m. Bew. §§ 69, 69a StGB	„Rechtsmittel“ d. A	Urteil LG BN (FS 4 Mon. m. Bew. bestätigt) § 44 StGB Revision A

10.4.19	12.4.19
Beschluss LG BN Revision = unzulässig	ZU d. Beschlusses an A

(BN = Bonn)

B. Aufgabe 1

Welche Überlegungen stellt die Rechtspflegerin bei Einleitung der Vollstreckung an?

I. Zuständigkeiten

Rechtspflegerin R wird zunächst prüfen, ob sie für die Durchführung der Vollstre- 1
ckung in dieser Sache zuständig ist.

Sachlich zuständig für die Vollstreckung einer nach dem StGB verhängten Strafe ist nach § 451 I StPO, § 4 I StVollstrO die Staatsanwaltschaft als Vollstreckungsbehörde.

Ihre örtliche Zuständigkeit richtet sich nach § 7 I StVollstrO i.V.m. § 143 GVG. Demnach bestimmt sich die Zuständigkeit der Staatsanwaltschaft nach dem Gericht des ersten Rechtszuges. Im vorliegenden Fall war das das Amtsgericht Bonn. Die Staatsanwaltschaft Bonn ist für die Vollstreckung der Urteile dieses Gerichts örtlich zuständig.

Funktionell sind die Aufgaben der Vollstreckungsbehörde in Straf- und Bußgeldverfahren nach § 31 II RPflG dem Rechtspfleger übertragen. Rechtspflegerin R ist also für die Vollstreckung der ausgesprochenen Strafe zuständig.

II. Vollstreckungsvoraussetzungen

2 Rechtspflegerin R hat nach § 2 I StVollstrO die Aufgabe, die richterliche Entscheidung mit Nachdruck und Beschleunigung durchzusetzen. Dazu wird sie gem. § 3 I StVollstrO zunächst prüfen, ob die Voraussetzungen der Vollstreckung vorliegen und daraufhin die konkreten Anordnungen treffen, soweit sie zur Durchsetzung der verhängten Bewährungsstrafe und des Fahrverbots angezeigt sind.

1. Rechtskraft der Entscheidung

3 Die Vollstreckung setzt zunächst die – absolute – Rechtskraft der zu vollstreckenden Entscheidung voraus, §§ 449 StPO, 13 I StVollstrO. Zu prüfen ist, wann diese eingetreten ist:

Das erstinstanzliche Urteil des Amtsgerichts Bonn ist am 08.02.2019 in Anwesenheit aller Beteiligten verkündet worden. Gegen dieses Urteil ist wahlweise die Berufung gem. § 312 StPO oder die (Sprung-)Revision gem. §§ 335, 312 StPO statthaft.

4 Anfechtungsberechtigt sind gem. § 296 I StPO der Beschuldigte und gem. § 296 I, II StPO die Staatsanwaltschaft.

Die Staatsanwaltschaft hat keine Erklärung abgegeben.

A hat in seinem Schreiben keine genaue Bezeichnung für sein Rechtsmittel gewählt. Er bringt jedoch mit der Aussage *„Bitte denken Sie erneut über die Sache nach und geben Sie mir eine mildere Strafe"* unmissverständlich zum Ausdruck, dass er das Urteil anfechten möchte. Die fehlende Bezeichnung des Rechtsmittels als Berufung oder Revision schadet nicht, § 300 StPO (vgl. *Cirener* in BeckOK StPO § 300 Rn. 1-2). Das Rechtsmittel ist als Berufung auszulegen, da sie zu einer umfassenderen Nachprüfung führt als eine Revision (vgl. *Schmitt* in Meyer-Goßner/Schmitt StPO § 300 Rn. 3).

5 Durch die rechtzeitige Einlegung der Berufung wird der Eintritt der Rechtskraft gehemmt, § 316 I StPO. Nach § 314 I StPO ist das Rechtsmittel innerhalb einer Woche nach Urteilsverkündung bei dem Gericht einzulegen, dessen Urteil angefochten wird, hier also beim Amtsgericht Bonn. Die Frist beginnt im vorliegenden Fall am 08.02.2019 und endet gem. § 43 I StPO mit Ablauf des 15.02.2019.

Die Berufung des A geht am 10.02.2019 und somit ersichtlich rechtzeitig ein. Die Rechtskraft ist damit gehemmt, § 316 I StPO.

Zu prüfen ist nunmehr die Entscheidung des Landgerichts Bonn vom 05.03.2019. 6
Gegen dieses Urteil ist die Revision gem. § 333 StPO das statthafte Rechtsmittel. Anfechtungsberechtigt sind auch hier der Beschuldigte und die Staatsanwaltschaft, § 296 StPO. A erklärt im Anschluss an die Urteilsverkündung seine Revision zu Protokoll der zuständigen Geschäftsstelle. Sie ist damit innerhalb der Wochenfrist des § 341 I StPO beim Landgericht Bonn eingegangen. Dadurch ist der Eintritt der Rechtskraft gem. § 343 I StPO gehemmt.

Mit Beschluss vom 10.04.2019 verwirft das Landgericht Bonn diese Revision als un- 7
zulässig. Dabei handelt es sich um einen Beschluss nach § 346 I StPO. Nach dieser Vorschrift hat das Gericht, dessen Entscheidung mit dem Rechtsmittel der Revision angefochten wird, drei Aspekte zu prüfen:

- Ist die Revision verspätet eingelegt worden?
- Sind die Revisionsanträge (siehe § 345 StPO) nicht oder nicht rechtzeitig gestellt worden?
- Sind die Revisionsanträge nicht in der Form des § 345 II StPO gestellt worden?

Trifft eine dieser Voraussetzungen zu, ist die Revision durch das Gericht, dessen Entscheidung angefochten wird, als unzulässig zu verwerfen.

Im vorliegenden Fall hat A die Revision zwar rechtzeitig eingelegt. Eine Revisionsbegründung und dazu gehörende Revisionsanträge, wie sie in §§ 344, 345 I StPO gefordert werden, sind aber nicht eingegangen. Das musste zur Verwerfung der Revision durch das Landgericht Bonn führen.

Die Entscheidung des Landgerichts ist nach § 346 II S. 1 StPO mit einem Rechtsbehelf „eigener Art", nämlich einem Antrag an das Revisionsgericht, anfechtbar. Dieser ist innerhalb einer Woche nach Zustellung des Verwerfungsbeschlusses anzubringen. Ein solcher Rechtsbehelf ist nicht eingegangen, sodass mit Ablauf dieser Wochenfrist nach h.M. (vgl. *Graf* in BeckOK StPO § 346 Rn. 20-22; *Gericke* in KK-StPO § 346 Rn. 25-28) die absolute Rechtskraft eintritt:

Zustellung:	12.04.2019	
	+ 1 Woche	§ 43 I StPO
	19.04.2019	= Karfreitag!

Das Ende der Frist fällt hier auf einen gesetzlichen Feiertag. Nach § 43 II StPO endet die Frist in diesem Fall mit Ablauf des nächsten Werktages, hier also am 23.04.2019 um 24:00 Uhr.

Da bis zu diesem Zeitpunkt keine weiteren Rechtsmittelerklärungen eingegangen sind, ist die absolute Rechtskraft ab dem 24.04.2019 um 00:00 Uhr gegeben.

2. Ordnungsgemäße Bescheinigung der Rechtskraft

8 Die Vollstreckung des Urteils darf nur erfolgen, wenn die Rechtskraft auf der Urschrift und/oder einer beglaubigten Abschrift der Entscheidung korrekt bescheinigt ist. Dabei ist anzugeben, wann die Rechtskraft eingetreten ist, §§ 451 I, 13 II StVollstrO.

Im vorliegenden Fall ist zwar eine Rechtskraftbescheinigung erteilt worden, diese ist aber nicht korrekt, da sie den 11.04.2019 als Tag des Rechtskrafteintritts ausweist.

3. Keine Vollstreckungshindernisse

9 Die Vollstreckung der Freiheitsstrafe und des Fahrverbots dürfen nur erfolgen, wenn keine Vollstreckungshindernisse vorliegen.

Hinsichtlich des Fahrverbots bestehen keine solchen. Der Vollstreckung der Freiheitsstrafe steht die Aussetzung zur Bewährung entgegen. Solange diese besteht, darf die Freiheitsstrafe nicht vollzogen werden.

III. Ergebnis:

10 Rechtspflegerin R wird zunächst die Akte an das Amtsgericht Bonn zurücksenden und auf eine Korrektur des Rechtkraftvermerks hinwirken. Erst nach deren Rückkehr kann die Vollstreckung eingeleitet werden.

C. Aufgabe 2

Was prüft und veranlasst die Rechtspflegerin bei Einleitung der Vollstreckung im Hinblick auf die Freiheitsstrafe? Wer ist für die Bewährungsaufsicht zuständig?

11 Die Freiheitsstrafe darf nicht vollstreckt werden, solange die Bewährung läuft. Deren Überwachung fällt jedoch nicht in die Zuständigkeit der Vollstreckungsbehörde, sondern in die des Gerichts, § 453b I StPO. Örtlich zuständig ist das Gericht, dem die Entscheidungen nach § 453 StPO obliegen, § 453b II StPO. Das ist gem. § 462a II S. 1 StPO – solange der Verurteilte nicht in anderer Sache in Strafhaft einsitzt – das Gericht des ersten Rechtszuges, hier also das Amtsgericht Bonn.

Die Bewährungsaufsicht wird dort – i.d.R. nach landesspezifischen Vorschriften – in einem besonderen Bewährungsheft geführt. Rechtspflegerin R wird bei ihrer Einleitung prüfen, ob ein solches angelegt wurde. Sie wird außerdem prüfen, ob der Verurteilte lt. Akte über die Bedeutung und Konsequenzen einer Bewährung gem. § 268a III StPO belehrt wurde. Ist das versäumt worden, initiiert sie die nachträgliche Belehrung gem. § 453a I StPO.

Neben den typischen und fallspezifischen Mitteilungen nach der MiStra wird sie außerdem die Mitteilung der Verurteilung an das Bundeszentralregister veranlassen, §§ 3 Nr. 1, 4 Nr. 1, 7 I S. 1 BZRG. Dabei ist das Ende der Bewährungszeit mitzuteilen, § 7 I S. 2 BZRG.

D. Aufgabe 3

Berechnen Sie die Bewährungszeit.

Die Bewährungszeit beginnt gem. § 56a II 1 StGB mit der Rechtskraft der Entscheidung, hier also am 24.04.2019 um 00.00 Uhr. Für die Berechnung existieren keine besonderen strafrechtlichen Vorschriften. Die Regelungen der StVollstrO über die Berechnung einer Strafzeit sind nicht anwendbar, da eine Bewährungszeit keine Strafzeit ist. Die §§ 42 ff. StPO sind für die Berechnung strafprozessualer Fristen gedacht und damit ebenfalls auf die Berechnung der Bewährungszeit nicht anwendbar. Es bleiben somit nur die allgemeinen Vorschriften zur Fristberechnung nach dem BGB. 12

Fristbeginn:	24.04.2019 00:00 Uhr	§ 187 II BGB
	+ 3 Jahre	
	23.04.2022 24:00 Uhr	§ 188 II letzte Alt. BGB

E. Aufgabe 4

Was hat die Vollstreckungsbehörde im Hinblick auf das ausgesprochene Fahrverbot zu veranlassen?

Ist ein Fahrverbot rechtskräftig verhängt worden, so ist der Führerschein des Verurteilten für die Dauer des Fahrverbots amtlich zu verwahren, §§ 44 II S. 2 StGB, 59a I S. 1 StVollstrO. Im vorliegenden Fall gelangte der Führerschein des Verurteilten bislang nicht zur Akte. Frau R wird den A gem. § 59a IV S. 1 StVollstrO zur Herausgabe auffordern und ihn gleichzeitig darauf hinweisen, dass die verhängte Verbotsfrist erst beginnt, wenn der Führerschein in amtliche Verwahrung gelangt ist, § 44 III S. 1 StGB. Kommt A dieser Aufforderung nicht freiwillig nach, wird sie unter Beteiligung der Polizei die Beschlagnahme des Führerscheins erwirken, § 59a IV S. 2 StVollstrO i.V.m. § 463b I StPO. Führt auch dies nicht zum Erfolg, wird 13

Frau R auf eine Abgabe der eidesstattlichen Versicherung über den Verbleib des Führerscheins hinwirken, § 463b III StPO.

F. Aufgabe 5

Berechnen Sie die Fahrverbotsfrist für den Fall, dass der Führerschein des A am 27.05.2019 zur Akte gelangt.

14 Für das Wirksamwerden des Fahrverbots lassen sich aus den §§ 44 II S. 1 StGB, 59a V S. 2 StVollstrO drei mögliche Zeitpunkte ableiten (vgl. *Kerkmann*, SVR 2018, S. 48 ff.):

1. Befindet sich der Führerschein bei Eintritt der Rechtskraft bereits bei der Akte, ist das Fahrverbot ab Rechtskrafteintritt wirksam.
2. Gelangt der Führerschein erst innerhalb eines Monats nach Rechtskraft zur Akte, wird das Fahrverbot wirksam, sobald der Führerschein in amtliche Verwahrung genommen wird.
3. Befindet sich der Führerschein einen Monat nach Rechtskrafteintritt noch nicht in amtlichem Gewahrsam, wird das Fahrverbot mit Ablauf der Monatsfrist wirksam.

Die Rechtskraft trat im vorliegenden Fall am 24.04.2019 ein. Zu diesem Zeitpunkt befand sich der Führerschein nicht in amtlichem Gewahrsam. Er wurde auch nicht innerhalb der Monatsfrist, die am 24.05.2019 um 24.00 Uhr endete (§ 43 I StPO), abgegeben. Das Fahrverbot ist somit wirksam ab dem 25.05.2019. Ab diesem Zeitpunkt darf A kein Kraftfahrzeug mehr im Straßenverkehr führen.

15 Der Beginn der Verbotsfrist und der Zeitpunkt des Wirksamwerdens fallen nicht in allen denkbaren Konstellationen auf denselben Zeitpunkt. Gem. § 59a V S. 2 StVollstrO beginnt die Verbotsfrist immer erst mit Abgabe des Führerscheins in amtliche Verwahrung. Erfolgt diese Abgabe – wie im vorliegenden Fall – erst nach Ablauf der Monatfrist aus § 44 II S. 1 StGB, hat das Fahrverbot zwar schon seine Wirkung entfaltet und der Verurteilte darf kein Kfz mehr führen; die Verbotsfrist beginnt jedoch erst später, nämlich erst, wenn der Führerschein in amtliche Verwahrung gelangt, hier also am 27.05.2019. Der Verurteilte „verlängert" quasi durch die späte Abgabe des Führerscheins die Zeitspanne, in der er kein Kraftfahrzeug fahren darf.

Für die Berechnung der Verbotsfrist finden die Vorschriften der StVollstrO über die Strafzeitberechnung entsprechende Anwendung, § 59a V S. 1 StVollstrO:

Beginn:	27.05.2019 TB	§§ 59a V S. 2, 37 II, IV StVollstrO
	+ 6 Monate	
	27.11.2019 TB	

Anzurechnen ist gem. § 51 V S. 1, I StGB die Zeit der vorläufigen Entziehung der Fahrerlaubnis. Auch wenn A seinen Führerschein während dieser Zeit nicht in amtliche Verwahrung gegeben hatte, so ist ihm dennoch ab dem Zeitpunkt der Zustellung des Beschlusses über die vorläufige Entziehung der Fahrerlaubnis (§ 111a StPO) das Fahren führerscheinpflichtiger Kraftfahrzeuge verboten. Diese Zeit bis zum Eintritt der Rechtskraft ist daher anzurechnen: 16

	07.12.2018 TB	§§ 59a V S. 1, 37 II 2 StVollstrO
bis	23.04.2019 TE	
	138 Tage	
	27.11.2019 TB	
	– 138 Tage	§§ 59a V S. 1, 39 IV S. 1 StVollstrO
	12.07.2019 TB	
Ende:	11.07.2019 TE	

Ab dem 12.07.2019 um 00:00 Uhr darf A wieder Kraftfahrzeuge fahren. Rechtspflegerin R wird veranlassen, dass der Führerschein rechtzeitig wieder an A per Einschreiben mit Rückschein übersandt wird, es sei denn, A erklärt im Vorfeld, dass er den Führerschein abholen werde, § 59a II S. 1 StVollstrO.

Anmerkung:

Problematisch kann im Rahmen der Anrechnung eine freiwillige Abgabe des Führerscheins im Zeitraum zwischen Urteilsverkündung und Eintritt der Rechtskraft sein: 17

Führt ein Verurteilter nach Wirksamwerden des Fahrverbots ein Kraftfahrzeug, macht er sich des Fahrens ohne Fahrerlaubnis nach § 21 I StVG schuldig. Gleiches gilt für Zeiten, in denen der Führerschein i.S.d. § 94 StPO in Verwahrung genommen, sichergestellt, beschlagnahmt oder in denen die Fahrerlaubnis gem. § 111a StPO vorläufig entzogen wurde, § 21 II StVG. Allen diesen vorläufigen Sicherungsmaßnahmen ist ein verbotsähnlicher Charakter gemeinsam.

Erklärt ein Verurteilter nach Urteilsverkündung Rechtsmittelverzicht und gibt den Führerschein noch vor Eintritt der absoluten Rechtskraft freiwillig ab, so führt das dazu, dass der Führerschein in amtliche Verwahrung genommen wird. Das Fahrverbot selbst ist aber bis zum Eintritt der absoluten Rechtskraft noch nicht wirksam. Die Verwahrung, die auf seine freiwillige Führerscheinabgabe hin erfolgt, hat keinen Verbotscharakter und ist daher mit der Verwahrung nach § 94 StPO nicht vergleichbar. Sie zieht auch nicht die Folge aus § 21 II StVG nach sich, sodass der Verurteilte im Zeitraum zwischen freiwilliger Führerscheinabgabe und Eintritt der absoluten Rechtskraft straffrei Kraftfahrzeuge fahren könnte. Belangt werden könnte er in einer Kontrolle allenfalls wegen einer Ordnungswidrigkeit, da er den Führerschein als nötiges Ausweispapier infolge der Führerscheinabgabe nicht mehr vorzeigen kann.

§ 51 V StGB als maßgebliche Anrechnungsgrundlage verweist auf Zeiten der Verwahrung, Sicherstellung, Beschlagnahme (§ 94 StPO) und der vorläufigen Entziehung der Fahrerlaubnis § 111a StPO und damit gezielt auf solche Maßnahmen mit verbotsähnlichem Charakter. Da dieser bei einer Verwahrung aufgrund freiwilliger Abgabe fehlt und die Wirkung des § 21 II StVG eben nicht eintritt, lehnt die h.M. eine Anrechnung des Zeitraums einer freiwilligen Abgabe des Führerscheins vor Rechtskraft des Fahrverbots ab. Wegen der Einzelheiten vgl. Aufsatz von *Stefan Stankewitz*, Staatsanwaltschaft Dortmund, SVR, 2015 S. 81 ff.

Fortsetzung von Fall 7

A. Themenkreise

Vollstreckung mehrerer Freiheitsstrafen gegen dieselbe Person / Tilgung einer Geldstrafe durch freie Arbeit i.S.d. Art. 293 EGStGB / Aussetzung von Freiheitsstrafen zur Bewährung nach Teilverbüßung / Vermögensarrest / Einziehung von Gegenständen und Wertersatz.

B. Sachverhalt

Gegen A wurden neben der 4-monatigen Freiheitsstrafe im Bonner Verfahren (vgl. Ausgangsfall) auch noch folgende Strafen verhängt:

I. Das Landgericht Köln hat A am 02.12.2019 wegen Volksverhetzung zu einer Freiheitsstrafe von 10 Monaten verurteilt. Auch diese Strafe hat das Gericht mit Blick auf das bislang unauffällige Bewährungsverhalten des A zur Bewährung ausgesetzt. Das Urteil wurde infolge allseitigen Rechtsmittelverzichts sofort rechtskräftig.

   A war in dieser Sache bereits 11 Tage in vorläufiger Freiheitsentziehung, bevor der Vollzug des U-Haftbefehls gegen eine Meldeauflage ausgesetzt wurde.

II. Am 14.09.2020 ist A ein Strafbefehl des AG Siegburg zugestellt worden, wonach er wegen des Erschleichens von Leistungen zu einer Geldstrafe von 30 Tagessätzen zu je 15,– € verurteilt wird. Das Gericht hat ihm gestattet, die Strafe in monatlichen Raten von je 20,– € zu zahlen.

   A kommt dieser Ratenzahlung in der Zeit von Oktober 2020 bis Februar 2021 stets pünktlich nach. Danach stellt er die Zahlungen ein, ohne mit der Vollstreckungsbehörde in Kontakt zu treten. Im April 2021 wird ihm in dieser Sache eine Ladung zum Strafantritt zugestellt. Zur Vermeidung der Ersatzfreiheitsstrafenvollstreckung bittet A sodann darum, die Strafe durch freie Arbeit tilgen zu können.

   Daraufhin wird A Ende Mai 2021 eine Arbeitsstelle in einem örtlichen Altenheim zur Pflege der Außenanlagen vermittelt. Ihm wird gestattet, die noch offene Geldstrafe nach dem Regelsatz zu tilgen, § 7 I S. 1 GStrTilgVO NRW.[1] Danach müssen zur Tilgung eines Tagessatzes 6 Stunden freie Arbeit erbracht werden.

---

1 i.d. Fassung v. 31.12.2021. Zum 01.01.2022 ist eine neue Fassung dieser Verordnung in Kraft getreten. Nach § 7 I der geänderten Fassung sind zur Tilgung eines Tagessatzes 5 Stunden freie Arbeit zu leisten.

Nachdem A im Juni 2021 an 2 Samstagen für jeweils 5 Stunden den Gärtner der Einrichtung unterstützt hat, erscheint er in der Folgezeit nicht mehr zur Arbeit.

Die Vollstreckungsbehörde fordert den Verurteilten vergeblich zur Wiederaufnahme der Arbeit auf, widerruft aber letztlich die Bewilligung der Tilgung durch freie Arbeit und forciert die Vollstreckung der Ersatzfreiheitsstrafe.

III. Die Bewahrungszeit ist bis dahin positiv verlaufen. Das Gericht hat daher trotz der Verurteilung durch das AG Siegburg (II) zunächst von einem Widerruf der Bewährung in den Verfahren Bonn und Köln abgesehen.

Mitte 2021 ändert sich das Verhalten des A jedoch: er bricht den Kontakt zu seinem Bewährungshelfer ab und kommt seinen Bewährungsauflagen nicht mehr nach. Bei einer am 05.07.2021 durchgeführten Wohnungsdurchsuchung werden folgende Gegenstände sichergestellt:

- ein Mobiltelefon der Marke Samsung (aktuelles Modell; Neupreis: ca. 950,– €)
- Bargeld i.H.v. 1.530,– € (aus Drogenverkäufen)
- eine Marihuana-Mühle (einfache Ausführung)
- 22,5 g Marihuana

A wird während der Durchsuchung festgenommen. Ein U-Haftbefehl wird noch am selben Tag erlassen und A wird in die JVA gebracht.

Im Laufe des Ermittlungsverfahrens zeigt sich, dass A durch den unerlaubten Handel mit Betäubungsmitteln einen nicht unerheblichen Gewinn erzielt hat. Die Staatsanwaltschaft erwirkt daher einen Vermögensarrest (§ 111e I StPO) in Höhe von 30.000,– €. In Vollziehung dieses Arrests wird ein Konto des A mit einem Guthaben von 14.356,– € gepfändet.

Mit Urteil des Landgerichts Aachen vom 11.11.2021 wird A in dieser Sache in Anwesenheit aller Beteiligter zu einer Freiheitsstrafe von einem Jahr und 8 Monaten verurteilt. Haftfortdauer wird angeordnet. Die bei der Durchsuchung sichergestellten Gegenstände werden eingezogen. Darüber hinaus wird im Urteil die Einziehung eines Wertersatzbetrages i.H.v. 32.540,– € angeordnet. Rechtsmittel werden nicht eingelegt.

Aufgrund der letztgenannten Verurteilung werden die Bewährungsaussetzungen in dem Bonner Verfahren und bzgl. der Strafe des Landgerichts Köln mit Beschluss vom 01.12.2021 widerrufen.

Als das Aufnahmeersuchen zur Vollstreckung der Kölner Strafe am 15.12.2021 in der zuständigen JVA Düsseldorf eingeht, liegen die Aufnahmeersuchen zu allen anderen Freiheitsstrafen und der Ersatzfreiheitsstrafe dort schon vor.

C. Aufgaben

1. Erörtern Sie ausführlich die Vollstreckungsreihenfolge für den Fall der Vollverbüßung aller Strafen, wie sie sich nach Eingang des letzten Aufnahmeersuchens ergibt. Gehen Sie dabei davon aus, dass eine Gesamtstrafe aus den Einzelstrafen nicht gebildet werden kann.
2. Berechnen Sie alle Strafen in der zu 1) erstellten Reihenfolge.
3. Ermitteln Sie, bis wann über die Aussetzung der Strafreste aller beteiligten Strafen zur Bewährung zu entscheiden ist.
4. Wer ist für die Entscheidung über Aussetzung der Reststrafen zur Bewährung zuständig?
5. Erörtern Sie, welche Aufgaben der Rechtspfleger im Rahmen des Vermögensarrests bereits während des Ermittlungsverfahrens wahrnimmt.
6. Was ist hinsichtlich der eingezogenen Gegenstände von der Vollstreckungsbehörde zu veranlassen?
7. Was ist hinsichtlich des eingezogenen Wertersatzbetrages von der Vollstreckungsbehörde zu veranlassen?

Hinweis zur Gerichtsorganisation:

Amtsgericht	Landgericht	Oberlandesgericht
Bonn	Bonn	Köln
Köln	Köln	Köln
Siegburg	Bonn	Köln
Aachen	Aachen	Köln

Besprechung von Fall 7 (Fortsetzung)

A. Vorbemerkung

18 Bei jeder Freiheitsstrafe, die höher als 2 Monate ist, ist v.A.w. zu prüfen, ob nach Teilverbüßung die Aussetzung eines Strafrestes zur Bewährung in Betracht kommt. Maßgebliche Vorschriften hierzu sind §§ 57, 57a StGB.

Der Rechtspfleger der Vollstreckungsbehörde hat in diesem Zusammenhang folgende Aufgaben:

1. Nach § 37 I S. 3 StVollstrO muss er in den Fällen der §§ 57 I, II Nr. 1, 57a I StGB den bzw. die Zeitpunkte berechnen, zu denen eine Aussetzung zur Bewährung nach Teilverbüßung v.A.w. zu prüfen ist.
2. Nach § 36 II S. 1 StVollstrO ist die Vollstreckungsbehörde dafür verantwortlich, das Prüfungsverfahren einzuleiten und die nötige Stellungnahme der JVA zur Frage einer Aussetzung einzufordern. Die Entscheidung über die Aussetzung trifft sodann das Gericht, § 454 I StPO, nach Anhörung des Verurteilten und der Strafverfolgungsbehörde durch Beschluss.

Der Rechtspfleger muss also bereits zu Beginn der Vollstreckung ermitteln, ob ein Fall des § 57 I StGB, des § 57 II Nr. 1 StGB oder des § 57a I StGB in Betracht kommt. Das kann er nur beurteilen, in dem er die Voraussetzungen der genannten Vorschriften prüft. Die nachfolgende Übersicht stellt die Voraussetzungen dar, die in den einzelnen Konstellationen für die Aussetzung gegeben sein müssen:

vgl. § 37 I 3 StVollstrO

v.A.w.

von der Vollstreckungsbehörde zu berücksichtigen

§ 57 StGB

„zeitige FS“

§ 57a StGB

„lebenslange FS“

§ 57 I StGB	**§ 57 II Nr. 1 StGB**	**§ 57 II Nr. 2 StGB**	**§ 57a StGB**
Aussetzung nach ⅔ d. Strafe	Aussetzung nach ½ d. Strafe	Aussetzung nach ½ d. Strafe	Aussetzung nach **15 Jahren**

VORAUSSETZUNGEN

§ 57 I StGB	§ 57 II Nr. 1 StGB	§ 57 II Nr. 2 StGB	§ 57a StGB
– ⅔ d. Strafe ist verbüßt – MVD = 2 Monate	– ½ d. Strafe ist verbüßt – MVD = 6 Monate – FS <= 2 Jahre – Verurteilter = Erstverbüßer – FS > 9 Monate	– ½ d. Strafe ist verbüßt – MVD = 6 Monate – Vorliegen von „besonderen Umständen“	– 15 Jahre d. Strafe sind verbüßt – „die besondere Schwere der Schuld“ steht nicht entgegen (§ 57a I 1 Nr. 2)

VORAUSSETZUNGEN

die für alle Aussetzungen vom Gericht zu prüfen sind:

- § 57 I 1 Nr. 2 (§ 57a I 1 Nr. 3): Sicherheitsinteresse der Allgemeinheit steht nicht entgegen
- § 57 I 1 Nr. 3 (§ 57a I 1 Nr. 3): Einwilligung des Verurteilten
- § 57 I 2 (§ 57a I 2): Sozialprognose für Verurteilten ist günstig

Eine vollumfängliche und abschließende Prüfung ist jedoch zu Beginn der Vollstreckung noch nicht möglich, denn ob z.B. das Sicherheitsinteresse der Allgemeinheit einer künftigen Entlassung entgegenstehen wird, ob die Sozialprognose zum Zeitpunkt der Entscheidung günstig sein wird und ob der Verurteilte in die Aussetzung einwilligen wird, das wird sich erst im Laufe der Zeit zeigen. Diese Voraussetzungen bleiben daher bei der Betrachtung des Rechtspflegers außer Acht; sie sind durch das Gericht zu prüfen, wenn die konkrete Entscheidung über die Reststrafenaussetzung bevorsteht. Der Rechtspfleger wird sich bei seiner Prüfung also auf die Voraussetzungen konzentrieren, die in der obigen Abbildung mit einer gestrichelten Linie umrahmt sind.

Hierzu ein paar Erläuterungen:

- Die Abkürzung „MVD“ steht für „Mindestverbüßungsdauer“.
- Nach dem Wortlaut des Gesetzes muss *rechnerisch* mindestens die Hälfte (§ 57 II Nr. 1 StGB) bzw. Zweidrittel (§ 57 I StGB) der Strafe verbüßt sein, bevor die Aussetzung gewährt werden kann. Zusätzlich zu dieser rechnerischen Komponente verlangt das Gesetz aber in beiden Fällen eine Mindestverbüßungszeit, die bis zur Aussetzung auf jeden Fall verstrichen sein muss. Das sind 2 Monate in den Fällen des § 57 I StGB und 6 Monate im Fall des § 57 II Nr. 1 StGB. Wie ist diese Mindestverbüßungsdauer mit der rechnerischen Komponente in Einklang zu bringen?

  Wenn der Verurteilte nach Verbüßung der rechnerischen Hälfte weniger als 6 Monate im Strafvollzug verbracht hat, muss die Strafe zunächst weitervollstreckt werden, bis die Mindestverbüßungsdauer von 6 Monaten erreicht ist. Bei ⅔ der Strafe und der Mindestverbüßungsdauer von 2 Monaten verhält es sich entsprechend.

  Eine Freiheitsstrafe von 10 Monaten kann also nicht bereits nach der rechnerischen Hälfte von 5 Monaten, sondern erst nach der vorgeschriebenen Mindestverbüßungsdauer von 6 Monaten gem. § 57 II Nr. 1 StGB ausgesetzt werden.

19 Die Regelungen in den zuvor bereits genannten Vorschriften §§ 57 I, II Nr. 1 StGB führen dazu, dass

a) bei allen zeitigen Freiheitsstrafen, die höher als 2 Monate sind, eine Prüfung nach Verbüßung von ⅔ der Strafe erfolgen muss.

b) bei allen zeitigen Freiheitsstrafen, die höher als 9 Monate sind und maximal 2 Jahre betragen, zusätzlich zu a) eine Prüfung nach Verbüßung der Hälfte der Strafe erfolgen muss, sofern der Verurteilte Erstverbüßer ist.

Der Verurteilte hat auf diese Prüfungen einen Rechtsanspruch.

Ist nur eine Strafe gegen eine Person zu vollstrecken, bereitet die Anwendung dieser Vorschriften keine Schwierigkeiten. Sind aber mehrere Strafen gegen dieselbe Person zu vollstrecken, bedarf es weiterer gesetzlicher Regelungen, um zu sinnvollen Prüfungszeitpunkten zu kommen. Die Lösung liegt in § 454b II, IV StPO. Deren Anwendung möchte die nun folgende Lösung des zuvor skizzierten Falles zeigen.

Auch hier zur besseren Übersicht zunächst eine Darstellung der relevanten Daten im Zeitstrahl. Bzgl. des Bonner Verfahrens ist dies auf die Daten reduziert, die für die weitere Bearbeitung von Bedeutung sind: 20

20.11.18 Blutprobe	5.3.19 LG BN (**FS I** = 4 Mon. mit Bew. +§ 44 StGB)	2.12.19 LG K **FS II** = 10 Mon. mit. Bew. Rechtskraft	14.9.20 AG SU Strafbefehl 30 TS × 15 € Raten	Okt. 20 bis Febr. 21 Raten: 20 € / Monat	Juni 21 10 Std. Art. 293 EGStGB

Widerruf freie Arbeit	5.7.21 § 127 StPO	11.11.21 Urteil LG AC **FS III** = 1 J. + 8 Mon.	1.12.21 Widerruf Bewährung FS I + II	15.12.21 Eingang AE FS II

(Zwischen 5.7.21 und 11.11.21: U-Haft / Verfahren AC)

(BN = Bonn, K = Köln, SU = Siegburg; AC = Aachen)

B. Aufgabe 1

Erörtern Sie ausführlich die Vollstreckungsreihenfolge, wie sie sich nach Eingang des letzten Aufnahmeersuchens ergibt.

Am 15.12.2021 liegen in der JVA lt. Sachverhalt die Aufnahmeersuchen zu den folgenden Strafen vor: 21

- FS I des AG / LG Bonn: 4 Monate
- FS II des LG Köln: 10 Monate
- FS III des LG Aachen: 1 Jahr und 8 Monate
- Ersatzfreiheitsstrafe des AG Siegburg

Mehrere Freiheitsstrafen und Ersatzfreiheitsstrafen, aus denen keine Gesamtstrafe gebildet werden kann, was lt. Sachverhalt zu unterstellen ist, sind gem. §§ 43 I StVollstrO, 454b I StPO unmittelbar nacheinander zu vollstrecken. Die Reihenfolge hierzu bestimmt § 43 II StVollstrO. Nach Nr. 1 dieser Norm sind – bezogen auf den vorliegenden Fall – die *kürzeren vor den längeren* Freiheitsstrafen zu vollstrecken. Es folgt nach § 43 II Nr. 2 StVollstrO die Ersatzfreiheitsstrafe zum Schluss. Danach würde sich die Reihenfolge also grundsätzlich wie folgt darstellen:

FS I – FS II – FS III – Ersatzfreiheitsstrafe

22 Eine abweichende Reihenfolge könnte sich aber ergeben, sofern eine der genannten Strafen bereits anvollstreckt ist, wenn eine andere Strafe hinzutritt. Dann wäre gem. § 43 III StVollstrO die anvollstreckte Strafe unter Beachtung von § 454b StPO zunächst fortzusetzen.

Die Vollstreckung der FS I und FS II war zunächst zur Bewährung ausgesetzt. Der Widerruf dieser Aussetzung erfolgte erst, nachdem A rechtskräftig zu FS III verurteilt war.

Im Aachener Verfahren wurde A am 05.07.2021 festgenommen und in U-Haft überführt. Dort blieb er auch bis zur Rechtskraft in diesem Verfahren. Mit Eintritt der Rechtskraft ging die U-Haft gem. § 38 Nr. 3 StVollstrO in Strafhaft über. Das Urteil des Landgerichts Aachen wurde am 11.11.2021 in Anwesenheit aller Beteiligter verkündet. Rechtsmittel wurden nicht eingelegt. Absolute Rechtskraft trat somit nach Ablauf der einwöchigen Einlegungsfrist (vgl. §§ 314 I, 341 I StPO) am 19.11.2021 um 00:00 Uhr ein, § 43 I StPO. Zu diesem Zeitpunkt war die Bewährungsaussetzung zu FS I und FS II noch nicht widerrufen. Die beiden Strafen waren folglich noch nicht vollstreckbar. Als diese Strafen dann später hinzutraten, war FS III bereits anvollstreckt. Eine Unterbrechung der FS III erfolgt beim Hinzutreten der weiteren Freiheitsstrafen gem. § 43 III StVollstrO nicht. Die Vollstreckung der FS III war also zunächst fortzusetzen.

Wenn am 15.12.2021 dann die Aufnahmeersuchen zu allen Strafen vorliegen, ergibt sich die nachfolgende grundsätzliche Reihenfolge:

FS III – FS I – FS II – Ersatzfreiheitsstrafe

Vorbemerkung:

23 Wie bereits in der Vorbemerkung zu Beginn dieses Falles erläutert, wird nun für jede Freiheitsstrafe zu prüfen sein, ob ein Strafrest nach Teilverbüßung zur Bewährung aussetzbar ist. Betrachtet man hierzu lediglich die Vorschrift des § 57 StGB ergibt sich ein Problem:

Bei jeder dieser Strafen handelt es sich um eine zeitige Freiheitsstrafe, die höher als 2 Monate ist. Sie sind also sämtlich nach § 57 I StGB nach Verbüßung von ⅔ der Strafzeit aussetzbar, wenn die weiteren Voraussetzungen vorliegen, die das Gericht bei seiner Entscheidungsfindung zu beachten hat (§ 57 I S. 1 Nr. 2 + 3, S. 3 StGB). Die spätere Prüfung wird zeigen, dass für FS II und FS III darüber hinaus auch eine Aussetzung nach § 57 II Nr. 1 StGB zu prüfen wäre.

Welche Problematik ergibt sich?

Wäre gegen A nur FS III zu vollstrecken, würde sich der Zeitpunkt der Aussetzungsprüfung rein nach § 57 StGB bestimmen. Im vorliegenden Fall sind aber gegen A auch noch FS I und II zu vollstrecken. Wenn der Aussetzungszeitpunkt für alle drei beteiligten Strafen ausschließlich nach § 57 StGB zu bestimmen wäre, ergäben sich Szenarien, die vom Gesetzgeber nicht gewollt sind:

- Würde das Gericht beispielsweise nach Verbüßung der Hälfte der FS III deren Rest zur Bewährung aussetzen, wäre der Verurteilte eigentlich zu entlassen. Dann könnten aber die weiteren Strafen FS I und FS II sowie die Ersatzfreiheitsstrafe nicht vollstreckt werden. Das ist nicht zulässig, da eine Bewährungsaussetzung zu FS I und FS II bereits widerrufen wurde und das Gericht damit unmissverständlich zum Ausdruck gebracht hat, dass nunmehr die Strafhaft zu vollziehen ist.
- Würde die Aussetzung der Restfreiheitsstrafe III (RFS III) gewährt und A nicht entlassen – da ja FS I und FS II zu vollstrecken sind – gäbe es hinsichtlich FS III keine echte Bewährungszeit. Denn während einer Inhaftierung könnte A nicht zeigen, dass er in der Lage ist, ein straffreies Leben in Freiheit zu führen. Der Zweck der Bewährung würde also unterlaufen.

Die Lösung dieser Problematik wird durch die Regelung in § 454b II StPO erreicht. Sie dient dazu, von jeder Strafe zunächst nur den Teil zu vollstrecken, der in jedem Fall zu verbüßen ist und der somit von einer Reststrafenaussetzung i.S.d. § 57 StGB nicht erfasst werden kann. Ziel des § 454b II StPO ist es daher, auf einen gemeinsamen Prüfungszeitpunkt für alle Strafen hinzuwirken, § 454b IV StPO.

Zum Fall:

Bezogen auf unseren Fall ist daher zu prüfen, ob § 454b II StPO anwendbar ist. Die 24
Vorschrift setzt zunächst voraus, dass mehrere Freiheitsstrafen zu vollstrecken sind, was hier unstreitig gegeben ist. Die laufende FS III müsste außerdem im Verhältnis zu den anderen Strafen eine sog. „*zunächst zu vollstreckende*“ Strafe sein.

> Die laufende Strafe ist eine „zunächst zu vollstreckende Freiheitsstrafe“ i.S.d. § 454b II StPO, wenn außer ihr noch mindestens eine weitere Freiheitsstrafe zu vollstrecken ist und von dieser noch nicht alle denkbaren Aussetzungszeitpunkte des § 57 StGB in der bisherigen Vollstreckungsreihenfolge berücksichtigt sind.

Außer FS III sind noch die vollständige FS I und FS II zu vollstrecken. Damit ist von den beiden Folgestrafen in der bisherigen Reihenfolge noch kein Aussetzungszeitpunkt nach § 57 StGB berücksichtigt. FS III ist also eine „zunächst zu vollstreckende Strafe“ i.S.d. § 454b II StPO und daher zu unterbrechen.

25 Fraglich ist, wann die Unterbrechung erfolgen muss. Eine Unterbrechung nach der Hälfte der FS III – mindestens jedoch einer Verbüßungsdauer von 6 Monaten – kommt nach § 454b II S. 1 Nr. 2 StPO in Betracht, wenn FS III die Voraussetzungen des § 57 II Nr. 1 StGB erfüllt:

Wenn nach 10 Monaten Strafhaft rechnerisch die Hälfte der Strafe erreicht ist, ist auch die nötige Mindestverbüßungsdauer von 6 Monaten bereits überschritten. Die FS III liegt mit einem Jahr und 8 Monaten auch unter der Höchstgrenze von 2 Jahren.

26 A müsste ferner Erstverbüßer sein.

> Als Erstverbüßer gilt, wer bis zum Antritt der aktuellen Strafe keine (deutsche) Strafhaft oder Jugendstrafe verbüßt hat, vgl. *Kinzig* in Schönke/Schröder StGB § 51 Rn. 23a.

Im Umkehrschluss hieße dies, dass ausländische Freiheitsentziehung grundsätzlich unbeachtlich ist. Das ist umstritten, vgl. OLG Karlsruhe, Beschl. v. 19.08.2019 – 1 Ws 180/19.

Der Sachverhalt liefert keine Anhaltspunkte dafür, dass A bereits in früheren Zeiten eine der zuvor genannten Haftarten erlitten hat. Die im Aachener Verfahren erlittene U-Haft ist unschädlich, da die Ausgestaltung dieser Haftart mit Strafhaft nicht vergleichbar ist. Aus dem Hinweis im Sachverhalt zum Bonner Verfahren, wonach A „schon mehrfach strafrechtlich in Erscheinung getreten ist“, kann keine Strafhafterfahrung abgeleitet werden. A gilt folglich als Erstverbüßer.

27 Ungeschriebene Voraussetzung des § 57 II Nr. 1 StGB ist außerdem, dass die zu prüfende Strafe eine Strafhöhe von 9 Monaten übersteigen muss. Der Gesetzgeber wollte mit § 57 II Nr. 1 StGB eine Privilegierung schaffen und einem bestimmten Täterkreis (den „Erstverbüßern“) eine zeitlich frühere Entlassung ermöglichen, als mit einer Aussetzung nach § 57 I StGB. Da jedoch die 6-monatige Mindestverbüßungsdauer zu beachten ist, kann dieses Ziel nur für Strafen erreicht werden, die höher als 9 Monate sind. Im vorliegenden Fall ist auch dies unproblematisch, sodass die Voraussetzungen des § 57 II Nr. 1 StGB insgesamt vorliegen und die Vollstreckungsbehörde somit eine Unterbrechung der FS III gem. § 454b II S. 1 Nr. 1 StPO veranlassen muss.

28 Fraglich ist nun, welche der beiden verbleibenden Strafen (FS I und FS II) nun als nächste vollstreckt wird. Im Verhältnis dieser beiden Freiheitsstrafen gilt die Regelreihenfolge aus § 43 II Nr. 1 StVollstrO. Es folgt also zuerst die kürzere FS I. Auch für

FS I ist im weiteren Verlauf zu prüfen, ob sie zugunsten einer anderen Freiheitsstrafe zu unterbrechen ist.

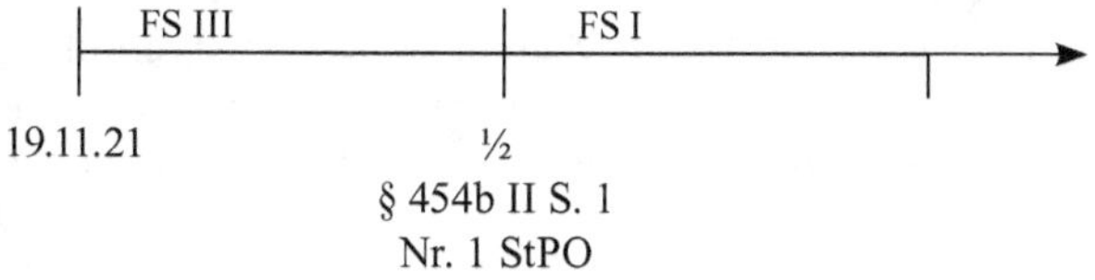

Sie ist eine „zunächst zu vollstreckende Freiheitsstrafe“ i.S.d. § 454b II StPO, da außer ihr noch die vollständige FS II zu vollstrecken ist, und FS III bislang auch lediglich bis zum ½-Zeitpunkt vollstreckt ist. Folglich ist von letztgenannter Freiheitsstrafe auch noch der ⅔-Zeitpunkt in der bisherigen Vollstreckungsreihenfolge unberücksichtigt. Zu prüfen bleibt also, wann die Unterbrechung der FS I erfolgen muss.

Eine Unterbrechung gem. § 454b II S. 1 Nr. 1 StPO setzt voraus, dass die Mindestver- **29**
büßungsdauer von 6 Monaten erfüllt werden kann. Das ist hier nicht möglich, da FS I insgesamt nur 4 Monate beträgt. Eine Unterbrechung kommt somit nur nach § 454b II S. 1 Nr. 2 StPO in Betracht. Wenn nach 2 Monaten und 20 Tagen rechnerisch ⅔ der Strafe verbüßt sind, ist auch bereits die vorgeschriebene zweimonatige Mindestverbüßungsdauer erfüllt. FS I ist folglich zum ⅔-Zeitpunkt zugunsten der dann folgenden FS II zu unterbrechen.

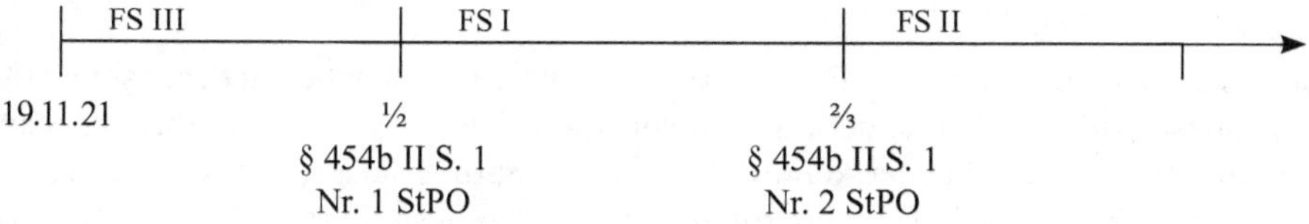

Zu prüfen bleibt, ob auch FS II gem. § 454b II StPO unterbrochen werden muss. FS II **30**
ist eine von mehreren zu vollstreckenden Freiheitsstrafen. Sie ist außerdem eine „zunächst zu vollstreckende Freiheitsstrafe“ im Sinne dieser Vorschrift, da außer ihr noch die Restfreiheitsstrafe III (=RFS III) mit einem bislang ungeprüften ⅔-Zeitpunkt zu vollstrecken ist. Eine Unterbrechung der FS II muss daher erfolgen.

Die Unterbrechung nach § 454b II S. 1 Nr. 1 StPO setzt voraus, dass alle Voraussetzungen des § 57 II Nr. 1 StGB erfüllt sind. Wenn nach 5 Monaten rechnerisch die Hälfte der Strafe erledigt ist, ist die vorgeschriebene Mindestverbüßungsdauer von 6 Monaten noch nicht erreicht. Wird die Strafe bis zu dieser Grenze weitervollstreckt, bleibt ein aussetzbarer Teil von 4 Monaten, sodass eine Reststrafenaussetzung nach § 57 II Nr. 1 StGB nicht grundsätzlich ausgeschlossen ist. Der Verurteilte müsste aber noch Erstverbüßer sein. Das ist lt. obiger Definition nur, wer bislang keine deutsche Strafhafterfahrung hat. Letzteres trifft auf A nicht zu, denn er hat bis zu diesem

Zeitpunkt bereits die Hälfte der FS III und ⅔ der FS I verbüßt. Nach h.M. gelten aber für den Fall, dass ein Verurteilter mehrere Strafen unmittelbar im Anschluss aneinander verbüßt, besondere Kriterien. Es ist auf seinen Status zu Beginn der Inhaftierung abzustellen. War der Verurteilte zu diesem Zeitpunkt noch Erstverbüßer, gilt er für alle Strafen als Erstverbüßer, die er im Rahmen der Anschlussvollstreckung verbüßt. Im maßgeblichen Beschluss des OLG Düsseldorf vom 09.12.1988 – Az. 1 Ws 1107/88 – 1108/88 heißt es hierzu:

> *„Das Merkmal der erstmaligen Verbüßung einer Freiheitsstrafe bezieht sich nicht nur auf die in der Reihenfolge der Vollstreckung an erster Stelle stehende Freiheitsstrafe, sondern auf sämtliche unmittelbar nacheinander vollstreckten Freiheitsstrafen. [...] Für [diese Betrachtungsweise] spricht trotz formeller Selbstständigkeit der jeweiligen Vollstreckung die materielle Betrachtungsweise, nach der die nacheinander vollstreckten Freiheitsstrafen vollzugsbezogen als Ganzes erscheinen und von dem Verurteilten insgesamt als erster Freiheitsentzug empfunden werden."*

Hier hat A unmittelbar nacheinander, d.h. ohne eine Zeit in Freiheit verbracht zu haben, mehrere Strafen (teil-) verbüßt. In diesem Fall gilt er nach der h.M. also für alle Strafen, die unmittelbar im Anschluss vollstreckt werden, als Erstverbüßer, somit also auch für die FS II. Die FS II liegt mit 10 Monaten auch über der Grenze von 9 Monaten und unter der Höchstgrenze von 2 Jahren. Sie erfüllt damit alle Voraussetzungen für eine Aussetzungen nach § 57 II Nr. 1 StGB und wäre folglich nach § 454b II S. 1 Nr. 1 StPO zu unterbrechen.

31 Hier stoßen wir jedoch auf eine Besonderheit. Exakt nach Erreichen der sechsmonatigen Mindestverbüßungsdauer der FS II ist von allen beteiligten Freiheitsstrafen genau der Strafanteil vollstreckt, der keinesfalls zur Bewährung ausgesetzt werden. Oder umgekehrt: alle Strafen sind nun bis zur ersten Aussetzungsreife i.S.d. § 57 StGB vollstreckt. Das Ziel des § 454b II StPO ist erstmalig erreicht. Es kann gem. § 454b IV StPO über die gemeinsame Aussetzung der Strafreste aller Strafen zur Bewährung entschieden werden (= **erster gemeinsamer Prüfungszeitpunkt**).

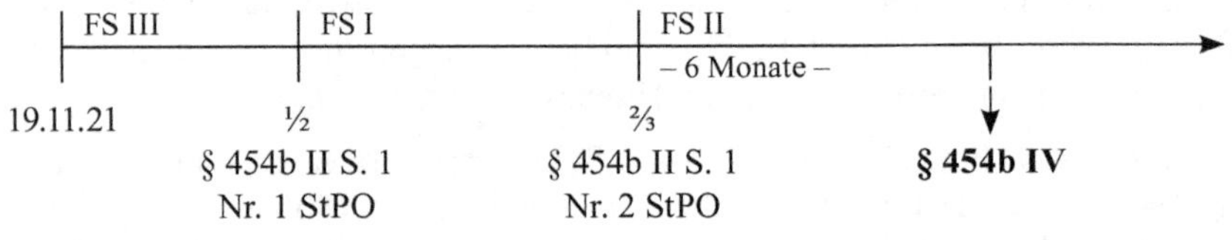

In den weiteren Überlegungen ist nun für den Fall einer ablehnenden Entscheidung die weitere Vollstreckungsreihenfolge zu bestimmen. Hier ist es wichtig, den Sinn und Zweck des § 454b II StPO zu beachten: Eine Unterbrechung erfolgt nach dieser Vorschrift, mit dem Ziel, auf einen gemeinsamen Prüfungszeitpunkt aller Strafen hinzuwirken. Von jeder Strafe soll bis zu diesem Zeitpunkt also nur der Teil vollstreckt sein, der nicht (mehr) zur Bewährung ausgesetzt werden kann. Oder anders formuliert: die Vollstreckung jeder beteiligten Strafe erfolgt nur bis zum nächsten möglichen Aussetzungszeitpunkt i.S.d. § 57 StGB. Auf unseren Fall übertragen bedeutet das, dass bis zur nächsten gemeinsamen Aussetzungsentscheidung alle Strafen bis zum ⅔-Zeitpunkt vollstreckt sein müssen. Das führt dazu, dass sowohl die momentan laufende FS II als auch die FS III bis zu deren jeweiligem ⅔-Zeitpunkt weiter zu vollziehen sind. Wenn aber FS II, die sich derzeit in der Vollstreckung befindet, ohnehin bis zum ⅔-Zeitpunkt vollstreckt sein muss, bevor erneut über eine Aussetzung entschieden werden kann, dann macht eine Unterbrechung dieser Strafe zum aktuellen Zeitpunkt keinen Sinn. Die Vollstreckung der FS II läuft daher zunächst weiter, bis diese Strafe nach verbüßten 6 Monaten und 20 Tagen ihren ⅔-Zeitpunkt erreicht; erst dann erfolgt ihre Unterbrechung gem. § 454b II S. 1 Nr. 2 StPO. Die dazu nötige Mindestverbüßungsdauer von 2 Monaten ist ersichtlich unproblematisch.

Merke:

Das Unterbrechungsgebot des § 454b II StPO hat zum Ziel, von jeder Strafe nur den nötigsten Teil zu vollstrecken und so auf eine frühestmögliche gemeinsame Entscheidung gem. § 454b IV StPO hinzuwirken. Eine Unterbrechung erfolgt nach dieser Vorschrift aber nur, wenn diese zwingend notwendig ist, um einen solchen Zeitpunkt zu erreichen.

Im Anschluss an den ⅔-Zeitpunkt der FS II folgt die Restfreiheitsstrafe III. 32

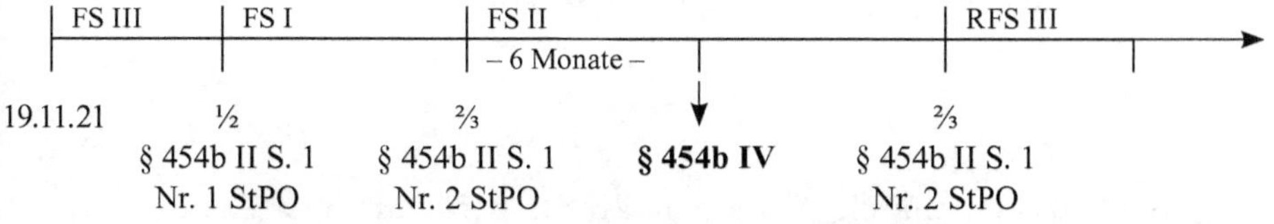

Eine Unterbrechung dieser RFS III nach § 454b II StPO scheidet aus, da dieser Rest nun keine „zunächst zu vollstreckende Freiheitsstrafe“ i.S.d. § 454b II StPO mehr ist. Denn außer dieser RFS III sind nur noch die Restdrittel der anderen beiden Freiheitsstrafen zu vollstrecken. Einen unberücksichtigten Aussetzungszeitpunkt gibt es nicht mehr. Auf die Ersatzfreiheitsstrafe kommt es bei diesen Überlegungen nicht an, da § 454b II StPO bzw. § 57 StGB auf sie nicht anwendbar ist (vgl. u.a. OLG Hamm StV 2010, 696).

FS III wird also vollständig vollstreckt. Eine zweite gemeinsame Entscheidung gem. § 454b IV StPO muss jedoch spätestens vorliegen, wenn sie ihren ⅔-Zeitpunkt erreicht.

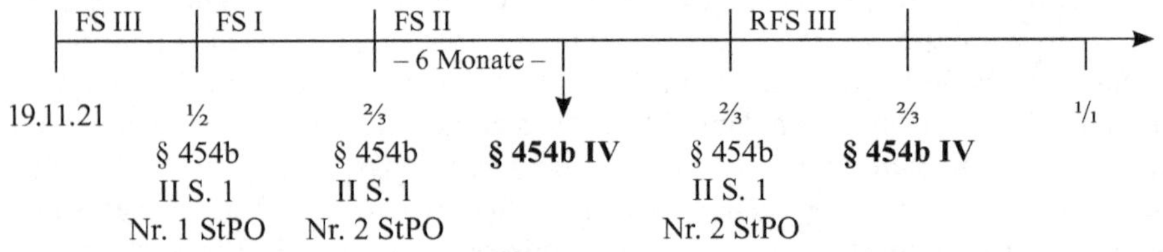

33 Es folgen die Restfreiheitsstrafen der FS I und FS II – und zwar § 43 II Nr. 1 StVollstrO entsprechend – in der dort definierten Regelreihenfolge: erst Restfreiheitsstrafe I, dann Restfreiheitsstrafe II.

Erst danach wird die Ersatzfreiheitsstrafe vollstreckt.

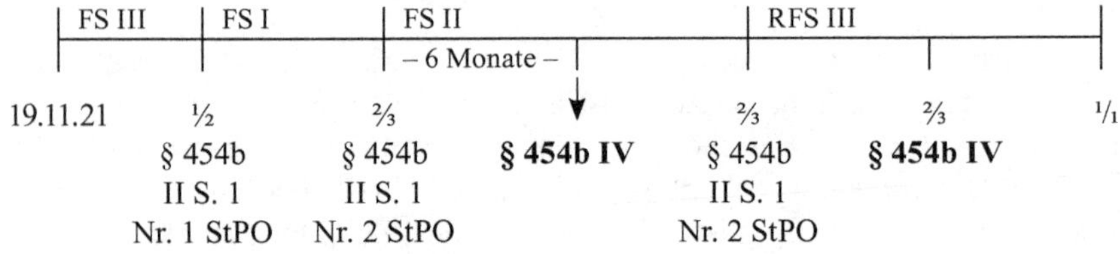

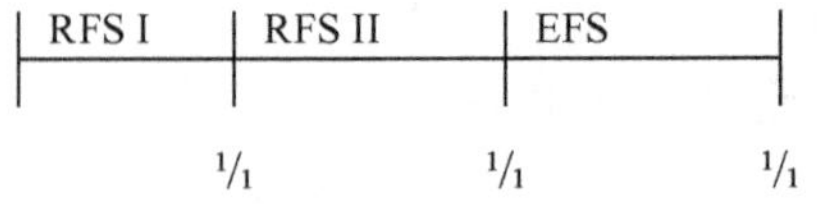

34 **Hinweis:**

Sollte das Gericht die Aussetzung der Strafreste aller drei Strafen zu einem der beiden gemeinsamen Prüfungszeitpunkte gewähren, könnte der Verurteilte erst entlassen werden, wenn die Ersatzfreiheitsstrafe verbüßt ist. Hilfsweise kann er die Geldstrafe jederzeit durch Zahlung tilgen und somit die Vollstreckung der Ersatzfreiheitsstrafe abwenden und so seine frühere Entlassung herbeiführen.

Zusammenfassend ergibt sich also folgende Vollstreckungsreihenfolge:

FS III	bis ½	
FS I	bis ⅔	
FS II	bis ⅔	(erster gemeinsamer Prüfungszeitpunkt nach 6 Monaten)
FS III	bis $^{1}/_{1}$	(zweiter gemeinsamer Prüfungszeitpunkt bei ⅔ der FS III)
RFS I		
RFS II		
Ersatzfreiheitsstrafe		

C. Aufgabe 2

Berechnen Sie alle Strafen in der zu 1) erstellten Reihenfolge.

Beginn FS III:	19.11.2021 TB	§§ 38 Nr. 3, 37 II StVollstrO	35
	+ 1 Jahr	§ 37 IV, V StVollstrO	
	19.11.2022 TB		
	+ 8 Monate		
	19.07.2023 TB		

Anzurechnen ist gem. § 51 I S. 1 StGB, 39 I S. 1 StVollstrO die Zeit der U-Haft, die A aus Anlass dieses Verfahrens erlitten hat:

	05.07.2021 TB	§ 37 II S. 2 StVollstrO analog
bis	18.11.2021 TE	§ 39 II S. 2 StVollstrO
	137 Tage	
	19.07.2023 TB	
	– 137 Tage	§ 39 IV StVollstrO
	04.03.2023 TB	(≙ 03.03.2023 TE)

FS III wird jedoch nur bis zum ½-Zeitpunkt vollstreckt. Dieser ist zu ermitteln: 36

½ von 1 Jahr und 8 Monaten = ½ von 20 Monaten = 10 Monate

Die Berechnung erfolgt nach der Methode „abstrakt rückwärts“:

	04.03.2023 TB	
	– 10 Monate	
	04.05.2022 TB	
≙	03.05.2022 TE	½ – Zeitpunkt FS III

Die Vollstreckung dieser Strafe wird an dieser Stelle unterbrochen. Gem. § 40 I StVollstrO ist der Strafrest in Tagen zu ermitteln:

	04.05.2022 TB
bis	03.03.2023 TE
	304 Tage

37 Es folgt FS I:	04.05.2022 TB	§§ 454b I, II StPO, 43 I, II, III, 37 II StVollstrO
	+ 4 Monate	§ 37 IV StVollstrO
	04.09.2022 TB	(≙ 03.09.2022 TE)

U-Haft hat A in dieser Sache nicht erlitten. A hat die Beamten lediglich zur Wache begleitet und einer Blutentnahme zugestimmt. Fraglich ist, ob diese Maßnahme i.R.d. Anrechnung zu berücksichtigen ist.

Vorbemerkung:

38 Die Anrechnungsfähigkeit einer U-Haft ergibt sich aus dem Gesetz, § 51 I S. 1 StGB. Nach dem Wortlaut der Vorschrift ist außerdem eine vorläufige Freiheitsentziehung anrechenbar, sofern der Verurteilte sie aus Anlass einer Tat, die Gegenstand des Verfahrens ist oder gewesen ist, erlitten hat. § 39 III StVollstrO nennt Beispiele hierzu. Vorläufige Festnahme durch eine Amtsperson gehört nach Abs. 3 Nr. 1 unstreitig dazu. Das ist jedoch nicht für alle Maßnahmen, die mit einer vorläufigen Einschränkung der persönlichen Freiheit verbunden sind, so. Umstritten ist z.B., ob auch die vorläufige Festnahme durch eine Privatperson (vgl. dazu *Wolf* in Pohlmann/Jabel/Wolf StVollstrO § 39 Rn. 56) sowie weitere Maßnahmen, wie etwa die Vorführung zu einer Untersuchung nach § 81a StPO oder etwa die Ausnüchterungshaft, anrechenbar sind.

Worauf kommt es an? In Rechtsprechung und Literatur (OLG Düsseldorf Beschl. v. 9.8.1989 – 1 Ws 740/89, BeckRS 1989, 07737 mit Verweis auf *Dürig/Herzog/Scholz* GG Bd. 2 Art. 104 Rn. 6) heißt es hierzu:

> *„Eine Freiheitsentziehung in materiellem Sinn liegt dann vor, wenn jemand gegen oder ohne seinen Willen durch die öffentliche Gewalt an einem eng umgrenzten Raum festgehalten wird."*

Außerdem ist der Sinn und Zweck der Freiheitsentziehung zu berücksichtigen: U-Haft verfolgt zum einen den Zweck, ein Strafverfahren geordnet durchführen zu können. Zum anderen soll sie eine später notwendig werdende Strafvollstreckung sichern. Sie trägt also dazu bei, *„den Anspruch der staatlichen Gemeinschaft auf vollständige Aufklärung einer Tat und deren Verurteilung durchzusetzen"* (vgl. Röttle/Wagner, Rd.-Nr. 158; BVerfGE 19, 342, 349; BVerfGE 20, 45, 49).

Gleiches wird man einer vorläufigen Festnahme durch eine Amtsperson, einer Auslieferungshaft sowie einer vorläufigen Unterbringung nach § 126a StPO zusprechen. Körperliche Untersuchungen, wie etwa die Entnahme einer Blutprobe, tragen stets zur Beweisführung und damit zur Durchführung des Strafverfahrens bei. Problematischer ist die Ausnüchterungshaft. Zwar wird der Betroffene i.d.R. gegen seinen Willen festgehalten; jedoch dient diese Art von Haft in den meisten Fällen lediglich dem Schutz des Betroffenen oder seines Umfelds. Dem Verlauf des Strafverfahrens kommt sie nicht zugute. Ihre Anrechnung wird daher i.d.R. unterbleiben.

Zum Fall:

Was die Blutentnahme im vorliegenden Fall angeht, so handelt es sich zwar um eine körperliche Untersuchung i.S.d. § 81a StPO. Eine Zwangsmaßnahme ist jedoch nicht zu erkennen, sodass im Ergebnis keine Anrechnung auf die Strafe stattfinden kann. 39

Die FS I wird bis zum ⅔-Zeitpunkt vollstreckt, der nun zu berechnen ist: 40

⅓ von 4 Monaten = 1 Monat + 10 Tage

	04.09.2022 TB	
	– 10 Tage	§ 37 V StVollstrO
	25.08.2022 TB	
	– 1 Monat	
	25.07.2022 TB	
≙	24.07.2022 TE	⅔ –Zeitpunkt FS I

Die Strafe wird zu diesem Zeitpunkt zugunsten der dann folgenden FS II unterbrochen. Der Rest der FS I ist zu berechnen, § 40 I StVollstrO:

25.07.2022 TB
bis 03.09.2022 TE
41 Tage

41 Es folgt FS II: 25.07.2022 TB §§ 454b I, II StPO, 43 I, II, III, 37 II StVollstrO
\+ 10 Monate § 37 IV StVollstrO
25.05.2023 TB

Anzurechnen sind aus diesem Verfahren lt. Sachverhalt 11 Tage vorläufige Freiheitsentziehung, § 51 I StGB:

25.05.2023 TB
– 11 Tage § 39 IV StVollstrO
14.05.2023 TB (≙ 13.05.2023 TE)

Die Strafe wird zu deren ⅔-Zeitpunkt unterbrochen:

⅓ von 10 Monaten = 3 Monate + 10 Tage

14.05.2023 TB
– 10 Tage
04.05.2023 TB
– 3 Monate
04.02.2023 TB (≙ 03.02.2023 TE)

Die unvollstreckte Reststrafe ist ab diesem Unterbrechungszeitpunkt in Tagen zu ermitteln, § 40 I StVollstrO:

04.02.2023 TB
bis 13.05.2023 TE
99 Tage

Es folgt die Restfreiheitsstrafe 3:	04.02.2023 TB	42
	+ 304 Tage	
	05.12.2023 TB	
Es folgt Restfreiheitsstrafe 1:	+ 41 Tage	
	15.01.2024 TB	
Es folgt Restfreiheitsstrafe 2:	+ 99 Tage	
	23.04.2024 TB	
Entlassungstag bei Vollverbüßung:	**22.04.2024 TE**	

Wenn A die Geldstrafe bis zu diesem Zeitpunkt nicht getilgt hat, wird für den noch offenen Betrag die Ersatzfreiheitsstrafe vollstreckt. Eine Verjährung der Geldstrafe ist wegen § 79a Nr. 3 StGB nicht eingetreten. 43

An die Stelle eines offenen Tagessatzes der Geldstrafe tritt ein Tag Freiheitsentziehung, § 43 S. 2 StGB. Zunächst ist also zu ermitteln, wie viele Tagessätze noch nicht getilgt sind.

Die Geldstrafe hat ursprünglich 30 TS × 15,– € betragen, also 450,– €. In der Zeit von Oktober 2020 bis Februar 2021 hat A 5 × 20,– €, also 100,– € gezahlt. Offen waren danach noch 350,– €.

A hat außerdem 10 Stunden freie Arbeit i.S.d. Art. 293 EGStGB geleistet. Nach § 7 I S. 1 GStrTilgVO NRW[1] tilgen 6 Stunden Arbeit einen Tagessatz. 10 Stunden tilgen somit 1,666… Tagesätze. Das entspricht einem Betrag von (1,666… × 15,– € =) 25,– €. Offen ist damit noch eine Geldstrafe i.H.v. 325,– €.

An offenen Tagessätzen i.S.d. § 43 S. 2 StGB ergeben sich: 44

325,– €: 15 = 21,66667 Tagessätze

Gem. §§ 459e III StPO, 50 II S. 1 StVollstrO darf Ersatzfreiheitsstrafe nur für volle Tagessätze angeordnet werden. Für Teiltagessätze besteht lediglich eine vermögensrechtliche Haftung, § 50 II S. 1 StVollstrO.

21 Tagessätze sind also vom Verurteilten in Form von Ersatzfreiheitsstrafe zu verbüßen. Das würde zur Tilgung eines Betrages von (21 Tagessätze x 15,– € =) 315,– € führen. Die dann noch verbleibenden 10,– € können nur im Wege der Zahlung beglichen werden.

Kommt es zur Verbüßung der Ersatzfreiheitsstrafe, schließt sich diese an das Ende der FS II an:

1 in der Fassung bis zum 31.12.2021.

	23.04.2024 TB	§ 50 I StVollstrO
	+ 21 Tage	§ 37 II, IV StVollstrO
	14.05.2024 TB	
≙	13.05.2024 TE	

D. Aufgabe 3

Ermitteln Sie, bis wann über die Aussetzung der Strafreste aller beteiligten Strafen zur Bewährung zu entscheiden ist.

45 Die erste gemeinsame Prüfung über die Aussetzung der Strafreste aller Strafen muss spätestens erfolgt sein, wenn von FS II die ersten 6 Monate verbüßt sind. Da es hier auf die exakte Berücksichtigung der gesetzlich vorgeschriebenen Mindestverbüßungsdauer von 6 Monaten ankommt, muss zwingend nach der Methode „abstrakt vorwärts" gerechnet werden:

	25.07.2022 TB	
	+ 6 Monate	
	25.01.2023 TB	
	– 11 Tage	(vorläufige Freiheitsentziehung)
	14.01.2023 TB	
≙	**13.01.2023 TE**	**1. gemeinsamer Prüfungszeitpunkt gem. § 454b IV StPO**

Der zweite gemeinsame Prüfungszeitpunkt ist erreicht, wenn FS III bis zum ⅔-Zeitpunkt vollstreckt ist und hiermit Aussetzungsreife nach § 57 I StGB erreicht. Die Mindestverbüßungsdauer von 2 Monaten ist ersichtlich unproblematisch.

⅓ von 1 Jahr und 8 Monaten = 6 Monate + 20 Tage

	05.12.2023 TB	
	– 20 Tage	
	15.11.2023 TB	
	– 6 Monate	
	15.05.2023 TB	
≙	**14.05.2023 TE**	**2. gemeinsamer Prüfungszeitpunkt gem. § 454b IV StPO**

Klausurtipp: 46

Übertragen Sie anschließend Ihre Berechnungsergebnisse in eine Zeitstrahldarstellung und prüfen Sie, ob alle Daten in einer chronologisch aufsteigenden Reihenfolge stehen. Ist das nicht der Fall, liegt ein Berechnungsfehler vor.

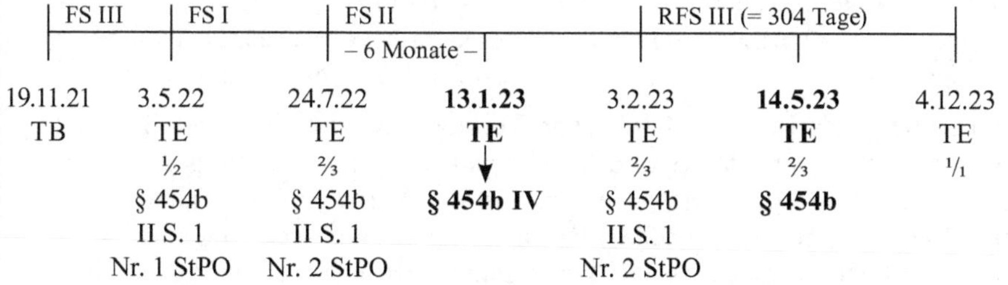

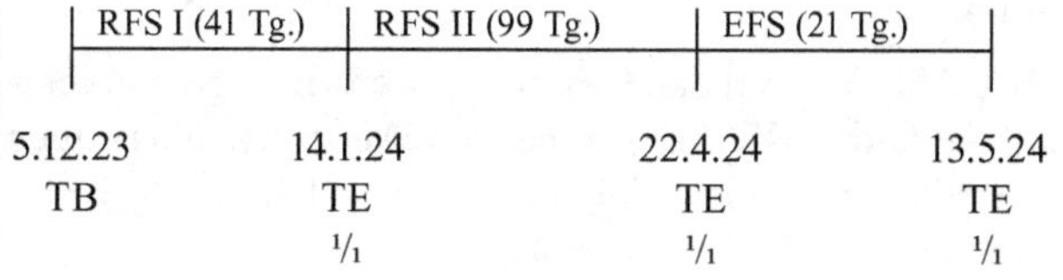

E. Aufgabe 4

Wer ist für die Entscheidung über Aussetzung der Reststrafen zur Bewährung zuständig?

Die Entscheidung über die Aussetzung der Reststrafen zur Bewährung ist Sache „des Gerichts“, §§ 454b IV, 454 I S. 1 StPO. Örtlich zuständig ist nach § 462a I S. 1 StPO die Strafvollstreckungskammer, in deren Bezirk die Anstalt liegt, in der der Verurteilte inhaftiert ist. Strafvollstreckungskammern werden bei den Landgerichten gebildet, § 78a GVG. Die Entscheidung ist im vorliegenden Fall also von der Strafvollstreckungskammer des Landgerichts Düsseldorf zu treffen. 47

F. Aufgabe 5

Erörtern Sie, welche Aufgaben der Rechtspfleger im Rahmen des Vermögensarrests bereits während des Ermittlungsverfahrens wahrnimmt.

Vorbemerkung:

48 Hat der Täter für oder durch die Tat etwas erlangt und ist dieses Erlangte im Original nicht mehr in seinem Vermögen vorhanden, so kann das Gericht im Urteil die Einziehung eines angemessenen Wertersatzbetrages anordnen, vgl. §§ 73, 73c StGB. Auf diese Weise werden Vermögensvorteile, die auf kriminelle Weise erzielt wurden, wieder entzogen. Die Tat soll sich im Ergebnis also für den Täter „nicht lohnen".

Um ein frühzeitiges Beiseiteschaffen von Vermögenswerten durch den Beschuldigten zu verhindern, kann das Gericht bereits während des Ermittlungsverfahrens zu Sicherungszwecken einen Vermögensarrest in das Vermögen des Täters anordnen, § 111e I StPO. Ziel dieses Vermögensarrests ist es, die Vollstreckung einer später im Urteil angeordneten Einziehung von Wertersatz zu erleichtern. Der Vermögensarrest bewirkt quasi ein „Einfrieren" aller denkbaren Vermögenswerte des Täters bereits im Stadium des Ermittlungsverfahrens.

49 Dem Rechtspfleger sind in § 31 I RPflG durch das Gesetz zur Reform der strafrechtlichen Vermögensabschöpfung im Jahr 2017 eine Reihe von Aufgaben übertragen worden, die zeitlich in das Ermittlungsverfahren fallen. Hierzu gehört nach § 31 I Nr. 2 RPflG auch die Vollziehung eines Vermögensarrests.

Steht diese Maßnahme an, wird der Rechtspfleger zunächst nach Aktenlage und in Zusammenarbeit mit dem zuständigen Staatsanwalt vorhandene Vermögensgegenstände des Beschuldigten ermitteln. Die Vollziehung des Vermögensarrests erfolgt sodann gem. § 111f StPO.

Die nachfolgende Übersicht zeigt – je nach zu sicherndem Vermögenswert – die möglichen Maßnahmen zur Vollziehung des Vermögensarrests:

<table>
<tr><td colspan="5">Vollziehung des Vermögensarrests, § 111f StPO
in</td></tr>
<tr><td>Bargeld</td><td>Bewegliche Sache</td><td>Forderung / Vermögensrecht</td><td>Grundstück / grundstücksgleiches Recht</td><td>Schiff / Schiffbauwerk / Luftfahrzeug</td></tr>
<tr><td colspan="5">erfolgt durch</td></tr>
<tr><td colspan="2">↓
§ 111f I 1 StPO,
§§ 928, 930 ZPO</td><td>↓
§ 111f I 2 StPO,
§§ 928, 930 ZPO</td><td>↓
§ 111f II StPO,
§§ 928, 932 ZPO</td><td>↓
§ 111f IV StPO,
§§ 928, 931, 930 ZPO</td></tr>
<tr><td colspan="2">Pfändung
↓
Erlass eines Pfändungs- und ggfls. Wegnahmeauftrag durch Rpfl der StA an:
- Polizei oder
- Gerichtsvollzieher, §§ 753, 754 ZPO oder
- Vollziehungsbeamten</td><td rowspan="2">Pfändung
↓
Erlass eines Pfändungsbeschlusses durch Rpfl der StA
(§§ 111k I 1 StPO, 31 I Nr. 2, 20 Nr. 16 RPflG)

und

Zustellung an Drittschuldner
(§§ 111f I 2 StPO, 928, 829 ZPO)

Beachte:
- Kein Formularzwang
- Aufforderung zur Drittschuldnererklärung wird in Pfändungsbeschluss aufgenommen, §§ 111f I 3, 111c II 2 StPO</td><td rowspan="2">Eintragung einer Sicherungshypothek im Grundbuch, § 111f II StPO
(Abt. III)

sowie

Eintragung eines Veräußerungsverbots, § 111f IV StPO
(Abt. II)
↓
Grundlage: Ersuchen des Rpfl der StA an das GBA i.d.Form des § 29 III GBO

Beachte:
GBA um Unterlassung der Bekanntmachung an Betroffenen wg. § 33 IV StPO i.V.m. § 55 VII GBO bitten; Eintragungsnachricht erfolgt durch StA</td><td rowspan="2">Pfändung
↓
Erlass eines Pfändungs- und ggfls. Wegnahmeauftrag durch Rpfl der StA an:

- Polizei oder
- Gerichtsvollzieher, §§ 753, 754 ZPO oder
- Vollziehungsbeamten

Sofern eine Eintragung im Register besteht
→ Ersuchen um Eintragung von
- Vormerkung zur Sicherung d. Arrestpfandrechts
- Verfügungsverbot, § 111h I 1 StPO i.V.m. § 136 BGB
→ sodann:
Siegelung / anderweitige Kennzeichnung der Pfändung und Verwahrung</td></tr>
<tr><td>→ sodann:

Wegnahme und Hinterlegung, §§ 111f I 2, 930 II ZPO</td><td>→ sodann

- Wegnahme + Asservierung
(§ 109 StPO)

oder

- Siegelung</td></tr>
</table>

Die Wirkung der Vollziehung des Vermögensarrests ist in § 111h I StPO beschrieben. Es entsteht zunächst ein Sicherungsrecht für den Staat an den arretierten Gegenständen. Für bewegliche Sachen und Forderungen ist das das Arrestpfandrecht, für unbewegliches Vermögen die Sicherungshypothek. Daneben entsteht ein Veräußerungsverbot i.S.d. § 136 BGB. Die gesicherten Gegenstände unterliegen ferner einem Vollstreckungsverbot, § 111h II StPO. Nachrangige Zwangsvollstreckungsmaßnahmen in diese Gegenstände sind demnach unzulässig, solange die Arrestvollziehung wirksam ist.

Zum Fall:

50 Nachdem das Gericht den Vermögensarrest i.H.v. 30.000,– € angeordnet hat, musste diese Maßnahme vollzogen werden. Das obliegt nach § 111k I S. 1 StPO der Staatsanwaltschaft und dort gem. § 31 I Nr. 2 RPflG der Rechtspflegerin R.

Nachdem bekannt wurde, dass A über das genannte Konto verfügt, hat Frau R die Vollziehung des Vermögensarrests durch den Erlass eines Pfändungsbeschlusses durchgeführt. Damit ist Sicherungsmaßnahme als solche erfolgt.

Eine Mitteilung gem. § 111l I StPO ist im vorliegenden Fall nicht erforderlich, da tatbedingte Individualverletzte nicht ersichtlich sind. Andernfalls wäre es Aufgabe des Rechtspflegers, auch diesen Mitteilungspflichten nachzukommen.

G. Aufgabe 6

Was ist hinsichtlich der eingezogenen Gegenstände von der Vollstreckungsbehörde zu veranlassen?

51 Eingezogen wurden im Urteil folgende Gegenstände:

- ein Mobiltelefon der Marke Samsung (aktuelles Modell; Neupreis: ca. 950,– €)
- Bargeld i.H.v. 1.530,– € (aus Drogenverkäufen)
- eine Marihuana-Mühle (einfache Ausführung)
- 22,5 g Marihuana

Mit der Rechtskraft des Urteils geht das Eigentum an diesen Gegenständen gem. § 75 I S. 1 StGB auf den Staat über. Dieser Wirkung entgegenstehende Rechte anderer Personen sind aus dem vorliegenden Sachverhalt nicht ersichtlich.

Die Einziehung ist eine Rechtsfolge, die der Vollstreckung bedarf. Zuständig hierfür ist gem. §§ 451 I StPO, 4 I StVollstrO die Staatsanwaltschaft und dort über § 31 II RPflG der Rechtspfleger.

Die Vollstreckung der Einziehung erfolgt nach §§ 60 ff. StVollstrO. Nach § 63 I S. 1 StVollstrO werden eingezogene Gegenstände verwertet, sofern in der StVollstrO keine Sonderbehandlung in speziellen Vorschriften vorgesehen ist. Gegenstände, die unverwertbar, gemeingefährlich oder in gesetzwidrigem Zustand sind, werden in der Regel vernichtet, § 63 I S. 2 StVollstrO. Es ist also zunächst für die einzelnen Gegenstände zu untersuchen, wie mit ihnen verfahren werden kann. 52

1. Mobiltelefon

Da es sich bei dem Mobiltelefon um ein aktuelles Modell handelt, ist eine Verwertung erfolgversprechend und daher anzustreben. Sie erfolgt gem. § 63 II S. 1 StVollstrO durch öffentliche Versteigerung oder über eine Internetauktionsplattform, § 64 I S. 4 StVollstrO. Der erzielte Erlös wird an die zuständige Kasse abgeführt, § 64 VII StVollstrO. 53

2. Bargeld

Für die Einziehung des sichergestellten Geldbetrages enthält § 78 StVollstrO eine Sonderregelung. Nach Abs. 1 ist das Geld an die zuständige Kasse abzuführen und zu vereinnahmen. 54

3. Marihuana-Mühle

Die Mühle ist lt. Sachverhalt von einfacher Ausführung, also kein hochwertiges Gerät. Die Rechtspflegerin wird prüfen, ob ihre Verwertung erfolgversprechend und zulässig ist. 55

Enthält die Mühle noch Spuren von Marihuana, ist von einem gesetzwidrigen Zustand auszugehen. Dann wäre sie zu vernichten, § 63 I S. 2 StVollstrO. Die Rechtspflegerin wird in diesem Fall den Asservatenverwalter mit der Vernichtung beauftragen.

4. Marihuana

Marihuana (Cannabis) ist ein illegaler Stoff (vgl. Anlage I zum BtmG), der für eine Verwertung nicht in Frage kommt, § 63 I S. 1 StVollstrO. Da es sich hierbei um ein Betäubungsmittel handelt, gelten die Sondervorschriften der §§ 75, 74 StVollstrO. Danach ist das Marihuana grundsätzlich wie Arzneimittel zu behandeln, § 75 I S. 1 StVollstrO bzw. zu Forschungs- und Schulungszwecken zu verwenden. Da Marihuana aber keine bislang unbekannte Droge ist, ist es für Letztere uninteressant. Es ist daher gem. § 74 III StVollstrO zu vernichten. Die Vernichtung erfolgt gem. § 16 I BtmG in Gegenwart von zwei Zeugen und ist in einer Niederschrift zu dokumentieren. 56

H. Aufgabe 7

Was ist hinsichtlich des eingezogenen Wertersatzbetrages von der Vollstreckungsbehörde zu veranlassen?

57 Die angeordnete Einziehung des Wertersatzbetrages ist eine Nebenfolge, die dem Staat einen Zahlungsanspruch gegen den Betroffenen verschafft und letzteren folglich zu einer Geldzahlung verpflichtet. Sie ist gem. § 459g II StVollstrO weitestgehend wie eine Geldstrafe zu vollstrecken.

Zuständig für die Vollstreckung ist auch hier gem. §§ 451 I StPO, 4 I, 7 I StVollstrO, 31 II RPflG der Rechtspfleger der Vollstreckungsbehörde.

Rechtspflegerin R wird im vorliegenden Fall zunächst die Verwertung der Kontopfändung herbeiführen. Dazu wird sie einen Überweisungsbeschluss an den Drittschuldner zustellen und den erzielten Erlös auf die angeordnete Wertersatzforderung verrechnen. Hiernach wird sie veranlassen, dass der Verurteilte eine Rechnung über den noch offenen Betrag von 18.184,– € (32.540,– € – 14.356,– €) erhält. Die weitere Vollstreckung erfolgt – wie die Geldstrafenvollstreckung – nach den Vorschriften der EBAO und des JBeitrG. Das jedoch mit der Besonderheit, dass weder Ersatzfreiheitsstrafe noch Tilgung durch freie Arbeit in Betracht kommen.

Fall 8

A. Themenbereiche

Voraussetzungen einer nachträglichen Gesamtstrafenbildung / Zuständigkeiten im Rahmen der nachträglichen Gesamtstrafenbildung / Bestimmung des Strafrahmens einer nachträglich zu bildenden Gesamtstrafe.

B. Sachverhalt

Am 17.05.2021 wird Rechtspfleger R bei der Staatsanwaltschaft Koblenz eine Akte mit folgendem Schreiben des A vorgelegt:

> Sehr geehrte Damen und Herren,
>
> ich bin in den letzten Jahren von mehreren Gerichten zu verschiedenen Strafen verurteilt worden. Irgendwie habe ich da den Überblick verloren, möchte aber jetzt mein Leben in den Griff bekommen und alle Strafen erledigen. Sie haben sicher die Möglichkeit, herauszufinden, welche Verfahren gegen mich noch offen sind. Ich habe mal alle Unterlagen beigefügt, die ich in meinen Papieren gefunden habe.
>
> Von einem Freund habe ich erfahren, dass man mehrere Strafen zu einer Strafe zusammenfassen kann. Er hat mir auch gesagt, dass man dadurch im Ergebnis besser wegkommt, weil die Strafe insgesamt geringer ausfällt, als bei den einzelnen Strafen. Bitte prüfen Sie, ob das auch bei meinen Strafen möglich ist.
>
> Berücksichtigen Sie dabei bitte auch Folgendes:
>
> Mein Vater, der am 22.06.2021 verstorben ist, wurde durch das Amtsgericht Mainz zu einer Geldstrafe verurteilt. Er hat sie vor seinem Tod nicht mehr bezahlt. Da ich sein einziger Erbe bin, muss ich wohl für diese Schulden auch aufkommen.
>
> Mit freundlichen Grüßen
> A.

Nach den Recherchen von Rechtspfleger R ergeben sich zusammen mit den Unterlagen, die A vorgelegt hat, folgende Verurteilungen:

1. Durch das Amtsgericht Düsseldorf wurde gegen A am 03.06.2020 eine Freiheitsstrafe von 5 Monaten wegen eines Diebstahls, begangen am 09.04.2020, ausgesprochen. A legte gegen dieses Urteil rechtzeitig und formgerecht Berufung ein. Dieses Rechtsmittel wurde jedoch mit Urteil des Landgerichts Düsseldorf vom 21.09.2020 als unbegründet verworfen. Auch die von A dagegen rechtzeitig eingelegte Revision hatte keinen Erfolg. Das Oberlandesgericht Düsseldorf wies sein Rechtsmittel am 30.10.2020 durch Beschluss als unzulässig zurück.

   A hat die Verbüßung der Freiheitsstrafe am 20.11.2020 in der JVA Köln angetreten.

2. Das Amtsgericht Bonn hat am 23.10.2020 einen Strafbefehl erlassen und darin gegen A eine Geldstrafe von 30 Tagessätzen zu je 40,– € verhängt. Der Verurteilung lag eine Beförderungserschleichung vom 01.07.2020 zugrunde. Die Zustellung des Strafbefehls erfolgte am 27.10.2020. Der Einspruch des A gegen diese Verurteilung ging am 02.11.2020 beim Amtsgericht Bonn ein. Noch bevor über den Einspruch verhandelt werden konnte, gelangte am 16.11.2020 die Rücknahme des Rechtsmittels zu den Akten.

   Bereits im Strafbefehl war durch das Gericht eine Ratenzahlung bewilligt worden. A zahlte in der Zeit von Dezember 2020 bis einschließlich März 2021 jeweils zum 10. eines Monats regelmäßig 50,– € auf die Geldstrafe. Danach stellte er die Zahlungen ein. Die Vollstreckung der Ersatzfreiheitsstrafe wurde angeordnet. Das dazugehörende Aufnahmeersuchen ging im April 2021 in der JVA ein.

3. Eine weitere Verurteilung erfolgte durch das Amtsgericht München am 11.01.2021. A wurde dort wegen eines Verstoßes gegen das Waffengesetz, die man ihm für den Zeitraum vom 24.08.2020 bis 25.10.2020 nachweisen konnte, zu einer Freiheitsstrafe von 3 Monaten verurteilt. Die Staatsanwaltschaft gab keine Rechtsmittelerklärung ab. Die Berufung des A ging am 19.01.2021 beim Amtsgericht München ein. Das Rechtsmittel wurde am 05.02.2021 durch Beschluss des Amtsgerichts München wegen Unzulässigkeit verworfen. Das Aufnahmeersuchen zur Vollstreckung dieser Strafe ging am 18.02.2021 bei der JVA ein.

4. Bereits im September 2020 erließ die Stadt Aachen gegen A einen Bußgeldbescheid und verhängte wegen einer massiven Geschwindigkeitsüberschreitung vom 09.08.2020 ein Bußgeld i.H.v. 240,– € sowie ein Fahrverbot von einem Monat gegen ihn. A legte gegen den Bußgeldbescheid rechtzeitig Einspruch ein. Ein Urteil des Amtsgerichts Aachen erging daraufhin in dieser Sache am 08.02.2021. Unter Aufhebung des Fahrverbots erhöhte es die Geldbuße auf 450,– €. A verzichtete unmittelbar nach der Hauptverhandlung noch zu Protokoll des Gerichts auf Rechtsmittel. Eine Zahlung erfolgte bislang nicht.

5. Schließlich war A am 06.05.2021 durch das Amtsgericht Koblenz wegen eines am 30.04.2020 begangenen Betrugs zu einer weiteren Geldstrafe von 50 Tagessätzen zu je 15,– € verurteilt worden. Im Anschluss an die Urteilsverkündung verzichteten alle Beteiligten auf die Einlegung von Rechtsmitteln.

A war in dieser Sache am 30.04.2020 um 21:57 Uhr von der Polizei vorläufig festgenommen und am nächsten Morgen dem Haftrichter vorgeführt worden. U-Haft wurde nicht angeordnet. A wurde um 10.00 Uhr wieder entlassen.

Die Einleitung dieses Verfahrens ist wenige Tage zuvor erfolgt. Eine Zahlung ist noch nicht eingegangen.

6. A erwähnte in seinem Schreiben auch noch eine Verurteilung seines Vaters. Hierzu ergeben die vorgelegten Unterlagen Folgendes: Der Vater des A wurde durch Strafbefehl des Amtsgerichts Mainz vom 10.03.2021, zugestellt am 12.03.2021 wegen einer Tat vom 07.11.2020 zu einer Geldstrafe von 30 Tagessätzen zu je 20,– € verurteilt.

C. Aufgaben

1. Prüfen Sie ausführlich, inwieweit eine nachträgliche Gesamtstrafenbildung in Betracht kommt.
2. a) Welche Behörde muss die nachträgliche Gesamtstrafenbildung initiieren?

   b) Welche Behörde ist für die Bildung der Gesamtstrafe zuständig?
3. Schildern Sie Ihre Überlegungen zum Strafrahmen?

Bearbeitungshinweise:

- Die Urteile wurden in Anwesenheit aller Beteiligter verkündet.
- Bei den einzelnen Verurteilungen sind in den Gründen der Entscheidungen keine Ausführungen zu einer Gesamtstrafenbildung vorhanden.
- A hat seine Einwilligung zur Aussetzung der Freiheitsstrafen gem. § 57 StGB verweigert.

Hinweis zur Gerichtsorganisation:

Amtsgericht	**Landgericht**	**Oberlandesgericht**
Aachen	Aachen	Köln
Bonn	Bonn	Köln
Düsseldorf	Düsseldorf	Düsseldorf
Koblenz	Koblenz	Koblenz
Mainz	Mainz	Koblenz
München	München	München

Besprechung von Fall 8

A. Vorbemerkung

1 Verletzt ein Täter durch eine strafbare Handlung mehrere Strafgesetze oder ein Strafgesetz mehrfach, so sollen keine Einzelverurteilungen erfolgen, sondern eine Gesamtstrafe gebildet werden. Was der Gesetzgeber in § 52 StGB für die Tateinheit normiert hat, gilt im Ergebnis auch, wenn ein Täter mehrere Einzeltaten (bzw. mehrere strafbare Handlungen) begangen hat. Der materiell-rechtliche Begriff der strafbaren Handlung ist dabei nicht zwingend identisch mit dem verfahrensrechtlichen Begriff der Tat (vgl. dazu *Rissing-van Saan* in Leipziger Kommentar StGB § 52 Rn. 7ff.). Nach § 53 StGB ist auch in Fällen der Tatmehrheit eine Gesamtstrafe zu bilden und von Einzelverurteilungen abzusehen. Hintergrund der Gesamtstrafenbildung ist nicht – wie es von den Verurteilten häufig empfunden wird – eine „Rabattierung" der Einzelstrafen, sondern die angemessene Bewertung der begangenen Taten in einer Gesamtschau. Einzelstrafen sollen nicht einfach addiert werden, da dies für den Mehrfachtäter ein unverhältnismäßig schweres Strafübel bedeuten kann.

Der Gesetzgeber beschreibt dabei in § 53 StGB ein Wunschszenario: der urteilende Richter kennt alle Taten des Beschuldigten und kann diese somit vollständig in seine Urteilsfindung einbeziehen. Genau diese Situation ist aber vielfach nicht gegeben. Grund hierfür ist i.d.R. schlicht, dass dem erkennenden Richter nicht alle Taten eines Beschuldigten bekannt sind. Die Ursachen hierfür sind vielfältig. Oft liegt es einfach daran, dass der Täter die Taten nicht in einem lokal begrenzten Gebiet begangen hat und damit unterschiedliche Behörden für die Strafverfolgung zuständig sind. Aber auch innerhalb einer Behörde kann es aufgrund geltender Zuständigkeitsregelungen vorkommen, dass die Tat 1 und die Tat 2 nicht von demselben Sachbearbeiter bearbeitet werden und daher die gegenseitige Kenntnis der Taten fehlt.

Die Gesamtstrafenbildung darf aber nicht von solchen Zufälligkeiten abhängen. Der Gesetzgeber hat daher zwei Vorschriften eingefügt, die es ermöglichen, eine Gesamtstrafenbildung nachzuholen, die eigentlich schon i.S.v. § 53 StGB hätte erfolgen müssen. Es handelt sich hierbei um § 55 StGB und § 460 StPO.

2 § 55 StGB gibt dem Richter, der in einer Sache erkennt, die Möglichkeit, eine bereits früher ausgeurteilte Strafe in sein Straferkenntnis einfließen zu lassen. Er kann aus der bereits rechtskräftigen Strafe eines früheren Verfahrens zusammen mit der Strafe, die in seinem Verfahren für die Tat angemessen wäre, eine Gesamtstrafe bilden. War auch diese nachträgliche Gesamtstrafenbildung nicht möglich – etwa weil die frühere Verurteilung nicht bekannt oder noch nicht rechtskräftig war – so kann dies auf der Grundlage des § 460 StPO auch später noch nachgeholt werden. Die Initiative liegt

dann in erster Linie beim Rechtspfleger der Vollstreckungsbehörde. Er muss das Verfahren in die Wege leiten.

Beide Nachholverfahren – sowohl das nach § 55 StGB als auch das Verfahren nach § 460 StPO – sind an enge Voraussetzungen geknüpft, die Gegenstand der Aufgabe 1 dieses Übungsfalls sind.

Die Gesamtstrafenbildung kann sich dabei nur auf Rechtsfolgen des allgemeinen Strafrechts beziehen. Freiheitsstrafen und Geldstrafen sind dabei uneingeschränkt gesamtstrafenfähig, § 53 StGB. Andere Rechtsfolgen, wie etwa das Fahrverbot, die Entziehung der Fahrerlaubnis, Maßregeln der Besserung und Sicherung u.a. können nicht mit einer Freiheitsstrafe oder Geldstrafe zu einer Gesamtstrafe verbunden werden. Sie sind vielmehr neben Freiheitsstrafe und / oder Geldstrafe aufrecht zu erhalten, § 55 II StGB. 3

Auch die Bildung einer Gesamtstrafe aus einer Jugendstrafe und einer Freiheitsstrafe des allgemeinen Strafrechts ist nicht zulässig (BGH NJW 1990, 523).

B. Aufgabe 1

Prüfen Sie ausführlich, inwieweit eine nachträgliche Gesamtstrafenbildung in Betracht kommt.

A begehrt eine nachträgliche Gesamtstrafenbildung. Auch ohne seinen Antrag wäre von Amts wegen zu prüfen, ob eine solche nach § 460 StPO erfolgen muss. Das wäre der Fall, wenn folgende Voraussetzungen gegeben sind: 4

a) Gegen A müssten mehrere rechtskräftige Verurteilungen vorliegen und

b) bei diesen Verurteilungen müssten die Vorschriften des § 55 StGB über die nachträgliche Gesamtstrafenbildung bisher außer Acht geblieben sein.

I. Mehrere rechtskräftige Verurteilungen gegen A

Die Recherchen von Rechtspfleger R haben ergeben, dass es gegen A insgesamt 5 verschiedene Verfahren gibt. Außerdem hat der Verurteilte selbst auf ein weiteres Verfahren seines Vaters hingewiesen, in dem dieser zu einer Geldstrafe verurteilt wurde. 5

Zu prüfen ist zunächst, ob alle Verfahren bei den Überlegungen zur Gesamtstrafenprüfung zu berücksichtigen sind.

Im Verfahren vor dem AG Aachen wurde eine Geldbuße auf der Grundlage des Ordnungswidrigkeitengesetzes ausgesprochen. Das geschah durch ein Urteil. Eine nachträgliche Gesamtstrafenbildung auf der Grundlage des § 460 StPO kommt jedoch nur 6 zum Zug, wenn eine solche nach § 55 StGB nicht bereits erfolgte. § 55 StGB bezieht sich wiederum nur auf Strafen, die nach dem StGB verhängt wurden. Eine Geldbuße als mögliche Rechtsfolge kennt das StGB nicht (vgl. OLG Köln NJW 1979, 379). Das Verfahren 4 ist daher in die weiteren Überlegungen nicht miteinzubeziehen.

7 Das von A erwähnte Verfahren gegen seinen Vater kann bei der Betrachtung ebenfalls außer Acht gelassen werden, da es zum einen nicht gegen ihn, den A, gerichtet ist und somit die nötige Personenidentität auf der Seite des Verurteilten fehlt. Zum anderen können Geldstrafen gem. § 459c III StPO nicht in den Nachlass des Verurteilten vollstreckt werden, sodass A aus dieser Perspektive ohnehin nicht für diese Geldstrafe haftet.

8 A wurde in den verbleibenden Verfahren der Gerichte in Düsseldorf, Bonn, München und Koblenz verurteilt. Zu prüfen ist nun, ob und wann die ergangenen Urteile Rechtskraft erlangt haben:

1. Verfahren „Düsseldorf"

9 Das Urteil des AG Düsseldorf wurde von A lt. Sachverhalt zunächst mit der Berufung, das Urteil des Landgerichts Düsseldorf mit der Revision angefochten. Beide Rechtsmittel waren statthaft (§§ 312, 333 StPO) und lt. Sachverhalt auch rechtzeitig, sodass die Rechtskraft gehemmt war, §§ 316 I, 343 I StPO. Das OLG Düsseldorf wies die Revision durch Beschluss gem. § 349 I StPO als unzulässig zurück. Es könnte sich hierbei um einen Beschluss nach § 34a StPO handeln. Dann müsste bis zum Erlass des Beschlusses Rechtskrafthemmung bestanden haben. Die Rechtskrafthemmung, die infolge der rechtzeitigen Einlegung von Berufung und Revision gegeben war, hat sich bis zum Erlass des Beschlusses des OLG Düsseldorf fortgesetzt. Der Beschluss des OLG Düsseldorf müsste unanfechtbar sein. Gem. § 304 IV S. 1 und 2 StPO sind Beschlüsse der Oberlandesgerichte grundsätzlich nicht anfechtbar. Keiner der im 2. Halbsatz der Vorschrift genannten Ausnahmetatbestände trifft vorliegend zu. Der Beschluss des OLG Düsseldorf erfüllt damit die Voraussetzungen des § 34a StPO. Rechtskraft ist somit mit Ablauf des 30.10.2020 eingetreten.

2. Verfahren „Bonn"

10 Gegen den Strafbefehl des AG Bonn vom 23.10.2020 war der Einspruch gem. § 410 I S. 1 StPO der statthafte Rechtsbehelf. Er wurde von A, der gem. § 410 I S. 1 StPO anfechtungsberechtigt war, eingelegt und ging am 02.11.2020 beim AG Bonn ein. Fraglich ist, ob dies fristgerecht war. Gem. § 410 I S. 1 StPO ist der Einspruch innerhalb von zwei Wochen nach Zustellung des Strafbefehls bei dem Gericht, das ihn erlassen hat, einzulegen. Die Zustellung erfolgte hier am 27.10.2020. Die Frist endete gem. § 43 I StPO folglich am 10.11.2020 um 24:00 Uhr. Der Einspruch des A ging also rechtzeitig beim zuständigen Gericht ein.

Das Verfahren wurde mit dem Eingang der Einspruchsrücknahme des A am 16.11.2020 beendet. Damit trat Rechtskraft ein.

(Hinweis: Der Strafbefehl kann gem. § 407 I StPO auf schriftlichen Antrag der Staatsanwaltschaft hin erlassen werden. Ein Rechtsmittel steht der Staatsanwaltschaft bei antragsgemäßem Erlass nicht zu, vgl. § 410 I S. 1 StPO.)

3. Verfahren „München"

Das Urteil des AG München vom 11.01.2021 konnte gem. §§ 312, 335 StPO von den Anfechtungsberechtigen – hier der Staatsanwaltschaft und dem Angeklagten – wahlweise mit der Berufung oder Revision angefochten werden. Die Berufung des A ging am 19.01.2021 beim AG München ein. Fraglich ist, ob das Rechtsmittel rechtzeitig eingelegt wurde. Gem. § 314 I StPO musste dies binnen einer Woche ab Urteilsverkündung geschehen. 11

Fristbeginn:	11.01.2021	
	+ 1 Woche	§ 43 I StPO
Fristende	18.01.2021, 24:00 Uhr	

Die Berufung ging erst am 19.01.2021 beim zuständigen Gericht, dem AG München, ein und war somit verspätet. Rechtskraft trat folglich mit ungenutztem Ablauf der Einlegungsfrist ein.

4. Verfahren „Koblenz"

Das Verfahren vor dem Amtsgericht Koblenz endete mit einem allseitigen Rechtsmittelverzicht, § 302 I S. 1 StPO. Das Urteil wurde folglich sofort am 06.05.2021 rechtskräftig. 12

Zwischenergebnis:
Alle gegen A ergangenen Urteile sind also zum Zeitpunkt der Gesamtstrafenprüfung am 17.05.2021 rechtskräftig.

II. Ist § 55 StGB bisher außer Betracht geblieben?

Zu prüfen ist nun, ob bislang die Vorschrift des § 55 StGB außer Betracht geblieben ist. Das wäre der Fall, wenn 13

a) die Voraussetzungen einer nachträglichen Gesamtstrafenbildung vorgelegen hätten und

b) eine Entscheidung über eine Gesamtstrafenbildung nie getroffen wurde.

Lt. Sachverhalt enthalten die Urteilsgründe zu keiner der gegen A erlassenen Entscheidungen Hinweise auf eine bereits erfolgte Gesamtstrafenprüfung. Zu untersuchen ist also zunächst, ob § 55 StGB erfüllt wäre. Dann müssten folgende Voraussetzungen gegeben sein:

1. Die in den Einzelverfahren ausgeurteilten Rechtsfolgen müssen grundsätzlich gesamtstrafenfähig i.S.d. allgemeinen Strafrechts sein.

2. Die Tat, die dem späteren Verfahren zugrunde liegt, muss bereits vor Erlass der Verurteilung im früheren Verfahren begangen gewesen sein.

3. Die Strafe, die im früheren Verfahren verhängt wurde, darf noch nicht vollständig vollstreckt, verjährt oder erlassen sein, wenn im späteren Verfahren die Verurteilung erfolgt.

4. Das Urteil aus dem früheren Verfahren muss bereits rechtskräftig sein, wenn im späteren Verfahren die Entscheidung erlassen wird.

Bearbeitungshinweis:

§ 55 StGB zielt jeweils auf den Vergleich zweier Verfahren ab. Ist die Gesamtstrafenfähigkeit für mehrere Verfahren zu prüfen, so müssen alle denkbaren Kombinationen untersucht werden. Hierbei sind diverse Daten miteinander zu vergleichen. Zur besseren Übersichtlichkeit empfiehlt es sich, die relevanten Informationen in einer tabellarischen Darstellung zusammenzutragen. Ausschlaggebend für die Reihenfolge, in der die Verfahren in der Tabelle aufgeführt werden, ist der Erlass des letzten tatrichterlichen Urteils im jeweiligen Verfahren.

Teil einer Lösung ist diese Arbeitsübersicht nicht. Sie gehört daher eher auf das Konzeptpapier.

Arbeitsübersicht

Nr.	Gericht	Datum	Tat	Strafe	Erledigt?	RK ab	
							14
1	AG Düsseldorf LG Düsseldorf OLG Düsseldorf	03.06.20 21.09.20 30.10.20	09.04.20	FS 5 Mon.	Antritt: 20.11.20	31.10.20	
2	AG Bonn - Strafbefehl - Erlass: Zustellung:	 23.10.20 27.10.20	01.07.20	Geldstrafe 30 TS x 40 €	Raten i.H.v. 50 € am: – 10.12.20 – 10.01.21 – 10.02.21 – 10.03.21 Eingang AE für EFS: April 21	16.11.20	
3	AG München AG München - § 319 II S.1 StPO -	11.01.21 05.02.21	24.08.20 bis 25.10.20	FS 3 Mon.	Eingang AE: 18.02.21	19.01.21	
4	AG Koblenz	06.05.21	30.04.20	Geldstrafe 50 TS x 15 €	§ 127 StPO: 30.04.20, 21:57 Uhr bis 01.05.20, 10:00 Uhr	06.05.21	

Zurück zum Fall:

Die erste Voraussetzung des § 55 StGB ist, dass alle in den Einzelverfahren ausgeurteilten Rechtsfolgen grundsätzlich gesamtstrafenfähig sind. Im Düsseldorfer und Münchener Verfahren wurden Freiheitsstrafen, in den Verfahren des AG Bonn und des AG Koblenz wurden Geldstrafen verhängt. Diese Rechtsfolgen des StGB sind uneingeschränkt miteinander gesamtstrafenfähig, was sich aus § 53 StGB ergibt. 15

Eine umfassende Gesamtstrafenbildung ist nur möglich, wenn alle Verfahren untereinander die Voraussetzungen des § 55 StGB erfüllen. Die weiteren drei Voraussetzungen des § 55 StGB sind daher nun für jeweils zwei der verbliebenen Verfahren, und das für alle denkbaren Kombinationen, zu prüfen. 16

1. Verfahren 1 (Düsseldorf) und Verfahren 2 (Bonn)

17 Die Tat, die im Verfahren Bonn zur Verurteilung führte, müsste vor Erlass des Urteils im Verfahren Düsseldorf bereits begangen worden sein. Die Bonner Tat datiert vom 01.07.2020. Im Verfahren Düsseldorf sind Urteile des Amts- und Landgerichts sowie ein Beschluss des Oberlandesgerichts ergangen. Die Tat des Bonner Verfahrens liegt zeitlich nach dem Urteil des Amtsgerichts und vor dem Urteil des Landgerichts. Fraglich ist also, auf welches Urteil bei dieser Betrachtung abzustellen ist. Gem. § 55 I S. 2 StGB gilt als frühere Verurteilung das Urteil in dem früheren Verfahren, in dem die zugrundeliegenden tatsächlichen Feststellungen letztmals geprüft wurden. Es kommt also auf das letzte Sachurteil in einem Verfahren an. Eine solche letzte Sachprüfung fand vor Erlass des landgerichtlichen Urteils am 21.09.2020 statt (vgl. § 328 I StPO). Revisionsentscheidungen sind keine Sachentscheidungen. Die Tat vom 01.07.2020 liegt somit vor dem letzten Sachurteil in Düsseldorf, sodass diese erste Voraussetzung erfüllt ist.

18 Als weitere Voraussetzung fordert § 55 StGB, dass die Freiheitsstrafe, die im Düsseldorfer Verfahren verhängt wurde, zum Zeitpunkt der Verurteilung im Bonner Verfahren noch nicht vollständig vollstreckt, verjährt oder erlassen war. A hat die Freiheitsstrafe am 20.11.2020 angetreten. Anzurechnende vorläufige Freiheitsentziehung gab es im Düsseldorfer Verfahren nicht. Der Strafbefehl des AG Bonn wurde am 23.10.20 erlassen und mit Zustellung am 27.10.2020 bekanntgemacht. Auf welchen dieser beiden Zeitpunkte im Zweifelsfalle abzustellen ist, kann an dieser Stelle dahinstehen, da die Freiheitsstrafe selbst am 27.10.2020 als späterem Zeitpunkt noch nicht einmal anvollstreckt war.

19 Letzte Voraussetzung des § 55 StGB ist, dass das Urteil im früheren Verfahren bereits rechtskräftig war, als im späteren Verfahren die Entscheidung erlassen wurde. Die Rechtskraft im Düsseldorfer Verfahren trat mit Ablauf des 30.10.2020 und somit erst nach der Erlass des letzten Sachurteils (§ 55 I S. 2 StGB) im Verfahren Bonn ein. Damit ist die letzte Voraussetzung des § 55 StGB nicht erfüllt.

20 Hier ist jedoch zu differenzieren:

Wenn eine nachträgliche Gesamtstrafenbildung auf der Grundlage des § 55 StGB erfolgen soll, so kann eine frühere Strafe nur in einer späteren Verurteilung einbezogen werden, wenn diese Strafe bereits rechtskräftig verhängt ist. Ist Letzteres nicht der Fall, ist im früheren Verfahren auch ein Verfahrensende durch Freispruch denkbar. Eine Einbeziehung wäre in dieser Konstellation verfehlt. Über § 55 StGB können daher nur bereits rechtskräftige Straferkenntnisse einbezogen werden. Stellt sich bei dieser Prüfung heraus, dass es mehrere laufende Verfahren gegen einen Angeklagten gibt, so ist ggf. über eine Verfahrensverbindung gem. §§ 4, 13 II StPO nachzudenken.

Die Prüfung einer nachträglichen Gesamtstrafenbildung auf der Grundlage des § 460 StPO findet zeitlich betrachtet aber erst sehr viel später statt und bezieht nur solche Verfahren ein, die zum Prüfungszeitpunkt bereits rechtskräftig sind. Sinn und Zweck der Vorschrift ist es, eine Gesamtstrafenbildung nachzuholen, die nach Lage der Tat im späteren Verfahren und Verurteilung im früheren Verfahren grundsätzlich möglich gewesen wäre, aber an Zufälligkeiten scheiterte. Hierzu gehört die fehlende gegenseitige Kenntnis von der Existenz der Verfahren genauso wie auch die mangelnde Rechtskraft des früher erlassenen Urteils zum Zeitpunkt der Entscheidung im späteren Verfahren. Denn der Zeitpunkt des Rechtskrafteintritts wird durch die Terminierung der Verhandlungen nicht unerheblich beeinflusst. Das soll nicht dazu führen, dass eine Gesamtstrafenbildung letztlich unterbleibt.

Nach Sinn und Zweck des § 460 StPO sowie nach h.M. (OLG Frankfurt NJW 1956, 1609) kommt es auf den Zeitpunkt des Rechtskrafteintritts im früheren Verfahren nicht an. Entscheidend ist lediglich, dass das Urteil des früheren Verfahrens zum Zeitpunkt der nachträglichen Gesamtstrafenprüfung – hier also am 17.05.2021 – rechtskräftig ist. Letzteres wurde bereits zu Beginn der Lösung zu Aufgabe 1 ausführlich geprüft und bejaht. 21

Die Prüfung der letzten Voraussetzung des § 460 StPO (= Lage der Rechtskraft im früheren Verfahren) kann unter diesen Gesichtspunkten im Folgenden unterbleiben.

Zwischenergebnis: Eine Gesamtstrafenbildung bzgl. der Strafen aus den Verfahren Düsseldorf und Bonn kann erfolgen.

2. Verfahren 1 (Düsseldorf) und Verfahren 3 (München)

Die Tat, die A im Verfahren München begangen hat, müsste vor dem stichtaggebenden Urteil im Verfahren Düsseldorf liegen. Maßgeblich ist auch hier gem. § 55 I S. 2 StGB das letzte Sachurteil im Düsseldorfer Verfahren, also das des Landgerichts vom 21.09.2020. Die Tat aus dem Münchener Verfahren erstreckte sich über den Zeitraum vom 24.08.2020 bis zum 25.10.2020 und ist eine sogenannte *Dauertat.* Sie wurde am 24.08.2020 vollendet, jedoch erst am 25.10.2020 beendet. Erst zum letztgenannten Zeitpunkt war das volle Ausmaß der Tat, das entscheidend für die Strafzumessung war, bekannt. Auf diesen Zeitpunkt ist daher für den Vergleich abzustellen (vgl. *Rissing–van Saan/Scholze* in Leipziger Kommentar StGB § 55 Rn. 9). Da dieses Tatende erst nach dem 21.09.2020 liegt, ist diese Voraussetzung hier nicht erfüllt. 22

Zwischenergebnis: Eine Gesamtstrafenbildung bzgl. der Strafen aus den Verfahren Düsseldorf und München kann nicht erfolgen.

3. Verfahren 1 (Düsseldorf) und Verfahren 4 (Koblenz)

Die im Koblenzer Verfahren zugrundeliegende Tat wurde am 30.04.2020 begangen. Sie liegt somit vor dem stichtaggebenden letzten Sachurteil im Düsseldorfer Verfahren vom 21.09.2020. 23

24 Die Düsseldorfer Strafe (nachfolgend: FS Düsseldorf) dürfte bei Erlass des Urteils im Koblenzer Verfahren am 06.05.2021 noch nicht vollständig vollstreckt, verjährt oder erlassen sein. Der Verurteilte hat die Düsseldorfer Strafe am 20.11.2020 angetreten. Die Strafzeit berechnet sich wie folgt:

Strafbeginn:	20.11.2020 TB	§§ 38 Nr. 1, 37 II S. 2 StVollstrO
	+ 5 Monate	§ 37 IV StVollstrO
	20.04.2021 TB	

Zu berücksichtigen ist aber, dass bereits am 18.02.2021 ein Aufnahmeersuchen zur Vollstreckung der 3-monatigen Freiheitsstrafe aus dem Verfahren vor dem AG München (nachfolgend: FS München) und noch im April ein weiteres Aufnahmeersuchen zur Vollstreckung der Ersatzfreiheitsstrafe aus dem Bonner Verfahren in der JVA eingegangen ist. Um den Vollstreckungsstand in der Düsseldorfer Sache am 06.05.2021 beurteilen zu können, sind daher Überlegungen zur Vollstreckungsreihenfolge notwendig:

25 Ab dem 18.02.2021 ist neben der Düsseldorfer Strafe auch die Münchener Freiheitsstrafe zu vollstrecken. Es liegen folglich mehrere Strafen zur Vollstreckung vor. Diese sind gem. § 43 I StVollstrO grundsätzlich unmittelbar nacheinander und in der Regelreihenfolge des § 43 II StVollstrO zu vollstrecken, also erst die kürzere FS München von 3 Monaten, dann die längere FS Düsseldorf von 5 Monaten. Gem. § 43 III StVollstrO ist eine bereits begonnene Vollstreckung jedoch fortzusetzen, wenn eine weitere Freiheitsstrafe der Ersatzfreiheitsstrafe hinzutritt. Dabei ist das Unterbrechungsgebot des § 454b II StPO zu beachten.

26 Zu prüfen ist also, ob die am 18.02.2021 bereits laufende FS Düsseldorf gem. § 454b II S. 1 StPO zu unterbrechen ist. Das wäre der Fall, wenn die FS Düsseldorf eine „zunächst zu vollstreckende Freiheitsstrafe" i.S.d. § 454b II StPO wäre. Letzteres ist der Fall, wenn außer der FS Düsseldorf noch eine weitere Freiheitstrafe zu vollstrecken ist, die einer Aussetzung nach § 57 StGB zugänglich ist. Die FS München liegt in der Strafhöhe über 2 Monaten und ist daher grundsätzlich nach § 57 StGB aussetzungsfähig. Die FS Düsseldorf ist folglich eine zunächst zu vollstreckende Freiheitsstrafe und somit zugunsten der FS München zu unterbrechen, um auf einen gemeinsamen Aussetzungszeitpunkt gem. § 454b IV StPO hinwirken zu können. Zu prüfen bleibt, ob die Unterbrechung gem. § 454b II S. 1 Nr. 1 oder Nr. 2 StPO erfolgen muss. Voraussetzung für eine Unterbrechung nach Nr. 1 der genannten Vorschrift ist, dass die Hälfte der Strafe, mindestens jedoch 6 Monate, verbüßt wurden. Letzteres ist hier nicht möglich, da die Strafe aus dem Verfahren Düsseldorf lediglich 5 Monate beträgt. Es kommt folglich nur eine Unterbrechung nach § 454b II S. 1 Nr. 2 StPO in Frage. Wenn nach 3 Monaten und 10 Tagen Zweidrittel der Strafe verbüßt sind, ist auch die vorgeschriebene Mindestverbüßungsdauer von 2 Monaten bereits erreicht.

27 Fraglich ist, ob der Zweidrittelzeitpunkt der FS Düsseldorf bereits überschritten war, als am 18.02.2021 das Aufnahmeersuchen zur Vollstreckung der Münchener Strafe einging.

⅓ von 5 Monaten = 1 Monat + 20 Tage

Ermitteltes Strafende:		20.04.2021 TB	
		– 20 Tage	
		31.03.2021 TB	
		– 1 Monat	
		„31".02.2021 TB	§ 37 IV S. 3 StVollstrO
	=	28.02.2021 TB	
	≙	**27.02.2021 TE**	**⅔-Zeitpunkt FS Düsseldorf**

Die Unterbrechung der FS Düsseldorf konnte zum 27.02.2021 zugunsten der FS München erfolgen.

Im Anschluss an diesen Zeitpunkt wurde die FS München vollstreckt. Sie war nicht zu unterbrechen, da außer der FS Düsseldorf, die bereits bis zu ⅔ vollstreckt ist, keine weitere aussetzungsfähige Strafe mehr folgt. Damit ist die FS München keine „zunächst zu vollstreckende Freiheitsstrafe" i.S.d. § 454b II S. 1 StPO. Sie wird vollständig vollstreckt. Erst im Anschluss an die beiden Freiheitsstrafen wäre die Ersatzfreiheitsstrafe des AG Bonn zu vollziehen, § 43 II Nr. 2 StVollstrO. 28

Die Vollstreckungsreihenfolge lautet also: 29

- FS Düsseldorf bis ⅔
- FS München bis 1/1
- Restdrittel FS Düsseldorf bis 1/1
- Ersatzfreiheitsstrafe Bonn

Eine gemeinsame Entscheidung über die Aussetzung der Strafreste beider Freiheitsstrafen wäre möglich gewesen, als die FS München Aussetzungsreife i.S.d. § 57 StGB erreichte. Aufgrund der geringen Strafhöhe kommt eine Aussetzung dieser Strafe zum ½-Zeitpunkt nicht in Betracht, (s.o.). Die Strafaussetzung wäre also zum ⅔-Zeitpunkt zu prüfen gewesen. Hier lag der gemeinsame Aussetzungszeitpunkt gem. § 454b IV StPO.

Der Verurteilte hat auf jede Aussetzung zur Bewährung gem. § 57 StGB verzichtet. 30 Die Gestaltung der Vollstreckungsreihenfolge konnte er damit nicht beeinflussen, da die Vollstreckungsbehörden zur Unterbrechung gem. § 454b II StPO verpflichtet sind, (vgl. *Graalmann-Scheerer* in Löwe-Rosenberg StPO § 454b Rn. 43).

Es ist für die Ausgangsfrage, ob die FS Düsseldorf am 06.05.2021 bereits vollständig vollstreckt war, also die weitere Strafzeit zu berechnen:

Strafbeginn FS München:	28.02.2021 TB	§ 43 I, II, III, 37 II StVollstrO
	+ 3 Monate	§ 37 IV StVollstrO
	28.05.2021 TB	

Erst im Anschluss an diesen Zeitpunkt wurde die Restfreiheitsstrafe aus Düsseldorf vollstreckt. Sie war also am 06.05.2021 zwar bereits teilweise – nämlich bis zum ⅔-Zeitpunkt – erledigt, aber noch nicht vollständig verbüßt.

Zwischenergebnis: Eine Gesamtstrafenbildung bzgl. der Strafen aus den Verfahren Düsseldorf und Koblenz kann erfolgen.

4. Verfahren 2 (Bonn) und Verfahren 3 (München)

31 Die Dauertat aus dem Verfahren des AG München müsste bereits beendet gewesen sein, als im Verfahren Bonn die Verurteilung erfolgte. Tatende war der 25.10.2020. Die Verurteilung durch das AG Bonn erfolgte durch Strafbefehl, der am 23.10.2020 erlassen und am 27.10.2020 zugestellt wurde. Fraglich ist, auf welchen Zeitpunkt abzustellen ist.

Wirksam wird der Strafbefehl mit Zustellung. Die Gesamtstrafenbildung gem. § 460 StPO soll jedoch nachholen, was im Verfahren zuvor versäumt wurde. Abzustellen ist daher auf den Zeitpunkt, an dem eine gleichzeitige Aburteilung – bei entsprechender Kenntnis der Tat – theoretisch denkbar gewesen wäre. Dies war hier bei Erlass des Strafbefehls der Fall. Die Zustellung ist eine Formalie, die zum Wirksamwerden des Strafbefehls notwendig ist. Für die Frage der Gesamtstrafenfähigkeit spielt sie nach h.M. keine Rolle (vgl. BGH NJW 1986, 200). Bei Erlass des Strafbefehls war die Tat aus dem Münchener Verfahren noch nicht beendet. Die Voraussetzung ist folglich nicht erfüllt.

Zwischenergebnis: Eine Gesamtstrafenbildung bzgl. der Strafen aus den Verfahren Bonn und München kann nicht erfolgen.

5. Verfahren 2 (Bonn) und Verfahren 4 (Koblenz)

32 Die Tat aus dem Verfahren des AG Koblenz wurde am 30.04.2020 begangen und liegt damit vor dem Erlass des Strafbefehls am 23.10.2020 im Verfahren des AG Bonn.

33 Eine Gesamtstrafenbildung ist zwischen diesen beiden Verfahren jedoch nur möglich, wenn die Geldstrafe aus dem Bonner Verfahren bei Erlass des Urteils im Koblenzer Verfahren am 06.05.2021 noch nicht vollständig vollstreckt war. Lt. Sachverhalt hat A auf die Geldstrafe i.H.v. insgesamt 1.200,– € in den Monaten Dezember 2020 bis ein-

schließlich März 2021 vier Raten von jeweils 50,– € gezahlt. Hinsichtlich der danach noch offenen Restgeldstrafe von 1.000,– € wurde die Vollstreckung der Ersatzfreiheitsstrafe angeordnet. Das dazugehörende Aufnahmeersuchen ging im April in der JVA ein. Zu diesem Zeitpunkt und nach obiger Berechnung auch über den 06.05.2021 hinaus, befand sich A in Strafhaft für die Freiheitsstrafen des AG Düsseldorf und AG München. Die Geldstrafe wäre erst im Anschluss an deren Vollverbüßung vollstreckt worden (§ 43 II Nr. 2 StVollstrO) und war am 06.05.2021 somit zwar teilweise, aber noch nicht vollständig erledigt.

Zwischenergebnis: Eine Gesamtstrafenbildung bzgl. der Strafen aus den Verfahren Bonn und Koblenz kann erfolgen.

6. Verfahren 3 (München) und Verfahren 4 (Koblenz)

Die Tat aus dem Verfahren des AG Koblenz müsste bereits begangen worden sein, als 34
im Münchener Verfahren die maßgebliche Entscheidung erlassen wurde.

Die Tat datiert vom 30.04.2020 und liegt ersichtlich vor beiden Entscheidungen im Verfahren des AG München. Maßgeblich wäre hier gem. § 55 I S. 2 StGB die letzte Sachentscheidung. Das Rechtsmittel wurde durch Beschluss des Amtsgerichts gem. § 319 I StPO als unzulässig verworfen. Eine Sachentscheidung ist dies nicht, sodass im Ergebnis auf das Urteil des AG München vom 11.01.2021 abzustellen war.

Voraussetzung ist ferner, dass die Freiheitsstrafe des AG München am 06.05.2021 35
noch nicht vollständig vollstreckt, verjährt oder erlassen ist. Lt. den obigen Berechnungen lief die Strafzeit in dieser Sache bis zum 28.05.2021 TB. Eine vollständige Erledigung war folglich am 06.05.2021 – dem Zeitpunkt, auf den es hier ankommt – noch nicht gegeben.

Zwischenergebnis: Eine Gesamtstrafenbildung bzgl. der Strafen aus den Verfahren München und Koblenz kann erfolgen.

Insgesamt ist festzustellen, dass eine umfassende Gesamtstrafenbildung ausscheidet, 36
da eine Gesamtstrafenfähigkeit zwischen den Verfahren Düsseldorf und München einerseits und zwischen den Verfahren Bonn und München andererseits nicht besteht. Denkbar wäre die Gesamtstrafenbildung bzgl. folgender Verfahren:

- Düsseldorf und Bonn
- Düsseldorf und Koblenz
- Bonn und Koblenz
- München und Koblenz

Zu klären bleibt, welche Gesamtstrafenbildung letztlich in die Wege zu leiten ist. Den Ausschlag gibt das Prioritätsprinzip, wonach auf die Gesamtstrafe hinzuwirken ist, die zum frühestmöglichen Zeitpunkt hätte gebildet werden können.

37 **Klausurtipp:**

Eine Zeitstrahldarstellung, die lediglich die Daten der Taten und der Entscheidungen enthält, hilft dabei, das Urteil, von dem die sog. *Zäsurwirkung* ausgeht, zu erkennen. Es ist das Urteil, in dem der erkennende Richter *erstmals* über mehrere Taten hätte urteilen können. Abzustellen ist dabei stets auf die letzte Sachentscheidung in den beteiligten Verfahren, § 55 I S. 2 StGB.

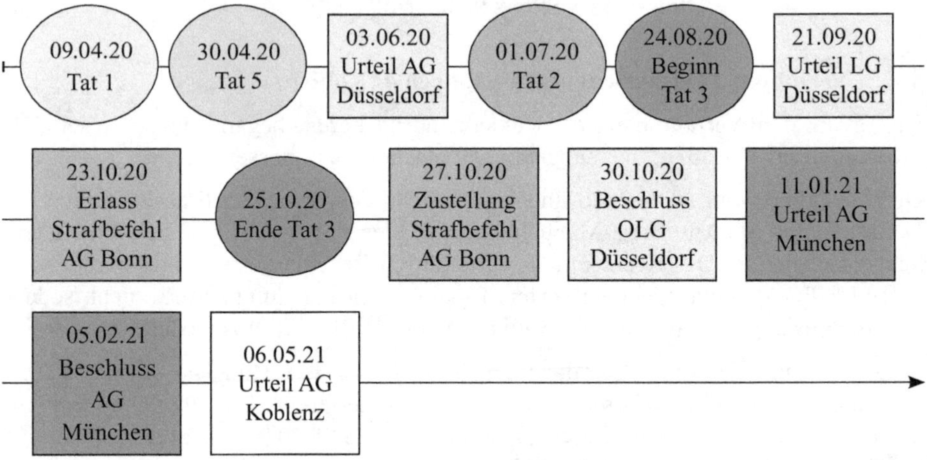

Reduziert man diese umfassende Darstellung auf die relevanten Daten, d.h. lediglich auf das Ende der Tat im Verfahren München und auf die stichtaggebenden Entscheidungen i.S.v. § 55 I S. 2 StGB, wird das Ganze sehr viel übersichtlicher:

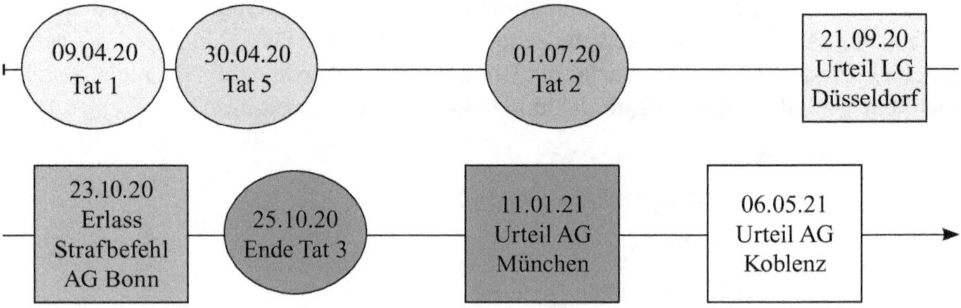

Nun kann das Ergebnis einfach abgelesen werden: Der Richter des LG Düsseldorf, der am 21.09.2020 sein Urteil erlassen hat, hätte die Taten vom 09.04.2020, vom

30.04.2020 und vom 01.07.2020 einbeziehen können. Dies ist in diesem Umfang nicht geschehen und soll durch die nachträgliche Gesamtstrafenbildung nachgeholt werden.

Zurück zum Fall:

Zäsurwirkung entfaltet das Urteil des Landgerichts Düsseldorf. Eine Gesamtstrafe ist bzgl. der Taten aus den Verfahren Düsseldorf, Bonn und Koblenz zu bilden. 38

C. Aufgabe 2 – Die Zuständigkeiten

a) Welche Behörde muss die nachträgliche Gesamtstrafenbildung initiieren?

b) Welche Behörde ist für die Bildung der Gesamtstrafe zuständig?

Vorbemerkung:

Die nachträgliche Gesamtstrafenbildung gem. § 460 StPO ist von Amts wegen vorzunehmen. Jeder, der mit einer Strafsache zu tun hat, muss darauf hinwirken. In erster Linie liegt diese Verantwortung nach Rechtskraft der Entscheidung in den Händen des Rechtspflegers, da er der zuständige Sachbearbeiter für die Strafvollstreckung ist. 39

Das Bundeszentralregister leistet Unterstützung. Gem. § 23 BZRG hat es eine Hinweispflicht, wenn nach seiner Vorprüfung, die dort anhand der übermittelten Daten vorgenommen wird, eine Gesamtstrafenbildung möglich erscheint. Diesen Hinweis erhält das Verfahren, dessen Mitteilung als letztes zum Bundeszentralregister gelangt ist. Dies muss jedoch nicht zwingend auch die Vollstreckungsbehörde sein, die die nachträgliche Gesamtstrafenbildung in die Wege leiten muss. Wonach bestimmt sich also die Zuständigkeit?

Funktionell betrachtet ist die nachträgliche Gesamtstrafenbildung keine Vollstreckungshandlung, sondern gehört zum Bereich der Strafverfolgung. Funktionell zuständig für den Antrag an das Gericht ist daher der (Ermittlungs-)Staatsanwalt, nicht der Rechtspfleger. In verschiedenen Bundesländern existieren Verordnungen, wonach jedoch die Vorbereitung dieser Anträge – teilweise bis hin zum Strafvorschlag für die zu bildende Gesamtstrafe – auf den Rechtspfleger übertragen ist. Der Rechtspfleger wird also in allen Fällen, in denen eine Gesamtstrafenbildung zu initiieren ist, prüfen, ob er selbst oder ein Kollege einer anderen Staatsanwaltschaft diesen Anstoß geben muss.

Die Zuständigkeit der Staatsanwaltschaft richtet sich gem. §§ 7 I StVollstrO, 143 GVG stets nach der des Gerichts. Geht es um die Frage, von welcher Staatsanwaltschaft der Antrag auf Gesamtstrafenbildung zu stellen ist, so hängt dies also von dem Gericht ab, das über diesen Antrag letztlich zu entscheiden hat. Im Ergebnis kann die Zuständig- 40 keit der Staatsanwaltschaft also erst bestimmt werden, wenn die Zuständigkeit des Gerichts bereits ermittelt wurde. Maßgebliche Zuständigkeitsvorschriften sind §§ 462 I, 462a III StPO. § 462 I StPO definiert dabei lediglich die sachliche Zuständigkeit „des Gerichts". Örtlich bestimmt sie sich nach § 462a III StPO. S. 1 der Vorschrift schreibt diese Entscheidung grundsätzlich dem Gericht des ersten Rechtszuges zu. Stammen die Urteile von verschiedenen Gerichten, so legt § 462a III S. 2 StPO eine Reihenfolge fest: Zuständig ist vorrangig das Gericht, das auf die schwerste Strafart erkannt hat. Freiheitsstrafe wiegt dabei – ungeachtet der Höhe – immer schwerer als Geldstrafe. Haben die maßgeblichen Gerichte gleichartige Strafen ausgeurteilt, ist das Gericht zuständig, das auf die höchste Strafe erkannt hat. Führt auch dies zu keinem eindeutigen Ergebnis, ist das Gericht zuständig, dessen Urteil zuletzt ergangen ist.

Zurück zum Fall:

41 Die Akte wurde Rechtspfleger R bei der Staatsanwaltschaft Koblenz vorgelegt. Die Gesamtstrafe ist entsprechend dem Ergebnis in Aufgabe 1 aus den Strafen der Verfahren Düsseldorf, Bonn und Koblenz zu bilden.

Rechtspfleger R bzw. die Staatsanwaltschaft Koblenz wäre nur dann für den Antrag auf Gesamtstrafenbildung zuständig, wenn auch das Amtsgericht Koblenz über die Bildung der Gesamtstrafe entscheiden müsste. Gem. § 462a III StPO ist zunächst entscheidend, in welchem Verfahren die schwerste Strafe verhängt wurde. In Bonn und Koblenz wurde A zu Geldstrafen, in Düsseldorf hingegen zu einer Freiheitsstrafe verurteilt. Damit hat das AG Düsseldorf die schwerste Strafe verhängt. Die Gesamtstrafe ist dort zu bilden.

Staatsanwaltschaftliche Aufgaben aus dem Bezirk des Amtsgerichts Düsseldorf nimmt die Staatsanwaltschaft Düsseldorf wahr. Damit ist eine Zuständigkeit der Staatsanwaltschaft Koblenz nicht gegeben. Rechtspfleger R wird die Akte unter Hinweis auf die Gesamtstrafenfähigkeit an die Staatsanwaltschaft Düsseldorf übersenden.

D. Aufgabe 3

Schildern Sie Ihre Überlegungen zum Strafrahmen.

Vorbemerkung:

42 Die Bildung der Gesamtstrafe erfolgt nach dem sog. *Asperationsprinzip*, das in § 54 StGB verankert ist. Voraussetzung ist zunächst, dass im Erkenntnisverfahren für jede einzelne Tat eine *verwirkte* Strafe, d.h. deren Art und Höhe, bestimmt wurde. Sie muss zumindest in den Urteilsgründen genannt sein.

Unter Berücksichtigung der Kriterien des § 54 StGB ist sodann ein Strafrahmen zu bestimmen. Er gibt an, wie hoch die zu bildende Gesamtstrafe mindestens sein muss (Untergrenze) und wie hoch sie maximal sein darf (Obergrenze).

Die Untergrenze wird nach § 54 I S. 2 StGB bestimmt: die schwerste – bzw. bei gleichschweren Strafen die höchste – Strafe stellt die sog. *Einsatzstrafe* dar. Sie muss erhöht werden. Die zu bildende Gesamtstrafe muss also höher sein, als diese Einsatzstrafe. Bei der Erhöhung müssen die zulässigen Zeiteinheiten aus §§ 39, 40 StGB beachtet werden. Soll eine Gesamtfreiheitsstrafe gebildet werden, ist also entscheidend, ob die künftige Gesamtfreiheitsstrafe über einem Jahr liegen wird oder nicht. Bleibt sie darunter, ergibt sich die Untergrenze durch Erhöhung der Einsatzstrafe um eine Woche. Überschreitet sie die Jahresgrenze, ist die Einsatzstrafe um einen Monat zu erhöhen. 43

Bei einer Gesamtgeldstrafe ist die Untergrenze in zweierlei Hinsicht zu bestimmen: zum einen bzgl. der Anzahl der Tagessätze, zum anderen bzgl. des zu zahlenden Gesamtbetrags (= Produkt aus Tagessatzanzahl und Tagessatzhöhe). Das gilt zumindest immer dann, wenn die Tagessatzhöhen der Einzelstrafen nicht identisch sind. Sind sie gleich, erübrigen sich die Überlegungen zum zu zahlenden Gesamtbetrag. Die Untergrenze ist dann lediglich orientiert an der Tagessatzanzahl zu bestimmen. 44

Die kleinste, denkbare Erhöhungseinheit ist dabei ein Tagessatz bzw. 1 Euro.

Für die Bildung der Obergrenze gilt § 54 II S. 1 StGB. Danach darf die neue Gesamtstrafe die Summe der Einzelstrafen nicht erreichen. Sie muss also niedriger sein als diese Summe. Für Geldstrafen ist bei der Bildung dieser Summe die Anzahl der Tagessätze maßgeblich, § 54 III StGB. 45

Obergrenze ist folglich die Summe abzüglich einer zulässigen Strafeinheit i.S.v. §§ 39, 40 StGB. Ergeben sich hierbei Konfliktsituationen, geht die Regelung aus § 54 II S. 1 StGB der aus § 39 StGB vor (vgl. BGH, NStZ-RR 2004, 137).

Bei Geldstrafen muss die Gesamtstrafe niedriger sein, als die Summe der Tagessätze aller Einzelstrafen. Sie darf aber auch im Zahlbetrag die Summe der Einzelstrafen nicht erreichen. 46

Zu beachten sind außerdem stets die Obergrenzen aus § 54 II S. 2 StGB: 47

- maximal lebenslange Freiheitsstrafe, wenn eine solche mit einer anderen Strafe gesamtstrafenfähig ist,
- maximal 15 Jahre bei zeitiger Freiheitsstrafe,
- maximal. 720 Tagessätze bei Gesamtgeldstrafe.

Zum Fall:

48 Der Strafrahmen für eine Gesamtstrafe aus

a) Düsseldorf = Freiheitsstrafe von 5 Monaten

b) Bonn = Geldstrafe von 30 TS à 40 €

c) Koblenz = Geldstrafe von 50 TS à 15 €

ist zu bestimmen.

Treffen Freiheitsstrafen und Geldstrafen zusammen, ergeben sich aus § 53 II StGB zwei Möglichkeiten einer Gesamtstrafenbildung. Gem. S. 1 ist grundsätzlich eine Gesamtfreiheitsstrafe zu bilden (= echte Gesamtstrafe). Ausnahmsweise können Freiheitsstrafe und Geldstrafe nach S. 2 aber auch nebeneinander bestehen bleiben (= unechte/kumulative Gesamtstrafe). Im letzteren Fall ist aus mehreren Einzelgeldstrafen jedoch eine Gesamtgeldstrafe zu bilden, § 53 II S. 2 letzter HS.

Für den vorliegenden Fall ergeben sich damit zwei Möglichkeiten:

1. Strafrahmen für eine Gesamtfreiheitsstrafe aus allen drei Strafen, § 53 II S. 1 StGB

49 Ausschlaggebend für die Bestimmung der Untergrenze ist zunächst die schwerste Strafe als Einsatzstrafe, hier die Freiheitsstrafe des AG Düsseldorf von 5 Monaten. Die neu zu bildende Gesamtstrafe muss höher sein. Unter Berücksichtigung des § 39 StGB liegt die Untergrenze bei 5 Monaten und einer Woche. Dies ist die Mindesthöhe der Gesamtstrafe.

Sie darf die Summe der Einzelstrafen nicht erreichen. Ein Tagessatz ist dabei mit einem Tag Freiheitsentziehung zu werten. Die Summe beträgt folglich 5 Monate und (30 + 50 =) 80 Tage. 80 Tage entsprechen 2 Monaten und 2 Wochen und 6 Tagen. In der Summe also 7 Monate + 2 Wochen + 6 Tage.

Bezogen auf die vorliegende Fallkonstellation sind folgende Argumentationen zur Bestimmung der Obergrenze vertretbar:

a) Argumentation 1

50 Die Summe von 7 Monaten + 2 Wochen + 6 Tagen darf nicht erreicht werden. Gleichzeitig ist sicherzustellen, dass die Obergrenze den zulässigen Zeiteinheiten des § 39 StGB entspricht. Reduziert man die Summe um 6 Tage, sind beide Kriterien erfüllt: die Strafe liegt unter der Summe und genügt den Vorgaben des § 39 StGB, wonach für Strafen unter einem Jahr nur „Monate“ und „Wochen“ zulässige Zeiteinheiten sind.

Die Obergrenze ist somit 7 Monate + 2 Wochen.

b) Argumentation 2

Die Summe von 7 Monaten + 2 Wochen + 6 Tagen ist kein zulässiges Strafmaß i.S.v. § 39 StGB, da die Zeiteinheit „Tage“ dort nicht vorgesehen ist. Die 6 Tage dürfen daher bei den weiteren Überlegungen nicht berücksichtigt werden. Es ist also von einer Summe auszugehen, die 7 Monate und 2 Wochen beträgt. Diese Summe muss unterschritten werden. Kleinste zulässige Einheit in dieser Strafhöhe ist eine Woche. 51

Die Obergrenze ist somit 7 Monate + 1 Woche.

Diese Summe darf nicht erreicht werden. Zur Bedeutung dieser Summe heißt es bei *Rissing–van Saan/Scholze* in Leipziger Kommentar StGB § 54 Rn. 12:

> *„Die Summe der Einzelstrafen hat hierbei nur geringeres Gewicht, so dass es fehlerhaft wäre, sich von ihr zu sehr leiten zu lassen. Die Findung der angemessenen Gesamtstrafe ist keine bloße Rechenaufgabe, vielmehr ein gesonderter Strafzumessungsvorgang, dem jeder Schematismus fremd ist und bei dem statt dessen die Person des Täters und die einzelnen Straftaten zusammenfassend gewürdigt werden müssen.“*

2. Strafrahmen für eine Gesamtgeldstrafe und einer daneben bestehenbleibenden FS von 5 Monaten, § 53 II S. 2 StGB

Auch für die Geldstrafen ist eine Unter- und Obergrenze zu bestimmen. Dabei ist zum einen die Anzahl der Tagessätze, zum anderen die Höhe der Zahlbeträge zu betrachten. 52

a) Untergrenze, § 54 I S. 2 StGB

Einsatzstrafe ist bezogen auf die Anzahl der Tagessätze die Geldstrafe aus dem Verfahren Koblenz mit 50 Tagessätzen. Die neu zu bildende Gesamtstrafe muss höher sein, also mindestens 51 Tagessätze betragen.

Zu zahlen sind 1.200,– € aus der Geldstrafe des AG Bonn und 750,– € aus dem Verfahren Düsseldorf. Hier gibt die Bonner Strafe den Ausschlag: die neu zu bildende Gesamtstrafe muss also mindestens 1.201,– € betragen.

b) Obergrenze, § 54 II S. 1 StGB

Die Gesamtgeldstrafe darf die Summe der Tagessätze, also 80 Tagessätze, und die Summe der Zahlbeträge, also 1.950,– € nicht erreichen. Obergrenze sind folglich 79 Tagessätze und ein Zahlbetrag von 1.949,– €.

Haben sich die wirtschaftlichen Verhältnisse des Täters zwischen der ersten und einer weiteren Verurteilung geändert, führt dies zu einer unterschiedlichen Bemessung der Tagessatzhöhe in den Einzelstrafen (vgl. § 40 II S. 1 StGB). Diese Ausgangslage führt 53 in der nachträglichen Gesamtstrafenbildung zu der Frage, welche Tagessatzhöhe für die Gesamtgeldstrafe ausschlaggebend ist. Sind die wirtschaftlichen Verhältnisse zum Zeitpunkt des ersten Urteils auch für die Gesamtstrafe heranzuziehen oder ist auf die wirtschaftlichen Verhältnisse zum Zeitpunkt der späteren Verurteilung abzustellen?

Gesamtstrafenbildung gem. §§ 55 StGB, 460 StPO soll „nachholen, was versäumt wurde". Diesem Prinzip folgend müsste auf den Zeitpunkt des früheren Urteils abgestellt werden. Die Tagessatzhöhe, die im späteren Urteil festgesetzt wurde, ist aber zeitlich betrachtet aktueller. Spannungen, die in diesen Konstellationen zwischen § 40 II S. 1 StGB und § 54 I, II StGB entstehen, können vielfach nur dadurch gelöst werden, dass der Richter für die Gesamtstrafe eine einheitliche Tagessatzhöhe festsetzt, die nicht zwingend einer der Tagessatzhöhen der Einzelstrafen entsprechen muss (vgl. Fischer StGB § 55 Rn. 25ff.).

Bezogen auf den vorliegenden Fall würden z.B. folgende Gesamtgeldstrafen die Kriterien zum Strafrahmen erfüllen:

65 TS x 25,– € = 1.625,– €

60 TS x 30,– € = 1.800,– €

70 TS x 20,– € = 1.400,– €

55 TS x 35,– € = 1.925,– €

u.v.a. mehr…

Fortsetzung von Fall 8

A. Themenbereich

Vollstreckung einer nachträglich gebildeten Gesamtgeldstrafe.

B. Sachverhalt

Das Gericht hat aus den Strafen des AG Düsseldorf, des AG Bonn und des AG Koblenz eine unechte Gesamtstrafe i.S.d. § 53 II S. 2 StGB gebildet. Die Freiheitsstrafe des AG Düsseldorf blieb gesondert bestehen, aus den beiden Geldstrafen des AG Bonn und des AG Koblenz hat es eine Gesamtgeldstrafe von 65 Tagessätzen à 25,– € gebildet. Der Beschluss wurde am 02.08.2021 erlassen und A am 04.08.2021 zugestellt. Rechtsmittelerklärungen wurden nicht abgegeben.

A war nach vollständiger Verbüßung der Freiheitsstrafen aus den Verfahren des AG Düsseldorf und des AG München am 17.07.2021 aus der Haft entlassen worden. Zur Vollstreckung der Ersatzfreiheitsstrafe im Bonner Verfahren kam es nicht. Nachdem A sowohl im Bonner als auch im Koblenzer Verfahren im Mai jeweils 200,– € gezahlt hatte, wurde von der Vollstreckung der Ersatzfreiheitsstrafe abgesehen.

Im Verfahren des AG Bonn bewilligte die Vollstreckungsbehörde dem A erneut eine Ratenzahlung. A zahlte infolgedessen regelmäßig ab Juni 2021 jeweils zum 15. eines Monats Raten i.H.v. 50,– €.

(Zur Erinnerung: A hatte in dieser Sache bereits in der Zeit von Dezember 2020 bis einschließlich März 2021 Raten von 50,– € pro Monat auf diese Geldstrafe gezahlt.)

Im Verfahren des AG Koblenz wurde die Geldstrafe bis zur Entlassung aus der Haft gestundet. Die Akte enthält hierzu den folgenden Vermerk:

> Der Verurteilte zahlt im Verfahren des AG Bonn (AZ....) monatliche Raten i.H.v. 50,– €. Eine weitere Ratenzahlung lässt seine finanzielle Situation nachweislich nicht zu. Hier wäre daher die Vollstreckung der Erstfreiheitsstrafe anzuordnen. Jedoch bat der Verurteilte hiervon abzusehen und ihm die Möglichkeit der Tilgung durch freie Arbeit gem. Art. 293 EGStGB einzuräumen. Dem Antrag wird stattgegeben....

A hat daraufhin am Wochenende, samstags und sonntags, jeweils 8 Stunden in einem städtischen Altenheim gearbeitet. Er trat diese Arbeit erstmals am 24.07.2021 an. Unregelmäßigkeiten haben sich nicht ergeben. Zur Tilgung eines Tagessatzes sind nach der Bewilligung der Vollstreckungsbehörde 6 Stunden freie Arbeit zu erbringen.

(Zur Erinnerung: A war in dieser Sache vom 30.04.2021 um 21:57 Uhr bis zum 01.05.2020 um 10:00 Uhr vorläufig festgenommen worden.)

C. Aufgaben

1. Bestimmen Sie die noch offene Gesamtgeldstrafe am 20.08.2021.
2. Welche Überlegungen stellt der zuständige Rechtspfleger im Hinblick auf die Zahlungserleichterung und die gewährte Tilgung durch freie Arbeit an?

Besprechung von Fall 8 (Fortsetzung)

A. Vorbemerkung

§ 51 II StGB bestimmt, dass alles, was in einer einbezogenen Sache zur Tilgung beigetragen hat, auf die Gesamtstrafe anzurechnen ist. Der Gesetzgeber hat in § 41 I StVollstrO ausdrücklich geregelt, wie die Anrechnung einer Strafhaft aus einem einbezogenen Verfahren auf eine Gesamtfreiheitsstrafe erfolgen muss. Nicht geregelt ist jedoch, auf welche Art und Weise Zahlungen, vorläufige Freiheitsentziehungen, Ersatzfreiheitsstrafe und freie Arbeit auf eine Gesamtgeldstrafe anzurechnen sind. Die Thematik ist streitig (vgl. insgesamt hierzu auch *Pohlmann/Jabel/Wolf*, StVollstrO § 50 Rn. 7ff.). Der nachfolgende Lösungsvorschlag orientiert sich teilweise an einer Entscheidung des BGH (vgl. NJW 1979, 2523). Darin heißt es: 54

> *„Maßstab für die Anrechnung ist die Tagessatzhöhe der früheren Strafe. Deren Vollstreckung ist rechtlich als Beginn der Vollstreckung der Gesamtstrafe anzusehen (BGHSt 21, 186 [187] = NJW 1967, 788). Die früheren Zahlungen haben daher auch für die Gesamtstrafe straftilgende Wirkung in dem zur Zeit ihrer Entrichtung geltenden Anrechnungsmaßstab. In dieser Höhe auch hat der Täter bei niedrigerem Einkommen die früheren Zahlungen als das ihm auferlegte Strafübel empfunden."*

Der nachfolgend beschriebene Lösungsansatz bildet zunächst zwei Gruppen:

1. Vorläufige Freiheitsentziehung, Ersatzfreiheitsstrafe und freie Arbeit werden nach dem Maßstab 1 : 1 auf die Gesamtgeldstrafe angerechnet. Das bedeutet: Ein Tagessatz, der auf diese Weise in einer einbezogenen Geldstrafe getilgt wurde, tilgt genau einen Tagessatz der Gesamtgeldstrafe. 55
2. Bei Zahlungen ist zu differenzieren:
   a) Ist die Tagessatzhöhe in der einbezogenen Geldstrafe und die der Gesamtgeldstrafe gleich, sind auch die Zahlungen nach dem Maßstab 1 : 1 anzurechnen. 56
   b) Ist die Tagessatzhöhe in einem einbezogenen Verfahren eine andere, als in der Gesamtgeldstrafe, sind die anrechenbaren Beträge nach der *Tagessatzmethode* (s.o. NJW 1979, 2523) und der *Betragsmethode* gegenüberzustellen. 57

Erfolgt die Anrechnung nach der Betragsmethode wird exakt der gezahlte Betrag auf die Gesamtgeldstrafe verrechnet.

Die Anrechnung nach der Tagessatzmethode erfolgt in zwei Schritten: Zunächst wird geprüft, wie viele Tagessätze durch eine Zahlung in der ursprünglichen Geldstrafe getilgt wurden. Im zweiten Schritt wird dann suggeriert, dass diese Tagessätze direkt in der Gesamtgeldstrafe getilgt wurden und dabei ermittelt, wie hoch der getilgte Betrag in Euro wäre.

Die beiden Methoden werden in der nachfolgenden Fallbesprechung erläutert. Die Tagessatzmethode liefert aber nicht in allen Fallkonstellationen zufriedenstellende Ergebnisse. Daher empfiehlt es sich stets, die Ergebnisse beider Methoden zu vergleichen. Der für den Verurteilten höhere, also günstigere, Anrechnungsbetrag ist maßgebend. Hierbei gilt:

- Ist die Tagessatzhöhe in der einbezogenen Sache höher als in der Gesamtgeldstrafe, ist die Betragsmethode günstiger.
- Ist die Tagessatzhöhe in der einbezogenen Sache niedriger als in der Gesamtgeldstrafe, ist die Tagessatzmethode günstiger.
- Zahlungen, die erst nach Rechtskraft des Gesamtstrafenbeschlusses erfolgen, werden unmittelbar auf die Gesamtgeldstrafe verrechnet.

B. Aufgabe 1

Bestimmen Sie die noch offene Gesamtgeldstrafe am 20.08.2021.

58 Für die korrekte Berechnung der Gesamtgeldstrafe sind zwei Aspekte zu berücksichtigen:

1. Zahlungen vor Rechtskraft erfolgten noch auf die ursprüngliche Strafe. Da die Tagessatzhöhen in den beiden einbezogenen Verfahren (Bonn = 40,– €; Koblenz = 15,– €) von der Tagessatzhöhe der Gesamtgeldstrafe (= 25,– €) abweichen, scheidet die 1:1-Anrechnung aus. Hier wird pro Verfahren zu prüfen sein, ob eine Anrechnung nach der Betrags- oder der Tagessatzmethode vorzunehmen ist.
2. Zahlungen nach Rechtskraft gelten unmittelbar auf die Gesamtgeldstrafe gezahlt.

59 Die Rechtskraft der Gesamtstrafe ist also in der Vollstreckung ein entscheidender Zeitpunkt. Das Rechtskraftdatum muss daher ermittelt werden:

Der Gesamtstrafenbeschluss kann von der Staatsanwaltschaft und dem Verurteilten gem. § 462 III S. 1 StPO mit der sofortigen Beschwerde angefochten werden. Die Frist beginnt mit der Zustellung am 04.08.2021, §§ 35 II, 311 II StPO:

04.08.2021
+ 1 Woche § 43 I StPO
11.08.2021 24:00 Uhr

Der Beschluss ist also ab dem 12.08.2021 rechtskräftig.

3. Alles, was in den beiden einbezogenen Verfahren zur Tilgung der Geldstrafe beigetragen hat, muss in der Rechnung berücksichtigt werden. Um den Überblick nicht zu verlieren, ist es sinnvoll, die Einzelleistungen aus den beiden Verfahren zusammenzutragen. 60

1. Verfahren AG Bonn (30 TS x 40 €):

Monatliche Raten
von Dezember 2020 bis März 2021: 4 × 50,– € = 200,– €

Zahlung im Mai:		200,– €
Raten:	15. Juni 2021	50,– €
	15. Juli 2021	50,– €
	15. August 2021	50,– €

2. Verfahren AG Koblenz: (50 TS x 15 €)

Vorläufige Festnahme

30.04.20, 22:57 Uhr bis 01.05.20, 10:00 Uhr

Die Festnahmezeit liegt unter 24 Stunden. Daher ist gem. § 39 IV S. 3 StVollstrO nur **ein Tag** anzurechnen.

Zahlung im Mai: 200,– €

Freie Arbeit:

24./25.07.2021	= 16 Stunden
31.07./01.08.2021	= 16 Stunden
07./08.08.2021	= 16 Stunden
14./15.08.2021	= 16 Stunden

Alles, was nicht durch Zahlung zur Tilgung in einem einbezogenen Verfahren geführt hat, kann nach dem Maßstab 1 : 1 auf die Gesamtgeldstrafe angerechnet werden. Das betrifft hier also die vorläufige Festnahme und die Tilgung durch freie Arbeit, die beide im Verfahren des AG Koblenz stattgefunden haben. Die freie Arbeit wurde teilweise vor, teilweise nach Rechtskraft erbracht. Da die Anrechnung aber im 1:1 Maßstab erfolgt, ist dies unerheblich, denn ein getilgter Tagessatz in der einbezogenen Sache tilgt einen Tagessatz der Gesamtgeldstrafe. 61

Die Gesamtarbeitszeit beträgt 64 Stunden. 6 Stunden Arbeit tilgen gem. der Bewilligung einen Tagessatz. Durch diese Arbeitsleistung sind folglich 10 ⅔ Tagessätze getilgt.

Insgesamt reduziert sich die Gesamtgeldstrafe somit durch die vorläufige Festnahme und die freie Arbeit um 11 ⅔ Tagessätze x 25,– € = **291,67 €.**

62 Im Verfahren des AG Bonn hat der Verurteilte bis zum Eintritt der Rechtskraft am 12.08.2021 um 00:00 Uhr insgesamt 500,– € gezahlt. Die letzte Rate i.H.v. 50,– € wurde erst am 15.08.2021 verbucht. Sie wird unmittelbar auf die Gesamtstrafe verrechnet.

Da die Tagessatzhöhe in der Gesamtgeldstrafe eine andere ist, als in der ursprünglichen Bonner Strafe, ist hinsichtlich der 500,– € zu prüfen, nach welcher Methode sie anzurechnen sind.

Nach der Betragsmethode ist die Zahlung mit 500,– € zu berücksichtigen. Das jedoch nur dann, wenn sich bei einer Anrechnung nach der Tagessatzmethode kein günstigerer Anrechnungsbetrag für den Verurteilten ergeben würde.

63 Bei einer Anrechnung nach der Tagessatzmethode ist in einem ersten Schritt zu prüfen, wie viele Tagessätze die Zahlung von 500,– € seinerzeit in der Bonner Strafe getilgt hat:

500,– € : 40,– € = 12,5 Tagessätze

In einem zweiten Schritt ist zu berechnen, welchen Betrag in Euro 12,5 Tagessätze in der Gesamtgeldstrafe tilgen würden:

12,5 Tagessätze x 25,– € = 312,50 €

Die beiden Beträge sind gegenüberzustellen: nach der Betragsmethode wären die gezahlten 500,– €, nach der Tagessatzmethode die ermittelten 312,50 € anrechenbar. Ausschlaggebend ist der Betrag, der aus Sicht des Verurteilten zur höheren und damit günstigeren Anrechnung führt. Hier also die 500,– €.

Dieses Ergebnis bestätigt den obigen Merksatz:

> Ist die Tagessatzhöhe in der einbezogenen Sache höher als in der Gesamtgeldstrafe, ist die Betragsmethode günstiger.

64 Zu prüfen ist außerdem, wie die Zahlungen aus dem einbezogenen Verfahren des AG Koblenz zu bewerten sind. Gezahlt wurden bis zum Eintritt der Rechtskraft in diesem Verfahren lediglich die 200,– € im Mai 2021.

Nach der Betragsmethode wäre genau dieser Betrag anzurechnen. Das aber nur, wenn nicht die Tagessatzmethode zu einem günstigeren Anrechnungsbetrag führen würde.

65 Im ersten Schritt ist wieder zu ermitteln, wie viele Tagessätze diese 200,– € in der Strafe des AG Koblenz getilgt haben:

200,– € : 15,– € = 13,333… Tagessätze

In einem zweiten Schritt ist zu berechnen, welchen Betrag in Euro 13,333… Tagessätze in der Gesamtgeldstrafe tilgen würden:

13,333… Tagessätze x 25,– € = 333,33,– €

Die Tagessatzmethode führt hier also zu einem günstigeren Ergebnis und ist für die Anrechnung der Zahlung aus dem Koblenzer Verfahren maßgebend. Auch hier bestätigt unsere Rechnung also den obigen Merksatz:

> Ist die Tagessatzhöhe in der einbezogenen Sache niedriger als in der Gesamtgeldstrafe, ist die Tagessatzmethode günstiger.

Nun kann der noch offene Betrag der Gesamtgeldstrafe ermittelt werden: 66

Gesamtgeldstrafe = 65 Tagessätze x 25,– € =	1.625,00 €
Anzurechnen:	
– Für die vorläufige Festnahme und freie Arbeit	291,67 €
– Für die Zahlungen im Bonner Verfahren bis zum Eintritt der Rechtskraft	500,00 €
– Für die Zahlung im Koblenzer Verfahren	333,33 €
– Die Zahlung der Rate vom 15.08.2021	50,00 €
Offene Restgesamtgeldstrafe:	**450,00 €**

C. Aufgabe 2

Welche Überlegungen stellt der zuständige Rechtspfleger im Hinblick auf die Zahlungserleichterung und die gewährte Tilgung durch freie Arbeit an?

Dem A waren in den einbezogenen Verfahren verschiedene Möglichkeiten zur Tilgung der Geldstrafen eingeräumt worden. Für die Gesamtgeldstrafe muss dies überdacht werden. Im Verfahren des AG Bonn zahlte A Raten. Diese Geldstrafe war folglich i.S.d. § 459e II StPO weder uneinbringlich, noch war die Beitreibung aussichtslos. Im Koblenzer Verfahren war dem A im Hinblick auf seine finanzielle Situation und die Ratenzahlung im Bonner Verfahren, Tilgung durch freie Arbeit bewilligt worden. Letztere kommt nur in Betracht, wenn dadurch die Vollstreckung der Ersatzfreiheitsstrafe abgewendet werden kann. Ersatzfreiheitsstrafe wiederum wird nur angeordnet, wenn die Geldstrafe uneinbringlich ist oder die Beitreibung aussichtslos erscheint. 67

Im Hinblick darauf, dass A die Raten auf die Bonner Geldstrafe pünktlich zahlte, ist eine Ratenbewilligung auch zur restlichen Tilgung der Gesamtgeldstrafe in Erwägung zu ziehen. Eine Uneinbringlichkeit der Geldstrafe als Voraussetzung für die Bewilligung freier Arbeit ist, ist nicht gegeben. Die freie Arbeit im städtischen Altenheim darf daher nicht parallel zur Ratenzahlung fortgesetzt werden. Hierüber sind A und das Altenheim zu informieren.

Zimmermann

Fall 9

A. Themenbereiche

§ 41 I StVollstrO – Vollstreckung einer Gesamtfreiheitsstrafe / Unterbrechung einer U-Haft zur Vollstreckung einer Strafhaft in anderer Sache / Anrechnung ausländischer Haft / Einziehung gestohlener Gegenstände / Wertersatzeinziehung.

B. Sachverhalt

A, der in der Vergangenheit schon häufig straffällig wurde und auch schon strafhafterfahren ist, wird am 10.01.2021 von einem Ladendetektiv bei einem Diebstahl gestellt. Er folgt dem Detektiv freiwillig in dessen Büro, räumt die Tat ein und nennt seine Personalien. Das Unternehmen erstattet wegen dieser Tat eine Anzeige, die von der Staatsanwaltschaft Bonn bearbeitet wird.

Wenige Tage später, am 23.01.2021 um 16.30 Uhr, beobachten Polizisten den A in der Innenstadt bei einem Trickdiebstahl. Da A sich wehrt und zunächst alles abstreitet, wird er festgenommen. Die gestohlene Uhr wird als Beweisstück sichergestellt. A wird unmittelbar nach seiner Vernehmung, in der er dann doch geständig ist, entlassen. Auch diese Tat wird bei der Staatsanwaltschaft Bonn zur Anzeige gebracht. Der Geschädigte erhält die Uhr im Laufe des Ermittlungsverfahrens zurück, da sie nach dem Geständnis des A nicht mehr für die Strafverfolgung benötigt wird.

Beide Anzeigen werden von Amtsanwältin Schlau bearbeitet. Sie veranlasst die Verbindung der beiden Verfahren (= Verfahren I). Am 18.05.2021 wird A ein Strafbefehl des Amtsgerichts Bonn zugestellt, in dem er wegen dieser beiden Taten zu einer Gesamtgeldstrafe von 50 Tagessätzen zu je 40,– € verurteilt wird. Rechtsmittel werden nicht eingelegt.

Auf die Zahlungsaufforderung hin zahlt A sofort einen Betrag von 500,– €. In der Folgezeit gelingt es dem Gerichtsvollzieher 250,– € beizutreiben. Nach Abzug seiner Kosten überweist er 211,23 € zum Verfahren. Weitere Beitreibungsversuche bleiben erfolglos. Die Ladung zum Strafantritt zur Verbüßung der Ersatzfreiheitsstrafe kann nicht mehr zugestellt werden, da A inzwischen unbekannt verzogen ist.

Ermittlungen in anderer Sache (= Verfahren II) ergeben, dass A auch für eine Einbruchserie in Wohnhäuser verantwortlich ist, die in der Zeit von März bis Anfang Mai 2021 stattgefunden hat. Im Rahmen einer Durchsuchung konnten in der Wohnung des A folgende Gegenstände beschlagnahmt und anschließend asserviert werden:

- Fernseher (aktuelles Modell, Neupreis: 1.200,– €)
- Beamer (aktuelles Modell, Neupreis: 1.000,– €)
- Perlenkette mit passendem Armband und Ring (Wert lt. Gutachten: 750,– €)
- Ring mit Diamanten (Wert lt. Gutachten: 1.600,– €)

Die weiteren Ermittlungen zeigen, dass der Fernseher und der Beamer dem Ehepaar Schüller gestohlen wurden. Sie vermissen darüber hinaus noch ein iPad, das Herr Schüller erst wenige Tage vor dem Diebstahl gekauft hatte. Der Preis hierfür betrug lt. Rechnung 249,90 €.

Der aufgefundene Schmuck kann einem Einbruch in das Haus von Frau Klein zugeordnet werden. Sonstige Gegenstände vermisst sie nicht.

Weitere Nachforschungen ergeben, dass A das gestohlene iPad des Ehepaars Schüller für 150,– € über Ebay verkauft hat. Aus dem Ebay-Profil des A ermittelt die Polizei weiteres Diebesgut, das bei einem Einbruch in das Haus der Familie Wiener abhandengekommen ist. Insgesamt handelt es sich hierbei um Gegenstände im Wert von 600,– €, die A jedoch alle bereits über Ebay veräußert hat.

Da A auf Vorladungen in dieser Sache nicht reagiert, wird am 30.07.2021 ein Untersuchungshaftbefehl erlassen und A zur Festnahme ausgeschrieben. Letztere erfolgt am 14.09.2021 in der Türkei. A wird daraufhin in Auslieferungshaft genommen. Im Rahmen der Auslieferung wird er am 23.09.2021 von deutschen Beamten am Münchener Flughafen in Empfang genommen und zur U-Haft in die JVA Köln gebracht.

In Unterbrechung der U-Haft wird ab dem 30.09.2021 eine Freiheitsstrafe von zwei Monaten für die Staatsanwaltschaft Koblenz vollstreckt.

Am 05.11.2021 verurteilt das Amtsgericht Euskirchen den A im Verfahren II unter Einbeziehung der Geldstrafe aus Verfahren I und der o.a. Koblenzer Freiheitsstrafe zu einer Gesamtfreiheitsstrafe von einem Jahr und 2 Monaten. Haftfortdauer wird angeordnet. Für die in der Türkei erlittene Freiheitsentziehung bestimmt das Gericht einen Anrechnungsfaktor von 1:1,5.

Die asservierten Gegenstände aus den Einbrüchen, zum Nachteil der Familie Schüller und zum Nachteil von Frau Klein, werden im Urteil eingezogen. Das Gericht spricht ferner die Einziehung eines Wertersatzbetrages i.H.v. 849,90 € aus.

Während die zuständige Staatsanwaltschaft Bonn keine Rechtsmittelerklärung abgibt, erklärt A, der sich weiterhin in der JVA Köln befindet, am 12.11.2021 zu Protokoll der Geschäftsstelle des Amtsgerichts Köln, dass er gegen das Urteil vom 05.11.2021 Revision einlege. Das Protokoll geht am 15.11.2021 beim Amtsgericht Euskirchen ein. Weitere Erklärungen des A folgen nicht. Das Amtsgericht Euskirchen verwirft die Revision des A am 20.12.2021 durch Beschluss als unzulässiges Rechtsmittel. Der Beschluss wird A am 22.12.2021 zugestellt. Weitere Erklärungen gehen nicht ein.

Das Aufnahmeersuchen zur Vollstreckung der Gesamtfreiheitsstrafe geht am 11.01.2022 in der JVA ein.

C. Aufgaben

1. Was musste die Staatsanwaltschaft Koblenz veranlassen, damit die Freiheitsstrafe in Unterbrechung der U-Haft aus Verfahren II vollstreckt werden konnte?
2. Berechnen Sie die Gesamtstrafe, die in Verfahren II verhängt wurde. Erläutern Sie dabei ausführlich Ihre Überlegungen und nennen Sie maßgebliche Vorschriften.
3. Prüfen Sie ausführlich, bis wann von Amts wegen über eine Aussetzung des Restes der Gesamtstrafe zur Bewährung zu entscheiden ist.
4. Berechnen Sie – entsprechend Ihres Prüfungsergebnisses zu 3.) den/die Aussetzungszeitpunkte.
5. Welche Überlegungen stellen Sie hinsichtlich der angeordneten Einziehungen an?

Hinweis zur Gerichtsorganisation:

Amtsgericht	Landgericht	Oberlandesgericht
Bonn	Bonn	Köln
Euskirchen	Bonn	Köln

Besprechung von Fall 9

A. Aufgabe 1

Was musste die Staatsanwaltschaft Koblenz veranlassen, damit die Freiheitsstrafe in Unterbrechung der U-Haft aus Verfahren II vollstreckt werden konnte?

1. Vorbemerkung

1 § 116b StPO bestimmt ein Ranking verschiedener Haftarten untereinander. Demnach hat die Vollstreckung einer U-Haft Vorrang vor einer Auslieferungs-, Abschiebungs- und Zurückweisungshaft. Voraussetzung für eine Konkurrenz dieser Art ist jedoch, dass es sich um *innerstaatliche* Haftarten handelt. Trifft U-Haft mit Auslieferungshaft zusammen, ist eine Konkurrenz i.S.d. § 116b StPO daher nur denkbar, wenn der Beschuldigte neben einer U-Haft in einem Ermittlungsverfahren auch Auslieferungshaft in einer anderen Sache verbüßen soll, die in der BRD auf Ersuchen eines ausländischen Staates hin angeordnet wurde. Der Vollzug der U-Haft zur Sicherung der innerstaatlichen Strafverfolgung hat dann Vorrang.

2 Die Vollstreckung anderer freiheitsentziehender Maßnahmen geht jedoch der Vollstreckung von U-Haft vor. Eine abweichende gerichtliche Entscheidung ist möglich. „Andere freiheitsentziehende Maßnahmen" sind z.B. Strafhaft, Ersatzfreiheitsstrafe, freiheitsziehende Maßregeln (§§ 63, 64, 66 StGB) und Sicherungshaft nach § 453c StPO (vgl. auch *Krauß* in BeckOK StPO § 116b Rn. 4). Nach dem Willen des Gesetzgebers ist also auch bei einem Zusammentreffen von Ersatzfreiheitsstrafe und U-Haft die Letztere nachrangig. Der Grund hierfür liegt im Sinn und Zweck der U-Haft als vorläufiges Sicherungsmittel: U-Haft soll die Flucht des Beschuldigten, die Wiederholung sowie die Verdunklung seiner potentiellen Straftat unterbinden. Kommt es zum Freispruch, ist die Zeit der U-Haft zu entschädigen, vgl. StrEG. Diese Entschädigungsansprüche des Beschuldigten zu verhindern bzw. so gering wie möglich zu halten, ist das Ziel des o.a. Rankings. U-Haft soll also nur vollstreckt werden, wenn es unvermeidbar ist.

3 Ein Automatismus tritt durch die Regelung des § 116b StPO jedoch nicht ein. Die Vollstreckungsbehörde muss vielmehr für eine Umsetzung im Sinne dieser Vorschrift sorgen. Dies geschieht durch die gezielte Anordnung, eine laufende U-Haft zugunsten einer bereits rechtskräftig verhängten Strafe zu unterbrechen. Maßgebliche Vorschriften für die Unterbrechung sind die §§ 28 I S. 2, 38 Nr. 4 StVollstrO. Die Unterbrechung der U-Haft erfolgt demnach mit Eingang des Aufnahme- und Unterbrechungsgesuchs bei der zuständigen JVA. Das ist nicht unstreitig. Teilweise wird die Unterbrechung bereits auf den Tag datiert, an dem die Staatsanwaltschaft unmissverständlich zum Ausdruck bringt, dass eine Freiheitsstrafe zu vollstrecken ist.

Als Indiz hierfür wird der Erlass eines Vollstreckungshaftbefehls gesehen (vgl. *Krauß* in BeckOK StPO § 116b Rn. 5).

Hat der Richter, der die U-Haft angeordnet hat, Bedenken gegen eine Unterbrechung – etwa wegen Verdunklungsgefahr – so informiert er die JVA hierüber und untersagt die Unterbrechung von vorneherein, § 116b S. 2 StPO.

2. Zum Fall

Die Staatsanwaltschaft Koblenz musste also ein Aufnahmeersuchen an die JVA Köln 4
senden und gleichzeitig um Vollstreckung der zweimonatigen Freiheitsstrafe in Unterbrechung der laufenden U-Haft bitten. Strafbeginn der Koblenzer Freiheitsstrafe war dann der Tag, an dem das Aufnahmeersuchen mit der Unterbrechungsanordnung bei der JVA einging, § 38 Nr. 4 StVollstrO, hier also der 30.09.2021.

B. Aufgabe 2

Berechnen Sie die Gesamtstrafe, die in Verfahren II verhängt wurde. Erläutern Sie dabei ausführlich Ihre Überlegungen und nennen Sie maßgebliche Vorschriften.

Für die weitere Besprechung des Falles empfiehlt sich die Darstellung der wichtigsten 5
Daten des Sachverhalts auf einer Zeitachse:

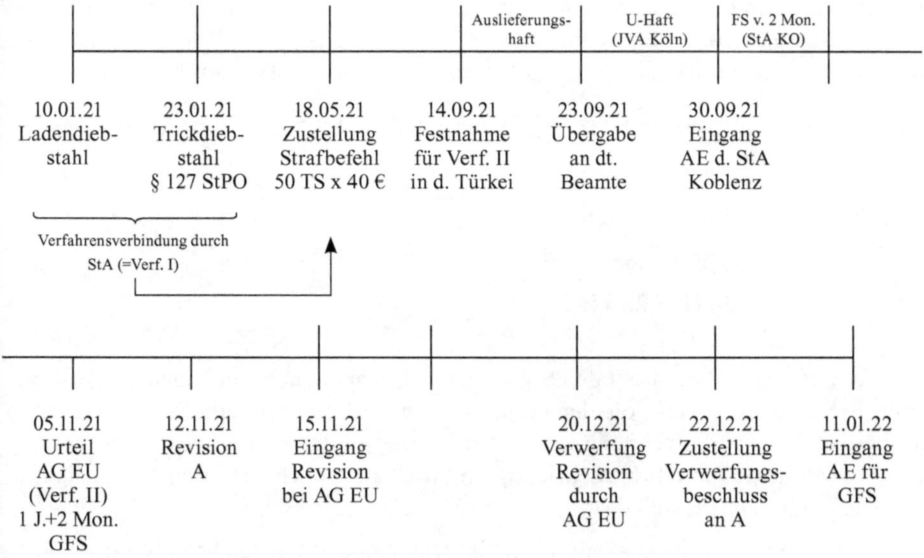

(KO = Koblenz; EU = Euskirchen)

6 Ab dem Zeitpunkt, an dem die Gesamtstrafe rechtskräftig wird, existieren die einbezogenen Strafen, also die Geldstrafe aus Verfahren I und die zweimonatige Freiheitsstrafe der StA Koblenz, nicht mehr als selbständige Strafen. Sie gehen in der Gesamtstrafe auf. Ihre Vollstreckung hatte bei Erlass der Gesamtstrafe am 05.11.2021 jedoch bereits begonnen. Der Verurteilte hat auf die Geldstrafe bereits Zahlungen geleistet. Die Koblenzer Freiheitsstrafe wurde in Unterbrechung der U-Haft aus Verfahren II bereits teilweise verbüßt.

7 Nach § 51 II StGB ist eine rechtskräftig verhängte Strafe, die in einem späteren Verfahren durch eine andere ersetzt wird, auf die neue Strafe anzurechnen, soweit sie bereits durch Anrechnung oder Vollstreckung erledigt ist. Oder anders ausgedrückt: Alles, was in den Ursprungsverfahren zur Erledigung der einbezogenen Strafe geführt hat, ist auch auf die Gesamtstrafe anzurechnen. § 51 II StGB schafft insoweit eine Anrechnungsgrundlage. Die Vorschrift regelt jedoch nicht, auf welche Art und Weise die Anrechnung zu erfolgen hat.

8 Wie die verbüßte *Strafhaft*, die der Verurteilte in einem einbezogenen Verfahren erlitten hat, anzurechnen ist, bestimmt § 41 I StVollstrO. Danach erfolgt dies durch „*Einrechnung*". Einrechnung heißt, die Berechnung erfolgt, als sei die Gesamtstrafe schon bei Beginn der Strafhaft im einbezogenen Verfahren zu vollstrecken gewesen. Der Strafbeginn der Gesamtstrafe wird somit auf den zeitlich gesehen frühesten Beginn einer Strafhaft in einem einbezogenen Verfahren zurückdatiert. Auf unseren Fall übertragen bedeutet das:

Die Strafhaft im einbezogenen Verfahren der StA Koblenz hat in Unterbrechung der U-Haft am 30.09.2021 TB begonnen, §§ 38 Nr. 4 StVollstrO. Dieses Datum ist somit der rechnerische Strafbeginn unserer Gesamtstrafe, § 41 I StVollstrO.

Beginn:	30.09.2021 TB	§§ 41 I, 38 Nr. 4, 37 II S. 2, IV, V StVollstrO
	+ 1 Jahr	
	30.09.2022 TB	
	+ 2 Monate	
	30.11.2022 TB	

9 Anzurechnen ist auf diese Strafe i.S.d. § 51 II StGB aber auch zum einen die Auslieferungshaft und die U-Haft, die der Verurteilte im Verfahren II verbüßte, zum anderen all das, was durch Anrechnung und Vollstreckung in den einbezogenen Verfahren – mit Ausnahme der bereits berücksichtigten Strafhaft – noch zur Erledigung beigetragen hat. Im Einzelnen sind das:

- die vorläufige Festnahme, die im Rahmen des Trickdiebstahls am 23.01.2021 stattfand,

- die Zahlung auf die Geldstrafe i.H.v. 500,– €,
- den Betrag, den der Gerichtsvollzieher beigetrieben hat.

Aus dem Verfahren zur Tat vom 10.01.2021 ist nichts anzurechnen. Lt. Sachverhalt hat A die Tat gegenüber dem Detektiv eingeräumt und freiwillig seine Personalien bekannt gegeben. Eine Form von Freiheitsentziehung ist nicht ersichtlich. Hätte der Detektiv den A gegen seinen Willen festgehalten, so wäre eine Anrechenbarkeit streitig, denn § 39 III Nr. 1 StVollstrO redet von einer vorläufigen Festnahme durch *eine Amtsperson*. Diese Voraussetzung wäre nicht erfüllt, eine Anrechnung folglich nicht möglich (vgl. *Röttle/Wagner*, HRP, Rn. 162; a.A. *Pohlmann/Jabel/Wolf*, StVollstrO § 39, Rn. 56 + 57).

Für die Anrechnung der Auslieferungshaft, der vorläufigen Festnahme und der Zahlungen gibt es keine dem § 41 I StVollstrO entsprechende Sonderregelung. Sie werden also gem. § 39 IV StVollstrO berücksichtigt und reduzieren folglich das vorläufig ermittelte Strafende.

Ermittlung der Anrechnungen

1. Auslieferungshaft aus Verfahren II

Grundlage für die Anrechnung ist § 51 I S. 1 StGB sowie § 39 I, III Nr. 2 StVollstrO. 10
Nach der Anordnung des Gerichts ist die erlittene Auslieferungshaft mit dem Faktor 1,5 zu berücksichtigen, vgl. §§ 51 IV S. 2 StGB, 39 V S. 3 StVollstrO. Der Tag der Übergabe an deutsche Beamte ist dabei de facto teilweise noch Auslieferungshaft, teilweise bereits U-Haft. Wegen des höheren Anrechnungsfaktors, ist es für den Verurteilten günstiger, diesen Tag vollständig als Auslieferungshaft zu werten, § 37 II S. 3 StVollstrO analog.

(*Ein Fall des § 116b StPO lag hier nicht vor, da die Auslieferungshaft nicht im Inland angeordnet wurde.*)

Auslieferungshaft:	14.09.2021 TB	§ 37 II S. 2 StVollstrO analog
bis	23.09.2021 TE	
	10 Tage	
	x 1,5 = **15 Tage**	

2. Die U-Haft aus dem Verfahren II

U-Haft fand im Anschluss an die Auslieferungshaft statt, rechnerisch also ab dem 11
24.09.2021 TB. Sie wurde jedoch zugunsten der Koblenzer Strafe unterbrochen. Die U-Haft dauerte also zunächst bis zum 29.09.2021 TE an. Insgesamt waren das **6 Tage**.

12 Das Amtsgericht Euskirchen hat bei seiner Urteilsverkündung Haftfortdauer angeordnet. Die U-Haft würde sich also nach vollständiger Verbüßung der zuvor genannten einbezogenen Strafe fortsetzen, wenn das Urteil des Amtsgerichts Euskirchen zu diesem Zeitpunkt noch nicht rechtskräftig wäre. Der Umfang der U-Haft aus Verfahren II kann also erst bestimmt werden, wenn

a) das Ende der vollständig vollstreckten FS Koblenz und

b) das Datum des Rechtskrafteintritts

bekannt ist. Es muss daher zunächst in einer Nebenrechnung die Strafzeit für die einbezogene zweimonatige Freiheitsstrafe der StA Koblenz ermittelt werden:

Strafzeitberechnung für die FS der StA Koblenz von 2 Monaten:

13 **Beginn**:	30.09.2021 TB	§§ 38 Nr. 4, 37 II S. 2, IV StVollstrO
	+ 2 Monate	
	30.11.2021 TB	≙ 29.11.2021 TE

Die Vollstreckung der FS Koblenz hätte somit bei vollständiger Vollstreckung zum 29.11.2021 TE geendet. Das jedoch nur, wenn nicht vorher bereits die Rechtskraft des Urteils aus Verfahren II eingetreten wäre. Denn mit Rechtskraft dieses Urteils gehen die einbezogenen Strafen unter. An ihre Stelle tritt die neu gebildete Gesamtstrafe. Eine Vollstreckung der ursprünglichen Einzelstrafen über den Zeitpunkt der Rechtskraft hinaus ist unzulässig.

Rechtskraft des Urteils vom 05.11.2021

14 Das Urteil in Verfahren II wurde am 05.11.2021 erlassen. Gegen dieses Urteil stand den Anfechtungsberechtigten – also der Staatsanwaltschaft und dem Verurteilten, § 296 StPO – wahlweise das Rechtsmittel der Berufung (§ 312 StPO) oder der Sprungrevision (§§ 335, 312 StPO) zu. Die Staatsanwaltschaft machte von ihrem Rechtsmittelrecht keinen Gebrauch. Für sie trat daher nach Ablauf der einwöchigen Rechtsmittelfrist (§§ 314 I, 341 I StPO) relative Rechtskraft ein:

05.11.2021	
+ 1 Woche	§ 43 I StPO
12.11.2021, 24:00 Uhr	

15 Der Verurteilte erklärte am 12.11.2021 Revision zu Protokoll der Geschäftsstelle des Amtsgerichts Köln. Richtiger Adressat wäre nach § 341 I StPO jedoch das Gericht gewesen, dessen Urteil angefochten wurde, hier also das Amtsgericht Euskirchen. Dort

ging die Revision erst am 15.11.2021 und somit eigentlich verspätet ein. A saß jedoch in der JVA Köln ein. Für ihn galt somit die Sondervorschrift des § 299 StPO. Danach können nicht auf freiem Fuß befindliche Beschuldigte ihre Rechtsmittelerklärungen zu Protokoll der Geschäftsstelle des Amtsgerichts abgeben, in dessen Bezirk die Anstalt liegt. Die Erklärung des A zu Protokoll der Geschäftsstelle des Amtsgerichts Köln war somit zulässig. Sie war auch fristwahrend, da es nach § 299 II StPO nur darauf ankommt, dass das Protokoll innerhalb der Frist aufgenommen wird. Der „verspätete" Eingang beim zuständigen Amtsgericht Euskirchen ist also unschädlich. Im Ergebnis ist der Eintritt der Rechtskraft also gehemmt, § 343 I StPO.

Das Amtsgericht Euskirchen verwirft dieses Rechtsmittel am 20.12.2021 durch Beschluss gem. § 346 I StPO. Hiergegen kann A als Beschwerdeführer eine Entscheidung des Revisionsgerichts beantragen, § 346 II StPO. Dieses Rechtsmittel ist fristgebunden binnen einer Woche nach Zustellung des Beschlusses möglich: 16

22.12.2021	
+ 1 Woche	§ 43 I StPO
29.12.2021, 24:00 Uhr	

Da ein solcher Antrag nicht gestellt wurde, tritt mit Ablauf dieser Frist, also zum 30.12.2021 um 00:00 Uhr, Rechtskraft ein.

Die Strafhaft der FS Koblenz endet nach der obigen Berechnung bereits zum 29.11.2021 TE. Zu diesem Zeitpunkt ist die Gesamtstrafe noch nicht rechtskräftig. Infolge der angeordneten Haftfortdauer setzt sich daher im Anschluss an das Strafende der FS Koblenz die U-Haft fort. Sie dauert bis zum Eintritt der Rechtskraft an. Anzurechnen ist folglich auch die U-Haft vom 17

	30.11.2021 TB
bis	29.12.2021 TE
	30 Tage

Insgesamt anzurechnende U-Haft: **36 Tage**

3. Vorläufige Festnahme und Zahlungen aus Verfahren I

Die Geldstrafe betrug ursprünglich 50 Tagessätze à 40,– €. Die vorläufige Festnahme am 23.01.2021 ist unter analoger Anwendung von § 37 II S. 2 + 3 StVollstrO mit **einem vollen Tag** zu berücksichtigen 18

Anzurechnen sind weiterhin die geleisteten Zahlungen. Neben den 500,– €, die A unmittelbar auf die Zahlungsaufforderung hin erbracht hat, steht die Zahlung an den Gerichtsvollzieher im Raum. Er hat nicht den gesamten Zahlbetrag von 250,– € überwiesen, sondern seine Kosten in Abzug gebracht. Nach § 459b StPO sind jedoch Teil- 19 zahlungen zuerst auf die Geldstrafe und erst nach deren vollständiger Tilgung auf die Kosten des Verfahrens anzurechnen. Der Abzug der Kosten war folglich unzulässig. Bei der Anrechnung ist der gesamte Betrag zu berücksichtigen, also insgesamt (500,– € + 250,– € =) 750,– €. Nach § 51 IV S. 1 StGB entspricht bei der Anrechnung von Geldstrafen ein Tag Freiheitsentziehung einem getilgten Tagessatz. Umgekehrt betrachtet reduziert folglich ein getilgter Tagessatz die Gesamtstrafe um einen Tag Freiheitsentziehung. Die gezahlten 750,– € tilgen 18,75 Tagessätze (750,– € : 40,– € = 18,75 TS).

Getilgte Teiltagessätze können nicht als solche auf die Gesamtstrafe angerechnet werden, da die Strafzeitberechnung bei einer Strafe dieser Höhe nur in vollen Tagen möglich ist, § 37 II S. 2 StVollstrO.

Wie ist nun bzgl. des 0,75 Teiltagessatzes zu verfahren? Es gibt nur zwei Möglichkeiten: er kann entweder als voller Tag oder eben gar nicht angerechnet werden. Aus dem Rechtsgedanken des § 459e III StPO und zugunsten des Verurteilten ist dieser Teiltag als vollständiger Tag anzurechnen, sodass im Ergebnis für die geleistete Zahlung insgesamt **19 Tage** zu berücksichtigen sind:

Zusammen mit dem Tag der vorläufigen Festnahme sind also aus Verfahren I insgesamt **20 Tage** in Abzug zu bringen.

20 In der Summe sind demnach anzurechnen:

Auslieferungshaft:	15 Tage
U-Haft	36 Tage
Geldstrafe	20 Tage
	71 Tage

Diese 71 Tage sind nun vom vorläufigen Ende der Gesamtstrafe zu subtrahieren:

30.11.2022 TB	
– 71 Tage	§ 39 IV StVollstrO
20.09.2022 TB	≙ 19.09.2022 TE

21 Die Strafzeit wurde für die Gesamtstrafe bislang so berechnet, als sei die Strafe ununterbrochen seit dem 30.09.2021, dem Strafbeginn im einbezogenen Verfahren, vollstreckt worden. Tatsächlich ist der Verurteilte aber bis zum 19.09.2022 TE nicht durchgängig in Strafhaft gewesen. Die Vollstreckung der nach § 41 I StVollstrO „einzurechnenden" Freiheitsstrafe von 2 Monaten endete am 29.11.2021 TE. Hier endet auch die mögliche Einrechnung. Zu diesem Zeitpunkt wird die Strafhaft der Gesamtstrafe unterbrochen. Die Gesamtstrafe bestand also schon in dem Moment, in dem sie rechtskräftig wurde, nur noch aus einem Strafrest, den es nun zu ermitteln gilt, § 40 I S. 1 StVollstrO:

Unterbrechung der Gesamtstrafe:	29.11.2021 TE
Unvollstreckter Rest gem. § 40 I S. 1 StVollstrO:	30.11.2021 TB
	19.09.2022 TE
	294 Tage

Die Vollstreckung der Gesamtstrafe wird ab Eintritt der Rechtskraft fortgesetzt. Dass das Aufnahmeersuchen zur Vollstreckung der Gesamtstrafe erst am 11.01.2022 bei der JVA eingeht, hindert nicht, denn infolge der angeordneten Haftfortdauer befindet sich der Verurteilte ab Rechtskrafteintritt automatisch in Strafhaft, § 38 Nr. 3 StVollstrO. 22

Wiederbeginn:	30.12.2021 TB	§ 38 Nr. 3 StVollstrO
	+ 294 Tage	
	20.10.2022 TB	≙ 19.10.2022 TE

Wenn A die Gesamtstrafe vollständig verbüßt, ist er im Lauf des 19.10.2022 zu entlassen.

C. Aufgabe 3

Prüfen Sie ausführlich, bis wann von Amts wegen über eine Aussetzung des Restes der Gesamtstrafe zur Bewährung zu entscheiden ist.

Die Vollstreckungsbehörde hat gem. § 37 I S. 3 StVollstrO im Rahmen der Strafzeitberechnung von Amts wegen auch die möglichen Aussetzungszeitpunkte nach §§ 57 I, II Nr. 1 StGB zu ermitteln. 23

Eine Aussetzung nach § 57 II Nr. 1 StGB setzt voraus, dass 24

a) die Hälfte der Strafe verbüßt ist,
b) bis zur Aussetzung mindestens 6 Monate Freiheitsstrafe verbüßt wurden,
c) die zu vollstreckende Freiheitsstrafe nicht höher ist als 2 Jahre,
d) die zu vollstreckende Freiheitsstrafe höher ist als 9 Monate,
e) der Verurteilte Erstverbüßer ist.

Wenn im vorliegenden Fall nach 7 Monaten die rechnerische Hälfte der Gesamtstrafe verbüßt ist, ist auch die geforderte Mindestverbüßungsdauer von 6 Monaten überschritten. Die Gesamtstrafe übersteigt mit einem Jahr und 2 Monaten die zulässige 2-Jahresgrenze nicht. Sie liegt auch über 9 Monaten. Letzteres ist wichtig, da bei niedrigeren Strafen der Aussetzungszeitpunkt nach § 57 II Nr. 1 StGB infolge der 6-monatigen Mindestverbüßungsdauer zeitlich nach dem ⅔-Zeitpunkt des

§ 57 I StGB liegen würde. § 57 II Nr. 1 StGB ist aber als Privilegierung für eine bestimmte Tätergruppe – nämlich die Erstverbüßer – gedacht und soll im Verhältnis zu § 57 I StGB einen zeitlich gesehen, früheren Aussetzungszeitpunkt schaffen. Dieses Ziel kann nur erreicht werden, wenn die Strafe höher als 9 Monate ist.

Letztlich müsste der Verurteilte auch Erstverbüßer sein. Erstverbüßer ist, wer vor der aktuellen Strafe noch keine (deutsche) Strafhaft oder Jugendstrafe verbüßt hat (vgl. *Kinzig* in Schönke/Schröder, StGB, § 51 Rn. 23a). Lt. Sachverhalt war der Verurteilte schon aus früheren Verfahren strafhafterfahren. Er ist folglich kein Erstverbüßer mehr, sodass eine Aussetzung der Strafe nach § 57 II Nr. 1 StGB ausscheidet.

25 Ihm bleibt lediglich die Aussetzungsmöglichkeit zum ⅔-Zeitpunkt nach § 57 I StGB. Wenn nach 9 Monaten und 10 Tagen rechnerisch Zwei-Drittel der Strafe verbüßt sind, ist auch die nötige Mindestverbüßungsdauer von 2 Monaten überschritten. Eine Aussetzung nach § 57 I StGB muss also von Amts wegen geprüft werden.

D. Aufgabe 4

Berechnen Sie – entsprechend Ihres Prüfungsergebnisses zu 3.) den/die Aussetzungszeitpunkte.

26 Die Berechnung des ⅔-Zeitpunktes erfolgt abstrakt rückwärts. Ein Drittel von einem Jahr und 2 Monaten sind 4 Monate + 20 Tage.

20.10.2022 TB
– 20 Tage
30.09.2022 TB
– 4 Monate
30.05.2022 TB ≙ 29.05.2022 TE

Eine Entlassung nach Teilverbüßung gem. § 57 I StGB muss bis spätestens zum 29.05.2022 TE geprüft sein.

E. Aufgabe 5

Welche Überlegungen stellen Sie hinsichtlich der angeordneten Einziehungen an?

27 Auch die Einziehung ist eine Rechtsfolge, die der Vollstreckung bedarf. Zuständig hierfür ist gem. § 451 I StPO die Staatsanwaltschaft als Vollstreckungsbehörde. Die örtliche Zuständigkeit bestimmt sich nach dem Gericht, dessen Entscheidung zu vollziehen ist, §§ 7 I StVollstrO, 143 GVG. Funktionell obliegt sie gem. § 31 II RPflG dem

Rechtspfleger. Im vorliegenden Fall ist also der Rechtspfleger der Staatsanwaltschaft Bonn zuständig.

Eingezogen wurden lt. Urteil neben einem Wertersatzbetrag von 849,90 € folgende Gegenstände, die während des Ermittlungsverfahrens beschlagnahmt wurden: 28

- Fernseher (aktuelles Modell, Neupreis: 1.200,– €)
- Beamer (aktuelles Modell, Neupreis: 1.000,– €)
- Perlenkette mit passendem Armband und Ring (Wert lt. Gutachten: 750,– €)
- Ring mit Diamanten (Wert lt. Gutachten: 1.600,– €)

I. Einziehung des Wertersatzes

Durch die rechtskräftige Einziehung des Wertersatzbetrages erhält der Staat eine Geldforderung gegen A. Sie ist gem. § 459g II StPO nach den Vorschriften über die Geldstrafenvollstreckung zu behandeln. Der Verurteilte ist demnach zur Zahlung von 849,90 € binnen zwei Wochen aufzufordern, §§ 459g II, 459, 459c I StPO, 1 I Nr. 1, 5 II JBeitrG, § 57 StVollstrO, § 1 I a), 3 II, 4 II EBAO. Bleibt die Zahlung nach Ablauf der Frist aus, erfolgt eine Mahnung, § 5 II JBeitrG, 7 I EBAO. Reagiert A auch hierauf nicht, ist die Zwangsvollstreckung in das gesamte Vermögen des A möglich, § 8 EBAO. 29

II. Einziehung der Gegenstände

Befindet sich eine eingezogene, bewegliche Sache noch nicht in behördlichem Gewahrsam, erfolgt die Vollstreckung dadurch, dass die Sache demjenigen, gegen den sich die Einziehung richtet, weggenommen wird, §§ 459g I S. 1 StPO, 61 I S. 1 StVollstrO. Im vorliegenden Fall sind alle eingezogenen Gegenstände bereits asserviert, sodass sich diese Maßnahme erübrigt. 30

Für die eingezogenen Gegenstände tritt die Rechtsfolge des § 75 I StGB ein: Grundsätzlich geht das Eigentum an der Sache mit der Rechtskraft der Einziehungsentscheidung auf den Staat über. Das gilt nach § 75 I S. 1 StGB aber nur, wenn der Gegenstand zum Zeitpunkt der Einziehung im Eigentum des Einziehungsbetroffenen steht (Nr. 1) – hier in unserem Fall also dem Täter A – oder einem Dritten gehört oder zusteht, der ihn für die Tat oder für andere Zwecke in Kenntnis der Tatumstände gewährt hat (Nr. 2). Trifft keine dieser beiden Varianten zu, so tritt ein Eigentumswechsel auf den Staat nur unter den Voraussetzungen des § 75 I S. 2 StGB und somit erst 31 nach 6 Monaten ein. Der Eigentumsübergang ist in diesen Fällen aufschiebend bedingt. Dazu später mehr.

32 Zu prüfen bleibt im vorliegenden Fall nun, ob die Voraussetzungen des § 75 I S. 1 oder S. 2 StGB gegeben sind. Zu klären ist demnach, wer zum Zeitpunkt der Einziehung Eigentümer der Gegenstände war.

Vor der Tat standen die Gegenstände im Eigentum des Ehepaars Schüller bzw. von Frau Klein. Ein Eigentumswechsel setzt nach § 929 S. 1 BGB die Einigung über diesen und die Übergabe der in Rede stehenden Gegenstände voraus. Ist der Erwerber bereits im Besitz der Sache, reicht nach § 929 S. 2 BGB die Einigung aus. Eine solche Einigung hat im vorliegenden Fall bzgl. keines entwendeten Gegenstandes stattgefunden. Eine wirksame Übereignung ist also nicht erfolgt. Das Eigentum ist folglich nicht auf A als Täter übergegangen. Herr und Frau Schüller sowie auch Frau Klein sind somit Eigentümer der gestohlenen Gegenstände geblieben. Hinsichtlich der Wirkung der Einziehung liegt im Ergebnis die Situation des § 75 I S. 2 StGB vor.

33 **Hinweis:**

Die Einziehung verfolgt das Ziel, dem Täter seinen strafrechtlich erlangten Gewinn wieder wegzunehmen und so die Rechtslage vor der Tat wiederherzustellen, § 73 StGB. Auch wenn A in unserem Fall kein Eigentum an den gestohlenen Gegenständen erlangt hat, und somit die wahre Rechtslage nicht in eine Schieflage gerückt ist, widerspricht dies einer Einziehung nicht. Denn für die Frage, ob „etwas erlangt“ wurde, kommt es nicht auf die zivilrechtliche Wirksamkeit eines zugrundeliegenden Rechtsgeschäfts an, sondern nur darauf, dass der Gegenstand in irgendeiner Phase des Tatgeschehens in die Verfügungsgewalt des Täters gelangt ist und er somit einen wirtschaftlich messbaren Vorteil erlangt hat (vgl. BGH, NJW 2009, 2073). Das war vorliegend gegeben. Denn durch den Diebstahl sind die gestohlenen Gegenstände in die Verfügungsgewalt des A gelangt. Dieser hätte sie – wie dies mit anderen seiner gestohlenen Gegenstände geschehen ist – an einen gutgläubigen Dritten veräußern und so einen wirtschaftlichen Nutzen (Verkaufserlös) aus der Tat ziehen können.

34 Im Fall des § 75 I S. 2 StGB kann ein Geschädigter den Eigentumswechsel auf den Staat abwenden, wenn er innerhalb von 6 Monaten – gerechnet ab dem Zeitpunkt, an dem er von der rechtskräftigen Einziehung erfährt – sein Eigentumsrecht gegenüber der Vollstreckungsbehörde geltend macht.

Aufgabe der Vollstreckungsbehörde ist es daher zunächst gem. § 459i I S. 1 StPO, jedem Geschädigten die Rechtskraft der Einziehungsentscheidung mitzuteilen. Verbunden hiermit ist auch eine Belehrung über den weiteren Ablauf des Entschädigungsverfahrens, § 459i II S. 1, 459j I, 459h I S. 3 StPO. Hierzu gehört u.a. die Information, dass Entschädigungsansprüche innerhalb von 6 Monaten ab Zustellung der Mitteilung formlos gegenüber der Staatsanwaltschaft geltend zu machen sind, wenn eine Herausgabe des Diebesguts angestrebt wird.

Beantragt ein Verletzter die Herausgabe der gestohlenen Gegenstände fristgerecht, 35
prüft die Vollstreckungsbehörde zunächst, ob sowohl der Antragsteller als auch die Art und Höhe des geltend gemachten Anspruchs den Angaben der Einziehungsanordnung entsprechen, § 459j II S. 1 StPO. Bei Übereinstimmung veranlasst die Vollstreckungsbehörde die Rückgabe der ihm zustehenden Sachen.

Wird ein Herausgabeanspruch nicht fristgerecht geltend gemacht, erwirbt der Staat das 36
Eigentum an der gestohlenen Sache. Der Verletzte kann die Herausgabe in diesem Fall nur noch durch Vorlage eines zivilrechtlichen Titels verlangen, § 459j V StPO. Hat zu diesem Zeitpunkt bereits eine Verwertung der Sache stattgefunden (§ 63 I StVollstrO), erhält der Geschädigte anstelle des Gegenstands den erzielten Gewinn.

Für Geschädigte, die eine Entschädigung aus einem eingezogenen Wertersatzbetrag 37
beanspruchen können, gilt über §§ 459i I S. 1, 459k I S. 1, II, 459h II StPO ein entsprechendes Verfahren. Auch hier ist der Berechtigte von der Vollstreckungsbehörde über den Eintritt der Rechtskraft, die Notwendigkeit einer Geltendmachung seines Anspruchs binnen 6 Monaten sowie über den weiteren Verlauf des Verfahrens zu belehren. Gelingt es, den Betrag vollständig beizutreiben, kann eine Ausschüttung an den Einziehungsberechtigten erfolgen, soweit ihm im Urteil ein Anspruch zugesprochen ist und er diesen Anspruch innerhalb der 6-Monatsfrist geltend gemacht hat. Kann der Wertersatzbetrag nur teilweise beigetrieben werden, ist zu prüfen, ob dennoch eine Verteilung möglich ist, oder ob aufgrund eines sog. Mangelfalls Antrag auf Eröffnung eines Insolvenzverfahrens zu stellen ist, §§ 459h II S. 2, 111i II StPO.

Zum Fall:

Der zuständige Rechtspfleger wird also das Ehepaar Schüller, Frau Klein und Familie 38
Wiener von der Rechtskraft der Einziehungsentscheidung informieren und zur Anmeldung ihrer Entschädigungsansprüche binnen 6 Monaten ab Zustellung auffordern. Die Geschädigten können dann im Einzelnen folgende Ansprüche geltend machen:

1. Ehepaar Schüller:
   - Herausgabe des asservierten Fernsehers und Beamers,
   - Auszahlung von 249,90 €, sofern die Wertersatzforderung vom Verurteilten beglichen wird.

2. Frau Klein
   - Herausgabe des asservierten Schmucks.

3. Familie Wiener
   - Auszahlung von 600,00 €, sofern die Wertersatzforderung vom Verurteilten beglichen wird

Fortsetzung I von Fall 9

A. Themenbereiche

Sicherungshaftbefehl, § 453c StPO / Anrechnung nach § 56f III StGB / Hinzutreten eines Strafrestes nach Widerruf der Aussetzung zur Bewährung zu einer laufenden Freiheitsstrafe.

B. Sachverhalt

Im Ausgangsfall wurde eine Gesamtfreiheitsstrafe gegen A verhängt. Unter Anwendung von § 41 I StVollstrO befindet sich der Verurteilte seit dem 30.12.2021 TB ununterbrochen für diese Strafe in Haft. ⅔ der Strafe werden am 29.05.2022 TE vollstreckt sein. Das Ende ist auf den 19.10.2022 TE berechnet.

Bereits im Jahr 2017 hatte das Amtsgericht Gummersbach den A zu einer Freiheitsstrafe von einem Jahr und 4 Monaten verurteilt. Die Strafe wurde zunächst zur Bewährung ausgesetzt. Da A sich jedoch nicht an die Bewährungsauflagen hielt, forcierte das zuständige Gericht den Bewährungswiderruf. A reagierte auf keinerlei Anschreiben des Gerichts. Daher wurde ein Sicherungshaftbefehl erlassen, aufgrund dessen am 09.01.2019 die Festnahme erfolgte. Der Widerrufsbeschluss wurde den Beteiligten am 22.01.2019 zugestellt. Rechtsmittel wurden nicht eingelegt.

A hatte in diesem Verfahren 22 Tage U-Haft erlitten. Das Gericht bestimmte, dass für erbrachte Leistungen im Rahmen der Bewährung gem. § 56f III StGB 1 ½ Monate auf die Strafe anzurechnen sind.

A verbüßte diese Strafe bis zur Hälfte. Der Rest wurde gem. § 57 II Nr. 1 StGB zur Bewährung ausgesetzt.

Aufgrund der Verurteilungen im Jahr 2021 (vgl. Ausgangsfall) wurde die Aussetzung dieses Strafrestes rechtskräftig widerrufen. Die Staatsanwaltschaft Köln leitete daraufhin die Vollstreckung ein. Am 10.02.2022 ging in der zuständigen JVA ein Aufnahmeersuchen zur Vollstreckung dieses Strafrestes ein.

C. Aufgaben

1. Erläutern Sie die Vollstreckungsreihenfolge nach Eingang des Aufnahmeersuchens der Staatsanwaltschaft Köln.
2. Bis wann muss über eine Aussetzung zur Bewährung entschieden sein?
3. Berechnen Sie die Strafzeit für die Gesamtfreiheitsstrafe und den Strafrest entsprechend Ihrer Überlegungen zu 1.) und 2.)

Besprechung von Fall 9 (Fortsetzung I)

A. Aufgabe 1

Erläutern Sie die Vollstreckungsreihenfolge nach Eingang des Aufnahmeersuchens der Staatsanwaltschaft Köln.

39 Der bisherige Vollstreckungsstand:

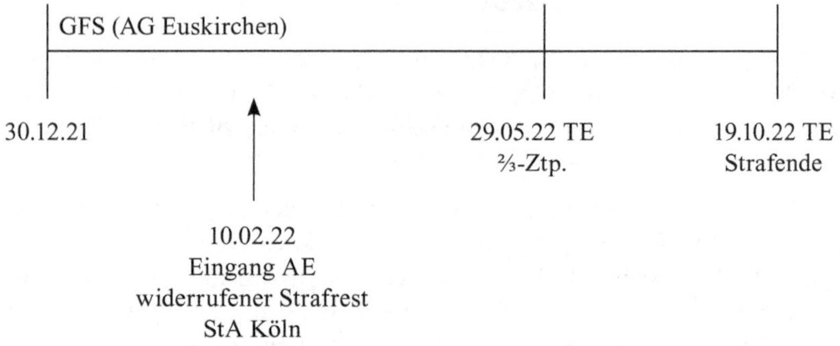

Wenn am 10.02.2022 das Aufnahmeersuchen der Staatsanwaltschaft Köln zur Vollstreckung des widerrufenen Strafrestes eingeht, befindet sich die Gesamtfreiheitsstrafe in der Vollstreckung. Ihr ⅔-Zeitpunkt ist noch nicht erreicht.

40 Es liegen nun mehrere Strafen zur Vollstreckung vor, nämlich die Gesamtfreiheitsstrafe des Amtsgerichts Euskirchen und der widerrufene Strafrest des Amtsgerichts Gummersbach. Grundsätzlich sind diese unmittelbar nacheinander (§ 43 I StVollstrO) und entsprechend der Regelreihenfolge des § 43 II StVollstrO zu vollstrecken. Danach wäre vorliegend zuerst der Strafrest, der nach Widerruf seiner Aussetzung zur Bewährung zu vollziehen ist, und erst im Anschluss daran die Gesamtstrafe zu verbüßen. § 43 III StVollstrO bestimmt jedoch, dass eine Strafe, deren Vollstreckung bei Hinzutreten einer weiteren Strafe bereits begonnen hatte, nicht ad hoc unterbrochen wird, um die Regelreihenfolge herzustellen. Die am 10.02.2022 schon laufende Vollstreckung der Gesamtstrafe wird vielmehr zunächst fortgesetzt. Dabei ist jedoch die Regelung des § 454b II StPO zu beachten. Sie hat eine frühestmögliche, gemeinsame Aussetzungsentscheidung i.S.d. §§ 454b IV StPO, 57 StGB zum Ziel.

Die Frage, die hier in erster Linie zu beantworten sein wird, ist, ob der widerrufene Strafrest einer erneuten, gemeinsamen Aussetzungsentscheidung überhaupt zugänglich ist. In Literatur und Rechtsprechung werden hierzu verschiedene Meinungen vertreten. Eine wegweisende Entscheidung hierzu hat der BGH im Jahr 2012 getroffen (BGH Rpfleger 2012, 347). Die Problematik wird nachfolgend erläutert.

I. Vorbemerkung

Wie widerrufene Strafreste beim Zusammentreffen mit anderen Freiheitsstrafen in der Vollstreckungsreihenfolge zu berücksichtigen sind, ist seit je her streitig. In der näheren Betrachtung sind Restdrittel und Halbstrafenreste zu unterscheiden. 41

Unproblematisch sind Restdrittel, da für ihre erneute Aussetzung zur Bewährung nur wenig Spielraum bleibt. Sie ist zwar nicht gänzlich unzulässig (vgl. OLG Hamm, 1 Ws 425 – 428/98), dürfte aber in der Praxis die Ausnahme darstellen. 42

Problematisch ist die Handhabung der Halbstrafenreste. Treffen Sie mit aussetzungsfähigen Freiheitsstrafen zusammen, stellt sich die Frage, ob auch das Restdrittel des widerrufenen Halbstrafenrestes erneut in eine gemeinsame Aussetzungsentscheidung nach § 454b IV StPO einfließen muss. Diese Frage kann nicht eindeutig beantwortet werden. Einerseits gibt § 57 I StGB dem Verurteilten einen Rechtsanspruch auf eine Entscheidung von Amts wegen über die Aussetzung des Restdrittels seiner Strafe, andererseits ist das Zusammenspiel der §§ 43 II Nr. 1, IV StVollstrO und 454b II S. 2 StPO zu betrachten: 43

Die Regelreihenfolge des § 43 II Nr. 1 StVollstrO zeigt, dass Strafreste, deren Aussetzung bereits widerrufen wurde, vorrangig und unmittelbar nach den ohnehin nicht aussetzbaren, besonders kurzen Strafen von höchstens zwei Monaten und vor allen anderen sonstigen Freiheitsstrafen vollstreckt werden sollen. Betrachtet man diese Vorschrift für widerrufene Drittelreste einer Freiheitsstrafe, wird das Ziel der Regelung deutlich: alle nicht (mehr) aussetzbaren Strafen sollen erledigt sein, bevor die Vollstreckung einer noch aussetzbaren Strafe beginnt.

Hinsichtlich der Halbstrafenreste ist damit die Frage, ob eine Aussetzung zum ⅔-Zeitpunkt von Amts wegen zu prüfen ist, jedoch nicht beantwortet. Ist neben dem Strafrest eine aussetzungsfähige Freiheitsstrafe zu vollstrecken, muss § 454b II StPO Beachtung finden. 44

Treffen mehrere Strafen in der Vollstreckung zusammen, verfolgt § 454b II S. 1 StPO das Ziel, durch Unterbrechungen zu geeigneten Zeitpunkten die Vollstreckungsreihenfolge so zu gestalten, dass auf eine frühestmögliche, gemeinsame Aussetzungsentscheidung hingewirkt werden kann. Dabei wird de facto von jeder beteiligten Strafe nur der Teil vollzogen, der keinesfalls zur Bewährung ausgesetzt werden kann. Die Vorschrift stellt für die Vollstreckungsbehörde einen Unterbrechungszwang dar. Hiervon ausdrücklich ausgenommen sind aber nach § 454b II S. 2 StPO *„Strafreste, die auf Grund Widerrufs ihrer Aussetzung vollstreckt werden.“* Derartige Strafreste sind also nicht zu unterbrechen, um eine gemeinsame, frühestmögliche Aussetzungsentscheidung zu erzielen. Praktische Bedeutung hat die Regelung nur für Halbstrafenreste und Reste, die im Gnadenweg ausgesetzt wurden. Drittelreste kann sie nicht erfassen, da diese die Voraussetzung für eine Unterbrechung nach § 454b II S. 2 StPO nie erfüllen können.

45 Im Ergebnis bringt der Gesetzgeber in den §§ 43 II Nr. 2 StVollstrO, 454b II S. 2 StPO zum Ausdruck, dass bzgl. widerrufener Strafreste eine erneute Entscheidung über die Aussetzung zur Bewährung von Amts wegen nicht gewollt ist (vgl. *Schmitt* in Meyer-Goßner/Schmitt, StPO, § 454b, Rn. 7). Dafür gibt es überzeugende Argumente:

Im Falle eines Widerrufs hat der Verurteilte seine Bewährungschance bereits vertan. Die Anforderungen an eine erneute Aussetzung zur Bewährung müssen bei diesen Bewährungsversagern daher zwangsläufig höher sein, als bei den Tätern, denen eine Bewährung bisher nicht gewährt wurde. Vertreten wird daher, dass in diesen Fällen für eine weitere Aussetzungsentscheidung von Amts wegen kein Raum ist.

46 Des Weiteren soll der Verurteilte die Folgen des Widerrufs zeitnah spüren, d.h. die Vollstreckung der Strafe soll in zeitlicher Nähe zum Widerruf durchgeführt werden. Dies ermöglicht die Regelung in § 43 IV StVollstrO. Sie lässt Ausnahmen zur Reihenfolge, wie sie sich unter Anwendung der §§ 43 II, III StVollstrO ergibt, zu, wenn „besonders wichtige Gründe" hierfür vorliegen. Als ein möglicher „besonders wichtiger Grund" wird in § 43 IV StVollstrO ausdrücklich das Hinzutreten eines widerrufenen Strafrestes zu einer laufenden Vollstreckung genannt. Der dort enthaltene Nebensatz *„insbesondere bei Hinzutreten von Strafresten nach Widerruf der Strafaussetzung zur Bewährung"* wurde mit Wirkung vom 01.10.2017 eingefügt und geht auf die oben bereits angesprochene BGH-Entscheidung zurück (Rpfleger 2012, 347). Vgl. zur Thematik insgesamt auch *Appl* in KK-StPO, § 454b, Rn. 17.

II. Zum Fall

47 Übertragen auf den vorliegenden Fall ergibt sich unter Berücksichtigung der vorstehenden Überlegungen folgende Fortsetzung des Lösungsansatzes:

Grundsätzlich wäre nach § 43 II, III StVollstrO die Vollstreckung der laufenden Gesamtfreiheitsstrafe nach Eingang des Aufnahmeersuchens vom 10.02.2022 zunächst fortzusetzen. Eine Sonderregelung im Verhältnis zu diesen Vorschriften stellt jedoch § 43 IV StVollstrO dar. Danach kann die Vollstreckungsbehörde von der Reihenfolge, wie sie sich bei Anwendung der Absätze II und III ergibt, abweichen, wenn ein besonders wichtiger Grund vorliegt. Ein solcher ist nach dem Wortlaut der Vorschrift grundsätzlich anzunehmen, wenn ein Strafrest nach Widerruf seiner Aussetzung zur Bewährung zu einer laufenden Strafe hinzutritt. § 43 IV StVollstrO hat in diesen Fällen Vorrang vor § 43 III StVollstrO. Es handelt sich hierbei um eine Ermessensentscheidung der Vollstreckungsbehörde. In begründeten Einzelfällen kann daher von dieser Handhabung abgesehen werden.

48 Die Staatsanwaltschaft Bonn, die für die Vollstreckung der am 10.02.2022 bereits laufenden Gesamtstrafe zuständig ist, wird also in Absprache mit der Staatsanwaltschaft

Köln, in deren Zuständigkeitsbereich die Vollstreckung des Strafrestes fällt, gem. § 43 IV StVollstrO die Unterbrechung der Gesamtstrafe anordnen, sodass ab dem 10.02.2022 TB (§§ 38 Nr. 4 analog, 37 II S. 2 StVollstrO) diese Restfreiheitsstrafe (RFS) vollzogen wird.

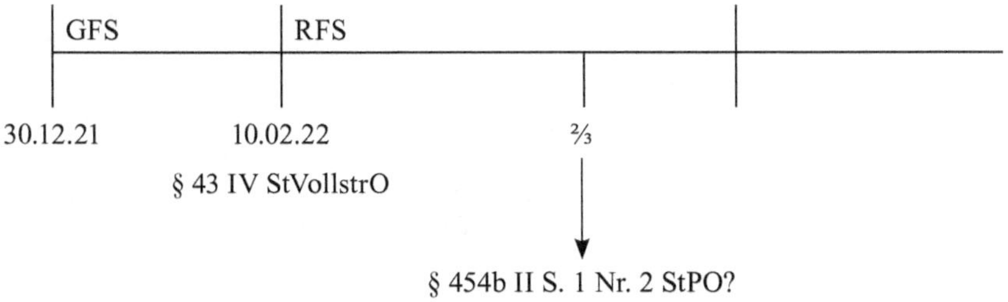

Zu prüfen bleibt jedoch, ob diese Gummersbacher Reststrafe zugunsten der Gesamt- 49
strafe zu unterbrechen ist, um insgesamt betrachtet auf eine frühestmögliche gemeinsame Aussetzungsentscheidung bzgl. der Restdrittel beider Strafen hinzuwirken. Dazu müsste es sich bei der Reststrafe des AG Gummersbach um eine „zunächst zu vollstreckende Strafe“ i.S.d. § 454b II StPO handeln. Die Gummersbacher Reststrafe ist eine „zunächst zu vollstreckende Freiheitsstrafe“ i.S.d. § 454b II StPO, wenn außer ihr noch mindestens eine weitere Freiheitsstrafe zu vollstrecken ist und von dieser noch nicht alle denkbaren Aussetzungszeitpunkte des § 57 StGB in der bisherigen Vollstreckungsreihenfolge berücksichtigt sind. Neben dem Strafrest aus Gummersbach steht nur noch der Rest der Gesamtstrafe zur Vollstreckung an. Deren ⅔Zeitpunkt ist bislang noch nicht erreicht. Der Gummersbacher Strafrest ist damit eine zunächst zu vollstreckende Freiheitsstrafe i.S.d. § 454b II StPO mit der Folge, dass seine Unterbrechung grundsätzlich erfolgen müsste.

Eine Unterbrechung dieses widerrufenen Strafrestes nach § 454b II S. 1 Nr. 1 StPO 50
scheidet aus, da die Strafe bereits bis zur Hälfte vollstreckt ist. Es kommt folglich nur die Unterbrechung nach § 454b II S. 1 Nr. 2 StPO nach Verbüßung von ⅔ in Frage. Wenn, nach einer Gesamthaftzeit von 10 Monaten und 20 Tagen, Zwei-Drittel der Gummersbacher Strafe erledigt sind, ist auch die zweimonatige Mindestverbüßungsdauer ersichtlich verbüßt.

§ 454b II S. 2 StPO bestimmt jedoch, dass das Unterbrechungsgebot des S. 1 nicht für 51
widerrufene Strafreste gilt. Eine Unterbrechung der Gummersbacher Strafe erfolgt daher nicht. Sie wird vollständig vollstreckt. Es folgt der Rest der Gesamtstrafe. Bis zu deren ⅔-Zeitpunkt ist über eine Aussetzung zur Bewährung zu entscheiden (vgl. Lösung zum Ausgangsfall).

Die endgültige Vollstreckungsreihenfolge:

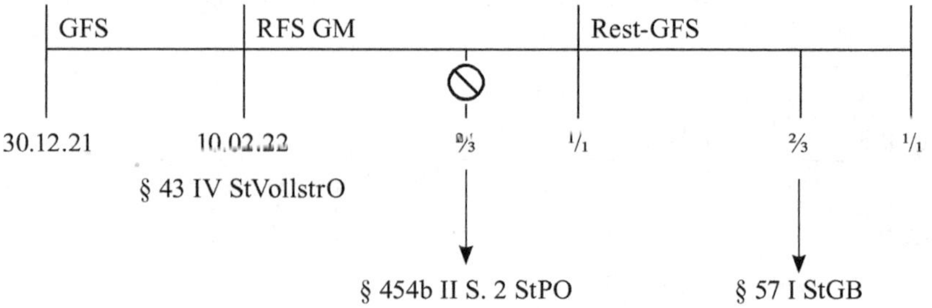

(GM = Gummersbach)

52 **Hinweis:**

Wie schon erwähnt, handelt es sich beim Vorwegvollzug nach § 43 IV StVollstrO um eine reine Ermessensentscheidung der Vollstreckungsbehörde. Gibt es Hinweise auf eine potentiell besonders günstige Sozialprognose, kann vom Vorwegvollzug abgewichen und der Strafrest einer gemeinsamen Aussetzungsentscheidung zugänglich gemacht werden. Die Praxis macht hiervon vielfach Gebrauch. Sie vermeidet damit den Vorwurf, den Rechtsanspruch des Verurteilten auf eine Aussetzungsentscheidung nach § 57 I StGB zu vereiteln.

B. Aufgabe 2

Bis wann muss über eine Aussetzung zur Bewährung entschieden sein?

53 Die Erläuterungen zu Aufgabe 1 zeigen bereits, dass hinsichtlich des widerrufenen Strafrestes der Gummersbacher Strafe, eine erneute Aussetzung zur Bewährung nicht von Amts wegen zu prüfen ist. Die Aussetzung kommt daher nur für die Gesamtstrafe in Frage. Diesbezüglich ist in der Lösung zum Grundfall bereits erörtert, dass Letztere nur auf der Grundlage des § 57 I StGB, also zum ⅔-Zeitpunkt, möglich ist.

C. Aufgabe 3

Berechnen Sie die Strafzeit für die Gesamtfreiheitsstrafe und den Strafrest entsprechend Ihrer Überlegungen zu 1.)

Im Grundfall wurde das Ende der Gesamtstrafe auf den 19.10.2022 TE berechnet. Mit Eingang des Aufnahmeersuchens vom 10.02.2022 wird diese Strafe unterbrochen. Rechnerisch erfolgt die Unterbrechung unter Anwendung von § 37 II S. 2 StVollstrO zum Tagesbeginn. Der unvollstreckte Rest ist gem. § 40 I S. 1 StVollstrO zu berechnen: 54

	10.02.2022 TB
bis	19.10.2022 TE
	252 Tage

Ab dem 10.02.2022 TB wird dann die Restfreiheitsstrafe des Amtsgerichts Gummersbach vollstreckt. Die Höhe des Restes ist im Sachverhalt nicht genannt. Sie muss daher anhand der Daten in einer Nebenrechnung ermittelt werden: 55

Beginn der Strafvollstreckung war im Jahr 2019, die Festnahme aufgrund Sicherungshaftbefehls am 09.01.2019, § 38 Nr. 2 StVollstrO:

Beginn:	09.01.2019 TB	§ 38 Nr. 2, 37 II S. 2, IV, V StVollstrO
	+ 1 Jahr	
	09.01.2020 TB	
	+ 4 Mon.	
	09.05.2020 TB	

Anzurechnen waren in dieser Sache gem. §§ 51 I S. 1 StGB, 39 I StVollstrO zum einen 22 Tage U-Haft und zum anderen gem. § 56f III StGB 1½ Monate. Da Bruchteile eines Monats mit 30 Tagen anzunehmen sind, entspricht der halbe Monat somit 15 Tagen: 56

	09.05.2020 TB	
(22 Tage + 15 Tage =)	– 37 Tage	§§ 37 V, 39 IV StVollstrO
	02.04.2020 TB	
	– 1 Monat	
	02.03.2020 TB	≙ 01.03.2020 TE

Die Strafe wurde jedoch nur zur Hälfte vollstreckt: 57

½ von 1 Jahr und 4 Monaten = 8 Monate

02.03.2020 TB	
– 8 Monate	
02.07.2019 TB	≙ 01.07.2019 TE = ½-Zeitpunkt

Der unvollstreckte Rest ist gem. § 40 I S. 1 StVollstrO zu bestimmen:

	02.07.2019 TB
bis	01.03.2020 TE
	244 Tage

58 Die Höhe der nun ab dem 10.02.2022 zu vollstreckenden Reststrafe aus dem Verfahren des Amtsgerichts Gummersbach beträgt 244 Tage.

Beginn RFS Gummersbach:	10.02.2022 TB	§ 43 IV StVollstrO
	+ 244 Tage	
	12.10.2022 TB	

59 Im Anschluss folgt die Vollstreckung der restlichen Gesamtstrafe:

Wiederbeginn:	12.10.2022 TB	
	+ 252 Tage	
	21.06.2023 TB	≙ 20.06.2023 TE

Wenn beide Strafen vollständig verbüßt werden, ist der Verurteilte im Lauf des 20.06.2023 zu entlassen.

60 Zur Berechnung der Strafzeit gehört auch die Berechnung des Zeitpunktes, bis zu dem v.A.w. über eine Aussetzung zur Bewährung zu entscheiden ist. Das ist lt. den Überlegungen zu Aufgabe 2) zum ⅔-Zeitpunkt der Gesamtstrafe:

⅓ von 1 Jahr und 2 Monaten = ⅓ von 14 Monaten = 4 Monate + 20 Tage

21.06.2023 TB	
– 20 Tage	
01.06.2023 TB	
– 4 Monate	
01.02.2023 TB	≙ 31.01.2023 TE

⅔ der Gesamtstrafe sind also mit Ablauf des 31.01.2023 verbüßt. Bis zu diesem Zeitpunkt muss über eine Aussetzung zur Bewährung nach § 57 I StGB entschieden sein.

Fortsetzung II von Fall 9

A. Themenbereich

Strafausstand nach § 455 StPO.

B. Sachverhalt

Der ermittelte Vollstreckungsverlauf:

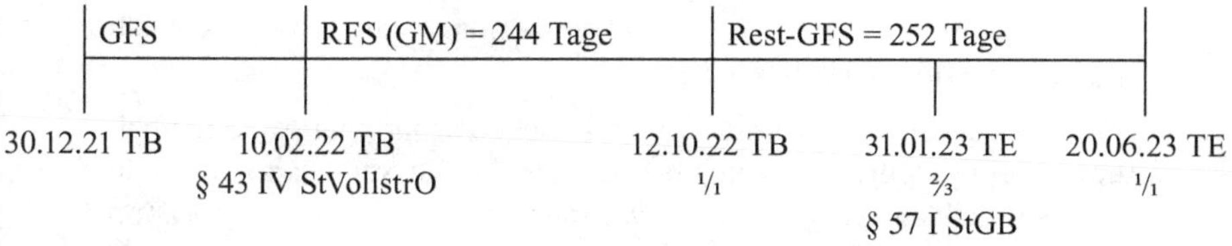

(GM = Gummersbach)

Am 18.03.2022 wird der Rechtspflegerin der Staatsanwaltschaft Köln, die für die Vollstreckung der widerrufenen Reststrafe zuständig ist, die Akte mit folgendem Eingang des Rechtsanwalts Schlauberger vorgelegt:

> „Mein Mandant, Herr A, leidet seit vielen Jahren an einer ausgeprägten Skoliose mit einer Verkrümmung der Wirbelsäule von mehr als 50 Grad. Bereits vor seiner Inhaftierung wurde über eine Operation diskutiert, um ein Fortschreiten der Erkrankung zu verhindern. Das konnte zunächst zurückgestellt werden, da Herr A zwei Mal pro Woche eine physiotherapeutische Behandlung wahrnahm und seine Muskulatur außerdem durch seine berufliche Tätigkeit als Maler einem ständigen Training ausgesetzt war. Die Physiotherapie wurde dabei von einem Therapeuten vorgenommen, der eine besondere Ausbildung für die Behandlung von Skoliosen besitzt.
>
> Seit der Inhaftierung hat sich der Zustand meines Mandanten zunehmend verschlechtert. Eine Arthrose verschlimmert seine Situation zusätzlich. Insgesamt sind die Bewegungsmöglichkeiten inzwischen stark eingeschränkt. Die physiotherapeutischen Möglichkeiten und sportlichen Trainingsangebote in der Justizvollzugsanstalt reichen nicht aus, um den gesundheitlichen Zustand des Herrn A zu halten. Seine Schmer-

zen, die zunächst noch mit normalen Schmerzmitteln gelindert werden konnten, sind inzwischen nur noch mit morphinhaltigen Medikamenten erträglich. Deren Dosis musste in der Vergangenheit stetig gesteigert werden, da ein Gewöhnungseffekt eingetreten ist.

Hinzu kommt, dass durch die fortgeschrittene Verkrümmung nunmehr auch die Lungenfunktion in Mitleidenschaft gezogen ist. Daraus resultieren an manchen Tagen für meinen Mandanten Atemprobleme, die ihm das Gefühl einer Atemnot geben.

Die Verschlimmerung des körperlichen Zustands hat außerdem bei Herrn A eine Depression ausgelöst, die jedoch derzeit mit Antidepressiva noch gut behandelt werden kann. Jedoch belastet meinen Mandanten die Aussicht, nach seiner Haftentlassung nicht in den Berufsalltag zurückkehren zu können, sehr.

Um dies zu vermeiden und eine weitere Verschlimmerung aufzuhalten, ist eine Operation dringend notwendig. Sie kann jedoch nur in einer Spezialklinik vorgenommen werden. Möglich wäre die Operation im Sana Dreifaltigkeitsklinikum in Köln, die meinem Mandanten für den 04.04.2022 einen OP-Termin angeboten haben. Eine direkte Anschlussbehandlung zur Rehabilitation findet in einer speziellen Einrichtung statt, die dem Klinikum angeschlossen ist. Einen Aufenthalt unter Haftbedingungen, d.h. mit ständiger vollzugsgerechter Überwachung, lehnt die Klinik mit Blick auf das therapeutische Klima für andere Patienten ab.

Bei der Operation werden die rotierenden Wirbelkörper versteift. Es ist damit zu rechnen, dass Krankenhausaufenthalt und Reha-Maßnahme einen Zeitraum von ca. 8 Wochen einnehmen.

Ich beantrage hiermit, Herrn A ab dem 04.04.2022 für die Operation und die Reha-Maßnahme Strafunterbrechung zu gewähren.

Ergebnisse der Untersuchungen sind in den anliegenden Berichten der behandelnden Ärzte dargelegt. Mein Mandant entbindet die Ärzte insoweit von der ärztlichen Schweigepflicht."

Die ärztlichen Berichte und Gutachten belegen den Sachvortrag des Herrn Schlauberger. Sie enthalten u.a. auch eine Stellungnahme des Justizvollzugskrankenhauses Fröndenberg, aus der hervorgeht, dass weder die Operation noch die Nachsorge und Reha-Maßnahme dort vorgenommen werden können. Der Arzt, der dieses Gutachten erstellt hat, bescheinigt darüber hinaus auch, dass es adäquate krankengymnastische Behandlungsmöglichkeiten, die geeignet sind, den Krankheitsverlauf ohne OP aufzuhalten, im JVA-Umfeld nicht gibt.

Eine Fluchtgefahr, sowie die Gefahr erneuter Straftaten bestehen nach Einschätzung der JVA nicht.

C. Aufgabe

Prüfen Sie den Antrag ausführlich. Welche Entscheidung würden Sie treffen? Begründen Sie Ihre Auffassung.

Besprechung von Fall 9 (Fortsetzung II)

A. Vorbemerkung

61 Mit einem Strafausstand aus gesundheitlichen Gründen beschäftigt sich die Vorschrift des § 455 StPO. Sie erfasst zwei Situationen:

a) Strafaufschub, § 455 I bis III StPO

b) Strafunterbrechung, § 455 IV StPO

Die Gründe, die zum Aufschub bzw. zur Unterbrechung führen können, wirken beim ersten Lesen gleich. Dennoch gibt es auch Unterschiede.

62 Strafausstand kommt in Betracht, wenn der Verurteilte in Geisteskrankheit verfällt, § 455 I und IV Nr. 1 StPO. Sowohl für einen Strafaufschub als auch für eine Strafunterbrechung ist es erforderlich, dass die Geisteskrankheit erst nach Erlass des Urteils eingetreten ist. Hätte die Erkrankung bereits vorher bestanden, wäre im Erkenntnisverfahren bereits eine Schuldunfähigkeit / verminderte Schuldfähigkeit zu prüfen gewesen mit der Folge, dass es ggf. nicht zu einer Freiheitsstrafe hätte kommen dürfen.

Geisteskrankheiten, die einen Strafausstand begründen, sind solche, die den Strafvollzug hindern. Das ist immer dann der Fall, wenn der Verurteilte aufgrund seiner Erkrankung den Sinn und Zweck des Strafvollzugs nicht mehr erfassen kann. Aber auch psychische Erkrankungen, die schubweise verlaufen, können hierhergehören, wie z.B. Demenz, Parkinson, Alzheimer. Strafausstand kann dann – je nach Schweregrad der Erkrankungen – für die Dauer eines Schubes möglich sein.

63 Strafausstand ist als Aufschub wie als Unterbrechung ebenfalls begründet, wenn die Voraussetzungen der § 455 II bzw. IV Nr. 2 StPO vorliegen. Erfasst werden Krankheiten, bei denen eine nahe, d.h. wahrscheinliche Lebensgefahr für den Verurteilten entsteht, wenn die Strafe vollzogen wird. Ursache für die Lebensgefahr muss also die Durchführung des Vollzugs sein.

64 Die Strafausstandsgründe nach § 455 III StPO und nach § 455 IV Nr. 3 StPO wirken – wie schon die zuvor betrachteten Vorschriften – auf den ersten Blick ebenfalls gleich; Bei genauer Betrachtung sind Unterschiede erkennbar:

I. Strafaufschub nach § 455 III StPO

65 Ziel dieser Regelung ist es, Schwierigkeiten bei der Durchführung des Vollzugs, die durch die Erkrankung des Verurteilten verursacht werden, von vorneherein zu vermeiden. Zu betrachten ist also der körperliche Zustand des Verurteilten einerseits und

die Behandlungsmöglichkeiten in einer Vollzugseinrichtung andererseits. Ist die Erkrankung in einer JVA mit ärztlicher Betreuung, einer JVA mit einer eigenen Krankenstation oder in einem Justizvollzugskrankenhaus behandelbar, gibt es für einen Strafaufschub keinen Raum.

II. Strafunterbrechung nach § 455 IV Nr. 3 StPO

Voraussetzung für eine Strafunterbrechung ist auch hier zunächst eine schwere Erkrankung des Verurteilten, die – wie auch in den Fällen des § 455 III StPO – in einer Vollzugseinrichtung nicht angemessen behandelt werden kann. **66**

In Abgrenzung zu § 455 III StPO kann eine Unterbrechung aber nur gewährt werden, wenn auch folgende Voraussetzungen erfüllt sind:

a) Es ist zu erwarten, dass diese Erkrankung für eine erhebliche Zeit fortbestehen wird.

   Was eine „erhebliche Zeit“ ist, ist in der Literatur und Rechtsprechung nur vage beschrieben (vgl. bspw. *Schmitt* in Meyer-Goßner/Schmitt StPO § 455 Rn.11). Zuweilen wird gefordert, dass die Unterbrechung nicht mehr als die Hälfte der zu verbüßenden Strafe betragen soll.

b) Das Sicherheitsinteresse der Allgemeinheit steht einer Unterbrechung nicht entgegen.

   In diesem Zusammenhang sind neben der Gefährlichkeit des Täters, auch Aspekte der Flucht- und Wiederholungsgefahr zu berücksichtigen.

Während ein Strafaufschub in den Fällen der § 455 I und II StPO bei Vorliegen der Voraussetzungen zwingend ist, steht die Bewilligung eines Strafausstandes in den Fällen der § 455 III und IV StPO im Ermessen der Vollstreckungsbehörde. Dabei sind an eine Strafunterbrechung (Abs. IV) grundsätzlich höhere Anforderungen zu stellen, als an den reinen Strafaufschub. Der Verurteile hat in Fällen des § 455 III oder IV StPO keinen Anspruch auf die Bewilligung des Strafausstandes, sondern lediglich auf eine ermessensfehlerfreie Entscheidung über sein Gesuch. **67**

Der Rechtspfleger, der eine Entscheidung über ein Strafausstandgesuch trifft, befindet sich in einem Spannungsfeld zwischen der Pflicht, den staatlichen Anspruch auf Strafvollstreckung durchzusetzen, und die Grundrechte des Verurteilten auf Menschenwürde (Art. 1 I GG) und auf körperliche Unversehrtheit (Art. 2 II S. 1 GG) zu wahren (vgl. BVerfG NStZ-RR 2003, 345).

Da die Vollstreckungsbehörde i.d.R. nicht über umfangreiche medizinische Kenntnisse verfügt, ist vor einer Entscheidung die Beteiligung eines Experten sinnvoll. Aus diesem Grund sieht § 45 I S. 1 StVollstrO die Begutachtung durch einen Arzt (i.d.R. Amtsarzt oder Anstaltsarzt) vor. In Fällen des Strafaufschubs kann auch die Beteiligung der Gerichtshilfe weiterführend sein.

Wird Strafunterbrechung nach § 455 IV StPO gewährt, so ist dies der JVA und auch dem Verurteilten mitzuteilen, § 46 I StVollstrO.

68 Tritt eine Erkrankung auf, bei der akuter Handlungsbedarf entsteht, ist nach den landesspezifischen Strafvollzugsgesetzen eine zeitlich befristete und durch den Strafvollzug überwachte Verlegung eines Verurteilten in ein Krankenhaus außerhalb der Vollzugseinrichtungen möglich. Eine solche Maßnahme geht einer Strafunterbrechung nach § 455 IV StPO grundsätzlich vor. (vgl. *Appl* in KK-StPO § 455 Rn. 13). Die Zuständigkeit für die Verlegung liegt allein bei der Justizvollzugsanstalt. Die Vollstreckungsbehörde muss in diesen Fällen nicht beteiligt werden.

Auswirkungen auf die Strafzeit hat diese Maßnahme zunächst nicht. Die Strafzeit wird nur unterbrochen, wenn eine förmliche Entscheidung der Vollstreckungsbehörde vorliegt, § 461 I StPO.

69 Ist der Verurteilte mit der Entscheidung der Vollstreckungsbehörde über sein Strafausstandsgesuch nicht einverstanden, kann er gem. § 458 StPO die Entscheidung des Gerichts beantragen.

B. Aufgabe

Prüfen Sie den Antrag ausführlich. Welche Entscheidung würden Sie treffen? Begründen Sie Ihre Auffassung.

I. Ausdeutung des Begehrens

70 Rechtsanwalt Schlauberger möchte mit seinem Antrag eine Unterbrechung der laufenden Strafhaft wegen Haftunfähigkeit auf der Grundlage des § 455 IV StPO erreichen.

II. Zuständigkeiten

71 Sachlich zuständig für die Entscheidung über einen derartigen Antrag ist gem. § 451 I StPO die Staatsanwaltschaft als Vollstreckungsbehörde.

Ihre örtliche Zuständigkeit richtet sich nach § 4 I StVollstrO i.V.m. § 143 GVG und wird folglich durch das Gericht bestimmt, dessen Urteil vollstreckt wird. Zum Zeitpunkt des Antrags befindet sich A in Strafhaft für die widerrufene Reststrafe des

Amtsgerichts Gummersbach. Entscheidungen dieses Gerichts werden von der Staatsanwaltschaft Köln vollstreckt.

Funktionell obliegen die Aufgaben, die die Vollstreckungsbehörde in Straf- und Bußgeldsachen wahrnimmt, gem. § 31 II RPflG dem Rechtspfleger.

Der Antrag liegt somit der zuständigen Person zur Entscheidung vor.

III. Prüfung des Antrags

Strafunterbrechung gem. § 455 IV StPO kann gewährt werden, wenn zunächst eine Haftunfähigkeit aus einem der in den Nr. 1 bis 3 genannten Gründe vorliegt. 72

Rechtsanwalt Schlauberger beschreibt, dass der Verurteilte infolge der körperlichen Beschwerden inzwischen auch an einer Depression leide. Zwar ist dies grundsätzlich eine Geisteskrankheit. Voraussetzung ist aber auch, dass die Erkrankung dazu führt, dass ein Vollzug gehindert wird oder seinen Zweck verfehlt. Letzteres ist der Fall, wenn der Verurteilte den Sinn des Strafvollzugs – die Resozialisierung mit dem Ziel auf ein künftig straffreies Leben – aufgrund seiner psychischen Erkrankung nicht mehr erfassen kann. Im vorliegenden Fall ist dieses Ausmaß jedoch nicht erreicht, da zu Einschränkungen der Einsichtsfähigkeit und des Urteilsvermögens des Verurteilten vom Rechtsanwalt kein Vortrag erfolgt. Nach seiner Aussage ist die Erkrankung mit Medikamenten gut eingestellt. Eine Strafunterbrechung auf der Grundlage des § 455 IV Nr. 1 StPO scheidet somit aus. 73

Gleiches gilt für einen Ausstand nach § 455 IV Nr. 2 StPO. Zwar beschreibt der Anwalt, dass der Verurteilte durch die eingeschränkte Lungenfunktion zeitweise atemnotähnliche Beschwerden habe. Von einem lebensgefährlichen Ausmaß ist aber keine Rede. 74

Es könnte eine Strafunterbrechung nach § 455 IV Nr. 3 StPO in Frage kommen. Dann müsste eine besonders schwere Erkrankung vorliegen, die in Einrichtungen des Justizvollzugs nicht angemessen behandelt werden kann. Dabei sind die Grundrechte des Verurteilten auf Menschenwürde und körperliche Unversehrtheit einerseits, sowie die Pflicht des Staates zur Durchführung der Vollstreckung andererseits gegeneinander abzuwägen. Das Gebot zur Strafvollstreckung tritt hinter das Grundrecht des Verurteilten aus Art. 2 II GG zurück, wenn für den Gesundheitszustand des Verurteilten die Gefahr besteht, dass die Fortsetzung der Strafvollstreckung zu schwerwiegenden Gesundheitsschäden führen wird (vgl. BVerfG, 09.03.2010 – 2 BvR 3012/09). Nach der zuvor zitierten Entscheidung steht der Strafvollzug im Hinblick auf die Menschenwürde *„unter dem Gebot, schädlichen Auswirkungen für die körperliche und geistige Verfassung des Gefangenen im Rahmen des Möglichen entgegenzuwirken […] und die Gefangenen lebenstüchtig zu halten.“* 75

76 Rechtsanwalt Schlauberger trägt vor, dass sich das Krankheitsbild des Verurteilten seit seiner Inhaftierung deutlich verschlechtert habe und dieser unter permanenten Schmerzen leide, die nur mit Morphinen einzudämmen seien. Morphine als starke Schmerzmittel bergen stets die Gefahr einer dauerhaften Abhängigkeit, die nach dem Sachvortrag bereits eingesetzt hat. Ferner ist ein Gewöhnungseffekt eingetreten, der eine ständige Steigerung der Medikation erfordern wird. Die Operation würde diese Medikamente entbehrlich machen.

Der Fortschritt der Erkrankung hat außerdem zu einer Beeinträchtigung der Lungenfunktion geführt. Bleibt die Ursache unbehandelt, ist zu erwarten, dass sich auch diese Beschwerden verschlimmern.

Die Fortsetzung des Vollzugs führt dazu, dass die körperliche Unversehrtheit des A auf lange Sicht infolge der Vollzugsmaßnahme weiter geschädigt wird. Folge davon wäre, dass der Verurteilte nach Verbüßung seiner Strafe nicht in seine berufliche Tätigkeit zurückkehren kann, was die Resozialisierung und die Aussicht auf ein künftig straffreies Leben nicht fördern würde. Schwerwiegende Gesundheitsschäden sind also zu erwarten, wenn der Vollzug fortgesetzt und die Operation verwehrt wird.

77 Gegen eine Unterbrechung des Vollzugs würden geeignete Behandlungsmöglichkeiten innerhalb der Vollzugseinrichtungen sprechen. Nach Auskunft des Justizkrankenhauses Fröndenberg ist die nötige Operation jedoch dort nicht durchführbar. Die Behandlung in einer JVA mit regelmäßiger ärztlicher Betreuung oder einer Krankenstation bleibt hinter den Möglichkeiten eines Justizvollzugskrankenhauses zurück und scheidet daher ebenfalls aus. Physiotherapeutische Maßnahmen, die geeignet sind, einer Verschlechterung des Krankheitsbildes entgegenzuwirken, können lt. Gutachten des Anstaltsarztes im JVA-Umfeld nicht angeboten werden.

78 Einer Unterbrechung nach § 455 IV Nr. 3 StPO wäre die Überführung in ein Krankenhaus außerhalb des Vollzugs auf der Grundlage landesspezifischer Vollzugsgesetze (entsprechend § 65 II StVollzG) vorzuziehen. Der Verurteilte behält in diesen Fällen den Gefangenenstatus. Die Justizvollzugsanstalt muss für eine geeignete Überwachung des Verurteilten sorgen. Eine solche Maßnahme scheidet jedoch vorliegend aus, da das Sana Dreifaltigkeitsklinikum eine Aufnahme des A unter diesen Bedingungen ablehnt.

79 Im Ergebnis wären unter Abwägung aller Aspekte die Fortsetzung des Vollzugs und das Vorenthalten der nötigen Operation bis zum Ende der Strafvollstreckung unverhältnismäßig. Eine schwere Erkrankung i.S.d. § 455 IV Nr. 3 StPO, die eine Strafunterbrechung grundsätzlich rechtfertigt, liegt also vor.

80 Voraussetzung hierfür ist aber ferner, dass die Erkrankung für erhebliche Zeit fortbesteht. Aus dem Vortrag des Rechtsanwalts kann gefolgert werden, dass die nötige Linderung ohne Operation nicht möglich ist. Die Erkrankung würde folglich noch für eine erhebliche Zeit fortbestehen. Erfolgt keine Strafunterbrechung, wird der Ver-

urteilte bei Vollverbüßung aller anstehenden Strafen bis 20.06.2023 TE in Haft sein. Eine vorzeitige Entlassung zur Bewährung kommt unter den Voraussetzungen des § 57 I StGB zum 31.01.2023 TE in Betracht. Wird der beantragte Strafausstand versagt, ist eine Verschlimmerung des Erkrankungsverlaufs zu erwarten. Hieraus könnten – je nach Grad der Verschlimmerung und der Folgeerkrankungen (Beeinträchtigung anderer Organe wie derzeit der Lunge) – auch Probleme im Vollzug entstehen. Das widerspricht dem o.a. Gebot des Staates, schädlichen Auswirkungen des Strafvollzugs auf die Gesundheit des Gefangenen entgegenzuwirken. Wird hingegen die Strafunterbrechung von insgesamt 8 Wochen gewährt, ist mit einer Besserung und einem Gewinn an Lebensqualität für den Verurteilten zu rechnen.

Die Unterbrechung darf letztlich nur angeordnet werden, wenn das Sicherheitsinter- 81
esse der Allgemeinheit nicht entgegensteht. Hier sind eine mögliche Fluchtgefahr und die Wahrscheinlichkeit erneuter Straftaten zu berücksichtigen. Lt. Aussage der JVA bestehen in diesen Punkten keine Bedenken.

IV. Entscheidung

Unter Abwägung aller Aspekte wiegen die Menschenwürde und die körperliche Un- 82
versehrtheit des Verurteilten höher, als die Pflicht des Staates zur Fortsetzung der Strafvollstreckung. Ein Aufschub der notwendigen Operation auf die Zeit nach der Inhaftierung, also in das Jahr 2023, ist unangemessen. Die Unterbrechung des Strafvollzugs ist daher grundsätzlich anzuordnen.

Dies erfolgt jedoch nicht unbefristet, sondern nur für die anvisierte Dauer, also ab dem 04.04.2021 für 8 Wochen.

Die Entscheidung ist dem Verurteilten und der JVA bekanntzugeben, § 46 I StVollstrO. Die JVA ist darüber hinaus, um Überführung des Verurteilten in die Klinik zu bitten. Eine Benachrichtigung hierüber wird gem. § 35 I Nr. 6 StVollstrO erwartet.

Zu bedenken ist jedoch, dass der Verurteilte nicht nur für die Reststrafe des Amtsge- 83
richts Gummersbach inhaftiert ist, sondern in deren Anschluss der Rest der Gesamtstrafe der Staatsanwaltschaft Bonn zu verbüßen ist. Eine Unterbrechung ist nur möglich, wenn sie in allen Verfahren gewährt wird, in denen Freiheitsstrafen zu vollstrecken sind (KG, Beschluss vom 22.06.2016 – 2 Ws 185/16 – 121 AR 16/16). Insoweit wird die JVA auch die Entscheidung der Staatsanwaltschaft Bonn erwarten. Ggf. ist eine Abstimmung der beiden Vollstreckungsbehörden angezeigt.

Fall 10

A. Themenbereiche

Jugendarrest, § 16a JGG / Entziehung der Fahrerlaubnis, § 7 I JGG i.V.m. §§ 69, 69a StGB.

B. Sachverhalt

A, geboren am 15.05.2000 und wohnhaft in Bonn, ist seit dem Jahr 2014 bereits wiederholt strafrechtlich in Erscheinung getreten. Zunächst wurden gegen ihn wegen Diebstahlsdelikten lediglich Erziehungsmaßregeln in Form von Weisungen (§ 10 JGG) und Auflagen (§ 15 JGG) verhängt. Am 04.10.2016 sprach ihn das AG Siegburg – Jugendrichter – jedoch wegen Trunkenheit im Verkehr und unerlaubtem Entfernen vom Unfallort schuldig und setzte die Verhängung einer Jugendstrafe für die Dauer von einem Jahr zur Bewährung aus. Daneben wurde auf der Grundlage des § 16a JGG ein Jugendarrest von 2 Wochen verhängt.

A besaß zur Tatzeit die Fahrerlaubnis der Klasse A1. Sein Führerschein wurde am 23.08.2016 durch die Polizei sichergestellt und blieb danach in der Akte. Am 24.08.2016 erließ das zuständige Gericht einen Beschluss über die vorläufige Entziehung der Fahrerlaubnis. Dieser wurde dem A am Folgetag zugestellt. Seine Fahrerlaubnis wurde durch das Urteil entzogen. Sein Führerschein wurde eingezogen. Das Gericht bestimmte, dass A vor Ablauf von 9 Monaten keine neue Fahrerlaubnis erteilt werden darf.

A erklärte unmittelbar nach der Urteilsverkündung, nach Beratung mit seinem Verteidiger, Rechtsmittelverzicht. Die Staatsanwaltschaft gab keine Erklärung ab. Am 06.10.2016 ging beim AG Siegburg die Revision der Eltern des A ein. Sie nahmen das Rechtsmittel mit Schreiben vom 17.10.2016, eingegangen beim zuständigen Gericht am 18.10.2016, wieder zurück. Beigefügt war eine Erklärung des A, in der er der Rücknahme der Revision zustimmt.

Den Jugendarrest trat A am 07.11.2016 um 10:15 in der zuständigen Jugendarrestanstalt Remscheid an.

Das Verhalten des A während der Bewährungszeit zeigte letztlich, dass seine Tat auf schädliche Neigungen zurückzuführen war. Am 20.03.2017 wurde daher gegen ihn in dieser Sache eine Jugendstrafe von 7 Monaten verhängt, die jedoch zur Bewährung ausgesetzt wurde. Die Dauer der Bewährungszeit wurde auf 3 Jahre bestimmt.

C. Aufgaben

1. Wer war für die Vollstreckung des Jugendarrests und der Entziehung der Fahrerlaubnis zuständig?
2. Berechnen Sie den Jugendarrest.
3. Was war im Rahmen der Vollstreckung hinsichtlich der Entziehung der Fahrerlaubnis zu veranlassen?

Anmerkung:

Die JAA Remscheid liegt im Amtsgerichtsbezirk Remscheid.

Besprechung von Fall 10

A. Die Darstellung des Sachverhalts im Zeitstrahl

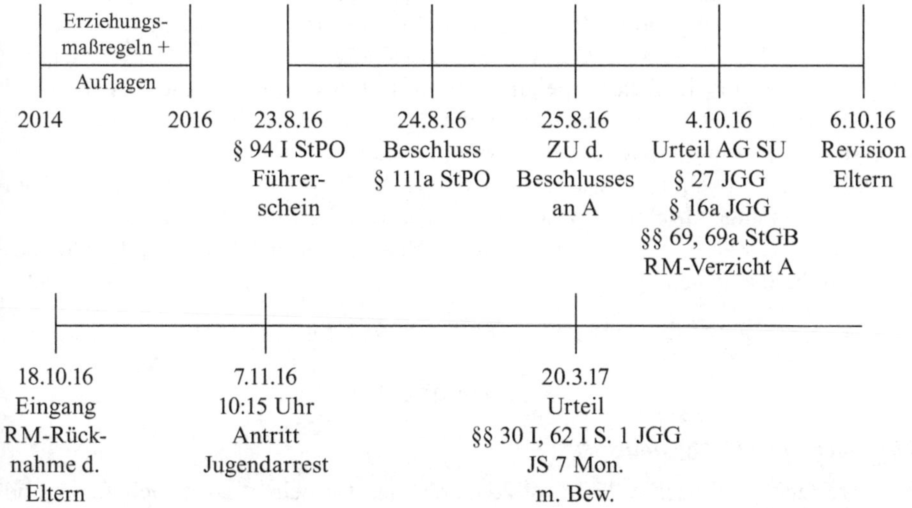

(AG SU = AG Siegburg)

B. Aufgabe 1

Wer war für die Vollstreckung des Jugendarrests und der Entziehung der Fahrerlaubnis zuständig?

Sachlich zuständig für die Vollstreckung der beiden Rechtsfolgen ist nach § 82 I S. 1 JGG 1
der Jugendrichter als Vollstreckungsleiter.

Die örtliche Zuständigkeit ergibt sich aus § 84 I JGG. Danach leitet der Jugendrichter die Vollstreckung in allen Verfahren ein, in denen er selbst oder unter seinem Vorsitz das Jugendschöffengericht im ersten Rechtszug erkannt hat. Das Urteil stammt im vorliegenden Fall vom Jugendrichter des AG Siegburg. Er ist folglich für die Einleitung der Vollstreckung zuständig.

Funktionell zuständig ist der Richter, § 31 V S. 1 RPflG. Dem Rechtspfleger sind die Geschäfte der Vollstreckung übertragen, durch die eine richterliche Vollstreckungsanordnung ausgeführt wird, § 31 V S. 2 RPflG. Der Richter kann also Aufgaben der Vollstreckung gezielt auf den Rechtspfleger übertragen.

2 Für die Vollstreckung der Entziehung der Fahrerlaubnis bleibt es bei der oben beschriebenen Zuständigkeit des Jugendrichters des AG Siegburg.

Bzgl. des verhängten Jugendarrests ist allerdings § 85 I JGG zu beachten: Liegt die Jugendarrestanstalt, in der der Jugendarrest zu verbüßen ist, in einem anderen Amtsgerichtsbezirk, so kommt es regelmäßig zum Zuständigkeitswechsel. Der Jugendrichter, der die Einleitung vorgenommen hat, gibt die Vollstreckung an den Jugendrichter ab, der nach § 90 II S. 2 JGG als Vollzugsleiter zuständig ist. Vollzugsleiter ist nach der letztgenannten Vorschrift der Jugendrichter am Ort des Vollzugs. Die Zuständigkeit der Jugendarrestanstalt bestimmt sich im vorliegenden Fall nach dem Vollstreckungsplan NRW[1]. A wohnt lt. Sachverhalt in Bonn. Daher ist die Jugendarrestanstalt Remscheid für die Vollziehung des Arrests zuständig. Vollzugsleiter i.S.d. § 90 II S. 2 JGG ist folglich der Jugendrichter des AG Remscheid. Der Jugendrichter des AG Siegburg wird somit die Sache nach Einleitung der Vollstreckung an den Jugendrichter des AG Remscheid abgeben.

C. Aufgabe 2

Berechnen Sie den Jugendarrest.

3 Die Arrestzeit wird nach § 25 JAVollzO berechnet. Gerechnet wird nach Tagen und Stunden; die Stunde, in deren Verlauf der Jugendliche zum Vollzug aufgenommen worden ist, wird voll berücksichtigt. Rechnerisch wird der Zeitpunkt des Arrestantritts folglich von 10:15 Uhr auf 10:00 Uhr zurückdatiert.

Beginn der Arrestzeit:	07.11.2016	10:00 Uhr	§ 25 I S. 3 JAVollzO
	+ 14 Tage		
	21.11.2016	10:00 Uhr	

A musste also am 21.11.2016 bis spätestens um 10.00 Uhr aus der Jugendarrestanstalt entlassen worden sein.

Hinweis:

Hätte A in diesem Verfahren vorläufige Freiheitsentziehung erlitten, würde sich die Frage der Anrechnung stellen. Die Vorschriften §§ 52 JGG, 1 III, 39 I S. 3 StVollstrO legen die Entscheidung über die Anrechnung weitestgehend in die Hand des Jugendrichters: Hat eine vorläufige Freiheitsentziehung stattgefunden, so muss er bestimmen,

1 vgl. dazu http://www.vollstreckungsplan.nrw.de/

inwieweit ein verhängter Jugendarrest *nicht* vollstreckt wird. Er muss also eine ausdrückliche Anordnung darüber treffen, ob überhaupt und wenn ja, in welchem Umfang, eine Anrechnung erfolgt. Kraft Gesetzes – wie bei Freiheits- und Geldstrafen – findet sie nicht statt.

Lediglich eine vorläufige Freiheitsentziehung, die noch nach Erlass des letzten Sachurteils in einem Verfahren verbüßt wurde, kann ohne besondere Entscheidung i.R.d. § 450 StPO berücksichtigt werden (vgl. *Johann to Settel/Putzke C.* in BeckOK JGG § 52 Rn. 2-5 sowie 13-17).

D. Aufgabe 3

Was war im Rahmen der Vollstreckung hinsichtlich der Entziehung der Fahrerlaubnis zu veranlassen?

Das JGG enthält nur in sehr eingeschränktem Maße eigene Vorschriften zur Vollstreckung der Rechtsfolgen (vgl. §§ 82-93a JGG). Über § 2 II JGG sowie § 1 III StVollstrO gelten daher in vollstreckungsrechtlichen Fragen die Vorschriften des StGB, der StPO und der StVollstrO auch in der Jugendstrafvollstreckung. Auf das Zitat der zuvor genannten Verweisvorschriften (§§ 2 II JGG, 1 III StVollstrO) wird in den folgenden Abschnitten zur besseren Lesbarkeit verzichtet. 4

Regelungen für die Vollstreckung einer Entziehung der Fahrerlaubnis enthält § 56 StVollstrO. Das Gericht hat hierzu im Urteil drei Anordnungen getroffen: 5

1. Die Fahrerlaubnis wurde dem A *entzogen.*
2. Der Führerschein des A wurde *eingezogen.*
3. Es wurde eine *Sperrfrist* für die Neuerteilung einer Fahrerlaubnis von 9 Monaten ausgesprochen.

Zu 1.)

Die Fahrerlaubnis erlischt mit der Rechtskraft des Urteils, § 69 III S. 1 StGB. 6

Zu 2.)

Folge der Einziehung (§ 69 III S. 2 StGB) ist, dass der Führerschein, der dem A als Führerscheininhaber gehört, als Einziehungsobjekt auf den Staat übergeht. 7

Der Führerschein des A wurde in unserem Fall bereits am 23.08.2016 sichergestellt und in der Folgezeit bei den Akten verwahrt. Er befindet sich i.S.d. § 61 I S. 1 StVollstrO bereits im Besitz der Vollstreckungsbehörde. In diesem Führerschein ist die Entziehung zu vermerken. Danach ist er gem. § 56 I S. 4 StGB durch Einschneiden unbrauchbar zu machen und der Behörde zu übersenden, die für die Neuerteilung einer Fahrerlaubnis am Wohnsitz des Verurteilten zuständig wäre.

Zu 3.)

8 Die ausgesprochene Sperrfrist verhindert, dass dem A auf seinen Antrag folgend sofort eine neue Fahrerlaubnis durch die Fahrerlaubnisbehörde erteilt werden kann. Der Zeitraum der Sperrfrist ist der Behörde zugleich mit der Übersendung des Führerscheins mitzuteilen, § 56 I S. 5 StVollstrO. Daher ist die Berechnung dieser Frist erforderlich:

Die Sperrfrist beginnt mit Eintritt der Rechtskraft, § 69a V S. 1 StGB. Das würde selbst für den Fall gelten, dass sich der Führerschein noch nicht in amtlichem Gewahrsam befindet. Das Urteil des AG Siegburg wurde am 04.10.2016 verkündet. Gegen das Urteil wäre gem. § 312 StPO die Berufung oder gem. § 335 i.V.m. § 312 StPO die Sprungrevision statthaft gewesen. Beide Rechtsmittel hätten innerhalb einer Woche nach Urteilsverkündung eingelegt werden müssen, §§ 314 I, 341 I StPO.

Anfechtungsberechtigt waren A und die Staatsanwaltschaft gem. § 296 StPO, sein Verteidiger gem. § 297 StPO sowie die Eltern des minderjährigen A gem. § 67 II JGG i.V.m. § 298 I StPO.

A hat unmittelbar im Anschluss an die Urteilsverkündung Rechtsmittelverzicht erklärt. Die Staatsanwaltschaft und der Verteidiger haben keine Erklärungen abgegeben. Die Revision der Eltern ging nur 2 Tage nach Urteilsverkündung und damit erkennbar innerhalb der Wochenfrist des § 341 I StPO beim zuständigen Gericht ein. Die Rechtskraft war damit zunächst gehemmt, § 343 I StPO. Der Eingang der Rechtsmittelrücknahme am 18.10.2016 beendete diese Rechtskrafthemmung und führt zum Eintritt der Rechtskraft. Die gem. § 55 III JGG dazu nötige Zustimmung des A lag vor.

Grundsätzlich würde die Sperrfrist folglich am 18.10.2016 beginnen.

9 Vorläufige Sicherungsmaßnahmen zur Fahrerlaubnis werden sowohl bei der Bestimmung der Sperrfrist durch das Gericht als auch bei der Berechnung der Sperrfrist berücksichtigt. Das ist allerdings nur in geringem Maße Sache der Vollstreckungsbehörde. § 69a IV StGB verpflichtet den Richter, eine vorläufige Entziehung der Fahrerlaubnis bereits bei Bemessung der Sperrfristhöhe zu berücksichtigen. Dies macht, obwohl Abs. 4 keine Berechnungsvorschrift darstellt, eine spätere Anrechnung überflüssig (vgl. NK-GVR/*Kerkmann* § 69a StGB Rn. 7).

Der Richter kann jedoch nur die Zeit einer vorläufigen Entziehung der Fahrerlaubnis in die Höhe der Sperrfrist einbeziehen, die bis zum Erlass seines Urteils stattgefunden hat. Wie lange die vorläufige Entziehung nach Urteilserlass noch Bestand hat, ist für ihn nicht voraussehbar. Sie hängt von der weiteren Verfahrensdauer ab, die in erster Linie durch Rechtsmitteleinlegungen beeinflusst wird. Die Zeit einer vorläufigen Entziehung nach Urteilsverkündung muss daher auf andere Weise Berücksichtigung finden. Das erfolgt gem. § 69a V S. 2 StGB (bei dem es sich um eine reine Berechnungsvorschrift handelt): War dem Verurteilten bei Erlass des Urteils die Fahrerlaubnis vorläufig entzogen, so wird die Zeit ab Urteilsverkündung in die Sperrfrist *eingerechnet.*

Einrechnung bedeutet, dass der Beginn der Sperrfrist auf den Zeitpunkt der Urteilsverkündung zurückdatiert wird.

Im vorliegenden Fall war die Fahrerlaubnis mit Beschluss vom 24.08.2016, wirksam ab Zustellung am 25.08.2016 vorläufig entzogen. Diese vorläufige Entziehung dauerte bis zum Erlass des Urteils am 04.10.2016 an. Die Sperrfrist beginnt daher nicht erst mit Rechtskraft am 18.10.2016, sondern bereits mit Urteilsverkündung am 04.10.2016.

Eine Sperrfrist ist weder Prozessfrist, noch Strafzeit. § 43 StPO sowie die Vorschrif- 10
ten der StVollstrO über die Strafzeitberechnung sind daher nicht anwendbar. Es bleibt nur die Fristberechnung nach den allgemeinen Regeln der §§ 187, 188 BGB (vgl. *Röttler/Wagner*, Strafvollstreckung, Rn. 388). Das ist nicht unstreitig. *Zeitler* schreibt in BeckOK, StVollstrO, § 56 Rn. 19 hierzu:

> *„Für die Berechnung der Sperrfrist fehlt im Unterschied zur Berechnung eines Fahrverbotes in § 56 ein Verweis auf die Regeln über die Strafzeitberechnung iSd §§ 37ff. (→ § 37 Rn. 1). Jedoch bestimmt § 463 Abs. 1 StPO, dass die Vorschriften über die Strafvollstreckung auch für die Vollstreckung von Maßregeln der Sicherung und Besserung gelten, sofern nicht ausdrücklich eine abweichende Regelung getroffen wurde. Nachdem weder in einem Gesetz noch in der Strafvollstreckungsordnung für die Berechnung der Sperrfrist eine spezielle Regelung getroffen wurde, können somit die Regeln zur Berechnung einer Freiheitsstrafe auch für die Berechnung der Sperrfrist herangezogen werden (vgl. Pohlmann/Jabel/Wolf Rn. 6; Wittig RPfleger 1978, 246).“*

Rechnerischer Beginn:	05.10.2016 00:00 Uhr	§ 187 I BGB
	+ 9 Monate	
	04.07.2017 24:00 Uhr	§ 188 II 1. Alt. BGB

Frühestens ab dem 05.07.2017 darf A also eine neue Fahrerlaubnis erteilt werden. Ob dies tatsächlich erfolgt, liegt im Ermessen der Fahrerlaubnisbehörde (vgl. NKGVR/*Kerkmann* § 69a Rn. 40).

Fortsetzung I von Fall 10

A. Themenbereiche

Vollstreckung einer Einheitsjugendstrafe / Aussetzung nach Teilverbüßung einer Jugendstrafe gem. § 88 JGG.

B. Sachverhalt

Am 14.12.2017 wurde A wegen einer neuen Straftat vorläufig festgenommen und am Folgetag in U-Haft überführt. Dort blieb er, bis er mit Beschluss vom 16.01.2018 vom weiteren Vollzug der Untersuchungshaft verschont wurde. Noch am gleichen Tag erfolgte seine Entlassung.

In dieser Sache verkündete das Landgericht Bonn am 26.09.2018 ein Urteil. A wurde wegen des versuchten schweren Bandendiebstahls in 2 Fällen, des Wohnungseinbruchs und des Diebstahls unter Einbeziehung der 7-monatigen Jugendstrafe des AG Siegburg vom 20.03.2017 zu einer Einheitsjugendstrafe von 3 Jahren und 8 Monaten verurteilt.

A legte gegen dieses Urteil sofort nach der Urteilsverkündung Revision ein. Sie wurde auch form- und fristgerecht begründet. Das Rechtsmittel wurde jedoch mit Beschluss vom 08.03.2019 als unbegründet verworfen.

A stellte sich am 01.04.2019 zum Strafantritt in der zuständigen Justizvollzugsanstalt Heinsberg.

C. Aufgaben

1. Berechnen Sie die Einheitsjugendstrafe.
2. Bis wann muss von Amts wegen über eine Aussetzung des Restes der Einheitsjugendstrafe zur Bewährung entschieden sein?
3. Wer ist für diese Entscheidung zuständig?

Anmerkung:

Die JVA Heinsberg liegt im Amtsgerichtsbezirk Heinsberg, im Landgerichtsbezirk Aachen und Oberlandesgerichtsbezirk Köln.

Besprechung von Fall 10 (Fortsetzung I)

A. Vorbemerkung

Die *Einheitsstrafe* des JGG ist mit der Gesamtstrafe des allgemeinen Strafrechts verwandt. Ziel ist es auch hier, mehrere Straftaten eines Jugendlichen nach Möglichkeit nur mit einer einzigen Rechtsfolge zu ahnden. 11

Wie bei der Gesamtstrafenbildung sollen alle Taten, die z.Zt. des Urteils bekannt sind, in einer Gesamtwürdigung abgeurteilt werden, § 31 I JGG. Fehlt es zu diesem Zeitpunkt an der Kenntnis einzelner Taten, kann die Bildung der Einheitsstrafe auch zu späteren Zeitpunkten nachgeholt werden:

- Gem. § 31 II JGG ist die Einbeziehung einer früheren, bereits rechtskräftigen Verurteilung in einem späteren Urteil möglich. Die Vorschrift ist damit das Gegenstück zu § 55 StGB des allgemeinen Strafrechts. Wenn auch die Voraussetzungen teilweise identisch sind, so gibt es dennoch einen gravierenden Unterschied: Voraussetzung des § 55 StGB ist, dass die Tat, die im späteren Verfahren zur Verurteilung führte, bereits begangen war, als im früheren Verfahren das letzte Sachurteil erlassen wurde. Auf diese zeitliche Lage der Tat kommt es bei der Einheitsstrafe nach § 31 II JGG nicht an.
- Sind mehrere rechtskräftige Urteile gegen einen Jugendlichen ergangen und ist dabei die Bildung einer möglichen Einheitsstrafe i.S.v. § 31 JGG unterblieben, kann dies im Beschlusswege gem. § 66 I JGG oder durch Urteil gem. § 66 II JGG nachgeholt werden, solange die Strafen noch nicht vollständig ausgeführt, verbüßt oder erledigt sind. Die Vorschrift hat damit einen dem § 460 StPO vergleichbaren Regelungsgehalt.

Für die Vollstreckung einer Einheitsstrafe ist § 31 II S. 2 und S. 3 JGG zu beachten. 12
Danach steht die Anrechnung eines verbüßten Jugendarrests aus einem einbezogenen Verfahren grundsätzlich im Ermessen des Gerichts, § 31 II S. 2 JGG. War in dem einbezogenen Verfahren Jugendarrest gem. § 16 JGG verhängt und vollstreckt worden, so muss das Gericht entscheiden, ob und inwieweit eine Anrechnung auf die Einheitsjugendstrafe erfolgen soll.

Nicht geregelt ist, ob und wie Erziehungsmaßregeln und Auflagen aus einer einbezogenen Sache zu berücksichtigen sind. Hierzu heißt es bei *Kölbel* in Eisenberg/Kölbel JGG § 31 Rn. 50, 51:

> *„Eine Anrechnung teilw. ausgeführter Erziehungsmaßregeln auf Rechtsfolgen, die im neuen Urteil angeordnet werden, ist gesetzlich nicht vorgesehen und nicht in förmlicher Weise möglich. Jedoch muss bei der Bestimmung der einheitlichen Rechtsfolgen (insbes. wenn es sich abermals um Erziehungsmaß-*

regeln handelt) in der Sache stets berücksichtigt werden, welche spezialpräventiven Wirkungen die Ausführung der bisherigen Maßnahmen gehabt hat. Für die Verwarnung sowie die Auflagen gelten die gleichen Maßgaben wie für Erziehungsmaßregeln.“

Die Anrechnung bereits erledigter Erziehungsmaßregeln, Auflagen und des Jugendarrests, der nach § 16 JGG verhängt wurde, erfolgt also nur auf richterliche Anordnung hin. Für den Warnschussarrest gem. § 16a JGG gelten über §§ 26 III S. 3, 30 I S. 2 JGG besondere Regelungen, die dazu führen, dass eine Anrechnung hier per Gesetz erfolgen muss.

B. Die Darstellung der Fortsetzung I im Zeitstrahl

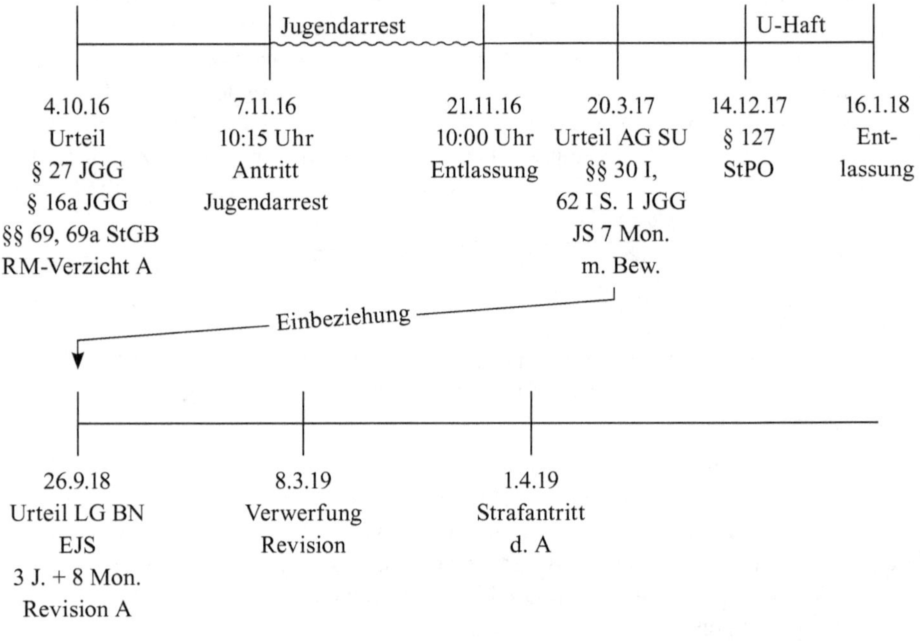

C. Aufgabe 1

Berechnen Sie die Einheitsjugendstrafe.

13 Die Strafzeit beginnt am 01.04.2019 mit dem Strafantritt in der zuständigen Justizvollzugsanstalt. Für die Berechnung gelten über § 1 III StVollstrO die Vorschriften der Strafvollstreckungsordnung über die Strafzeitberechnung:

01.04.2019 TB	§ 38 Nr. 1, 37 II StVollstrO
+ 3 Jahre	§§ 37 IV, V StVollstrO
01.04.2022 TB	
+ 8 Monate	
01.12.2022 TB	

14 Anzurechnen sind zum einen gem. § 2 II JGG, 51 II StGB, 26 III S. 3, 30 I S. 2 JGG der Jugendarrest, den A im einbezogenen Verfahren verbüßt hatte, sowie gem. § 52a JGG die U-Haft, die er im Verfahren des LG Bonn erlitten hat:

a) Jugendarrest

Verhängt und verbüßt waren 2 Wochen, also **14 Tage**, die hier zu berücksichtigen sind.

b) U-Haft: 14.12.2017 TB

bis 16.01.2018 TE

34 Tage

Insgesamt anzurechnen sind also: **48 Tage**

	01.12.2022 TB	
	– 48 Tage	§§ 1 III, 39 IV StVollstrO
	14.10.2022 TB	
≙	**13.10.2022 TE**	= Entlassungstag bei Vollverbüßung

D. Aufgabe 2

Bis wann muss von Amts wegen über eine Aussetzung des Restes der Einheitsjugendstrafe zur Bewährung entschieden sein?

I. Vorbemerkung

15 Gem. § 88 I JGG kann der Rest einer bereits teilweise verbüßten Jugendstrafe zur Bewährung ausgesetzt werden, wenn sich zum einen eine günstige Sozialprognose durch den bisherigen Strafvollzug entwickelt hat und zum anderen das Sicherheitsinteresse der Allgemeinheit einer Aussetzung nicht entgegensteht. Die zuvor genannten Voraussetzungen finden wir auch in § 57 StGB, der sich mit der Aussetzung einer Freiheitsstrafe nach Teilverbüßung beschäftigt. Anders als in der zuletzt genannten Vor-

schrift ist bei Jugendlichen eine Einwilligung in die Aussetzung nicht notwendig. Der Gesetzgeber hat hierauf ganz bewusst verzichtet. Mit der Aussetzung zur Bewährung werden dem Jugendlichen Weisungen und Auflagen für seine künftige Lebensführung auferlegt, die dieser mitunter als „lästig“ empfindet. Er soll aber nicht die Möglichkeit haben, diesen erzieherischen Maßnahmen durch die Verweigerung der Einwilligung zu entgehen.

16 § 88 II JGG regelt, wie viel von der Jugendstrafe verbüßt sein muss, bevor eine Aussetzung der Reststrafe zur Bewährung erfolgen kann. S. 1 definiert hier zunächst eine Mindestverbüßungsdauer von 6 Monaten. Vor Ablauf dieses Zeitraums ist eine Aussetzung nur aus besonders wichtigen Gründen möglich. Gem. § 88 II S. 2 JGG kann sie bei Strafen, die höher sind als ein Jahr, erst erfolgen, wenn mindestens ⅓ der Strafe verbüßt wurde. Was sich recht einfach liest, bedarf einer genaueren Betrachtung:

Für Strafen über einem Jahr müssen zwei Gruppen unterschieden werden:

a) Strafen > 1 Jahr und ≤ 18 Monate

b) Strafen > 18 Monate

Für die Gruppe a) sind die Mindestverbüßungsdauer des § 88 II S. 1 JGG und die Regelung in § 88 II S. 2 JGG kumulativ zu betrachten. Wurde beispielsweise eine Jugendstrafe von einem Jahr und 3 Monaten verhängt, so kann sie nach § 88 II S. 1 JGG frühestens nach Verbüßung von 6 Monaten zur Bewährung ausgesetzt werden. Liegen besondere Gründe vor, ist eine Aussetzung bereits nach einem Drittel der Strafzeit, also nach 5 Monaten, möglich.

Für Strafen der Gruppe b) ersetzt § 88 II S. 2 JGG die Mindestverbüßungsdauer des § 88 II S. 1 JGG und erhöht diese auf ein Drittel der Strafe. Beträgt die Strafe beispielsweise 1 Jahr und 9 Monate, ist die Aussetzung frühestens nach einem Drittel der Strafzeit, also nach 7 Monaten möglich. Die Sechs-Monatsgrenze des § 88 II S. 1 JGG ist bei Strafen dieser Gruppe bedeutungslos.

II. Zum Fall

17 Die Einheitsjugendstrafe kann gem. § 88 I JGG grundsätzlich nach Teilverbüßung zur Bewährung ausgesetzt werden. Für Strafen bis zu einem Jahr gilt uneingeschränkt eine Mindestverbüßungsdauer von 6 Monaten. Für Strafen über einem Jahr und 6 Monaten liegen die Mindestverbüßungszeiten für die Aussetzung gem. § 88 II S. 2 JGG bei einem Drittel der Strafzeit. Das gilt auch für die Einheitsjugendstrafe von 3 Jahren und 8 Monaten.

Die Berechnung dieses Aussetzungszeitpunktes erfolgt nach der Methode abstrakt rückwärts:

⅔ von 3 Jahren und 8 Monaten = ⅔ von 44 Monaten = 29 Monate + 10 Tage
≙ 2 Jahre + 5 Monate + 10 Tage

Strafende:		14.10.2022 TB	
		– 10 Tage	§ 1 III, 37 V StVollstrO
		04.10.2022 TB	
		– 5 Monate	
		04.05.2022 TB	
		– 2 Jahre	
		04.05.2020 TB	
	≙	**03.05.2020 TE**	⅓-Zeitpunkt

Bis zum 03.05.2020 muss über eine Aussetzung zur Bewährung v.A.w. entschieden sein.

E. Aufgabe 3

Wer ist für diese Entscheidung zuständig?

Die Entscheidung trifft gem. § 88 I JGG „der Vollstreckungsleiter". Sachlich ist das, 18
gem. § 82 I JGG, der Jugendrichter am Amtsgericht. Seine örtliche Zuständigkeit bestimmt sich nach §§ 84, 85 II JGG. Nach Einleitung der Vollstreckung ist die örtliche Zuständigkeit mit Aufnahme des Jugendlichen in die Jugendstrafanstalt kraft Gesetzes auf den Jugendrichter am Ort des Vollzugs übergangen. Mit Aufnahme in die JVA Heinsberg ist also der Jugendrichter des AG Heinsberg der Vollstreckungsleiter. Er muss die Entscheidung über die Aussetzung zur Bewährung treffen.

Fortsetzung II von Fall 10

A. Themenbereich

Zusammentreffen von Jugend- und Freiheitsstrafe, § 89a JGG / Ausnahme vom Jugendstrafvollzug, § 89b JGG / Abgabe der Vollstreckung an die Staatsanwaltschaft, §§ (89a III), 85 VI JGG.

B. Sachverhalt

Im Februar 2020 wurde A durch das AG Bochum rechtskräftig zu einer Freiheitsstrafe von einem Jahr und 3 Monaten wegen Betrugs verurteilt. Das Aufnahmeersuchen zur Vollstreckung dieser Strafe ging am 02.03.2020 bei der JVA Heinsberg ein.

Im April 2020 erließ der Jugendrichter des AG Heinsberg einen Beschluss, wonach die Jugendstrafe von nun an nach den Vorschriften des Strafvollzugs für Erwachsene zu vollstrecken sei. Daraufhin wurde A in die JVA Hagen überführt.

Ende Mai 2021 wurde die Vollstreckung der Jugendstrafe an die Staatsanwaltschaft Bonn abgegeben.

C. Aufgaben

1. Berechnen Sie die beiden Strafen für den Fall der vollständigen Vollstreckung und erläutern Sie dabei Ihre Überlegungen zur Vollstreckungsreihenfolge.
2. Bis wann musste eine gemeinsame Entscheidung über die Aussetzung der Reststrafen beider Strafen v.A.w. ergehen?
3. Wer war für die Entscheidung über die Aussetzung der Reststrafen zur Bewährung zuständig?

Anmerkung:

Die JVA Hagen liegt im Amtsgerichtsbezirk Hagen, im Landgerichtsbezirk Hagen und im Oberlandesgerichtsbezirk Hamm.

Besprechung von Fall 10 (Fortsetzung II)

A. Vorbemerkung

Wird ein Täter, der bereits zu Jugendstrafe verurteilt war, nach Eintritt der Volljährigkeit erneut straffällig, stellt sich zunächst die Frage, ob die Verurteilung im neuen Verfahren ebenfalls nach Jugendstrafrecht oder nach dem allgemeinen Strafrecht erfolgen muss. Das Jugendstrafrecht ist immer anzuwenden bei Tätern, die zum Zeitpunkt der Tat mindestens 14 und noch nicht 18 Jahre alt sind. Ist der Täter volljährig, aber noch nicht 21 Jahre alt, gilt er als Heranwachsender i.S.d. Jugendgerichtsgesetz, vgl. dazu § 1 II JGG. Ob ein Täter der letztgenannten Altersgruppe dann als Heranwachsender unter Berücksichtigung der besonderen Regelungen des JGG oder als Erwachsener nach allgemeinem Strafrecht zu verurteilen ist, hängt von seinem Reifegrad bzw. der Art seiner Straftat ab, § 105 I JGG. Damit entsteht bei Mehrfachtätern häufig die Situation, dass eine ältere Verurteilung zu Jugendstrafe noch nicht vollständig vollstreckt ist, wenn nach Eintritt der Volljährigkeit eine Verurteilung zu Freiheitsstrafe nach allgemeinem Strafrecht hinzutritt. 19

I. Die Herausnahme aus dem Jugendstrafvollzug

Die oben beschriebene Situation ist in mancher Hinsicht nicht unproblematisch. Die Jugendstrafe wurde seinerzeit verhängt, weil in der Persönlichkeit des Täters sog. *schädliche Neigungen* erkannt wurden. Auf diese sollte während des Strafvollzugs mit erzieherischen Mitteln eingewirkt werden und das letztlich mit dem Ziel, die Persönlichkeitsentwicklung in eine positive Richtung zu beeinflussen. Diese Persönlichkeitsentwicklung ist aber irgendwann abgeschlossen. Dann ist auch die Möglichkeit einer Einwirkung nicht mehr gegeben. Die Jugendstrafe verfehlt folglich ihr erzieherisches Ziel. Dann stellt sich die Frage, ob die Vollstreckung der Jugendstrafe in den besonderen Einrichtungen des Jugendstrafvollzugs noch Sinn ergibt. Mit dieser Problematik beschäftigt sich § 89b JGG: 20

> **„§ 89b JGG Ausnahme vom Jugendstrafvollzug**
>
> *(1) An einem Verurteilten, der das 18. Lebensjahr vollendet hat und sich nicht für den Jugendstrafvollzug eignet, kann die Jugendstrafe statt nach den Vorschriften für den Jugendstrafvollzug nach den Vorschriften des Strafvollzuges für Erwachsene vollzogen werden. Hat der Verurteilte das 24. Lebensjahr vollendet, so soll Jugendstrafe nach den Vorschriften des Strafvollzuges für Erwachsene vollzogen werden.“*

21 Die Vorschrift teilt die Verurteilten in drei Altersgruppen:

1. Ist der Verurteilte noch unter 18 Jahren, gilt § 17 I JGG uneingeschränkt: Die Jugendstrafe ist in speziellen Einrichtungen, den Jugendstrafvollzugsanstalten, zu vollstrecken.
2. Ist der Verurteilte mindestens 18 Jahre, aber noch nicht 24 Jahre alt, ist zu prüfen, ob er sich noch „für den Jugendstrafvollzug eignet". Das ist nicht der Fall,
   a) wenn mit den erzieherischen Mitteln des Jugendstrafvollzugs nicht mehr auf die Persönlichkeitsentwicklung des Verurteilten eingewirkt werden kann, weil der Verurteilte inzwischen den Reifegrad eines Erwachsenen erreicht hat,

   oder

   b) wenn das Verhalten des Verurteilten negativen Einfluss auf die anderen, jugendlichen Mitgefangenen hat.

Wird die „Ungeeignetheit" festgestellt, steht es im Ermessen des Jugendrichters, die weitere Vollstreckung der Jugendstrafe nach den Vorschriften des Strafvollzugs für Erwachsene anzuordnen. Für den Vollzug bedeutet das, dass der Verurteilte aus der Jugendstrafanstalt in eine Justizvollzugsanstalt für Erwachsene überführt wird.

3. Hat der Verurteilte das 24. Lebensjahr vollendet, wird unterstellt, dass der Jugendstrafvollzug seinen erzieherischen Zweck verfehlt. Eine Überführung in den Strafvollzug für Erwachsene soll erfolgen.

Die Anordnung hierzu ergeht per Beschluss. Zuständig ist der Jugendrichter als Vollstreckungsleiter, § 89b II StPO.

22 Ist die Herausnahme aus dem Jugendstrafvollzug beschlossen worden, hat dies nur Auswirkungen auf die Art und Weise, wie der Strafvollzug durchgeführt und ausgestaltet wird. Die Zuständigkeit für die Vollstreckung der Jugendstrafe ändert sich durch diese Entscheidung nicht. Sie bleibt beim Jugendrichter.

II. Die Abgabe der Vollstreckung an die Staatsanwaltschaft

23 Im Nachgang zu einer Entscheidung nach § 89b StPO besteht jedoch die Möglichkeit, die gesamte Vollstreckung der Jugendstrafe an die Staatsanwaltschaft abzugeben und damit einen Zuständigkeitswechsel herbeizuführen, § 85 VI S. 1 JGG. Die Voraussetzungen hierfür sind:

a) der Verurteilte muss mindestens 24 Jahre alt sein,
b) die Herausnahme aus dem Jugendstrafvollzug gem. § 89b StPO muss bereits angeordnet sein,
c) der Straf- oder Maßregelvollzug dauert voraussichtlich noch länger an,

d) die besonderen Grundgedanken des Jugendstrafrechts im Hinblick auf die Persönlichkeitsentwicklung des Verurteilten sind nicht mehr maßgebend.

Zu Voraussetzung c) finden sich in der Kommentierung nur wenig konkrete Zeitangaben. Allgemein wird angenommen, dass die Restvollstreckungsdauer der Jugendstrafe noch mindestens sechs Monate betragen sollte (vgl. *Sengbusch* in BeckOK JGG, § 85 Rn. 18; HK-JGG/*Mark Kern*, § 85 Rn. 10)

Die Voraussetzungen, die unter d) genannt sind, wurden weitestgehend bereits im Rahmen der Anordnung nach § 89b JGG geprüft.

Der Beschluss über die Abgabe der Vollstreckung hat einschneidende Auswirkungen auf die Zuständigkeiten: 24

- Statt des Jugendrichters (§§ 82, 85 II JGG) ist nun die Staatsanwaltschaft für die weitere Vollstreckung zuständig, § 85 VI S. 2 JGG, 451 StPO, 143 GVG.
- Statt des Jugendrichters (§ 88 I, 85 II, 83 I JGG) trifft die Strafvollstreckungskammer die Entscheidung zur Aussetzung der Restjugendstrafe nach Teilverbüßung, §§ 85 VI S. 2 JGG, 462a I StPO, 78a GVG.

Umstritten war, ob die Aussetzung der Jugendstrafe nach Teilverbüßung weiterhin gem. § 88 I, II JGG oder nunmehr gem. § 57 I, II StGB zu prüfen ist (vgl. BGH NStZ-RR 2018, 126 m. Anm. dazu). 25

U.a. wurde von verschiedenen Oberlandesgerichten folgende (Minder-)Meinung vertreten:

§ 85 VI S. 2 JGG erklärt als Folge der Abgabe die Vorschriften der StPO – und somit auch § 454b StPO – für anwendbar. In § 454b II StPO wird in einem Klammerzusatz direkt auf § 57 StGB verwiesen. Dieser Verweis bringe zum Ausdruck, dass eben auch auf die Jugendstrafe – quasi als Folge der Abgabe – die Aussetzung zur Bewährung nicht mehr nach § 88 I, II JGG zu beurteilen sei, sondern nunmehr nur noch nach § 57 StGB. Im Übrigen knüpfe die Abgabe nach § 85 VI S. 2 JGG an die Persönlichkeitsentwicklung des Verurteilten an. Die Anwendung des JGG sei gewollt, solange der grundlegende Erziehungsgedanke des JGG maßgeblich ist. Das sei aber dann nicht mehr der Fall, wenn der Jugendrichter zu der Auffassung gelangt ist, dass mit erzieherischen Mitteln nicht mehr auf die Persönlichkeitsentwicklung eingewirkt werden kann (vgl. dazu OLG Nürnberg, Beschl. v. 17.11.2009 – 2 Ws 410/09, OLG Düsseldorf, Beschl. v. 05.03.2012 – 1 Ws 62/12).

Die größere Anzahl der Oberlandesgerichte und der überwiegende Teil des Schrifttums hielten hingegen die jugendspezifische Norm des § 88 I, II JGG für anwendbar. Diese Streitfrage hat nunmehr der BGH (s. NJW 2020, 1152 bzw. NStZ 2021, 374 m. ausf. Anm. *Laue*) i.S.d. letztgenannten Auffassung entschieden. Maßgeblich sind hiernach die folgenden Argumente:

1. Entscheidend für die grundsätzliche Anwendbarkeit des JGG ist das Alter des Täters zum Zeitpunkt der Tat, §§ 1 II JGG, 105 I JGG. Über § 110 I JGG sind die §§ 83-93a JGG uneingeschränkt auch für Heranwachsende anwendbar, somit auch § 88 JGG ungeachtet des fortschreitenden Alters des Verurteilten. Ausnahmen enthält das Gesetz selbst für den Fall nicht, dass die Verurteilung erst erfolgt, nachdem der Täter ein fortgeschrittenes Erwachsenenalter erreicht hat. Daraus kann geschlossen werden, dass die Aussetzung einer Jugendstrafe immer nach § 88 JGG zu prüfen ist, und zwar unabhängig vom Alter des Verurteilten zum Prüfungszeitpunkt.
2. Die Herausnahme aus dem Jugendstrafvollzug ändert den Charakter der verhängten Jugendstrafe nicht. Sie bleibt Jugendstrafe und wandelt sich nicht etwa in eine Freiheitsstrafe um. Ein Bedürfnis, nach der Abgabe für die Aussetzung materiellrechtlich § 57 StGB anzuwenden, besteht nicht, da das fortgeschrittene Alter des Verurteilten und seine verfestigte Persönlichkeitsentwicklung auch im Rahmen des § 88 II JGG berücksichtigt werden können. Denn diese Vorschrift räumt dem Gericht in der Aussetzungsfrage den dazu nötigen Ermessensspielraum ein.
3. Der frühestmögliche Aussetzungszeitpunkt nach § 88 II JGG ist der Drittelzeitpunkt. Damit wird der zu Jugendstrafe Verurteilte gegenüber einem verurteilten Erwachsenen – der frühestens nach Verbüßung der Hälfte der Strafe entlassen werden könnte (§ 57 II StGB) – besser gestellt. Diese Besserstellung darf dem Verurteilten nicht ohne sachlichen Grund genommen werden.
4. Der Wortlaut des Gesetzes: Nach § 85 VI S. 2 JGG treten als Folge der Abgabe an die Stelle der besonderen Vorschriften des JGG nun die allgemeinen Vorschriften der StPO und des GVG. Damit ist ausschließlich auf verfahrensrechtliche Normen, nicht jedoch auf die materiell-rechtlichen Vorschriften des StGB – und somit eben auch nicht auf § 57 StGB – verwiesen worden. Eine vom Gesetzgeber gewollte Anwendbarkeit des § 57 StGB lässt sich auch der Gesetzesbegründung nicht entnehmen. Wäre sie gewollt gewesen, hätte man diesbezüglich eine eindeutige, gesetzliche Regelung erwartet.

26 Eine Sondersituation besteht, wenn Jugendstrafe *und* Freiheitsstrafe gegen einen Verurteilten zu vollstrecken sind. § 89a III S. 1 JGG setzt die Altersgrenze für eine mögliche Abgabe der Vollstreckung an die Staatsanwaltschaft in dieser Konstellation von 24 Jahren auf 21 Jahre herab. Die Abgabe kann also schon deutlich früher erfolgen.

III. Die Vollstreckungsreihenfolge von Jugendstrafe und Freiheitsstrafe

Sind gegen einen Verurteilten sowohl Jugendstrafe als auch Freiheitsstrafe zu vollzie- 27
hen, so ist die Jugendstrafe in der Regel zuerst zu vollstrecken, § 89a I S. 1 JGG. Die Vorschrift bestimmt in S. 5 außerdem, dass auch in diesen Fällen § 454b IV StPO zu beachten ist. Ziel muss es also sein, die Vollstreckungsreihenfolge durch geeignete Unterbrechungen so zu gestalten, dass zum frühestmöglichen Zeitpunkt eine gemeinsame Entscheidung über die Aussetzung der Restjugendstrafe und der Restfreiheitsstrafe getroffen werden kann.

Die Unterbrechungszeitpunkte bzgl. der Jugendstrafe definiert § 89a I S. 2 JGG: Die Jugendstrafe wird zugunsten der Freiheitsstrafe unterbrochen, wenn von ihr die Hälfte, mindestens jedoch 6 Monate, verbüßt sind. Schließt sich sodann die Freiheitsstrafe an, ist deren Aussetzungszeitpunkt nach § 57 StGB der gemeinsame Aussetzungszeitpunkt für beide beteiligten Strafen. Anders als beim Zusammenspiel des § 57 I, II Nr. 1 StGB und des § 454b II StPO entspricht der Unterbrechungszeitpunkt der Jugendstrafe hier nicht dem Aussetzungszeitpunkt des § 88 II JGG.

B. Die Darstellung des Falles (Fortsetzung II) im Zeitstrahl

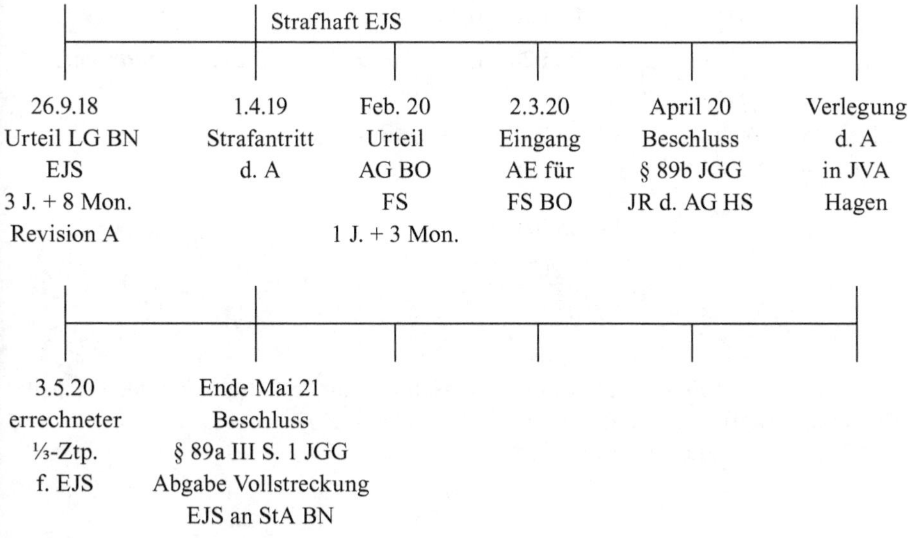

(BN = Bonn; BO = Bochum; JR = Jugendrichter; HS = Heinsberg)

C. Aufgabe 1

Berechnen Sie die beiden Strafen für den Fall der vollständigen Vollstreckung und erläutern Sie dabei Ihre Überlegungen zur Vollstreckungsreihenfolge.

28 Wenn am 02.03.2020 das Aufnahmeersuchen zur Vollstreckung der Freiheitsstrafe eingeht, befindet sich der Verurteilte noch in der Jugendstrafanstalt und verbüßt dort die Jugendstrafe. Es stehen also ab diesem Zeitpunkt Jugendstrafe und Freiheitsstrafe zur Vollstreckung an. § 89a I S. 1 JGG bestimmt, dass die Jugendstrafe zuerst zu vollstrecken ist. Dies hat sich hier im chronologischen Vollstreckungsablauf bereits so ergeben. Dabei bleibt es gem. §§ 1 III, 43 III StVollstrO zunächst auch. Gem. § 89a I S. 2 JGG ist die Jugendstrafe aber zugunsten der Freiheitsstrafe zu unterbrechen, sobald sie bis zur Hälfte vollstreckt ist. Dabei ist die vorgeschriebene Mindestverbüßungsdauer von 6 Monaten zu beachten.

Das errechnete Ende der Jugendstrafe war der 14.10.2022 TB. Die rechnerische Hälfte der Jugendstrafe von 3 Jahren und 8 Monaten sind 22 Monate, also 1 Jahr und 10 Monate. Sie liegt deutlich über der Mindestverbüßungsdauer von 6 Monaten.

	14.10.2022 TB	
	– 10 Monate	§ 1 III, 37 V StVollstrO
	14.12.2021 TB	
	– 1 Jahr	
	14.12.2020 TB	
≙	13.12.2020 TE	**½-Zeitpunkt der Jugendstrafe**

Wird die Vollstreckung zu diesem Zeitpunkt unterbrochen, ergibt sich folgende Restjugendstrafe, §§ 1 III, 40 I StVollstrO:

	14.12.2020 TB
bis	13.10.2022 TE
	669 Tage

Bis es zur Unterbrechung und damit im Anschluss zur Vollstreckung der Freiheitsstrafe kommt, befindet sich der Verurteilte infolge der Anordnung nach § 89b JGG bereits im Strafvollzug für Erwachsene.

Beginn der Freiheitsstrafe:	14.12.2020 TB	29
	+ 1 Jahr	
	14.12.2021 TB	
	+ 3 Monate	
	14.03.2022 TB	
≙	13.03.2022 TE	

Sofern eine Aussetzung zur Bewährung nach Teilverbüßung der Strafen abgelehnt wird, folgt der Rest der Jugendstrafe: 30

	14.03.2022 TB	
	+ 669 Tage	
	12.01.2024 TB	
≙	11.01.2024 TE	Entlassungstag bei Vollverbüßung

D. Aufgabe 2

Bis wann ist eine gemeinsame Entscheidung über die Aussetzung der Reststrafen beider Strafen v.A.w. herbeizuführen?

Eine gemeinsame Entscheidung über die Aussetzung der Strafreste muss erfolgt sein, bevor die Freiheitsstrafe ihre Aussetzungsreife i.S.v. § 57 StGB erreicht. Sie könnte sich nach § 57 II Nr. 1 StGB bestimmen. Dann müsste die rechnerische Hälfte der Strafe verbüßt sein, was hier 7,5 Monate wären. Die Mindestverbüßungsdauer von 6 Monaten wäre dann bereits erreicht. 31

Die Strafe liegt auch unter der Höchstgrenze von 2 Jahren.

Der Verurteilte müsste Erstverbüßer sein. Zwar hat er bis zum Beginn der Freiheitsstrafenvollstreckung bereits einen Teil der Jugendstrafe verbüßt, nach den Kriterien der h.M. gilt er aber für alle Strafen als Erstverbüßer, die unmittelbar im Anschluss vollstreckt werden (OLG Düsseldorf, Beschl. vom 09.12.1988 – 1 Ws 1107/88 – 1108/88).

Die Aussetzung nach § 57 II Nr. 1 StGB ist v.A.w. jedoch nur zu prüfen, wenn sie zeitlich betrachtet vor dem ⅔-Zeitpunkt (§ 57 I StGB) liegt. Nur dann wäre das gesetzgeberische Ziel des § 57 II Nr. 1 StGB – nämlich eine Privilegierung der Tätergruppe der Erstverbüßer – erreicht. Das ist ab einer Strafhöhe von mehr als 9 Monaten möglich.

Alle Voraussetzungen des § 57 II Nr. 1 StGB sind damit erfüllt. Eine Aussetzung der Restjugendstrafe und der Restfreiheitsstrafe ist bis zum ½-Zeitpunkt der Freiheitsstrafe zu prüfen.

Die Berechnung:	14.03.2022 TB	
	– 15 Tage	§§ 1 III, 37 V StVollstrO
	27.02.2022 TB	
	– 7 Monate	
	27.07.2021 TB	
	≙ 26.07.2021 TE	½-Zeitpunkt der Freiheitsstrafe

32 Wird die Aussetzung zu diesem Zeitpunkt abgelehnt, muss eine erneute Prüfung erfolgen, bis Zweidrittel der Freiheitsstrafe erledigt sind, § 57 I StGB. Wenn diese nach 10 Monaten verbüßt sind, ist auch die vom Gesetz geforderte Mindestverbüßungsdauer von 2 Monaten ersichtlich gewahrt.

Die Berechnung:	14.03.2022 TB	
	– 5 Monate	
	14.10.2021 TB	
	≙ 13.10.2021 TE	⅔-Zeitpunkt der Freiheitsstrafe

Eine gemeinsame Entscheidung über die Aussetzung der Strafreste muss bis zum 13.10.2021 TE erfolgt sein.

E. Aufgabe 3

Wer ist für die Entscheidung über die Aussetzung der Reststrafen zur Bewährung zuständig?

33 Nachdem die Vollstreckung der Jugendstrafe gem. §§ 89a III S. 1, 85 IV JGG an die Staatsanwaltschaft abgegeben wurde, ist für die Entscheidung über die Aussetzung der Restjugendstrafe zur Bewährung die Strafvollstreckungskammer zuständig, §§ 85 IV S. 1 letzter HS JGG, 462a I StPO. Gleiches gilt gem. §§ 454 I, 462 I, 462a I StPO auch für die Freiheitsstrafe.

Die örtliche Zuständigkeit bestimmt sich nach dem Ort des Vollzugs. A sitzt zum Zeitpunkt der Entscheidung in der JVA Hagen ein. Zuständig ist demzufolge die Strafvollstreckungskammer des LG Hagen.

Fortsetzung III von Fall 10

A. Themenbereich

Zusammentreffen einer Restjugendstrafe nach Widerruf der Bewährungsaussetzung mit Freiheitsstrafe, § 89a I S. 4 JGG / Führungsaufsicht.

B. Sachverhalt

Der bisherige Vollstreckungsverlauf zur Erinnerung:

Jugendstrafe	Freiheitsstrafe Bochum (1 J.+3 Mon.)			Restjugendstrafe
(3 J.+8 Mon.)				(669 Tage)

01.04.20 TB	13.12.20 TE	26.07.21 TE	13.10.21 TE	13.03.22 TE	11.01.24 TE
	§ 89a I S. 2 JGG	§ 57 II Nr. 1	§ 57 I StGB		
		↓	↓		
		§ 454b IV StPO	§ 454b IV StPO		

Die Reststrafe des AG Bochum und die Rest-Einheitsjugendstrafe werden zum 26.07.2021 TE zur Bewährung ausgesetzt. A wird an diesem Tag aus der Haft entlassen.

Seine Bewährungsauflagen erfüllt er von Anfang an nur bedingt. Auch der Kontakt zu seinem Bewährungshelfer ist problematisch.

Bereits Anfang Oktober 2021 ist er erneut straffällig geworden. Die Staatsanwaltschaft Köln hat gegen ihn daher ein Ermittlungsverfahren wegen schweren Diebstahls eingeleitet. Da sein Aufenthalt nicht mehr ermittelt werden kann, wird er im Kölner Verfahren zur Festnahme ausgeschrieben. Diese erfolgt am 08.12.2021. A wird in U-Haft genommen. Im Urteil des AG Köln vom 10.03.2022 wird er – in Anwesenheit aller Beteiligter – in dieser Sache zu einer Freiheitsstrafe von einem Jahr und 2 Monaten verurteilt. Das Gericht beschließt Haftfortdauer. Rechtsmittelerklärungen folgen nicht.

Die Aussetzung der Rest-Einheitsjugendstrafe und der Reststrafe des AG Bochum wird rechtskräftig widerrufen. Die Aufnahmeersuchen zur Vollstreckung dieser Strafen gehen am 07.04.2022 in der zuständigen Justizvollzugsanstalt ein.

C. Aufgaben

1. Erläutern Sie die Vollstreckungsreihenfolge, wie sie sich nach Eingang der Aufnahmeersuchen am 07.04.2022 für alle zu vollstreckenden Strafen ergibt. Ist eine erneute gemeinsame Aussetzung der Reststrafen v.A.w. zu prüfen?
2. Berechnen Sie die Strafen und evtl. Prüfungszeitpunkte entsprechend Ihres Ergebnisses zu Aufgabe 1.
3. Was muss die Vollstreckungsbehörde beachten, wenn es zur vollständigen Verbüßung der Strafen kommt?

Besprechung von Fall 10 (Fortsetzung III)

A. Vorbemerkung

Die Vollstreckung einer Jugendstrafe wird beim Zusammentreffen mit einer Freiheitsstrafe bereits nach der Hälfte unterbrochen, § 89a I S. 2 JGG. Kommt es zur Aussetzung, bleibt somit bezogen auf die Jugendstrafe ein großer Anteil der verhängten Strafe unvollstreckt. Erfolgt später ein Widerruf der Bewährungsaussetzung, enthält § 89a I S. 4 JGG eine klare Regelung zur Unterbrechungsfähigkeit der Restjugendstrafe: Der unvollstreckte Rest der Jugendstrafe kann unterbrochen werden, wenn die Hälfte des Restes, mindestens jedoch 6 Monate, vollstreckt sind. Widerrufene Restjugendstrafen sind folglich erneut aussetzungsfähig. 34

Betrachtet man diese Thematik für Restfreiheitsstrafen, findet sich eine derart klare Regelung nicht. Im Gegenteil: § 454b II S. 2 StPO besagt, dass die Unterbrechungsgebote des § 454b II S. 1 StPO nicht für Strafreste gelten, die auf Grund Widerrufs ihrer Aussetzung zu vollstrecken sind. Dabei macht der Gesetzgeber keinen Unterschied zwischen Resten, die nach Verbüßung der Hälfte oder nach Verbüßung von Zweidritteln ausgesetzt wurden. Für Drittelreste ist diese Regelung unproblematisch, da diesbezüglich eine Aussetzung v.A.w gem. § 57 I, II Nr. 1 StGB sowieso nicht mehr in Frage kommt. Ist ein Halbstrafenrest widerrufen worden, müsste gem. § 57 I StGB jedoch die Aussetzung zur Bewährung vor Erreichen des Zweidrittel-Zeitpunktes grundsätzlich v.A.w. geprüft werden. Zu dieser Frage hat der BGH eine wegweisende Entscheidung getroffen (NJW 2012, 1016). Darin heißt es zur Regelung in § 454b II S. 2 StPO: 35

> *„Die Vorschrift ist eindeutig und – entgegen dem Vortrag des Beschwerdeführers – nicht etwa dem bloßen Umstand geschuldet, dass es bei Strafresten (in der Regel) keinen Zwei-Drittel-Zeitpunkt mehr gibt. Gegen die Auffassung des Beschwerdeführers spricht schon, dass der Gesetzgeber bei Einführung des § 454b StPO die heute in § 43 Abs. 2 Nr. 1 Satz 2 StVollstrO eingestellte Verwaltungsvorschrift zur Vorabvollstreckung von Strafresten nach Widerruf der Strafaussetzung gerade vor Augen hatte (vgl. Regierungsentwurf aaO). Zudem hätte es für eine bloße Selbstverständlichkeit keiner gesetzlichen Normierung bedurft und wäre dann konsequenterweise zumindest eine Ausnahmeregelung für Halbstrafenaussetzungen zu erwarten gewesen. Dass dem Gesetzgeber die Problematik bewusst ist, erweist ferner die für das Jugendstrafrecht getroffene Spezialbestimmung des § 89a Abs. 1 Satz 4 JGG, nach der die Vollstreckung eines Strafrests, der auf Grund Widerrufs seiner Aussetzung vollstreckt wird, unterbrochen werden kann, wenn ein Teil des Strafrests verbüßt ist und eine erneute Aussetzung in Betracht kommt. Eine vergleichbare Regelung hält § 454b StPO für das allgemeine Strafrecht nicht bereit."*

In der Konsequenz bedeutet das: Für widerrufene Restjugendstrafen ist eine Unterbrechung zu prüfen, widerrufene Restfreiheitsstrafen sind vollständig zu vollstrecken.

36 Treffen widerrufene Restfreiheitsstrafen mit weiteren Freiheitsstrafen zusammen, ist ferner § 43 IV StVollstrO zu beachten: Tritt zu einer laufenden Freiheitsstrafenvollstreckung ein widerrufener Strafrest hinzu, ist die laufende Freiheitsstrafe entgegen § 43 III StVollstrO ad hoc zu unterbrechen, damit zuerst der widerrufene Strafrest vollstreckt werden kann. Der Rest ist vollständig zu vollstrecken. Über § 1 III StVollstrO ist dies auch beim Zusammentreffen einer Freiheitsstrafe mit einer Restjugendstrafe zu beachten.

B. Die Darstellung des Falles (Fortsetzung III) im Zeitstrahl

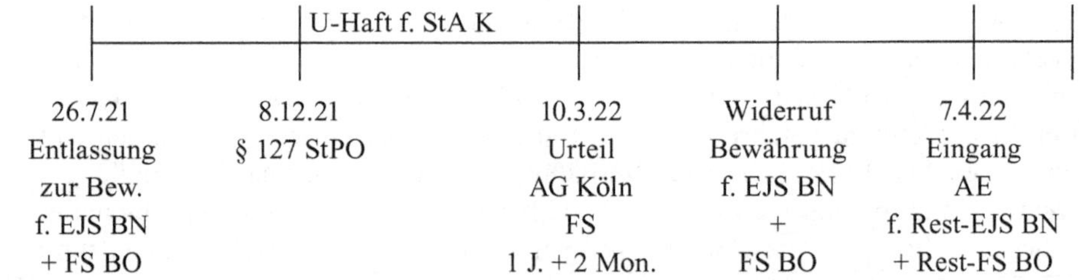

(BN = Bonn; BO = Bochum; K = Köln)

C. Aufgabe 1

Erläutern Sie die Vollstreckungsreihenfolge, wie sie sich nach Eingang der Aufnahmeersuchen am 07.04.2022 für alle zu vollstreckenden Strafen ergibt. Ist eine erneute gemeinsame Aussetzung der Reststrafen v.A.w. zu prüfen? Wenn ja, wann?

37 Als am 07.04.2022 die Aufnahmeersuchen zu den widerrufenen Reststrafen in der JVA eingehen, befindet sich der Verurteilte in Haft für das Kölner Verfahren. Er wurde dort am 08.12.2021 festgenommen und verblieb bis zur Urteilsverkündung in dieser Sache in U-Haft. Letztere ging mit Eintritt der Rechtskraft gem. § 38 Nr. 3 StVollstrO automatisch in Strafhaft über. Da keiner der Beteiligten Rechtsmittel einlegte, ist die Rechtskraft mit Ablauf der einwöchigen Frist zur Einlegung einer Berufung (§ 312 StPO) oder Sprungrevision (§ 335 StPO i.V.m. § 312 StPO) eingetreten:

10.03.2022	
+ 1 Woche	§ 43 I StPO
17.03.2022, 24 Uhr	

Ab dem 18.03.2022 TB befand sich A folglich in Strafhaft für die Freiheitsstrafe des AG Köln.

Mit dem Eingang der Aufnahmeersuchen für die beiden Reststrafen stehen nun mehrere Freiheitsstrafen und eine Restjugendstrafe zur Vollstreckung an. Diese sind grundsätzlich gem. § 454b I StPO, 43 I StVollstrO unmittelbar nacheinander und in der Regelreihenfolge des § 43 II Nr. 1 StVollstrO zu vollstrecken. Dabei ist als Sondervorschrift auch § 89a I S. 1 StVollstrO zu beachten, wonach die Jugendstrafe zuerst vollstreckt werden soll. Die Reihenfolge wäre folglich: 38

Resteinheitsjugendstrafe – Restfreiheitsstrafe Bochum – Freiheitsstrafe Köln

Die Kölner Strafe ist – wie oben festgestellt – jedoch bereits anvollstreckt, als die beiden anderen Strafen hinzutreten. Ihre Vollstreckung wäre gem. § 43 III StVollstrO eigentlich zunächst fortzusetzen. § 43 IV StVollstrO geht jedoch vor. Danach ist die Vollstreckung der FS Köln beim Hinzutreten der widerrufenen Reststrafen zu unterbrechen. Unterbrechungszeitpunkt ist gem. § 38 Nr. 4 StVollstrO analog der Zeitpunkt, an dem die Aufnahmeersuchen in der JVA eingegangen sind, hier also der 07.04.2022.

Ab diesem Zeitpunkt wird zunächst die Restjugendstrafe vollstreckt. Gem. § 89a I S. 4 JGG ist diese Jugendstrafe nach Verbüßung der Hälfte des Restes, frühestens jedoch nach Erreichen einer Mindestverbüßungsdauer von 6 Monaten, zugunsten der weiteren Strafen zu unterbrechen. Die im Grundfall ermittelte Reststrafe betrug 669 Tage. Die Hälfte entspricht somit 335 Tage bei Rückwärtsrechnung, 334 Tage bei Vorwärtsrechnung. Das sind ersichtlich mehr als 6 Monate. 39

An die Restjugendstrafe schließt sich der widerrufene Rest aus dem Bochumer Verfahren an. Er wird vollständig vollstreckt, § 454b II S. 2 StPO. 40

Es folgt die Reststrafe des AG Köln. Sie müsste unterbrochen werden, wenn noch weitere Strafen zu vollstrecken wären, deren Aussetzungszeitpunkte bislang noch nicht berücksichtigt sind. Das ist jedoch nicht der Fall. Eine Unterbrechung der Kölner Strafe erfolgt nicht mehr.

Bzgl. der Restjugendstrafe und der Kölner Strafe ist eine gemeinsame Aussetzung erneut zu prüfen. Diese Entscheidung muss vorliegen, bevor die FS Köln ihre Aussetzungsreife i.S.v. § 57 StGB erreicht. 41

Eine Aussetzung der Kölner Strafe gem. § 57 II Nr. 1 StGB kommt nicht mehr in Betracht, da A kein Erstverbüßer mehr ist. Er hat in der Vergangenheit bereits die Jugendstrafe sowie die Bochumer Freiheitsstrafe teilweise verbüßt und verfügt daher über Strafhafterfahrung. Die Aussetzung kommt folglich nur nach § 57 I StGB zum ⅔-Zeitpunkt der Kölner Strafe in Frage. Wenn nach 9 Monaten und 10 Tagen Zweidrittel dieser Strafe verbüßt sind, ist die vorgeschriebene Mindestverbüßungsdauer von 2 Monaten bereits erledigt.

Erfolgt keine Aussetzung zur Bewährung nach Teilverbüßung, schließt sich an die Kölner Strafe die Restjugendstrafe an. Abschließend die Vollstreckungsreihenfolge im Überblick:

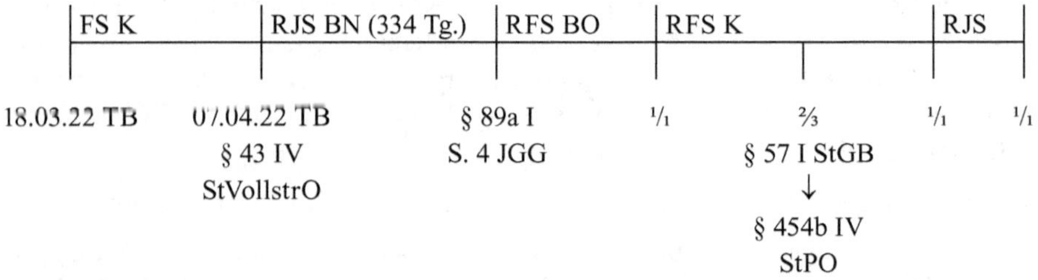

(K = Köln, RJS BN = Rest-Jugendstrafe Bonn, RFS BO = Restfreiheitsstrafe Bochum)

D. Aufgabe 2

Berechnen Sie die Strafen und evtl. Prüfungszeitpunkte entsprechend Ihres Ergebnisses zu Aufgabe 1.

42 **Beginn FS Köln:** 18.03.2022 TB §§ 38 Nr. 3, 37 II StVollstrO

+ 1 Jahr § 37 IV, V StVollstrO

18.03.2023 TB

+ 2 Monate

18.05.2023 TB

Anzurechnen war die Zeit der U-Haft, die A in dieser Sache erlitten hatte, §§ 51 I StGB, 39 I StVollstrO:

08.12.2021 TB

bis 17.03.2022 TE

100 Tage

18.05.2023 TB

– 100 Tage § 39 IV StVollstrO

07.02.2023 TB

≙ 06.02.2023 TE

43 Die Strafe wird mit Eingang der Aufnahmeersuchen zu den widerrufenen Reststrafen zum 06.04.2022 TE unterbrochen, §§ 38 Nr. 4 StVollstrO analog. Der unvollstreckte Rest der Kölner Strafe ist gem. § 40 I StVollstrO zu ermitteln:

07.04.2022 TB
bis 06.02.2023 TE
306 Tage

Es folgt im Anschluss an die Unterbrechung der Rest der Einheitsjugendstrafe: 44

07.04.2022 TB
+ 669 Tage
05.02.2024 TB

Es folgt eine Unterbrechung, nachdem die Hälfte des Restes vollstreckt ist. Die Berechnung kann an dieser Stelle nur nach Tagen erfolgen.

½ von 669 Tagen = 334,5 Tage. Zugunsten des A muss für die Rückwärtsrechnung aufgerundet werden:

05.02.2024 TB
– 335 Tage
07.03.2023 TB
06.03.2023 TE Unterbrechungszeitpunkt der RJS

Der unvollstreckte Rest beträgt (669 Tage – 335 Tage) = 334 Tage

Es folgt die Restfreiheitsstrafe des AG Bochum. Diese Strafe wurde seinerzeit vom 14.12.20 TB bis zum ½-Zeitpunkt am 26.07.2021 TE vollstreckt. Das errechnete Ende bei Vollverbüßung wäre der 13.03.2022 TE gewesen. Die unvollstreckte Reststrafe ist zu ermitteln, § 40 I StVollstrO: 45

27.07.2021 TB
bis 13.03.2022 TE
230 Tage RFS Bochum nach Aussetzung zur Bewährung

Wiederbeginn der FS Bochum:

07.03.2023 TB
+ 230 Tage
23.10.2023 TB
22.10.2023 TE Strafende FS Bochum

Es folgt die FS Köln: 23.10.2023 TB 46
+ 306 Tage
24.08.2024 TB
23.08.2024 TE Strafende FS Köln

47 Eine gemeinsame Aussetzung der Restjugendstrafe und der Kölner Strafe muss zum ⅔-Zeitpunkt der Kölner Strafe geprüft sein, s.o. Aufgabe 1.

⅓ von 1 Jahr und 2 Monaten = ⅓ von 14 Monaten = 4 Monate + 20 Tage

Errechnetes Strafende für FS Köln:	23.08.2024 TB	
	– 20 Tage	
	03.08.2024 TB	
	– 4 Monate	
	03.04.2024 TB	
	02.04.2024 TE	⅔ FS Köln

Über die Aussetzung der Restjugendstrafe und des Kölner Restdrittels muss bis zum 02.04.2024 TE entschieden sein.

48 Kommt es nicht zu einer Aussetzung zur Bewährung, schließt sich an die Vollverbüßung der Kölner Strafe die Restjugendstrafe an:

	24.08.2024 TB	
	+ 334 Tage	
	24.07.2025 TB	
≙	23.07.2025 TE	Strafende RJS

Wenn alle Strafen vollständig verbüßt werden, ist A am 23.07.2025 aus der Haft zu entlassen.

E. Aufgabe 3

Was muss die Vollstreckungsbehörde beachten, wenn es zur vollständigen Verbüßung der Strafen kommt?

I. Vorbemerkung

49 Werden Strafen oder Jugendstrafen von mindestens 2 Jahren wegen vorsätzlicher Taten oder von einem Jahr, wegen der in § 181b StGB genannten Art, vollständig verbüßt, tritt kraft Gesetzes Führungsaufsicht ein, §§ 2 II JGG, 68f I StGB.

Die Führungsaufsicht ist eine Maßregel der Besserung und Sicherung, die den Zweck verfolgt,

a) gefährlichen Tätern nach der Entlassung aus einer längeren Freiheitsentziehung (Freiheitsstrafe / Maßregel mit Freiheitsentzug) Hilfe zu bieten, um in ein geordnetes Leben zurückzufinden,
b) rückfallgefährdete Täter von neuen Straftaten abzuhalten,
c) die Lebensführung der Täter zu überwachen,
d) die Allgemeinheit vor neuen Taten der Täter zu schützen.

Mit jeder Führungsaufsicht werden dem Täter daher auf ihn zugeschnittene Weisungen aus dem Katalog des § 68b StGB auferlegt. Verstößt er hiergegen, ist eine strafrechtliche Verfolgung möglich, § 145a StGB.

Um die o.a. Ziele zu erreichen und das Verhalten des Täters zu kontrollieren, arbeiten 50

- das Gericht (i.d.R. die Strafvollstreckungskammer, §§ 463 III, 454 IV, 453b sowie 463 VII, 462a I StPO),
- die Führungsaufsichtsstelle und
- der Bewährungshelfer

eng zusammen, § 68a I bis IV StGB.

II. Zum Fall

Im vorliegenden Fall kommt eine Führungsaufsicht kraft Gesetzes nach § 68f I StGB 51
bzgl. der Einheitsjugendstrafe von 3 Jahren und 8 Monaten in Betracht. Allerdings ist nach §§ 2 II JGG, 68f II StGB zu prüfen, ob die Maßregel ausnahmsweise entfallen kann.

Aufgabe der Vollstreckungsbehörde ist es gem. §§ 1 III, 54a II S. 1 StVollstrO, diese Entscheidung in die Wege zu leiten. Dazu fordert sie von der JVA, in der der Verurteilte einsitzt, eine Stellungnahme an. Die JVA soll sich darin dazu äußern, ob die Führungsaufsicht für notwendig erachtet wird und falls dies bejaht wird, welche Weisungen i.S.d. § 68b StGB empfohlen werden. Die Stellungnahme der JVA übersendet die Vollstreckungsbehörde der künftigen Führungsaufsichtsstelle, § 54 II S. 2 StVollstrO, damit diese sich auf die bevorstehende Betreuung einstellen kann. Sodann wird die Sache dem zuständigen Dezernenten vorgelegt, der wiederum gegenüber dem Gericht Stellung nimmt.

Liegt die Entscheidung des Gerichts vor, hat die Vollstreckungsbehörde die Dauer der 52
Führungsaufsicht zu berechnen und diese der Führungsaufssichtsstelle (§ 54a I, IV StVollstrO) sowie dem Bundeszentralregister (§ 12 I Nr. 2 BZRG) mitzuteilen. Der Führungsaufsichtsstelle sind dabei sämtliche Dokumente beizufügen, die nötig sind,

um sich ein Bild von der Person des Verurteilten machen zu können (Urteil, Gutachten…).

53 Ist die gesetzliche Höchstdauer von 5 Jahren (§ 68c I StGB) in der Entscheidung der Strafvollstreckungskammer nicht abgekürzt worden, läuft die Führungsaufsicht 5 Jahre. Sie beginnt in Fällen des § 68f StGB mit der Entlassung des Verurteilten. Hier wäre das der 23.07.2025 TE. Ihre Berechnung erfolgt nach §§ 187, 188 BGB, da sie weder eine Prozessfrist i.S.v. § 43 StPO ist, noch einer Strafzeit i.S.d. StVollstrO entspricht (vgl. *Röttler/Wagner*, Strafvollstreckung, Rn. 374).

Hinweis

Verbüßt der Verurteilte mehrere Freiheitsstrafen unmittelbar nacheinander, kommt es nicht auf den Zeitpunkt an, an dem die Strafe, die die Führungsaufsicht auslöst, vollständig verbüßt ist, sondern auf den tatsächlichen Entlassungszeitpunkt, vgl. *Heuchemer* in BeckOK JGG § 68f Rn. 10.

54 Zu beachten ist für den weiteren Verlauf der Führungsaufsicht § 68c IV S. 2 StGB: In die Dauer der Führungsaufsicht wird die Zeit nicht eingerechnet, in der der Verurteilte

a) flüchtig ist

b) sich verborgen hält

c) auf behördliche Anordnung in einer Anstalt verwahrt wird.

In solchen Zeiten ruht die Führungsaufsicht. Ist das Ereignis beendet, setzt sie sich fort.

Stichwortverzeichnis

Die **fetten Ziffern** verweisen auf den Besprechungsfall (**E** = Einleitung), die mageren Ziffern auf die dortigen Randnummern.